Historia

PIERRE GRIMAL (COMP.)

El mundo mediterráneo
en la Edad Antigua, II
EL HELENISMO
Y EL AUGE DE ROMA

Traducción
Marcial Suárez
Antón Dieterich (capítulo IV.II)

Diseño interior y cubierta: RAG

Reservados todos los derechos. De acuerdo a lo dispuesto en el art. 270 del Código Penal, podrán ser castigados con penas de multa y privación de libertad quienes sin la preceptiva autorización reproduzcan, plagien, distribuyan o comuniquen públicamente, en todo o en parte, una obra literaria, artística o científica, fijada en cualquier tipo de soporte.

Primera edición, noviembre 1972
Décimo tercera reimpresión, noviembre 2002
Segunda edición, 2021

Título original: *Der Hellenismus und der Aufstieg Roms.*
Die Mittelmeerwelt im Altertum II

© Fischer Bücherei K. G., Frankfurt am Main, 1965

© Siglo XXI de España Editores, S. A., 1972, 2021
para lengua española

Sector Foresta, 1
28760 Tres Cantos
Madrid - España

Tel.: 918 061 996
Fax: 918 044 028

www.sigloxxieditores.com

ISBN: 978-84-323-2015-6
Depósito legal: M-21.013-2021

Impreso en España

COLABORADORES DE ESTE VOLUMEN

Hermann Bengston (Universidad de Tubinga)
Capítulo IV.II

Werner Caskel (Universidad de Colonia)
Capítulo IV.V

Philippe Derchain (Universidad de Estrasburgo)
Capítulo IV.I

Pierre Grimal (Sorbona, París)
Prólogo, Introducción, capítulos I, II, III y V

Maurice Meuleau (Centre National de la Recherche Scientifique, París)
Capítulo IV.IV

Morton Smith (Universidad, de Columbia, Nueva York)
Capítulo IV.III

ÍNDICE

Índice de mapas 9

Prólogo 11

Introducción 13

I. EL TIEMPO DE LOS DIÁDOCOS (323-280 A.C.) 35

Los protagonistas, 36 – El problema de la sucesión, 40 – El asunto de los mercenarios, 43 – La Guerra Lamíaca, 44 – El final de Pérdicas, 48 – La regencia de Antípatro, 51 – La revuelta de Casandro y el final de Éumenes, 55 – Antígono contra Casandro, 59 – La lucha por el Egeo, 63 – El tiempo de los *condottieri,* 68 – El final de los Diádocos, 73 – El balance de una generación, 75

II. EL OCCIDENTE MEDITERRÁNEO
A COMIENZOS DEL SIGLO III A.C.................................. 79

Situación del helenismo en Occidente, 80 – El Imperio de Cartago, 88 – Los primeros pasos de la potencia romana, 99 – Los comienzos de la República, 115 – La conquista de Italia, 121 – La catástrofe gala, 126 – Las Guerras Samnitas, 135 – Roma a comienzos del siglo III, 138

III. EL ORIENTE HELENÍSTICO EN EL SIGLO III a.C. 143

Historia política del oriente helenístico en el siglo III, 144 – El tiempo de las Ligas, 179 – La civilización helenística, 190 – La literatura helenística, 204 – La filosofía, 211 – El arte helenístico, 217 – La religión en la época helenística, 222

IV. LOS PAÍSES DE ORIENTE AL MARGEN DEL HELENISMO 229

    I. El mundo egipcio en tiempo de los Ptolomeos y de los Césares, 229 – II. Siria en la época helenística, 266 – III. El judaísmo palestino desde Alejandro hasta Pompeyo, 276 – IV. La Mesopotamia Seléucida, 295 – V. Arabia, 316

V. EL OCCIDENTE ROMANO DESDE LA GUERRA CONTRA PIRRO HASTA LA VICTORIA SOBRE ANÍBAL 331

    La Primera Guerra Púnica, 338 – Roma ante la Segunda Guerra Púnica, 348 – La Segunda Guerra Púnica, 365

Bibliografía 393

Índice onomástico 403

ÍNDICE DE MAPAS

1. El mundo mediterráneo en el siglo III a.C. 53
2. Roma 107
3. Egipto 232
4. Arabia 319
5. El Mediterráneo en la Segunda Guerra Púnica 370

PRÓLOGO

El volumen que ahora presentamos expone la historia del mundo mediterráneo durante los últimos años del siglo IV a.C. y todo el siglo siguiente. En este periodo, se desarrollan dos series de hechos complementarios: de una parte, la liquidación del Imperio de Alejandro, que da lugar al establecimiento de un nuevo orden político, económico y cultural en Oriente, y, de otra, la consolidación, en Occidente, de una gran potencia, cuyo ascenso, extremadamente rápido, tiene grandes consecuencias para el conjunto del mundo mediterráneo.

Esta aparición de Roma en la escena política no se produjo bruscamente. Desde el tiempo de Alejandro, los griegos más clarividentes se habían preocupado de aquella ciudad en la que ellos no podían menos de ver una ciudad bárbara, pero cuyas civilización, disciplina y religión les parecían muy próximas a la suya. Sin embargo, las sacudidas que agitaron profundamente el mundo helénico después de la muerte de Alejandro precipitaron la intervención de Roma en los asuntos del mundo, y en un sentido aparentemente antihelénico.

A finales del siglo IV, Roma había establecido ya en Italia un imperio sólido, que se extendía hasta los límites de las ciudades helénicas del Sur. También fue con Roma con la que Pirro hubo de chocar cuando, llamado por los tarentinos, pero con el fin de crearse un reino semejante a los que acababan de instaurarse en Asia, en Egipto y en Macedonia, intentó establecerse en la Magna Grecia. Y Roma constituyó así el mayor obstáculo que detuvo la expansión del helenismo hacia el Oeste –por lo menos, su expansión política.

Algunos años después, Cartago encontró dificultades análogas. La Primera Guerra Púnica, iniciada por la libertad de los mares en las aguas italianas, fue ganada por Roma, aunque al precio de un inmenso esfuerzo naval. Pero la paz concluida en el 241 no era más que una tregua: Aníbal, con unas ambiciones análogas a las de Pirro y revelándose como un gran capitán «helenístico», intentó crearse también un Imperio en un Occidente aún en gran parte bárbaro.

Una vez más, Roma estaba allí, vigilante –esta vez, de acuerdo con el helenismo occidental, representado por Marsella–, y los cartagineses, a pesar del genio de Aníbal, perdieron, la partida, definitivamente. Después de la batalla de Zama, que puso fin a la Segunda Guerra Púnica, Roma era la mayor potencia del Occidente mediterráneo, y el problema que se planteaba era el de sus futuras relaciones con el mundo griego. Pero las relaciones de fuerza no dominan toda la historia de este siglo. Las corrientes de pensamiento, la filosofía, el arte, las creencias y las aspiraciones de todo orden revisten, en este mundo en el que se derrumban las barreras políticas y en el que las guerras lejanas multiplican los contactos, una importancia cada vez mayor. Un helenismo nuevo está a punto de nacer. En Roma evolucionan las ideas, se transforman los antiguos ordenamientos, y tímidamente comienza a afirmarse una literatura, ayudada en gran medida por el ejemplo de los griegos. El helenismo, detenido en su expansión política por la nueva potencia, conquista, en cambio, un campo infinitamente más extenso en el terreno del pensamiento y del arte. El viejo encajonamiento espiritual del mundo, todavía demasiado real antes de la conquista de Alejandro, desaparece definitivamente en el momento en que Escipión triunfa sobre Cartago, y, en ese momento, comenzará otra página de la historia humana.

Pierre Grimal

INTRODUCCIÓN

La muerte de Alejandro, sobrevenida inesperadamente en Babilonia el 13 de junio del 323 a.c. habría podido señalar solo el término de una aventura militar. En realidad, para la historia humana, fue el comienzo de una era que estaba muy lejos de cerrarse. El joven rey aún no había tenido tiempo de organizar su conquista, de fundir sus diversos elementos en un conjunto único, y, mucho menos todavía, de asimilar todas las consecuencias de su victoria. Todo parecía demasiado frágil. El pasado que había precedido a la conquista se hallaba aún muy próximo. Cabía pensar que, desaparecido el conquistador, su Imperio se disgregaría y que, poco a poco, se volvería a la situación anterior. Pero por razones de distintos órdenes entre las que hay que contar, en primer lugar, el desgaste de los sistemas políticos aplastados por Alejandro, muy pronto resultó evidente que el Oriente mediterráneo y los países asiáticos, desde Siria hasta el Ganges y las orillas del mar Caspio, habían sido profundamente transformados por la acción de Alejandro, a pesar de que esta había sido de corta duración. Era necesario encontrar las condiciones de un nuevo equilibrio político. El mundo asiático ya no podía continuar, como en los tiempos de los Aqueménidas, prácticamente cerrado sobre sí mismo. Por su parte, Grecia había perdido, en realidad, la estructuración de sus ciudades, así como su independencia, y no le quedaba más opción que la de elegir entre la anarquía y una forma cualquiera de «protectorado» extranjero. Pero, sobre todo, y aunque el hecho habría de producirse solo con posterioridad, lo que estaba a punto de nacer, imprevistamente, era una forma original de civilización.

Más adelante, cuando el Oriente mediterráneo hubo desarrollado, en su propio beneficio, la mayor parte de las consecuencias producidas por aquel quebranto creador, aquella misma civilización fue a integrarse en un conjunto aún más amplio, cuyas proporciones sobrepasaron, muy probablemente, los sueños de Alejandro[1], y, anexionándose Occidente, contribuyó a la formación de otro Imperio, el de Roma, que, durante siglos, dictaría sus normas al pensamiento político y regiría, por largo tiempo, el devenir de la Historia. Desde la muerte de Alejandro hasta la muerte de César, hay un lento avance hacia la unidad humana, un progreso continuo, cuyas etapas nos proponemos esbozar aquí a grandes rasgos. Cuando Alejandro decidió dirigirse contra el Rey de Persia, el Imperio que él atacaba era tan grande como diverso[2]. Desde Bactriana hasta las fronteras de la Cirenaica, todo, en teoría, estaba sometido al Rey. Unos gobernadores, los sátrapas, representaban al poder central en las provincias. Estas se hallaban comunicadas con la capital por medio de caminos que causaban la admiración de los viajeros griegos. Junto a los sátrapas, el Rey enviaba a unos inspectores, a los que él llamaba «sus ojos y sus oídos», y mantenía por todas partes a unos funcionarios permanentes, encargados de informarle. Pero todas aquellas precauciones del poder central para sostener su autoridad no siempre eran eficaces. Algunos sátrapas, como sabemos, actuaban más bien como soberanos que como prefectos dóciles, y, cuando tenían que rendir cuentas, no dudaban en recurrir a la rebelión abierta[3]. Además, lo que era más grave todavía, aquella unidad política, precaria, amenazada siempre, no contaba con una ver-

---

[1] ¿Soñó Alejandro con establecer un Imperio universal? Desde la Antigüedad, algunos no lo han dudado, pero no es cierto, en absoluto. Acerca de este debate, véase, especialmente, U. Wilcken, *Ueber Werden und Vergehen des Universalreiche,* Bonn, 1915; E. Kornemann, «Die letzten Ziele der Politik Alexanders des Grossen», *Klio* VI (1920), pp. 209-233; W. W. Tarn, «Alexander's ὑπομνήματα and the World-kingdom», *Journ. of Hell. Stud.* XLI (1921), pp. 1-17; W. Kolbe, *Die Weltreichsidee Alexanders des Grossen,* Friburgo en Br., 1936. Por último, véase C. A. Robinson, «The extraordinary ideas of Alexander the Great, *Amer. Histor. Rev.,* LXII (1956-1957), pp. 326-344.

[2] El siglo IV es el momento en que el Imperio persa alcanza su mayor extensión (ciudades griegas de Asia Menor y las Islas, desde Clazómenas a Chipre, integradas desde la Paz del Rey, en el 386; Egipto, convertido en satrapía desde el 343).

[3] Era lo que había demostrado la rebelión de los sátrapas en el curso del siglo IV: iniciada en el 372 con la insurrección del sátrapa de Capadocia, Datames, no terminó hasta finales del 361, con la victoria de Artajerjes. Es también la época en que se constituye el reino de Caria, prácticamente independiente. Mausolo, nominalmente sátrapa de Caria, ejerce, de hecho, una autoridad de rey sobre el territorio que recibió de su padre Hecatomno y que extendió durante su reinado personal. Tras la muerte de Mausolo, Pixodaro, el último sátrapa de la dinastía, intrigaba con los macedonios, contra Darío, en vísperas de la conquista.

dadera unidad nacional o cultural. El Imperio de Darío estaba formado por muchas razas, aglomeraba regiones demasiado diferentes, cada una de las cuales tenía su economía propia, sus problemas sociales, conservaba sus tradiciones nacionales, su religión, su característica estructura, que la conquista de Alejandro no modificó. También, desde el principio, se distinguen, más allá de una unidad de hecho, algunas «células», en torno a las cuales se formarán después los reinos surgidos de la desmembración. El ejemplo más claro es, sin duda, Egipto. Desde el tiempo de la dominación persa, no se semejaba a ninguna otra satrapía: había conservado su originalidad tradicional, y la conservaría, más viva que nunca, bajo los Ptolomeos y los Césares[4]. Y esto es igualmente cierto respecto a los países asiáticos, que difieren profundamente los unos de los otros: ¿qué hay de común entre las ciudades fenicias, prácticamente autónomas y vueltas hacia Occidente, donde prospera Cartago[5], y los nómadas y los seminómadas del Asia central, cuyo horizonte, tanto geográfico como espiritual, se reducía a las tierras de su recorrido? En el centro del Imperio, la Persia propiamente dicha era todavía feudal y tribal, con una sociedad de campesinos dominada por los grandes propietarios y por una aristocracia militar. En Persia, los «arios» se habían convertido en agricultores, pero, en las estepas del Caspio, sus hermanos de raza llevaban todavía una vida pastoril y se transformaban, de buen grado, en salteadores, haciendo muy precarias, cuando así lo deseaban, las comunicaciones con las satrapías orientales, que, en realidad, siempre tendieron a vivir su propia vida[6].

Las poblaciones iranias de las altas mesetas forman un evidente contraste con las de Babilonia, que se habían fijado, desde hacía

---

[4] Sobre la dominación persa en Egipto, cfr. G. Posener, «La première domination perse en Égypte», *Bibl. de l'Inst. français d'Archéol. orient.* XI (1936); W. Schur, *Zur Vorgeschichte des Ptolomäerreisches,* Klio XX (1926), pp. 270 y ss. El recuerdo de aquella detestada dominación dejó ecos incluso en una obra tan alejada en el tiempo como las *Etiópicas* de Heliodoro.

[5] Sobre Palestina en el interior del Imperio persa, cfr. S. A. Cook, en *Cambridge Ancient History,* VI (1927), pp. 167 y ss. Para las relaciones de los puertos sirios con Cartago, cfr. E. Meyer, en *Geschichte der Altertums,* II, 2.ª ed., 1931, pp. 77 y ss.

[6] Sobre las condiciones de vida en Bactriana antes de la conquista de Alejandro, cfr. W. W. Tarn, *The Greeks in Bactria and India,* Cambridge, 1938; A. Foucher, «Notes sur l'itinéraire de Hiuan Tsiang en Afghanistan», *Études Asiatiques,* 1925, I, pp. 266 y ss.

mucho tiempo, alrededor de su ciudad y tenían tras sí una larga tradición de civilización. Babilonia, conquistada por los hombres de las montañas persas y medas en un pasado relativamente reciente, unía elementos semitas a un sustrato más antiguo, los sumerios, a los que se debe, sin duda, el despertar del pensamiento humano en esta parte del Oriente. Allí subsistían más que vestigios de un Estado centralizado, teocrático, cuya prosperidad descansaba en una burguesía mercantil y en el que la cultura era conservada por unos sacerdotes astrónomos agrupados alrededor de los grandes templos[7].

Las ciudades griegas del Asia Menor, escalonadas a lo largo de las costas de Caria, Lidia, Frigia helespóntica y Bitinia, son para el rey de Persia aliadas inciertas, que experimentan las mismas inquietudes y las mismas pasiones políticas que las ciudades de la Grecia continental y de las islas. Si, por regla general, la aristocracia es adicta a los persas, los demócratas prefieren mirar al Oeste, hacia Atenas en especial, que está considerada como la metrópoli de toda democracia. En distintas ocasiones, en el pasado, aquellas ciudades, ricas y turbulentas, habían contribuido a envenenar las querellas interiores del Imperio[8].

Se comprende que el inmenso reino constituido por Ciro y sus sucesores, cualesquiera que fuesen su riqueza y la diversidad de sus recursos, era, en realidad, un edificio artificial, cuya sola unidad residía en la autoridad del Rey y en el respeto que se rendía a su persona. Ciertamente, sería erróneo minimizar la importancia política de la lealtad, muy auténtica, de que los diferentes pueblos daban muestras a su monarca. La idea real tenía un gran peso en Oriente, y aquel mismo sentimiento de lealtad, del que se beneficiaron Alejandro y sus sucesores, contribuyó poderosamente a instaurar y, luego, a mantener los diversos reinos helenísticos; pero la

---

[7] Cfr. A. Aymard, «Une ville de la Babylone séleucide d'après les contrats cunéiformes», *Revue des Ét. Anc.,* 1938, pp. 5-42.

[8] En el curso de los siglos V y IV, las ciudades griegas de Jonia habían demostrado en varias ocasiones sus simpatías por Atenas, que no las había abandonado más que obligada y a la fuerza, cuando se firmó la Paz del Rey, en el 386. Más cerca del tiempo de Alejandro, en algunas ciudades griegas de las riberas del Helesponto, se habían formado Estados independientes gobernados por tiranos: por ejemplo, en Heraclea del Ponto, Clearco, y en Atarnea, Hermias, que mantuvo relaciones diplomáticas con Filipo y parece que le animó a emprender la guerra contra el Gran Rey.

propia variedad de las formas que revestía aquel respeto al Rey[9], según las regiones y las tradiciones, indica claramente que el Imperio persa era, también en este aspecto, un mosaico de religiones, de culturas, de razas, un compuesto relativamente inestable, que la invasión macedónica, finalmente, no podría menos de disociar, a pesar de todos los intentos por conservarlo tal como le había sido arrebatado a Darío. Es notable, por ejemplo, que las diferentes satrapías, una vez separadas las unas de las otras por los azares de la guerra, no hicieron jamás esfuerzo alguno por reagruparse, seguramente porque no existía ninguna fuerza interna que las impulsase a ello.

La conquista de Alejandro, al unir en un Imperio totalmente nuevo Macedonia y Grecia, las islas y las posesiones tradicionales de los soberanos Aqueménidas, no hizo más que complicar el problema. Alejandro tenía conciencia de la dificultad. Aún no había terminado su conquista militar, cuando ya se esforzaba por establecer en las provincias asiáticas una sólida estructura administrativa. Pero murió demasiado pronto, y las ambiciones de sus «mariscales», aprovechando las precarias condiciones de una sucesión prematuramente planteada, precipitaron la disgregación. Algunos de ellos intentaron reformar la unidad del Imperio, pero ninguno lo consiguió. Bastaron 50 años para que la proliferación de reinos fuese definitiva. Este fenómeno es un hecho cuando desaparece Seleuco, el último superviviente de los «Diádocos» directos. El nacimiento de reinos rivales entre sí y agrupando cada uno de ellos una de las grandes «regiones naturales» del antiguo Imperio era inevitable, una vez desaparecida de la escena política la personalidad de Alejandro y borrado el último vestigio de lealtad a su memoria. Pero este fracaso de su pensamiento no impediría que surgiese un mundo nuevo, que no sería ni el mundo estrictamente oriental del viejo Imperio persa ni la Hélade de otro tiempo, con su grandeza y sus taras.

Y ese mundo fue, desde luego, un mundo griego. Esta es su primera y tal vez su principal característica. Fue griego, porque tuvo por centro la cuenca del Egeo, porque la ambición de todos los reyes

---

[9] Las diferentes formas de realeza dentro del Imperio persa han sido analizadas por C. W. Mac Evan, «The oriental origin of Hellenistic Kingship», *The Oriental Institute of the University of Chicago Studies in Ancient Oriental civilization*, n.º 13, Chicago, s. d. (1934).

que se lo repartieron fue siempre la de asegurar su dominio sobre el mar, y porque ninguno de ellos pudo nunca prescindir de la opinión de las ciudades helenas. Los griegos no habían sido los conquistadores de aquel Imperio repartido, e incluso, al principio, eran como vencidos. Pero, alrededor de ellos y gracias a ellos, aquel mundo encontró su unidad.

Realmente, hacía ya mucho tiempo, en el momento en que se produjo la conquista de Alejandro, que algunas regiones de Asia estaban en vías de helenizarse y de crear aquella civilización «mixta», greco-bárbara, cuyo advenimiento se vería acelerado por la aventura militar desencadenada por el Macedonio. Todos los países situados en las orillas del Mediterráneo y del Ponto Euxino (Mar Negro), donde se habían instalado, desde hacía siglos, colonias griegas, experimentaban irresistiblemente la atracción del helenismo. Esta influencia, difundida por todas partes en aquella franja de Asia, se había mostrado especialmente fecunda en Caria, donde los reyes locales, y sobre todo Mausolo, habían llegado a crear, en el mismo seno del Imperio persa, desde mediados del siglo IV, un verdadero reino helenístico *avant la lettre:* ejemplo instructivo, porque prefigura una evolución que transformaría a Oriente.

Mausolo amaba, desde luego, la cultura griega, pero, sobre todo, había comprendido que ninguna potencia podría afirmarse duraderamente, si no asimilaba y no utilizaba las lecciones del helenismo. Así, se propuso transformar la Caria según el modelo de los Estados griegos. La vieja capital, Milasa, estaba situada en el interior del país, al margen de las corrientes comerciales y culturales. Mausolo la abandonó y construyó a la orilla del mar una nueva capital, Halicarnaso, que sería, a la vez, el símbolo y el instrumento de aquella política. Con su ciudad alta (la ciudad indígena), su barrio nuevo «a la griega», su residencia real que ocupaba la mayor parte de la ciudad baja, y sus dos puertos (el militar y el comercial), Halicarnaso recuerda a Siracusa, cuyo equivalente quería llegar a ser en la ribera asiática del Mediterráneo, y anuncia a Alejandría. Halicarnaso posee ya los caracteres esenciales de las grandes capitales helenísticas: ciudad marítima y mercantil, ofrece a los artistas griegos considerables medios materiales, como lo harán después las metrópolis de los reinos; y, por primera vez, se vio un Estado cuya cabeza era una ciudad helénica, con sus templos, su teatro, sus gimnasios y su ágora, enteramente comparable a las *polis* de la Grecia continental o insular, pero cuyo cuerpo es un vasto territorio de tradición y de lengua «bárbaras». El reino de Caria fue un intento sin continuación. No sobrevivió a Mausolo y fue integrado muy pronto en el Imperio de Alejandro, en el que compartió las vicisitudes de las otras satrapías, pero, durante los pocos años de su existencia, se había demostrado que era posible crear reinos indígenas y dotarlos de la forma del helenismo. Más aún: Mausolo había comprendido y hecho comprender que la asimilación del helenismo era una condición de «modernismo» y de potencia, una condición vital en el mundo mediterráneo de aquel siglo. El predominio material, práctico, del helenismo era un hecho. El fracaso del imperialismo persa frente al mundo griego había demostrado que la civilización irania no era apta para la exportación. Por el contrario, la civilización griega no tenía necesidad de recurrir a la fuerza para imponerse. El genio griego facilitaba a quien sabía utilizarlo un admirable instrumento de poder: de Grecia procedían los mejores soldados, aquellos mercenarios que agitaban los Imperios y sin los que ningún príncipe bárbaro se atrevía a intentar nada. Y de Grecia procedían también los arquitectos, los escultores, los poetas, los filósofos, los legisladores, los comerciantes: en resumen, todos los hombres hábiles para sacar, en todos los terrenos, el mejor partido posible de los recursos del espíritu humano, así como para dar un sentido a la vida y al esfuerzo de los pueblos. Es lícito, sin duda, considerar que una buena parte de la historia helenística consiste en las tentativas de los príncipes que se sucedieron y se combatieron para captar, cada uno en provecho propio, la mayor cantidad de aquella energía espiritual. Ahí radica también, probablemente, el secreto de la unidad del mundo helenístico, una unidad cuyo sentimiento fue muy anterior a la realización efectiva[10] y que sustituyó, gradualmente, a la anárquica diversidad de aquel Imperio dividido antes de haber consolidado su propia realidad.

Alejandro había cristalizado a su alrededor el orgullo helénico. Su conquista había añadido el prestigio de la victoria a un Estado de hecho que comenzaba a imponerse con evidencia, la suprema-

---

[10] Sobre la unidad espiritual y económica del mundo helenístico, cfr. las páginas de M. Rostovtseff, *Social and Economic History of the Hellenistic World,* vol. II, pp. 1032-1053 [ed. cast.: vol. II, pp. 1168-1187].

cía de Grecia en todos los terrenos del espíritu, y, al mismo tiempo, el ejército macedónico había dado a Grecia el medio de reanudar hacia el Este una expansión que, desde hacía uno o dos siglos, chocaba con el obstáculo del Imperio persa. El espíritu aventurero de los colonos de otro tiempo recobró vida y vigor. Gracias a Alejandro, y gracias también (quizá en mayor medida aún) a la política resueltamente helenizante de sus sucesores, en Asia se abren inmensos territorios a la energía de una raza que tiene conciencia de su infinita superioridad en relación con los vencidos de ayer y que se dispone a sacar de su posición de fuerza todos los beneficios económicos que le sean posibles. Por todas partes, los griegos se hallan presentes hasta en las más lejanas provincias: mercenarios integrados en los ejércitos de ocupación o establecidos como residentes, comerciantes de todas las categorías, cuyas caravanas recorren las rutas de Asia o cuyas tiendas ofrecen los productos de la artesanía helénica a las más diversas poblaciones, artistas que trabajan en las ciudades de reciente fundación o embellecen las antiguas, filósofos que reflexionan sobre la mejor manera de gobernar a los hombres o de hacerles felices y prudentes, poetas que cantan las nuevas glorias o recuerdan los triunfos de antaño, retóricos hábiles en persuadir a las muchedumbres o a los jueces, todos colaboran, conscientemente o no, en difundir el helenismo y en demostrar sus excelencias.

No creamos, sin embargo, que la conquista de Alejandro fue la que, pura y simplemente, abrió las puertas del Oriente asiático al helenismo clásico. No fue la infantería de los hoplitas atenienses la que conquistó el mundo, sino la falange macedónica, ayudada por contingentes y mercenarios llegados de todas las ciudades. Y el helenismo que estos llevan consigo es menos puro. La civilización que se forma y se extiende salió de toda la Hélade, y no solo de su gran metrópoli cultural. La tradición clásica, que se forjó en el siglo v, es sobrepasada y desbordada por todas partes. Pero, por una afortunada coyuntura, ocurría que aquel cosmopolitismo devolvía la civilización griega, en una cierta medida, a las mismas condiciones en que había nacido.

El «siglo de Pericles», en efecto, había sido preparado y acompañado por un movimiento de ideas llegadas de todos los horizontes. Corrientes de pensamiento y artísticas, que tenían su origen en Asia Menor, en Siria, a veces incluso en Egipto, tanto como en la cuenca del Egeo, habían confluido para hacer posible el milagro de la Atenas clásica[11]. La gran conmoción que acompañó y siguió a la conquista de Alejandro reconstituye, en una Grecia más extensa, aquella comunidad cultural greco-oriental, tan fecunda ya en el pasado y que volverá a serlo para nuevas creaciones. La civilización helenística, lejos de representar una corrupción, una degeneración del helenismo clásico, reanuda un camino que había quedado interrumpido (pero de un modo quizá más aparente que real) por el predominio de Atenas y de algunas grandes ciudades continentales, desde finales del siglo VI a.C.

También desde otro punto de vista, la conquista de Alejandro invitaba al helenismo a recuperar sus más antiguas tendencias. Macedonia (lo mismo si se considera a sus habitantes como griegos que como bárbaros helenizados[12]) no había participado en la evolución cultural y política que tan profundamente había caracterizado las sociedades griegas de la península y de las islas entre los siglos VII y IV. Por lo que nosotros podemos juzgar, estaba aún bastante próxima de aquella «edad media» griega que había visto nacer las epopeyas homéricas. Esto acaso no habría tenido consecuencias, si Alejandro, precisamente por ello y también por temperamento, no se hubiera sentido inclinado a imaginarse como un héroe de Homero. Ávido de gloria, eligió por modelo, instintivamente, a Aquiles, y con tanta más razón cuanto que, por su madre Olimpíade, creía pertenecer a la raza de los Eácidas. Y aquella tradición familiar daría a su conquista del Asia un carácter épico, sobrehumano. La expedición contra Persia se convertirá en una Segunda Guerra de Troya, la aventura en que los griegos gustaban de descubrir la primera manifestación de una conciencia común a los helenos. Alejandro será un homerizante; será en política, lo que en poesía eran Esqui-

---

[11] Para el cosmopolitismo inherente a los comienzos del helenismo, cfr. T. J. Dunbabin, *The Greeks and their Eastern neighbours. Studies in the relations between Greece and the countries of the Near East in the VIIIth and the VIIth centuries...* (Journ. of Hell. Stud., suppl. VIII), Londres, 1957.

[12] El problema de la «raza» de los macedonios ha sido discutido frecuentemente. Se encontrará el resumen de la controversia en R. Jouguet, *L'impérialisme...*, pp. 79 y ss.; consúltese también el artículo «Makedonien», de F. Geyer, en la *Real-Encycl.*, y, del mismo autor, «Makedonien bis zur Thronbesteigung Philipps II», *Historische Zeitschr., Beiheft* XIX. A favor del origen griego, se pronuncia J. N. Kalleris, *Les anciens Macédoniens*, I. Introducción, la lengua; Atenas, 1954; «La question de l'origine des Macédoniens», *Cahiers d'Hist. mondiale* IV (1957-1958), pp. 903-917.

lo, Píndaro, o Sófocles. Como muchos otros, para servirnos de una famosa expresión, recogía «las migajas del festín homérico».

Nuevo Aquiles, Alejandro gusta también de presentarse como un Heraclida[13], y esta doble descendencia acaba de situarle en el mundo heroico. Este mundo no es, naturalmente, aquel en que se mueve el helenismo clásico, pero es su germen. Es en él donde encuentran su justificación todas las tradiciones nacionales, y a él se refieren las tragedias y todas las ideas cotidianas de la existencia. Todo esto contribuyó poderosamente a «embellecer» el nuevo helenismo: muchos patriotas, atenienses o tebanos, tenían derecho a considerar que la intrusión de los macedonios en la Grecia continental era una auténtica invasión extranjera. Otros, menos clarividentes quizá o más sensibles a los prestigios de la imaginación y de la propaganda, podían pensar que la historia de Alejandro reanudaba los tiempos heroicos, con su atmósfera de violencias caballerescas, de los que el espíritu griego había conservado siempre la nostalgia. Se estaba dispuesto a aceptar a Alejandro, en la medida en que se presentaba como un «jefe» en la línea de la tradición de los Atridas. Y, en efecto, los reyes de Macedonia ofrecen, por lo menos, una semejanza exterior con los de la epopeya: guías de sus compañeros de armas, por los que son legalmente elegidos[14] y a los que se imponen por su nacimiento y también por su prestigio personal, deben ser, ante todo, soldados, y la firmeza de su poder depende, en buena parte, de los triunfos que son capaces de alcanzar personalmente en el campo de batalla. Alejandro, con habilidad o, quizá mejor, por ese instinto, que es propio de los grandes políticos, explota esta semejanza, que muy pronto va a hacer de él no ya solo un héroe de epopeya, sino un dios.

Es frecuente preguntarse acerca de los orígenes de la «divinización» de Alejandro, prototipo de la que luego disfrutarán los soberanos helenísticos. Considerada la cuestión detenidamente, parece

---

[13] Es una pretensión afirmada en varias ocasiones por los reyes de Macedonia anteriores a Alejandro. Cfr. Heródoto, VIII, 138; Plutarco, *Vida de Alej.*, 2; Isócrates, *Discurso a Fil.* 32, 76, 116, 111-115, etc. Cfr. Demóstenes, *I Fil.*, 8.

[14] Sobre la naturaleza de la realeza macedónica, además de la bibliografía citada en la n. 12, cfr. A. Schaefer, «Das macedonische Königtum», *Historisches Taschenbuh* III (1884), pp. 1 y ss.; R. Granier, «Die makedonische Heeresversammlung», *Münchener Beiträge zur Papyrusforsch. und antiken Rechtsgesch.* XIII (1931). Sobre la realeza homérica, cfr. M. P. Nilsson, «Das homerische Königtum», *Sitz. der Preuss. Akad. der Wiss.*, 1927, pp. 23 y ss.

que aquellos honores, que a nosotros se nos antojan extravagantes, repugnaban menos de lo que ha venido creyéndose a la mentalidad helena[15]. Después de todo, la heroización era, en Grecia, una larga tradición, que se remontaba a la edad épica. Homero gustaba de hablar del «divino Aquiles», y el antiguo cliché, que cantaba en todas las memorias, recuperaba, al tratarse del nuevo Aquiles, un valor renovado. Todo héroe invencible, o largo tiempo invicto, parece escapar a la condición mortal, va divinizándose de un modo gradual e insensible. Alejandro, a medida que acumulaba victorias, se acercaba a sus modelos ancestrales, Aquiles y Heracles. Las arcaicas nociones de filiación divina y de destino sobrehumano –que solo rechazó, en las ciudades más «evolucionadas», una minoría de espíritus fuertes[16]– despertaron ecos inmediatos y profundos en la conciencia popular, que permanecía más fiel de lo que se hubiera imaginado a la tradición épica.

La edad helenística pasa por el periodo de la historia occidental en que los reyes fueron objeto de las más abyectas adulaciones, y los historiadores modernos siempre experimentan ante ello una cierta incomodidad, acaso porque toman al pie de la letra las fórmulas que atribuyen a los griegos el honor del racionalismo y de la igualdad humana. Como antídoto, no deberán olvidarse las violencias infligidas a los impíos por los propios atenienses. Tras el racionalismo totalmente nuevo de algunos sofistas, resplandecen tradiciones nada racionalistas y directamente relacionadas con la era preclásica.

La conquista de Alejandro liberó muchas tendencias del helenismo, que parecían dormidas. Ya hemos dicho cómo incitó a los griegos a remontarse hasta las fuentes de su propia civilización y les permitió tomar una conciencia más clara de su originalidad. Pero, al mismo tiempo, aquella misma conquista aportaba al mundo helénico algo nuevo.

---

[15] El problema de la divinización de los mortales por los griegos es muy complejo. Ha sido estudiado en gran número de obras, entre las cuales pueden citarse G. Foucart, *Le culte des héros chez les Grecs,* París, 1918; Farnell, *Greek hero cults and Ideas of Immortality,* Oxford, 1921. Los textos fundamentales y los ejemplos son analizados por L. Cerfaux y J. Tondriau, *Le culte des souverains dans la civilisation gréco-romaine,* París, s. d. (1957), pp. 102 y ss., con la bibliografía.
[16] Especialmente, como podía esperarse, en Atenas, cfr. L. Cerfaux y J. Tondriau, *op. cit.,* p. 142, pero, finalmente, nadie puso mucho interés en oponerse a las pretensiones divinas de Alejandro.

El helenismo clásico descansaba sobre la ciudad. La ciudad era la patria, a veces tiránica, pero más frecuentemente bienhechora. El ciudadano se sentía en ella protegido[17], y tomaba conciencia de los deberes que tenía para con ella. La caída de las ciudades, o, al menos, las precarias condiciones de su supervivencia, el sentimiento de que la ciudad no es ya un absoluto, sino que está expuesta a incidencias imprevisibles, todo esto contribuye a modificar profundamente el juicio instintivo que cada uno tiene de sus relaciones con los demás hombres. El ciudadano griego se asemeja, entonces, en cierto modo, al adolescente que por primera vez descubre que el mundo es más amplio de lo que le permitía suponer el horizonte familiar. Tiene que buscar en sí mismo un apoyo que ya no encuentra a su alrededor y cuya falta le resulta cruel. Así se inició un movimiento que tendía a separar de su concepto nacional los valores morales o estéticos, a no considerarlos ya como elementos de un patrimonio que solo pertenece a algunos privilegiados, sino a darles un significado universal. Teseo, por ejemplo, deja de ser, para los poetas, un héroe exclusivamente ateniense, y se convierte en un tipo humano infinitamente más general, una variante más «próxima» que el Heracles panhelénico. Y lo mismo sucede con todos los mitos, que muestran su fecundidad incluso fuera de las sociedades de las que habían comenzado siendo bien exclusivo[18]. Para un Calímaco, solamente los mitos de Cirene, su patria, son materia poética; por el contrario, cuanto más lejanas y extrañas sean las leyendas, más grato será el elaborarlas.

En otro terreno, mucho más cotidiano, pero de un modo muy semejante, los griegos instalados en los países más remotos se apoyarán en unos hábitos y en unas costumbres que ya no serán «nacionales», pero que aparecerán también como panhelénicas. Construirán, desde luego, un ágora y un gimnasio, y, donde quiera que encuentren tierra suficiente para ello, se sentirán como en su patria.

---

[17] Este es todo el sentido del pensamiento platónico, tal como lo expresa Sócrates en el *Critón,* por ejemplo, en el curso de la célebre prosopopeya de las Leyes: las leyes son las protectoras del ciudadano, que les debe todo, incluso la vida. A su vez, él les debe obediencia y protección, incluso el precio de su vida.

[18] Es en la poesía alejandrina donde los mitos pierden su carácter nacional para convertirse en una materia poética común. Los ejemplos más claros se encuentran en la obra de Calímaco (especialmente, *Hecale);* pero la especulación filosófica recurre también a los mitos, que se convierten en elementos de una especulación metafísica.

Esta ya no será el lugar de una tradición nacional, sino una forma de cultura, el lugar de la «paideia». Finalmente, el griego, en todo el Oriente, lleva su patria consigo.

Esta autonomía de la persona —uno de los caracteres más evidentes de la edad helenística, y aquel cuyas consecuencias serían más fecundas— no es, desde luego, una invención posterior a la conquista de Alejandro. Se halla implícita ya en algunas posiciones de los primeros sofistas, errantes ellos también, y que peroraban, indiferentemente, en cualquier ciudad que estuviese dispuesta a acogerles. Y es inherente también, con más profundidad, al socratismo, de tal modo que Jenofonte, discípulo de Sócrates, es uno de los primeros grandes señores helenísticos. Ya Temístocles, por muy ilustre patriota que hubiera sido, no había dudado en ser huésped del Gran Rey. Pero es a partir de la era helenística cuando la *persona* (y no ya solo el *hombre,* en sí mismo) aparece, verdaderamente, como «la medida de todas las cosas». Es a la persona a la que se referirán los valores morales, a su felicidad, a su conservación, a su libertad, yya a la salvaguardia de la ciudad. Estilpón el megarense ha quedado en la Escuela como el símbolo mismo de aquel espíritu nuevo. Como un rey (tal vez Demetrio Poliorcetes) le preguntase qué había perdido en la destrucción de su ciudad, Estilpón le respondió: «Nada, porque todo lo llevo en mí»[19]. Por mucho que los reyes conquistasen y destruyesen ciudades, un griego digno de tal nombre en ninguna parte se consideraba ya un desterrado. Zenón de Citio escuchó las lecciones de Estilpón, antes de abrir su propia escuela en Atenas, y el estoicismo se dedicó a extraer las consecuencias de aquella orgullosa actitud.

Estilpón era originario de Mégara, pero Zenón procedía de Chipre, y no era, desde luego, de familia griega, sino siria. Sin embargo, es a él a quien corresponde el honor de haber fundado una de las doctrinas más representativas del pensamiento helenístico. Para tener acceso a las más altas especulaciones, es necesario entender la lengua griega. El uso del griego se extiende por todo el Oriente. Ya antes de la conquista de Alejandro, era lengua diplomática y comercial, pero su difusión se vio, indudablemente, favorecida por la victoria de las armas macedónicas y, más aún, por el incremento de

---

[19] La frase es recogida por Diógenes Laercio, II, 115; cfr. Séneca, *De Constantia Sapientis,* V, 6. Zenón, discípulo de Estilpón, cfr. Dióg. L., VII, 24.

los intercambios comerciales y por el establecimiento de colonos griegos hasta el fondo de Asia. Al ser empleada por los macedonios o por los griegos de todas las procedencias, la lengua pierde la mayor parte de las peculiaridades dialectales que la hacen diferente de una ciudad a otra; de ahora en adelante, ya no es necesario haber sido formado, desde la infancia, en el idioma ático puro, para merecer el epíteto de «*pepaideumenos*». Comprender el griego, hablarlo un poco, se considera como un medio de elevarse a una civilización superior. En cualquier caso, es el medio de hacerse entender en todas partes. El viajero que, procedente de las orillas del Egeo, llega a un cantón perdido de Asia es escuchado ávidamente; se le rodea, porque siempre tiene algo que decir. Poco a poco, todos los pueblos van haciendo, gracias a esos contactos, el descubrimiento de lo que puede la Palabra, el *Logos;* la lengua griega es la de las cancillerías reales, la de los negocios, la de los tribunales, la del pensamiento puro. Quien no hable griego no puede figurar entre la «elite»; queda aislado, impotente, entre la muchedumbre anónima de los bárbaros, y así ocurrirá durante muchos siglos. Ni siquiera la conquista romana cambiará nada en este sentido. Jamás se hablará el latín de un modo habitual en Oriente; nunca se dejará de hablar el griego. Y lo que demuestra claramente que la civilización helenística no estaba ligada, en su esencia, a un imperialismo militar es que, en un Imperio en que los reinos de los Diádocos se consideran ya vencidos, el helenismo, por su parte, conservará todo su vigor y su fecundidad.

Tres siglos, aproximadamente, separan la muerte de Alejandro de la de César. Tres siglos, durante los cuales se produce una incesante confrontación entre Occidente y Oriente, y es absolutamente indudable que la forma y la naturaleza de esta confrontación habrían sido distintas, si no hubiera existido el Imperio de Alejandro.

En el momento en que Alejandro muere, Roma es ya una ciudad sólida, que tiene tras sí una historia bastante larga (sin duda, más de cuatro siglos) y unas tradiciones nacionales, políticas, religiosas y morales que le son caras. Roma tiene sus máximas, que regulan sus relaciones con los otros pueblos; el Imperio que ella ha comenzado a crear no se parece, en su principio, al del Macedonio, aunque el devenir de la Historia había de asignarle la misión de continuarlo. La conquista del Asia por Alejandro había sido obra de algunos años, se había llevado a cabo brutalmente, al precio de algunas batallas y en beneficio de un jefe de ejército. El *imperium romanum,* por el contrario, era el fruto de una lenta evolución, y no había sido conquistado por una casta guerrera ni por su rey. Los reyes de Macedonia son jefes de guerra; los magistrados romanos son jueces, elegidos por el pueblo en pacíficos comicios. Los soldados romanos son ciudadanos; los mismos hombres, en el otoño, trabajan los campos y, al regreso de la buena estación, son alistados en las legiones. Aunque, como a veces se supone, hubiera existido un tiempo en que la sociedad romana constase de clases distintas, dedicada cada una de ellas a una función particular[20], en el momento en que para nosotros comienza la historia de Roma, esta organización arcaica ha desaparecido desde hace mucho tiempo. Una sociedad sin casta guerrera difícilmente puede dejarse llevar a expediciones de conquista; se encuentra mucho más inclinada, naturalmente, a defender su patrimonio –y así lo entienden, desde luego, los historiadores de Roma–. El ejército de ciudadanos –nos dicen– no tenía otra finalidad que la de proteger contra cualquier ataque la tierra de la patria, los santuarios de los dioses, el suelo de la ciudad.

Pero no por ello esta ciudad ha dejado de crear uno de los más grandes Imperios de la historia. Los propios romanos explicaban aquella singular paradoja diciendo que Roma había recorrido aquel camino a pesar suyo: sus antepasados –explicaban– no se batían por saquear o por anexionarse territorios extraños, sino para evitar la realización de propósitos hostiles respecto a ellos, y preferían siempre un tratado o una alianza formal a una guerra. ¡Singulares conquistadores, que deseaban, ante todo, la paz! ¡Conquistadores a pesar de ellos mismos, que, en cada batalla, apostaban doble o nada!

Ahora bien, aquella política (de la que no puede dudarse que, al menos durante los primeros siglos de Roma, no haya sido verdadera) tuvo una consecuencia muy importante: al no estar orientada hacia la destrucción (material o jurídica) del enemigo, sino, ante todo, a asegurar alianzas, la conquista romana se presentaba como una especie de asociación o de liga. Los asociados *(socii)* o los súbditos *(subiecti)* estaban ligados a Roma –y Roma estaba ligada a ellos– por un pacto de asistencia mutua. Si Roma era atacada, ellos tenían que defenderla, pero, en compensación, ellos podían contar

---

[20] Es la tesis sostenida por G. Dumézil, *Jupiter, Mars, Quirinus,* París, 1941; *Naissance de Rome,* París s. d. (1944), etcétera.

con la protección de la ciudad «imperial». A cambio de esta garantía, los pueblos integrados en el Imperio tenían que consentir en una cesión parcial de su soberanía. El sacrificio era más o menos pesado, según que el tratado hubiera sido obtenido de buen grado o por la fuerza, pero era muy raro que la ciudad «aliada» no conservase una autonomía bastante amplia y, en todo caso, lo esencial de su personalidad. El Imperio, que debía su unidad a la potencia material de Roma y a un sistema jurídico establecido definitivamente, estaba destinado a llegar a ser, en todos los demás terrenos, una simbiosis total entre «conquistadores» y «conquistados». Esto se debe quizás a que Roma no poseía una cultura suficientemente vigorosa y original para que pudiera soñar en imponerla. También es posible que los primeros «aliados» de Roma hayan sido tan semejantes a ella, que ninguna diferencia seria hubiera separado a los romanos y a sus súbditos. De cualquier modo, en todo tiempo vemos a Roma acoger las costumbres, las creencias, las ideas que le proponen sus asociados.

Alejandro se había encontrado con un problema muy distinto, cuando intentó formar un Imperio único con pueblos esencialmente diversos. Las soluciones que él había soñado no eran más que expedientes cuyo efecto solo podía hacerse sentir a largo plazo, y, finalmente, la unidad del mundo helenístico no se logrará más que gracias a la superioridad del helenismo sobre las otras civilizaciones del Imperio. Para Roma, las condiciones son totalmente diferentes, y el proceso, inverso. Son las distintas culturas las que, al fundirse las unas con las otras, vienen a añadir la unidad de una civilización que se está formando a la organización material, política y jurídica preexistente. En el Occidente romano, civilización e Imperio avanzan paralelamente, al mismo paso. Y esta particularidad de la conquista romana tuvo como resultado la preparación de su Imperio para rebasar, un día, los límites de la península itálica.

Solo a partir del siglo III a.C., las ciudades griegas fueron «asociadas» al Imperio de Roma: la primera fue Tarento, colonia dórica, que había cometido la imprudencia de llamar contra Roma al rey del Épiro. Pero, desde hacía mucho tiempo, Roma había entrado en la órbita del helenismo. Desde el siglo VI a.C., los etruscos le habían transmitido formas de arte y de pensamiento que procedían del helenismo jónico. A los etruscos sucedieron los de la Campania helenizada; a continuación, Roma entabló relaciones directas con las colonias griegas de la Italia meridional y de Sicilia. En el momento en que se forma la civilización helenística, Roma puede ser considerada, según los historiadores que la conocen (indirectamente, al parecer), como una «ciudad griega»[21]. Incluso es, antes de la anexión de Tarento, como un verdadero bastión avanzado del helenismo en medio de los bárbaros itálicos, y esta posición en que se encuentra la induce (ya veremos por qué determinismo) a intervenir en el mundo griego. La Segunda Guerra Púnica, sostenida contra Aníbal, «capitán de fortuna» de estilo helenístico, más que contra la propia Cartago, acelera la entrada de Roma en el concierto de las grandes potencias mediterráneas. Era la diplomacia de Aníbal la que obligaba a los romanos a tener una política griega, y, en consecuencia, a regular su conducta y sus máximas de acuerdo con las necesidades del complejo político en el que se veía obligada a entrar.

De ahora en adelante, Roma comprende que debe continuar la obra de Alejandro. Este brote del imperialismo romano se produce, precisamente, en tiempos de Escipión el Africano, el afortunado adversario de Aníbal. En aquel momento, hacía más de un siglo que Alejandro había muerto. Su leyenda estaba más viva que nunca, pero eran todavía pocos los romanos que no desconfiaban de un rey al que consideraban como un aventurero peligroso. En la tradición romana todo contribuía a rechazar las lecciones que parecían desprenderse de su conquista. La república oligárquica repugnaba a las personalidades fuertes, no solo porque en el senado reinaban los recelos y las envidias, sino porque el principio mismo de la constitución suponía que los magistrados no eran más que los depositarios temporales, y siempre reemplazables, del poder colectivo. Se ganaban batallas y se alcanzaban victorias no por la capacidad o por la buena suerte de tal o cual jefe, sino por la Fortuna de Roma, de la que el *imperator* era el instrumento. El ejemplo de Alejandro era directamente contrario a aquel principio, y una parte importante de la opinión –su casi totalidad– consideraba que Roma no podía someter aquella Fortuna a la de un hombre, sin correr un peligro mortal.

Pero había también una parte de la opinión –al principio ínfima, luego cada vez más crecida– que cedía a la seducción que sobre ella

---

[21] Cfr. P. Grimal, *Le siècle des Scipions*, París, 1953, pp. 18 y ss. Aristóteles, citado por Dionisio de Halicarnaso, I, 72, 3-4, atribuye la fundación de Roma a algunos «Aqueos que volvían de Troya».

ejercía la figura de Alejandro. Fue el partido de los «filohelenos» el que, a la vez, experimentaba una simpatía espiritual por el pensamiento y la civilización helénicos y, como consecuencia aparentemente paradójica, pero muy explicable, de aquella atracción, estaba dispuesto a extender el Imperio de Roma a todo el mundo helenístico. Porque para ellos no se trataba, como los historiadores modernos repiten a veces, de esclavizar a Grecia, sino de continuar y llevar a su perfección una concepción política que tenía su origen en la mitad oriental del mundo mediterráneo, es decir, de realizar, finalmente, gracias a la duradera potencia de Roma, el sueño demasiado pronto interrumpido del Macedonio. Aquella inspiración oriental, muy viva en una parte importante de la aristocracia romana, había de hacer sentir su acción no solo sobre la política exterior de la ciudad, sino también sobre la evolución interior de la república. Contribuirá a provocar una serie de crisis, cada una de las cuales tendrá como consecuencia un acercamiento cada vez mayor de Roma a la monarquía.

La influencia de Alejandro, sensible en Roma desde el tiempo de la Segunda Guerra Púnica, alcanza, sin duda, su apogeo al final de la República, con César. Alejandro es el modelo declarado de César y el paralelo que los historiadores gustan de establecer entre ellos, desde la Antigüedad, no es solo un artificio retórico. César deseaba para sí mismo un destino semejante al del joven conquistador macedonio; le envidiaba por haber podido conquistar una gloria imperecedera, a una edad en la que él tenía que luchar todavía oscuramente para obtener los medios que le permitiesen afirmar su genio. Como sabemos, la Fortuna ofreció a César un magnífico desquite, permitiéndole reunir bajo el poder de Roma, en su edad madura, un Imperio casi tan vasto como el de Alejandro. Después fue herido de muerte por los senadores que habían comprendido que, demasiado parecido al Macedonio, no dejaría de seguir el mismo camino que él, convirtiéndose también en rey y en dios. En cuanto a rey, César no tuvo tiempo de serlo, pero sí de adoptar al que sería el primer emperador. En cuanto a dios, su muerte brutal hizo que lo fuese mucho antes de lo que él habría pensado, pues como dios siguió dominando, incluso después de los Idus de Marzo, el destino de Roma. Se puede asegurar que. César acabó, en más de un aspecto, el devenir histórico que se había iniciado, en el 334, en el campo de batalla del Gránico. Para ello había sido necesario que Roma asimilase antes, gradualmente, lo esencial de la civilización y del pensamiento helenísticos, que ella misma se convirtiese, casi totalmente, en un país helenístico, para que el pensamiento y la voluntad de César alcanzasen su plena eficacia. La caída de Alesia, el fin de la resistencia gala no señalan tanto el triunfo de una Roma imperialista y brutal como el advenimiento, en Occidente, de una civilización que procede directamente del Oriente helenizado. Se puede lamentar, sin duda, que este camino del helenismo haya pasado por Roma y pensar que la Galia, en el momento en que llegaron las legiones de César, estaba dispuesta a abonarse una derrota. El agua que baja al valle puede seguir distintos cursos, pero siempre llega al río.

César, en el momento mismo de su muerte, estaba plenamente convencido de que su destino le obligaba a seguir a Alejandro, y nosotros tenemos una prueba segura de tal convicción. En el curso de los siglos, el antiguo Imperio de Alejandro se había esterilizado un tanto. Las satrapías del Éufrates y del Irán habían acabado por agruparse en un Imperio nuevo, el de los partos, que se presentaban (no sin razón) como los herederos de los persas; tales satrapías escapaban al Imperio romano. Pero César, tras haber asegurado su poder, abrigaba la ambición de reconquistar aquellas provincias, que él consideraba como «perdidas», porque habían sido sustraídas al mundo helénico, aquel mundo cuya herencia integral reivindicaba Roma. Mientras los puñales de Bruto y de Casio herían al «tirano», los ejércitos del viejo *imperator* se reunían ya sobre la orilla oriental del Adriático para comenzar la reconquista; la conjuración de unos pocos senadores puso fin a tal sueño. Pero nos equivocaríamos, si no viésemos en ello más que el delirio de un ambicioso desenfrenado. En realidad, era un sueño que Roma entera compartía. Pudo comprobarse después: la opinión romana no se resignó jamás a dejar que los partos reinasen en Babilonia y dominasen Armenia. Hay, desde luego, la derrota de Craso en Carres, que pide venganza, pero, además de esta exigencia del honor nacional, está la nostalgia del tiempo en que el campo del helenismo no tenía otros límites que las fronteras alcanzadas por Alejandro. Augusto, deseoso de no aventurar las fuerzas romanas en una política de conquista en Oriente, tuvo que usar de la astucia frente a una opinión muy decidida a imponerle la continuación de los proyectos de César[22]. Dos generacio-

---

[22] Véase a este respecto las notas presentadas por Hans D. Meyer, *Die Aussenpolitik des Augustus und die Augusteische Dichtung*, Colonia, 1961.

nes después, Nerón, menos prudente que su antepasado, el divino Augusto, reanudará las hostilidades contra los partos y preparará una expedición con dirección al Cáucaso, siguiendo las huellas de Alejandro. Pero la muerte se lo impedirá, igual que a César. Trajano, a comienzos del siglo II, reanudará la misma política y habrá un momento en que incluso llevará los límites del Imperio hasta las bocas del Éufrates. Los romanos no lograrán nunca reconstruir, en su totalidad, el Imperio de Alejandro, pero no porque no lo deseasen con una obstinación que revela hasta qué punto eran conscientes de que recogían una herencia.

El Imperio romano no vino, de ninguna manera, a «calcar» el de Alejandro. Roma estaba ya helenizada, antes de chocar con las grandes potencias del Oriente helenístico. La civilización que ella aporta no es esencialmente distinta de la que encuentra en aquellos mismos reinos. Las comedias de Plauto, por ejemplo, habían familiarizado, desde el siglo III, al público romano con la vida y la sociedad griegas, antes incluso de que un solo legionario hubiese puesto los pies en Grecia, y lo mismo sucedía en algún otro campo del pensamiento y de la técnica. La simbiosis cultural entre Roma y Grecia no es el resultado de una conquista violenta. Horacio, al escribir que «la Grecia vencida había vencido a su bárbaro vencedor» (*Epist.* II, 1, 156), se equivoca, o nos equivocamos nosotros acerca del verdadero sentido de esta expresión. La victoria espiritual (si en el campo del espíritu hay victorias y derrotas) atribuida a Grecia sobre Roma es muy anterior a la alcanzada por las legiones de Paulo Emilio sobre la falange macedónica. La constitución del Imperio romano no es la obra de un grupo político, ni la de una raza. Fue el resultado de una evolución, en el curso de la cual los «Romanos de Roma» fueron desbordados por sus conquistas. Los senadores más conservadores no consiguieron nunca encerrar a Roma en sí misma, que, después de cada nueva anexión, ya no era la misma ciudad.

La conquista de Alejandro había prometido, de un solo golpe, a una misma comunidad espiritual todos los pueblos que ella abarcaba. En Roma fue a la inversa: la formación del Imperio duró siete siglos; en el curso de tan largo periodo, Roma reunió en torno suyo poblaciones heterogéneas, quizá más diversas aún que las que en otro tiempo habían formado el Imperio de Darío. Pero la ciudad que las asimila políticamente tiene, por su parte, una fuerza de cohesión que no tenía Macedonia, y, en el seno de la comunidad política así creada, surgió una civilización original, que vino a superponerse a la unidad política.

El milagro fue que Roma no destruyó la civilización helenística, sino que la integró, e incluso le dio un mayor vigor. Roma creó condiciones económicas y políticas que permitieron la renovación del mundo griego, pero creó también las condiciones para nuevas experiencias en el campo del espíritu: existe un arte, una religión, una filosofía, una poesía que pertenecen a Roma, que han salido de ella tanto como de los modelos helénicos. Estos modelos no son rehusados, sino transfigurados. Gracias a Roma, su eficacia se prolonga, a través de los siglos, hasta nosotros. Desde la muerte de Alejandro a la de César, a pesar de las innumerables luchas y crisis que sacudieron el mundo mediterráneo, no puede ignorarse la continuidad de una civilización que, con el apoyo de su pasado, encuentra el medio de adaptarse siempre a las cambiantes exigencias de un mundo en que las relaciones de fuerza y la economía están en perpetua evolución. Los filósofos, los escritores, los oradores, los artistas incluso fueron los principales artífices, de este milagro, y acaso no exista en la historia otro periodo en que mejor pueda comprenderse que la última palabra, en la evolución de los imperios, pertenece no a las fuerzas ciegas ni a la violencia de las armas o del número, sino al pensamiento reflexivo y consciente.

I. EL TIEMPO DE LOS DIÁDOCOS (323-280 A.C.)

Los 40 años que siguieron a la muerte de Alejandro se caracterizaron por innumerables guerras, en el curso de las cuales el Imperio conquistado por el rey estuvo varias veces a punto de hundirse, hasta que acabó por desmembrarse. La considerable fuerza militar reunida para abatir al Gran Rey y reducir la resistencia de los pueblos asiáticos fue apartada de sus objetivos por unos generales que eran, parcial o totalmente, sus depositarios. Estos generales son designados por los historiadores antiguos con el nombre de «Diádocos», porque son los «sucesores» directos de Alejandro, los que han recogido (y repartido) su herencia. Después de ellos, vinieron los Epígonos, cuyo nombre recuerda la segunda generación de héroes que, en la leyenda tebana, logró alcanzar la victoria sobre la ciudad maldita. Los Diádocos son los compañeros directos del conquistador; algunos incluso habían sido antes compañeros de Filipo; todos, salvo una excepción (la de Éumenes), son soldados macedonios, que obedecen las costumbres de su país y se rigen por ellas. Incluso los más ambiciosos de ellos se consideran unidos por algún lazo a la dinastía nacional de Pela, un lazo que sus tropas les impiden olvidar y romper.

De todos modos, durante este mismo periodo, empieza a verse despuntar la importancia de un factor al que se habría podido creer eliminado de la escena política: la opinión pública de Grecia. La mayoría de los «reyes» beligerantes se esfuerza por ganar la estimación de los griegos; sin embargo, la mayor parte de las ciudades no representa más que una potencia militar o económica muy restringida, y muy frecuentemente se verá que su posesión es para este o el otro rey un estorbo, más que una ventaja material. Pero, aún así, y por debilitadas que estén, esas ciudades tienen gran importancia en las combinaciones políticas: son las metrópolis del helenismo, y cada año es más evidente que el centro del mundo nuevo es la cuenca del Egeo. Allí es donde se hacen y se deshacen las coaliciones y donde las reputaciones se consagran. Es allí también donde se reclutan los mercenarios, y la reputación es importante para ellos. El mar Egeo es el punto común, el lazo de aquellos reinos en formación. En sus aguas se reúnen las escuadras y se forman las potencias económicas: Chipre, Rodas, la Confederación de las Islas desempeñarán un papel esencial en la historia de este tiempo, y los territorios asiáticos serán devueltos a los hombres que hayan alcanzado una victoria en Siria, o en Tesalia, o en los Estrechos, o que sepan, en el momento oportuno, conciliarse con Atenas u ocupar Corinto.

Aquellos 40 años, y algunos más, fueron el tiempo por excelencia de los conductores de hombres, de los capitanes de aventura, hoy poderosos y mañana fugitivos, teniendo que vender provincias y ciudades a sus soldados, por no poder pagarles sus haberes. Entre ellos ha encontrado Plutarco héroes inolvidables: Éumenes de Cardia y Demetrio, hijo de Antígono. Pero los otros, a su alrededor, no son menos brillantes, y sus triunfos, sus desgracias, sus crímenes o sus actos generosos componen un inmenso fresco cuyos episodios, bastante semejantes entre sí, difícilmente se dejan captar en un relato coherente; de tal modo se suceden las batallas y se enredan las intrigas, siempre en campos distintos, dando la impresión de una agitación bastante estéril, que consume años y generaciones, sin construir nada estable. Sin embargo, de esta confusión es de donde va a surgir el mundo helenístico, cuyas normas y espíritu ya se vislumbran.

LOS PROTAGONISTAS

Alejandro, para asegurar la ejecución de sus proyectos, secundarle en sus campañas y administrar el Imperio disponía de un Estado Mayor de oficiales macedonios, que, en conjunto, le habían permanecido fieles. Al final del reinado, algunos habían desaparecido, los unos víctimas de diversas intrigas, como Filotas, que había arrastrado a su padre, Parmenio, en la catástrofe, otros, como Clito el Negro, muerto por el propio Alejandro, por razones poco explicables, y otros, en fin, muertos de enfermedad, como Hefestión, el más íntimo amigo del Rey y, sin duda, el que más fielmente habría seguido sus proyectos. Estos vacíos habían ido llenándose como se había podido: los más valientes o, sencillamente, los más ancianos obtenían un ascenso. Así, Meleagro, el único superviviente de los primeros jefes de falange, debió a este hecho puramente accidental su ascendiente sobre la infantería en el momento de la partición de Babilonia. Todos aquellos hombres, oficiales confirmados o recientemente ascendidos, iban a encontrarse, después de la muerte del rey, investidos de grandes responsabilidades y sometidos a tentaciones demasiado fuertes, a veces, para ellos.

Al abandonar Pela, Alejandro había dejado, para sustituirle en Macedonia y a la cabeza de la Liga de Corinto, a Antípatro de Paliura. Antípatro, nacido probablemente en el 399 o el 398, pertenecía a la generación de Filipo, bajo el que había ejercido mandos militares importantes, especialmente en Tracia contra Cersobleptes, y al que también había reemplazado, a veces, como regente a la cabeza del reino. Al confiarle la lugartenencia, Alejandro no hacía, pues, más que seguir el ejemplo de su padre. Antípatro estaba tanto mejor cualificado para aquella tarea, cuanto que no era solo un soldado, sino que poseía además una extensa cultura, caso raro entre la nobleza macedonia. Mantuvo relaciones epistolares con Aristóteles y se le atribuye incluso la redacción de obras históricas[1]: excelente preparación para un administrador que debía dirigir la diplomacia del reino en el seno de la Liga de Corinto.

Antípatro estaba, por instinto, más cerca de Filipo que de Alejandro; seguía fiel a la tradición de la monarquía militar tradicional en Macedonia, y desconfiaba del espejismo oriental; se inquietaba, a veces, al creer que Alejandro cedía a la tentación de hacerse divinizar y adorar, pero era profundamente leal a la dinastía a cuyo servicio estaba, y recelaba de la veleidad de las ciudades griegas.

La labor de Antípatro no se veía facilitada por la presencia en Pela de la madre de Alejandro, Olimpíade, que había vuelto del destierro con su hijo, a la muerte de Filipo[2]. La reina tenía unos cuarenta años cuando comenzó la expedición de Asia, y no se resignaba

---

[1] Cfr. D. Kanatsulis, «Antipatros als Feldherr und Staatsmann in der Zeit Philipps und Alexander des Grossen», en *Hellenika* XVI (19581959), pp. 14-16. Véase también P. Pedech, en *R. E. A.*, LXII (1960), pp. 514-515, que formula reservas acerca de la habilidad militar de Antípatro.

[2] Sobre Olimpíade, cfr. H. Strasburger, s. v. «Olympias», *R. E.*, XVIII, 1 (1939), col. 177-182; Macurdy, *Hellenistic Queens*, Baltimore, 1932, pp. 22-46; R. Schneider, *Olympias, die Mutter Alex. d. Gr.* Progr. Zwickhaus, 1885; Tritsch, *Olympias*, Fráncfort, 1936.

a la autoridad de Antípatro, enviando fuertes reclamaciones contra él a Alejandro, que, conociendo a su madre, no concedía demasiada importancia a sus quejas. Por último, en el 331, Olimpíade se había retirado, una vez más, a Épiro, a la corte de su hermano Alejandro el Moloso, que era también su yerno, pues se había casado con Cleopatra, hija de Olimpíade y de Filipo y, por consiguiente, hermana de Alejandro. Alejandro el Moloso había muerto, poco después, en Lucania, por lo que Olimpíade había tomado en sus manos los asuntos del reino, convirtiéndose, de hecho, en la dueña del país, y Cleopatra, desposeída por su madre, tenía que regresar a Pela. Olimpíade no por eso dejó de proseguir las intrigas que le inspiraba su odio hacia Antípatro, hasta conseguir que Alejandro le prestase oídos, y bastó un incidente –una sublevación en Tracia, que el regente no pudo sofocar– para que el rey decidiese llamar a Antípatro junto a él, en Babilonia, mientras confiaba la regencia de Macedonia a Crátero, un antiguo jefe de falange que había llegado a ser uno de los lugartenientes favoritos de Alejandro. A pesar de su edad, Antípatro recibió la orden de escoltar reclutas desde Macedonia hasta Babilonia, mientras Crátero se ponía en marcha hacia Europa, a la cabeza de 10.000 veteranos enviados allí. En aquel momento, se produjo la muerte del rey.

En aquella hora dramática, otro superviviente de la generación anterior, Antígono el Cíclope, se encuentra también ausente de Babilonia. Desde hace unos diez años, gobierna la satrapía de Frigia. Alejandro ha recompensado así sus buenos servicios y su indudable talento militar. Al comienzo de la campaña, mandaba a los aliados griegos y, ya en Frigia, tuvo que pelear duramente contra los «guerrilleros» persas; en el curso de esos combates ha perdido un ojo, lo que añade a su fisonomía un cierto aire de ferocidad. Antígono es de gran estatura, goza entre los hombres de un considerable prestigio y sabe imponer su voluntad, pero es también diplomático, cuando la ocasión lo requiere, y sensible a la grandeza del helenismo. Frente al autoritario Antípatro, Antígono se hará partidario de la libertad de las ciudades griegas y será el primero en merecer su reconocimiento.

Los otros actores del drama se encuentran en Babilonia, donde todos desempeñaron algún cargo, en la corte o en el ejército. Uno de los más visibles es Pérdicas, cuya ascensión, extremadamente rápida, ha comenzado después de la muerte de Hefestión. Es un noble macedonio, buen oficial. Una vez desaparecido Hefestión, Pérdicas había asumido las funciones de quiliarca (el «visirato») y el mando de la primera hiparquía. Fue a él a quien Alejandro, al morir, entregó el sello real, y él era el confidente de los proyectos del rey.

Al lado de Pérdicas está su amigo Éumenes de Cardia. Canciller de Alejandro, después de haber sido secretario de Filipo, desempeñaba en la corte funciones civiles, aunque había comenzado su carrera como soldado. Y, a pesar de ser griego –lo que debilitaba un poco su posición en medio de todos aquellos macedonios–, era el que estaba más al corriente de todos los asuntos del Imperio, porque una de sus tareas había consistido, durante años, en centralizar las relaciones de los gobernadores e informadores de todas clases, en redactar o hacer redactar las respuestas del rey, en tener en orden los archivos y la crónica de la corte. Antípatro le era hostil, quizás a causa de Olimpíada, pero Éumenes no carecía de amigos, y él era también leal en sus afectos[3].

Entre los ayudantes de campo de Alejandro (los «somatofílacos», los «guardias de corps»), que eran ocho en el 323, había algunos movidos por una gran ambición, y que no se considerarían satisfechos con una satrapía. Los más notables eran Lisímaco, Pitón, Peucestas, Leonato y Ptolomeo. Todos habían participado activamente en la conquista. En otro tiempo, Ptolomeo había compartido el destierro de Alejandro, se había hecho ilustre durante los últimos años del reinado y sus triunfos le habían hecho muy popular entre la tropa; prudente hasta la doblez, estaba persuadido de que la obra de Alejandro no podía sobrevivirle. Así, desde el principio, no pensó más que en adjudicarse una parte del Imperio y, cuando otros generales –fuese por verdadera lealtad a la memoria de Alejandro, fuese por el cálculo de un interés que ellos creían bien entendido– se esforzaban por mantener la cohesión del poder, Ptolomeo, por su parte, no tenía otra preocupación que la de constituirse un reino.

Lisímaco parecía haberse formado, inicialmente, proyectos semejantes, pero fue más lento en su realización, acaso por verse me-

---

[3] Sobre este sentido de la amistad y del honor que parece haber tenido Éumenes, cfr. Plutarco, *Éumenes,* 5. Éumenes, a quien Crátero y Antípatro pedían su alianza contra Pérdicas, se negó expresamente, invocando sus deberes de lealtad.

nos favorecido por los acontecimientos que Ptolomeo, el cual tuvo la habilidad de hacerse enviar a Egipto, mientras Lisímaco obtenía la Tracia, menos protegida por su situación geográfica y constantemente atacada por los «disidentes».

Leonato, uno de los héroes de la campaña de la India, no había concebido aún su gran designio, que tendía nada menos que a apoderarse del trono de Macedonia, y que, finalmente, no le condujo más que a su pérdida, durante la Guerra Lamíaca. De momento, no era más que un jefe de guerra intrépido, pero vano y enredador.

Por último, el comandante de los «hipaspistas», que eran las tropas de selección, Seleuco, un gigante, de quien se decía que era capaz de sujetar con sus manos a un toro, se encontraba también en Babilonia, muy decidido a no dejarse olvidar.

EL PROBLEMA DE LA SUCESIÓN

Muerto Alejandro, había que darle un sucesor. Legalmente, la designación del nuevo rey correspondía al ejército macedonio, tanto a la fracción que se encontraba a las órdenes de Antípatro como a las tropas reunidas en Babilonia. Pero, en realidad, de momento, no se tuvo en cuenta más que a estas últimas. El carácter arcaico de aquella forma de elección no convenía a las circunstancias totalmente nuevas creadas por la conquista.

Lo más natural habría sido designar a un hijo de Alejandro, pero este no tenía aún ningún hijo legítimo. Roxana, la princesa persa con la que se había casado en Sogdiana en el 327, esperaba un hijo, mas, ¿sería un príncipe o una princesa? Pérdicas, el oficial que desempeñaba las funciones más elevadas, propuso al consejo de generales esperar hasta el parto de Roxana antes de tomar una decisión definitiva. Si el hijo era un muchacho, se le proclamaría rey; si no, se procedería a una deliberación. Los otros generales accedieron, e inmediatamente se atendió a organizar la regencia: Pérdicas y Leonato serían los dos tutores del joven príncipe y ejercerían la regencia sobre los territorios asiáticos. Macedonia y Grecia quedarían bajo la autoridad de Antípatro y de Crátero reunidos. Así se creaba una especie de tetrarquía, que, naturalmente, no iba a ser más que provisional. Aquel sistema tenía como virtud principal la de mantener la unidad del Imperio, al menos como principio. El futuro rey (si venía al mundo) sería el hijo del macedonio Alejandro y de la sogdiana Roxana; tendría, pues, iguales títulos para reinar sobre las dos mitades del mundo.

Pérdicas, al proponer aquella solución, permanecía fiel al espíritu de Alejandro y los generales presentes le comprendieron al punto. Pero no ocurrió lo mismo cuando se pidió la opinión de la tropa. Los jinetes, entre los que predominaba la nobleza, adoptaron el plan sin dificultad, pero la infantería se mostró hostil. Meleagro, que tenía entre los infantes el prestigio de un oficial con blasón, se negó a aceptar la posible elevación al trono nacional de un hijo de Roxana, es decir, a sus ojos, de un semibárbaro. Con una obstinación irreductible, que encontró eco en las filas de la falange, quería salvaguardar la «pureza» de la dinastía y, a falta de cualquier otro pretendiente posible, propuso a los infantes que votasen a un hijo que Filipo había tenido de una concubina, la tesalia Filina: era un tal Arrideo, epiléptico y medio loco. Pero era hijo de Filipo, y la infantería apoyó aquella extraña designación unánimemente.

El ejército se encontraba, pues, dividido en dos bandos. Los jinetes, decididos a imponer su solución salieron de Babilonia, con Pérdicas, y amenazaron con aislar la ciudad. Se habría desembocado, sin duda, en una verdadera batalla, si los esfuerzos de Éumenes no hubieran logrado conciliar los dos puntos de vista. Arrideo fue proclamado rey, con el nombre de Filipo III, pero, al mismo tiempo, se estableció que, si Roxana alumbraba a un niño, este reinaría juntamente con Arrideo. El sistema de regencia fue también notablemente modificado. En lugar de Leonato, Pérdicas tuvo que aceptar que se le impusiese como adjunto a Meleagro, considerado, sin duda, como representante de la falange. Por su parte, Crátero se convertía en el tutor oficial de Filipo III que, desde luego, era mayor, pero estaba incapacitado para ejercer personalmente el poder. En tales condiciones, ninguno de los actos de Pérdicas podía tener fuerza de ley si no era refrendado por Crátero, que, por su parte, tenía que permanecer en Macedonia, como asociado de Antípatro, recibiendo este el título de estratego. Resulta difícil definir aquella especial autoridad concedida a Crátero. Por otra parte, no tuvo ocasión de ejercerla, y todos pudieron comprobar muy pronto que, en realidad, Pérdicas era dueño de la mitad asiática del Imperio, mientras que Antípatro reinaba sobre la parte europea. Las decisiones impuestas por la intervención de Meleagro comprometieron gravemente la unidad del Imperio, al desmantelar la autoridad central. En efecto, aquella autoridad pasó a depender, no de instituciones definidas y estables, sino de la eventual concordia entre Pérdicas y Crátero, los dos personajes más importantes del Imperio. Meleagro fue eliminado rápidamente. Pérdicas le había acusado de alta traición ante el ejército, y los soldados le habían condenado a muerte. Por su parte, Antípatro, aunque en teoría era el segundo de Crátero, adquirió sobre él un ascendiente indudable; de más edad, tenía también más experiencia de poder en Macedonia, y el país estaba acostumbrado a él. Por si esto fuera poco, se ganó a su joven colega, haciéndole casarse con una de sus hijas. En fin, la Guerra Lamíaca, que estalló en cuanto en Grecia se tuvo noticia de la muerte de Alejandro, no dejó a Crátero el tiempo libre necesario para intervenir en los asuntos generales. Pérdicas y Antípatro se encontraban, pues, prácticamente solos en el mando. La obra de Alejandro se continuaría en la medida en que ellos acertasen a colaborar de un modo eficaz.

Pérdicas, que obtenía sin la menor dificultad el refrendo del rey Filipo III, se preocupó de asignar a los demás oficiales satrapías que les alejaban de Babilonia. Egipto correspondió a Ptolomeo, Tracia volvió a Lisímaco, la Frigia helespóntica a Leonato y Capadocia a Éumenes. La satrapía de Antígono fue ampliada con la adición de nuevos territorios: Licia, Panfilia y Psidia. Pitón recibió la Media, pero como el sátrapa de aquella provincia, Atropates, era suegro de Pérdicas (que había seguido, como la mayoría de los generales, el ejemplo de Alejandro y se había casado con una princesa persa), la Media fue dividida en dos partes. El norte correspondió a Atropates (fue la Media Atropatena, hoy Azerbaiyán). Los sátrapas de Lidia y de Caria eran, respectivamente, Menandro (ya en tiempos de Alejandro) y Asandro. El de Siria fue Laomedonte, un amigo de Alejandro, y el de Babilonia, un desconocido llamado Arconte. Seleuco fue designado para mandar los «hetairos» (los compañeros del rey), puesto en el que sucedió al propio Pérdicas.

Estos nombramientos de «prefectos» no modificaron nada el sistema de administración establecido por Alejandro; excepto algunos retoques, todas las provincias siguieron como antes. Los inspectores financieros, cuya misión era la de limitar el poder de los sátrapas, continuaron coexistiendo con estos. Sin embargo, y a pesar de tales apariencias, comienza a perfilarse una orientación nueva de la política. Los nuevos sátrapas son más independientes del poder central, de lo que anteriormente lo eran de Alejandro. Por ejemplo, Ptolomeo, en Egipto, no tarda en desembarazarse de su predecesor Cleómenes, aunque este había sido designado para adjunto suyo, y se dedica a organizar un ejército que sobrepasa notablemente los efectivos que se le permitían. Por último, ya no había apenas gobernadores de origen persa, lo que era contrario a los deseos de Alejandro. En las satrapías, no se encuentran más que oficiales macedonios, que no pueden olvidar su origen militar, y, muy pronto, aquellos «prefectos», que no habrían debido ser más que administradores, se convertirán en otros tantos *condottieri* siempre dispuestos a la batalla. Alejandro había deseado que, entre conquistadores y conquistados, se estableciese un espíritu de colaboración sincera. La partición del Imperio entre sus «mariscales» y solo entre ellos –lo que él no había querido– impedía que se borrase el recuerdo de la conquista.

El asunto de los mercenarios

Mientras en Babilonia se jugaba la suerte del Imperio, las provincias orientales y, por otra parte, Grecia fueron casi simultáneamente escenarios de una rebelión. La primera –el asunto de los mercenarios– fue la menos grave, y no tuvo más que el valor de un síntoma. La segunda, la «Guerra Lamíaca», puso en serio peligro la hegemonía macedónica en el mundo griego.
Alejandro había situado en Bactriana a un gran número de mercenarios griegos, a los que él proyectaba convertir en colonos, capaces de implantar sólidamente el helenismo en tierra bárbara. Pero aquellos hombres, que tal vez al principio habían sido seducidos por las ventajas que se les ofrecían, no tardaron en cansarse de una vida que les arrancaba de su patria. Echaron de menos la «vida griega»[4], y reinaba todavía Alejandro cuando ya se produjo una sublevación, acaudillada por un tal Atenodoro, que se había apode-

---

[4] Este sentimiento de los mercenarios nos es conocido por Diodoro, XVII, 99, 5; XVIII, 7, 1. Debe de haber sido frecuentemente experimentado por los griegos que se encontraban entre los bárbaros a causa de la epopeya de Alejandro. Cfr. también Quinto Curcio, IX, 7, 1-11.

rado de Bactres y había tomado el título de rey. Atenodoro no había tardado en ser asesinado, y, a la muerte de Alejandro, otros colonos se unieron a los insurrectos. Entre todos, formaron un ejército de 20.000 infantes y 3.000 jinetes. Aquellos hombres no tenían más que un deseo: el de volver a su patria, el de terminar por su cuenta la interminable aventura iniciada por Alejandro. Pérdicas, convertido en responsable del Asia después del reparto hecho en Babilonia, no podía permitir que aquel movimiento se acrecentase y se extendiese. Encomendó a Pitón el nuevo sátrapa de la Media, la misión de reducir a los rebeldes, utilizando para ello las tropas macedonias, hostiles por principio a los mercenarios griegos, despreciados y envidiados.

Pitón, en lugar de atacar de frente, emprendió negociaciones y no tardó en encontrar traidores. Olvidando la misión que se le había encomendado –que era la destrucción de los rebeldes–, Pitón esperaba aprovechar la ocasión para asegurarse el agradecimiento y la colaboración de aquellos mercenarios, que representaban una fuerza indudable. Con su ayuda, resultaría sumamente fácil crearse un reino. Los rebeldes se rindieron, y Pitón les perdonó. Pero los soldados macedonios, a los que Pérdicas había prometido expresamente antes de la partida los despojos de los mercenarios, no se conformaron y, por sorpresa, rodearon a los griegos, haciendo con ellos tal matanza, que no dejaron ni un superviviente. Pitón, decepcionado, no tuvo más remedio que volver al campo de Pérdicas. Las satrapías orientales perdieron unos miles de colonos griegos, pero aún quedaban muchos otros, los cuales, tal vez escarmentados, juzgaron más prudente continuar viviendo en Asia. Y Pérdicas comprendió, si no lo había comprendido antes, que cada uno de los sátrapas que él había creado podía traicionarle, en cualquier instante, para intentar alzarse con un reino.

La Guerra Lamíaca

Mientras tanto, en Grecia se jugaba una partida mucho más importante. Atenas no se había resignado jamás a la victoria de Filipo. Desde que se tuvo noticia de la muerte de Alejandro –primero, por rumores bastante vagos que los dirigentes se resistían a creer–, el partido democrático, tradicionalmente hostil a Macedonia, consideró que había llegado la hora de liberar a la ciudad y a toda Grecia. Precisamente, la ciudad tenía a su cabeza a Hipérides, el jefe de la fracción más «avanzada» de los demócratas. Demades y Demóstenes habían sido eliminados de la escena política a consecuencia del asunto de Hárpalo, y Licurgo, que había dirigido la política de Atenas durante mucho tiempo, había muerto el año anterior. La muerte de Alejandro no había cogido desprevenido a Hipérides. Con la ayuda de un tal Leóstenes, un ciudadano de Atenas que en otro tiempo había servido como mercenario en Asia y había adquirido un gran prestigio entre los demás mercenarios, Hipérides había entablado negociaciones con todos los soldados sin empleo que, de regreso de los países en que se habían batido, solían reunirse en la región del cabo Ténaro. Leóstenes, elegido estratego para el año 324, comenzó a asegurarse entre los soldados del Ténaro el núcleo de un ejército con vistas a una posible acción contra Macedonia[5], quizá él mismo había llamado la atención de Hipérides sobre el malestar que reinaba entre los mercenarios, malestar que los acontecimientos de Bactriana venían a confirmar. Al mismo tiempo, Leóstenes negociaba con los etolios, tradicionalmente enemigos de Macedonia.

Hacia el mes de septiembre se tuvo la seguridad de que Alejandro había muerto. La asamblea de Atenas, inducida por Hipérides, declaró la guerra a Macedonia. Todos los ciudadanos de menos de 40 años fueron movilizados, se decretó poner de nuevo en servicio y armar 200 trirremes y 40 cuadrirremes, se requisó lo que quedaba del oro de Hárpalo y se enviaron embajadores a toda Grecia para buscar aliados. Objetivo de la guerra: el de liberar a todas las ciudades a las que Antípatro había impuesto una guarnición. La mayoría de las ciudades aceptó unirse a Atenas, pero Esparta, duramente batida diez años antes, se negó a actuar. Los beocios, por su parte, no deseaban el renacimiento de Tebas, que sería la consecuencia inmediata de una derrota macedónica. Un cierto número de ciudades simpatizantes se vio paralizado por la presencia de la guarnición establecida por Antípatro. Finalmente, al lado de Atenas estaban Sición, la Élide, la Mesenia y Argos, pero los arcadios, inquietos al ver a Esparta al margen del conflicto, permanecieron,

---

[5] Sobre este tema, cfr. E. Lepore, «Leostene e le origini della guerra lamiaca», en *La Parola del Passato,* 1955, pp. 161-185.

prácticamente, neutrales. Al norte del Ática, los pueblos tesalios y algunos beocios siguieron a Atenas. Pero ninguna población de las Islas se avino a entrar en la alianza. Demóstenes, desterrado en Egina, puso espontáneamente su elocuencia al servicio de su patria y tomó parte, a título privado, en la campaña diplomática, lo que le valió ser llamado y acogido como triunfador por sus compatriotas. Al principio, los griegos consiguieron brillantes éxitos. Las tropas atenienses se establecieron en las Termópilas, no sin haber tenido que forzar antes el paso a través de la Beocia. Antípatro atacó con las tropas de que disponía y en las que figuraban jinetes tesalios, pero estos desertaron en el campo de batalla y Antípatro tuvo que encerrarse en la ciudad de Lamia. Su plan consistía en esperar los refuerzos que había pedido a los otros generales macedonios, a Crátero y a Leonato, que eran los más próximos. No podía esperar nada de Lisímaco, que, en Tracia, estaba empeñado en dura lucha contra el rey Seutes. Mas ¿cuándo llegarían los refuerzos?

Antípatro, prudentemente, ofreció su rendición a Leóstenes, que mandaba las fuerzas atenienses. Leóstenes no quiso concederle más que una rendición sin condiciones. Era demasiado pedir. Antípatro decidió continuar la resistencia. Poco tiempo después, Leóstenes fue muerto en una escaramuza. Antífilo, que le sustituyó, no tenía su prestigio. Los etolios fueron los primeros en retirarse, pretextando que les necesitaban en su país. Esta defección debilitaba a los aliados, que no pudieron mantener el cerco de Lamia cuando se presentó el ejército de socorro capitaneado por Leonato. Es cierto que este sufrió una derrota en un combate, en el curso del cual pereció, pero, si sus jinetes fueron vencidos, la falange quedó intacta y Antífilo no pudo impedirle que estableciese contacto con Antípatro. Este volvió tranquilamente a Macedonia. Crátero estaba en camino. El Imperio movilizaba, poco a poco, sus fuerzas contra los aliados, cuyas fuerzas, por el contrario, disminuían.

Pero Crátero tenía que franquear los Estrechos para reunirse con Antípatro. Todo dependía, pues, de lo que sucediese en el mar. Hasta entonces, los navíos atenienses mantenían el dominio del Egeo. La flota de Antípatro era muy inferior en número, pero, a comienzos del 322, Pérdicas envía en apoyo de su corregente una flota considerable, mandada por Clito. Bajo su protección, Crátero franquea los Estrechos. La flota ateniense, vencida, busca refugio en el Pireo. El pueblo decidió hacer un nuevo esfuerzo. Se equiparon nuevos navíos y, a comienzos del verano, las escuadras volvieron al mar, con la esperanza de interceptar los convoyes que regresaban del Asia a Macedonia. Pero Clito les infligió una segunda derrota junto a Amorgos y se dispuso a bloquear el Pireo. Desde entonces, la suerte de la guerra estaba decidida.

En el curso del verano, Antípatro y Crátero volvieron a ponerse en camino hacia Grecia, a través de la Tesalia. Disponían de más de 43.000 infantes y de unos 5.000 jinetes. El encuentro tuvo lugar en Cranón, al sur del Peneo. Los aliados solo disponían de unos efectivos aproximadamente equivalentes a la mitad de los macedonios. El enfrentamiento de la caballería fue favorable a los griegos, pero la falange destrozó sus líneas. Aunque la batalla, por sí misma, acaso no fuera decisiva, los aliados de Atenas se desalentaron e iniciaron negociaciones separadas con Antípatro. Atenas se resignó a negociar también. Se llamó a Demades, que volvió del destierro para tratar con sus amigos macedonios. Partió en embajada con Foción y con otro oligarca, Demetrio de Palero, que muy pronto iba a desempeñar un papel de primerísima importancia. Antípatro se encontraba en Beocia cuando aceptó negociar con Atenas. Sus condiciones fueron rigurosas: entrega de los oradores hostiles a Macedonia (Demóstenes, Hipérides), pagar una fuerte indemnización de guerra, transformar la constitución de la ciudad (desde entonces ya no serían ciudadanos más que los atenienses que dispusieran de una fortuna, por lo menos, de 2.000 dracmas) y, por último, recibir una guarnición macedónica en Muniquia. Atenas tuvo que aceptar. Desde el mes de septiembre del 322, los soldados macedónicos ocuparon Muniquia. Demóstenes e Hipérides, que habían huido, fueron condenados a muerte en rebeldía. Antípatro se encargó de perseguirles y ejecutarles. Demóstenes se envenenó en Calauria, en el templo de Poseidón, en el momento en que Arquias, enviado por Antípatro, estaba a punto de arrancarle de aquel asilo (12 octubre 322).

De los aliados del año anterior, los etolios eran los únicos que seguían en guerra. Antípatro y Crátero invadieron la Etolia, pero se encontraron con un enemigo inaprehensible, que hizo el vacío ante ellos y se retiró a la montaña, en la que era imposible perseguirle. Mas los macedonios tal vez habrían logrado reducir a Etolia por el hambre, si los acontecimientos de Asia no les hubieran obligado a concluir una paz cualquiera, a toda prisa, y a retirarse sin esperar siquiera a la terminación del invierno.

EL FINAL DE PÉRDICAS

Mientras Pitón reducía, mal que bien, la sublevación de Bactriana y Grecia se disponía a mantener la Guerra Lamíaca, Pérdicas, en Asia, había querido pacificar las regiones todavía no sometidas y, desde luego, ayudar a Éumenes a acabar la conquista de su satrapía de Capadocia. Para esto, dio a Leonato y a Antígono la orden de facilitar contingentes a Éumenes. Leonato, que aspiraba a sustituir a Antípatro en Macedonia, se apresuró a pasar a Europa, con el pretexto de socorrer a este. Explicó a Éumenes, con bastante imprudencia, las razones de su conducta, y le reveló que se le había prometido la mano de Cleopatra, la hermana de Alejandro. Éumenes dio cuenta de aquellas confidencias, inmediatamente, a Pérdicas, por amistad hacia este y, sin duda, también porque, fiel a la política de Alejandro, era contrario a toda intriga que pudiera desembocar en la desmembración del Imperio[6].

Antígono, en su dominio de Frigia, no se había movido, no prestando oídos a las órdenes de Pérdicas, que decidió intervenir personalmente para ayudar a Éumenes. Dos batallas fueron suficientes para reducir al sátrapa Ariarates, que se había mantenido en el país desde la época de Darío. Ariarates fue hecho prisionero y crucificado. Éumenes fue proclamado sátrapa de Capadocia en el momento en que Pérdicas enviaba a Clito y a la flota en ayuda de Antípatro. Parecía que el sistema elaborado en Babilonia funcionaba de modo satisfactorio y permitiría, por lo menos, hacer frente a las crisis mayores. Pero una intriga de Olimpíada y también, sin duda, las reticencias de Antígono en la aplicación del plan de Babilonia iban a echarlo a perder todo.

Antípatro, que tenía varias hijas, quería casarlas según las exigencias de su política. Eurídice se había casado con Ptolomeo, Fila era la mujer de Crátero, otra, Nicea, fue dada a Pérdicas, pero, mientras tanto, Olimpíada, que persistía en sus designios de abatir a Antípatro, ofreció a Pérdicas la mano de su hija Cleopatra, que había quedado disponible después de la muerte de Leonato. Y, sin esperar más, Cleopatra fue a instalarse en Sardas. Si aquel matrimonio se realizaba, Pérdicas ya no sería el igual de los otros «mariscales», sino

---

[6] Es posible también que la hostilidad de Éumenes contra Antípatro y la poca estimación en que tenía a Leonato contribuyesen a decidir su conducta. Cfr. Plutarco, *Éumenes*, 3, 4 y ss.

que aparecía ante todos como el único heredero del trono de Alejandro. Pérdicas no supo resistir a la tentación que le había preparado Olimpíada. Dudó y, sin renunciar a su unión con Nicea, tuvo cuidado, sin embargo, de no alejar a Cleopatra, que continuó en Sardas. Al mismo tiempo, otra hija de Filipo, llamada Cinana, tuvo la idea (por sí misma, o secretamente inducida por Olimpíade, no se sabe) de traer a Asia a su propia hija, llamada Eurídice (o Adea), para darla en matrimonio al rey Filipo III, a quien estaba prometida desde hacía mucho tiempo. Cinana tenía con ella una escolta armada. Pérdicas envió a su hermano Alcetas para detenerla, y Alcetas, muy imprudentemente, la hizo matar, lo que causó gran indignación a los soldados macedonios, que sentían el más profundo respeto por la sangre real. Obligaron a Pérdicas a aceptar el matrimonio de Filipo y de Eurídice, matrimonio que reforzaba la posición de Filipo III y tendía a mantener a todos los «regentes» en una situación subordinada. Si Pérdicas no había dudado en llegar hasta el crimen para impedirlo, era –se decía– porque él mismo aspiraba a la realeza.

Pérdicas se encontraba, pues, en una posición muy difícil en relación con sus colegas, cuando decidió someter a su obediencia a Antígono. Sin esperarle, este abandonó inesperadamente su gobierno, durante el invierno del 322, y buscó refugio cerca de Antípatro y de Crátero, empeñados en la campaña de Etolia que pondría fin a la Guerra Lamíaca. Antípatro y Crátero volvieron inmediatamente a Macedonia, y Antígono les expuso la situación a su modo, diciendo que Pérdicas había roto el pacto y quería hacerse rey. Su versión fue aceptada y se sentaron en común las bases de una coalición contra Pérdicas y, naturalmente, contra su amigo Éumenes. La mayoría de los demás sátrapas se unió a los coligados y, entre ellos, sobre todo, Ptolomeo, que creía encontrar así una salida a la difícil situación en que él mismo se había colocado.

Ptolomeo, en efecto, se había conducido, desde el principio, como soberano independiente (véase más arriba, p. 39) y no había dudado en conquistar Cirene, donde, aprovechándose de las profundas y sangrientas disensiones interiores, había establecido un verdadero protectorado, análogo en su forma al del rey de Macedonia sobre las ciudades griegas[7]. Cirene, hasta entonces, había sido

---

[7] Gracias a una inscripción, poseemos el texto de esta constitución de Cirene. Ha sido reconocida por Th. Reinach, «La charte ptolëmaïque de Cyrène», en *R. A.* XXVI

una ciudad libre, reconocida como tal por Alejandro y, respecto a ella, Ptolomeo usurpaba prerrogativas reales. Pérdicas, de todos modos, tal vez lo habría permitido, si Ptolomeo no hubiera organizado, al mismo tiempo, con una habilidad rayana en la bellaquería, el robo del cadáver de Alejandro.

La tradición, en efecto, quería que todo nuevo soberano de Macedonia rindiese honores fúnebres a su predecesor, y esta ceremonia confirmaba las prerrogativas del elegido. Pérdicas tenía la intención de proceder por sí mismo a la sepultura de Alejandro en Macedonia, y había encargado a uno de sus oficiales, llamado Arrideo, la ejecución de todos los preparativos necesarios para el transporte. Tales preparativos exigieron dos años, y solo a finales del 322 pudo Arrideo ponerse en marcha con el carro fúnebre. Pero, en lugar de tomar, desde Babilonia, el camino de un puerto sirio, se dirigió hacia Egipto: Ptolomeo le había sobornado. Se trataba de utilizar el rito del enterramiento en beneficio del sátrapa de Egipto. Al parecer, Alejandro había deseado reposar en el santuario de Amón. Ptolomeo hizo propagar el rumor de que el rey, al morir, había dispuesto que se le enterrase en Alejandría. Se colocó en cabeza del cortejo y él mismo escoltó los preciosos despojos hasta Menfis, en espera de que se acabase el magnífico mausoleo cuya construcción se había iniciado en Alejandría.

Ptolomeo había incurrido, por aquella acción, en la cólera de Pérdicas, y no se hacía ilusión alguna acerca de ello. La formación de la Liga contra el que se había convertido en su enemigo le pareció una solución providencial. Por otra parte, Pérdicas, al tomar la iniciativa de las hostilidades, lanzó su ataque contra él, en la primavera del 321. Éumenes recibió la orden de defender el Asia Menor contra Antípatro y Crátero, mientras el grueso de las fuerzas de Pérdicas se dirigía hacia el sur.

Para invadir Egipto, Pérdicas tenía que franquear el Nilo, pero, en la orilla oriental del río, chocó con una resistencia muy fuerte,

---

(1927), pp. 1-25. En ella se ve, por ejemplo, que los derechos cívicos están reservados a los ciudadanos que posean una fortuna no inferior a 20 minas, y estos ciudadanos formarán lo que se llama los Diez Mil. Habrá una Asamblea de 500 hombres de cincuenta años de edad, por lo menos, la mitad de los cuales, sacados a suertes, era renovada cada dos años. Un cuerpo de 101 gerontes está por encima de la Asamblea, y, en fin, el poder «ejecutivo» se halla confiado a cinco estrategos. Ptolomeo es estratego vitalicio. El cuidado de velar por las instituciones corresponde a nueve «nomofílacos».

que le cerró el paso. Entonces, los dos ejércitos remontaron el Nilo, cada uno por su orilla. Un nuevo intento de cruzarlo, en Menfis, resultó desastroso para las fuerzas de Pérdicas. El desaliento se apoderó del ejército, y los oficiales, en especial Pitón y Seleuco, se conjuraron contra su jefe y le asesinaron en su tienda. Dos días después, llegaba la noticia de que Éumenes, en el frente norte, había alcanzado una gran victoria, pero ya era demasiado tarde.

Antípatro, en efecto, juntamente con Crátero, había cruzado por la fuerza los Estrechos, con la complicidad de Clito, el almirante de Pérdicas. Uno a uno, los sátrapas se pasaron a su lado: así, Menandro en Lidia, Asandro en Caria y Neoptólemo, un antiguo caballerizo de Alejandro, a quien Pérdicas había encomendado la reducción de los disidentes que aún quedaban en Armenia. Sin embargo, Neoptólemo aún no había traicionado abiertamente a Pérdicas, cuando Éumenes le atacaba y el general desleal no pudo unirse al bando de los coaligados más que con un puñado de jinetes. Los aliados creyeron que les sería fácil aplastar al ejército de Éumenes. Dividieron sus fuerzas. Antípatro avanzó hacia el sur con el fin de atacar a Pérdicas por la espalda. Crátero y Neoptólemo quedaron frente a Éumenes, confiando en que los soldados macedonios que se hallaban en el campo de este desertarían, prefiriendo el partido de Antípatro al de un hombre a quien ellos se obstinaban en considerar como un simple «secretario». En esto se equivocaban Crátero y Neoptólemo, porque Éumenes, que había tenido la habilidad de formar en su satrapía un cuerpo de soldados capadocios, alcanzó la victoria, en una batalla decisiva gracias, precisamente, a su caballería indígena. Crátero murió en la pelea y Neoptólemo fue muerto por el propio Éumenes. Pero los infantes macedonios de Crátero, después de rendir acto de sumisión a Éumenes en el campo de batalla, aprovecharon la noche para escapar y reunirse con Antípatro.

La regencia de Antípatro

Pérdicas estaba eliminado, con la mayoría de las fuerzas que podían oponerse a los de la coalición. Éumenes, victorioso, desde luego, pero solo, no constituía ya una amenaza seria. Nada parecía amenazar el restablecimiento de la unidad, esta vez en favor de los vencedores y, muy especialmente, de Antípatro, a quien la muerte de Crátero colocaba en un primer plano indiscutible. La situación legal seguía siendo la que había salido de las decisiones de Babilonia, con la sola diferencia de que Roxana había traído al mundo a un niño, al que se había llamado Alejandro, como su padre, y que, nominalmente, era rey, en las mismas condiciones que Filipo III. Respecto a este, su esposa, la reina Eurídice, trataba por todos los medios de persuadir a los soldados de que ella debía ejercer en realidad el poder y convertirse en regente.

Tras la muerte de Pérdicas, el ejército se reunió en Triparadiso, en Siria, y se elaboró una nueva organización del Imperio. Antípatro consiguió disuadir a Eurídice de sus ambiciosos proyectos y se hizo atribuir a sí mismo la regencia; después distribuyó las satrapías. Éumenes no era ya, a los ojos de los macedonios, más que un rebelde y la asamblea de soldados le condenó a muerte, dejando para más adelante la ejecución de la sentencia. Los otros oficiales se repartieron sus despojos y los de Pérdicas. Como era de esperar, Ptolomeo fue el más beneficiado, pues conservó Egipto con la Cirenaica. Seleuco obtuvo la satrapía de Babilonia, y Arrideo la Frigia helespóntica. Antígono seguía siendo sátrapa de Frigia, con las anexiones, y, además, sucedía a Pérticas en el mando general del ejército. La satrapía de Éumenes fue entregada a un tal Nicanor, la Lidia a Clito, como precio de su traición; Pitón y otro asesino de Pérdicas, Antígenes, se repartieron las más importantes satrapías orientales: a Pitón correspondieron las dos Medias y a Antígenes la Susiana. Antípatro se convertía en el primer personaje del Imperio, pero era evidente también que, decidido a residir en Macedonia (adonde se retiró, llevando consigo a los dos reyes), tenía que dejar en Asia a un lugarteniente general que, en realidad, sustituiría a Pérdicas. Para esta misión eligió a Antígono. Es probable que esta elección le fuese impuesta por intrigas o por la opinión de los soldados, porque Antípatro desconfiaba de él e intentó tomar algunas precauciones contra la ambición de un hombre del que todo el mundo sabía que antes se había resistido abiertamente a Pérdicas y que muy bien podría hacer lo mismo con el nuevo regente. Dio a su hija Fila, viuda de Crátero, en matrimonio al joven Demetrio, hijo de Antígono. Demetrio aún no tenía más que 15 años, pero su padre le admiraba profundamente y él le correspondía con su afecto. Antípatro trató también de dejar junto a Antígono a su propio hijo, con el título de hiparco, pero los dos

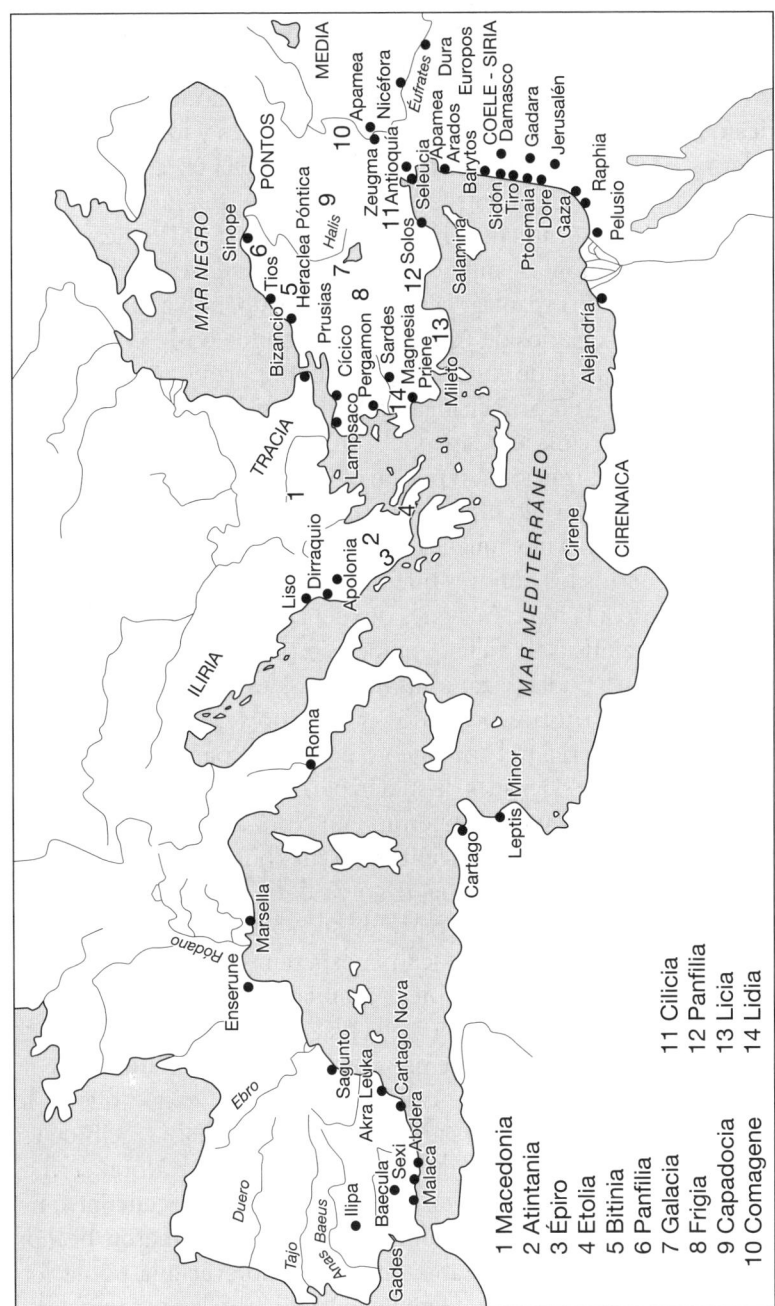

Mapa 1. El mundo mediterráneo en el siglo III a.C.

hombres no tardaron en reñir y Casandro volvió casi inmediatamente a Macedonia.

Una vez vuelto Antípatro a Macedonia, Antígono quedó, prácticamente, como único dueño en Asia. Éumenes y los últimos partidarios de Pérdicas seguían teniendo influencia en el país. Entre estos partidarios se encontraban Alcetas, el hermano de Pérdicas, y Átalo, su cuñado, así como Dócimo, designado por Pérdicas como sátrapa de Babilonia y muy decidido a no ceder nada a Seleuco. Éumenes trató de organizar la resistencia agrupando a su alrededor a todos los adversarios de Antígono, pero no lo consiguió, pues los otros desconfiaban de él y le despreciaban, porque no era griego. Antígono atacó, en primer lugar, a Éumenes. Una primera batalla tuvo lugar en Orcinia, en Capadocia, en la primavera del 320. Éumenes fue vencido, traicionado por un oficial, pero encontró el medio no solo de castigar al culpable durante la retirada, sino también, realizando un hábil movimiento, de volver al campo de batalla y rendir a los muertos los honores fúnebres, cuando Antígono creía que se había dado a la fuga. Acciones de esta clase, así como su generosidad y belleza física le valían grandes simpatías. Durante el invierno, como ya no podía pagar a sus hombres, les había vendido algunos grandes territorios ocupados por señores persas, y les había facilitado el material y el armamento necesarios para apoderarse de ellos por la fuerza. Después de su derrota, Éumenes, casi totalmente falto de recursos, tuvo que encerrarse en Nora, una pequeña ciudad fortificada, a la que su situación hacía inexpugnable y que estaba ampliamente provista de agua, trigo y sal. Él mismo había favorecido la marcha de la mayor parte de sus soldados y de sus oficiales, colmándolos de agasajos con la esperanza de volver a encontrarles cuando su fortuna hubiera cambiado. Antígono se dispuso a asediar Nora y cercó totalmente la plaza. Esperaba que Éumenes aceptase las proposiciones de paz que él le hizo, pero Éumenes no quiso ceder nada y, aunque había sido vencido, exigió que se le devolviese íntegramente su satrapía y todo lo que había recibido en el pasado. Antígono, dejando algunas fuerzas ante Nora, se fue, entonces, a combatir a Alcetas, Dócimo y Átalo. Los encontró no lejos de Antioquía y los derrotó. Átalo y Dócimo fueron hechos prisioneros. Alcetas, que había intentado sublevar a la población de Termeso contra Antígono, no lo consiguió y tuvo que suicidarse para no ser entregado a su vencedor. Después, mientras Éumenes seguía cercado, ingeniándoselas por todos los medios para mantener en buenas condiciones a sus hombres y sus caballos[8], Antígono se dirigió contra Arrideo, que, en la Frigia helespóntica, había intentado someter a la ciudad griega de Cízico; más tarde ataca a Clito y se apodera de Éfeso. Cada vez era más evidente que Antígono no respetaba los acuerdos de Triparadiso y se consideraba único dueño de Asia Menor. Antípatro, mientras tanto, se hallaba demasiado ocupado en Macedonia para intervenir en Asia. Los etolios, siempre en lucha contra él desde la Guerra Lamíaca, habían apoyado a Pérdicas. En el 320, iniciaron la ofensiva con tal fuerza que ocuparon la mayor parte de la Tesalia. Pero, una vez más, no pudieron explotar su victoria: requeridos en su patria por un ataque de los acarnanos, permitieron a los macedonios reconquistar la Tesalia y, mientras tanto, Antípatro murió (verano del 319). Desde hacía algún tiempo la edad había disminuido mucho sus fuerzas, hasta el punto de que había tenido que hacerse asistir por su hijo Casandro. Pero, pocos días antes de su muerte, no había designado para sucederle a Casandro, sino a un hombre mucho mayor en edad, un antiguo oficial de Alejandro, llamado Poliperconte, que precisamente acababa de destacarse pacificando la Tesalia. Casandro obtenía solo las funciones y el título de quiliarca. Aquella situación, humillante para el hijo de Antípatro, iba a acelerar en el curso de una larga crisis, la desmembración del Imperio.

La revuelta de Casandro y el final de Éumenes

Poliperconte había sido designado solo por una parte del ejército macedonio, la que se encontraba reunida en Pela. La elección podía, pues, ser impugnada. Esto fue lo que hizo inmediatamente Casandro, entablando negociaciones secretas con Ptolomeo y con los comandantes de algunas guarniciones puestas por Antípatro en las ciudades griegas. Pero, sobre todo, olvidando su antigua quere-

---

[8] Plutarco, *Éumenes*, 11, 3 y ss., cuenta que los caballos se colgaban de una garrucha con una cuerda que no les permitía más que rozar el suelo con sus cascos posteriores. En aquella posición, se les azotaba, lo que les obligaba a agitarse de tal modo, que sacaban de aquel ejercicio el mismo provecho que si hubiesen hecho una carrera al galope.

lla con Antígono, ofreció a este su alianza contra Poliperconte. Antígono aceptó: Poliperconte parecía demasiado decidido a continuar la política de Antípatro y a mantener la ficción de la regencia para que Antígono no se sintiese amenazado en sus propias ambiciones. A fin de tener las manos libres, propuso un armisticio a Éumenes, enviándole el texto de un juramento que ponía fin a las hostilidades y comprometía a Éumenes a reconocerle como soberano suyo. Muy hábilmente, este indujo a los soldados macedonios que cercaban Nora a que sustituyesen el nombre de Antígono con el de Olimpíade y los de los dos reyes. Después pronunció el juramento. Los soldados levantaron el sitio y Éumenes abandonó la ciudad sin haber prometido nada a Antígono. Inmediatamente se dedicó a reunir nuevas tropas y, pasados unos días, disponía de un millar de jinetes[9].

El Imperio estaba, de nuevo, partido en dos. Éumenes, una vez libre, fue solicitado por Poliperconte y por la reina Olimpíade para dirigir las operaciones contra Antígono en Asia. Aceptó y se convirtió así en el representante oficial de los reyes, mientras Antígono, aliado de Casandro y apoyado, primero en secreto y después abiertamente, por Ptolomeo, pasaba a ser un rebelde. La lucha entablada se desarrolló en dos frentes: el de las maniobras diplomáticas y el de acción militar, preparada y prolongada por las primeras.

Poliperconte tomó la ofensiva denunciando oficialmente la política autoritaria seguida por Antípatro en relación con las ciudades griegas. A finales del 319, promulgó un decreto devolviendo a las ciudades sus antiguas constituciones (por las que se regían antes de la Guerra Lamíaca), invitando a regresar a los antimacedonios desterrados y restituyendo a algunas ciudades ciertos beneficios que se les habían quitado: Atenas, por ejemplo, recuperaba Samos. En compensación, las ciudades se comprometían a no intentar nada contra Macedonia[10].

---

[9] Plutarco, *Éumenes*, 12, nos dice que devolvió a los capadocios los rehenes que había retenido en Nora, pero exigió a cambio caballos, bestias de carga y campamentos. Además, reunió a todos los soldados que andaban errantes por el país y que se consideraron afortunados al servir a tal jefe.

[10] El texto de este decreto ha sido conservado por Diodoro, XVIII, 55-56. Debe una gran parte de su interés al hecho de que constituye un precedente, en el que luego se inspirarán muchos soberanos, desde Antígono hasta los romanos. Véase un análisis del decreto por P. Cloche, *Remarques sur la politique d'Antigone le Borgne à l'égard des cités grecques, en l'Antiquité classique*, 1948, pp. 101-118.

Casandro replicó a esta ofensiva diplomática con múltiples intrigas locales. Así, en Atenas, se aseguró la adhesión del jefe de la guarnición de Muniquia e impidió la retirada de las tropas macedónicas. Grecia se encontró dividida en dos campos: en uno, los demócratas pedían ayuda a Poliperconte, y en otro, los oligarcas, apoyados por Casandro, hacían todo lo posible por conservar el poder. Casandro se hallaba en situación ventajosa porque sus partidarios solo tenían que salvaguardar su supremacía, mientras los demócratas debían conquistar el derecho a participar en el gobierno, provocando para ello golpes de Estado y revoluciones. Poliperconte tuvo que acabar renunciando a restablecer su autoridad en la mayor parte de la Grecia continental y Casandro, sólidamente instalado en el Pireo, disponía de una base marítima que le aseguraba fáciles comunicaciones con su aliado Antígono.

Poliperconte sufrió un nuevo revés con la derrota de Clito. Este y su flota guardaban los estrechos para impedir cualquier desembarco de Antígono en la costa europea. Pero después de un primer éxito, Clito no pudo garantizar su seguridad: sus navíos fueron sorprendidos en el fondeadero y destruidos totalmente, pereciendo también el propio Clito. Desde entonces Éumenes se encontraba aislado y Poliperconte ya no podía emprender una acción eficaz en la cuenca del Egeo.

Las operaciones de Antígono contra Éumenes comenzaron a finales de verano del 318. Éumenes, actuando en nombre de los reyes, había creado una notable organización. Las tropas macedónicas que se le había asignado, los argiráspidas («escudos de plata»), guardias de corps de Alejandro, dudaban en obedecer a un griego. Él supo halagarles, ganar a sus oficiales (entregándoles una suma de 500 talentos, puesta a su disposición por Poliperconte) y, finalmente, recurrió a una extraña estratagema. Fingió haber visto en sueños al «dios» Alejandro y haber recibido directamente su inspiración. Cuando celebraba consejo con los oficiales macedonios, hacía preparar un sitio vacío, destinado a la presencia invisible del difunto rey.

Éumenes, al principio, había esperado combatir en Siria, pero después de la derrota de Clito comprendió que le era necesario ganar la alta Asia. Empezó por agrupar a su alrededor, en nombre de los reyes, al mayor número posible de sátrapas. Algunos se negaron a tratar con él, pues le consideraban como un delincuente porque sobre él seguía pesando la sentencia de muerte dictada por el ejército en Triparadiso. Seleuco y Pitón se pasaron al bando de Antígono. Los otros aceptaron servir a Éumenes, pero con muchas reservas y reticencias. Después de varias peripecias, en el curso de las cuales Éumenes supo, en general, asegurarse ventajas tácticas, la batalla decisiva se libró en la región de los Gabenos. Los argiráspidas obtuvieron ventaja y Éumenes habría conseguido, probablemente, la victoria si no le hubiera traicionado uno de los suyos, Peucestas, que desde hacía mucho tiempo no le obedecía más que a regañadientes. La caballería de Antígono se apoderó del campo de los argiráspidas, que tenían allí, según la costumbre, a sus mujeres, a sus hijos y todos sus bienes. Para conseguir su devolución, hicieron entrega de Éumenes a Antígono (enero del 317). Éumenes fue ejecutado, y los sátrapas que le habían seguido fueron condenados a muerte en condiciones espantosas. Pitón, aunque había seguido a Antígono, fue condenado a muerte también: había dado, a lo largo de su vida, tan frecuentes pruebas de su doblez que el vencedor no quiso correr el riesgo de verse también traicionado por él.

Mientras tanto, Casandro proseguía la lucha contra Poliperconte. A partir de su base del Pireo, redujo a Atenas, restableció en ella la constitución oligárquica y eligió como gobernador, para representarle, a Demetrio de Falero. Después se dirigió a Macedonia, donde intentó provocar también una revolución. Consiguió elevar al poder a Eurídice, la ambiciosa mujer de Filipo III. Poliperconte huyó. Entonces Casandro consideró llegado el momento de proseguir la conquista de Grecia y, en especial, la del Peloponeso, que, en gran parte, no le pertenecía aún. Pero estaba detenido todavía ante Tegea cuando en Macedonia se producía un nuevo golpe de Estado. La vieja reina Olimpíade, regresando del Épiro a petición de Poliperconte, se apoderaba sin lucha del país. Eurídice y Filipo III cayeron en sus manos: Filipo III fue asesinado, y Eurídice, obligada a suicidarse.

Casandro respondió inmediatamente. Abandonando el Peloponeso, sublevó al Épiro contra los hombres de Olimpíade, lo que cortaba, de antemano, toda retirada a la reina. Su regreso a Macedonia fue triunfal, pues se le recibió como liberador. Olimpíade tuvo que encerrarse en Pidna; tenía consigo a Roxana y al joven Alejandro, que, después de la muerte de Filipo III, era el único rey legítimo. Casandro cercó la ciudad. Los mercenarios que la defendían no capitularon hasta la primavera del 316. El armisticio preveía que la reina salvaría la vida, pero Casandro la acusó ante el ejército, impuso su condena y la entregó a los parientes de las víctimas a las que ella había hecho matar antes.

Casandro pudo celebrar entonces, solemnemente, las exequias del rey Filipo III, lo que equivalía a reivindicar su sucesión. Al mismo tiempo, se casaba con una hija de Filipo II, llamada Tesalónica, y confinó al joven rey Alejandro y a Roxana en Amfípolis. Considerándose rey de Macedonia, Casandro fundó dos ciudades: una, Tesalónica, en honor de su mujer, y otra, Casandria, destinada a reunir a los habitantes de la antigua Potidea, en el istmo de Palena. Casandro, dueño de Macedonia, afirmaba cada vez más su autoridad también en Grecia. Poliperconte, expulsado de todas partes, se había refugiado en Etolia. Solo su hijo, llamado Alejandro, se mantenía en el Peloponeso. En el curso del año 316 Casandro decidió organizar una campaña que asegurase la «pacificación» definitiva de Grecia. Atravesando el país, restauró, en primer lugar, la ciudad de Tebas, que había sido destruida por Alejandro, y después intentó una ofensiva general en el Peloponeso, pero a pesar de algunos éxitos iniciales, no pudo llevarla a buen término y, a finales del otoño, tuvo que volver a Macedonia sin haber exterminado completamente de la península las fuerzas de su adversario.

Antígono contra Casandro

El Imperio de Alejandro se encontraba entonces dividido en tres partes: Casandro tenía Macedonia y Grecia; Antígono, las satrapías de Asia hasta la frontera de la India; Ptolomeo, Egipto y Cirene. Durante la lucha contra Éumenes, Ptolomeo no había tenido ocasión de intervenir, limitándose a hacer ocupar por su general Nicanor algunas plazas en Siria, especialmente los puertos. Su intención era, evidentemente, la de unir, un día u otro, Siria a sus propias posesiones, lo que suponía el germen de un conflicto casi inevitable entre él y Antígono.

Este conflicto se vio precipitado por la aventura de Seleuco. Este, que había creado algunas dificultades a Éumenes e influido en Antígono, no había recogido el fruto de su política. Antígono, después de la victoria, había llegado a Babilonia y había pedido cuentas

Para no tener que dárselas, Seleuco había huido a Egipto y desde entonces se dedicaba a amotinar a los otros sátrapas contra Antígono. Y los sátrapas le escuchaban gustosos, pues el poder militar y financiero de Antígono crecía de día en día, lo que les parecía, sin duda con razón, una amenaza para ellos mismos. Era necesario que, costase lo que costase, ninguno de los Diádocos pudiese reconstituir en beneficio propio la unidad del Imperio[11]. A partir del 316, Antígono se convirtió, pues, en el enemigo común y tuvo que enfrentarse con una coalición integrada por Ptolomeo, Casandro y Lisímaco, el sátrapa de Tracia, que debía su importancia al hecho de que dominaba los estrechos. La primera acción de los aliados fue, en el 315, la de reclamar una partición de común acuerdo. Sus embajadores, en un ultimátum, reclamaron para Ptolomeo la posesión de Siria; para Seleuco la restitución de Babilonia; para Lisímaco, la Frigia helespóntica, y para Asandro, el sátrapa de Caria (que era adicto a Casandro), la Capadocia y la Licia. Antígono se negó y fue la guerra.

Parecía que se hubiera vuelto al tiempo de Pérdicas. Antígono tenía que defenderse en dos frentes. Optó por dirigir la ofensiva hacia el sur para recuperar los puertos sirios. Ptolomeo tuvo buen cuidado de no resistir: se limitó a poner una guarnición en Tiro y volvió a Egipto después de haber requisado todos los barcos sirios disponibles.

Al mismo tiempo que sitiaba Tiro, Antígono comenzó su ofensiva contra Casandro, y para ello reanudó, por su parte, la acción diplomática que antes había sido el arma principal de Poliperconte. Acusó a Casandro ante los soldados macedonios que se encontraban en su ejército y obtuvo, naturalmente, su condena. Casandro, convicto de infidelidad a la política de Filipo II y de Alejandro, considerado como usurpador, fue declarado rebelde y se invitó a las ciudades griegas a abandonarle para obedecer en adelante a Antígono. Este, para disuadir más fácilmente a los griegos, proclamó la libertad de la Hélade y prohibió a quienquiera que fuese imponer una guarnición a ninguna ciudad griega. Los demócratas, a quienes la debilidad de Poliperconte había abandonado a sí mismos, recobraron ánimos, y Casandro se convirtió en su enemigo común, lo

---

[11] Sobre las causas de la coalición, cfr. P. Cloche, «La coalition de 315-311 contre Antigone le Borgne», *en C. R. A. I.,* 1957, pp. 130-139.

que hizo difícil su posición. Antígono, que había hecho construir, utilizando los bosques del Líbano, un gran número de navíos, pudo presentarse en las Cícladas con una importante fuerza en el otoño del 314: en aquel momento, todas las ciudades le acogieron con entusiasmo como a su liberador.

Casandro, mientras tanto, no había logrado emprender ninguna operación seria contra Antígono. Polemeo, sobrino de este, había resistido victoriosamente a las sublevaciones locales provocadas por Asandro con tal eficacia que Antígono tuvo la posibilidad, en el 313, de pensar en un desembarco en Macedonia. Para prepararlo, envió a las ciudades griegas cuerpos expedicionarios que no solo inquietaban al macedonio, sino que «liberaban» las ciudades dominadas por las guarniciones de Casandro. Polemeo abandonó el Asia, pasó al Peloponeso y luego a la Grecia continental. Antígono consideró que era el momento de cruzar los estrechos, pero no lo impidió Bizancio, que mantuvo su neutralidad. A la terminación del año 313, la situación era confusa: la mayor parte de Grecia pertenecía al bando de Antígono, pero este no había podido asestar un golpe decisivo a Casandro.

Fue el momento que Ptolomeo eligió para intervenir. Hasta entonces se lo había impedido una rebelión en Cirene, pero Casandro, inquieto por su inactividad, le apremiaba para que desempeñase un papel activo en la coalición. En la primavera del 312 el ejército egipcio penetró de nuevo en Siria. Antígono había confiado la defensa del país a su hijo Demetrio. Una sola batalla ante Gaza dio a Ptolomeo el dominio del país, y Demetrio, al que no le quedaban más que algunos jinetes, se retiró a Siria del norte, donde tuvo la buena fortuna de detener una vanguardia de Ptolomeo, imprudentemente aventurada[12]. Y cuando Antígono, una vez reagrupadas sus fuerzas, se dispuso a lanzar una ofensiva general, Ptolomeo se dio prisa en volver a Egipto. El único beneficiado por aquella campaña fue Seleuco, a quien la victoria de Gaza había franqueado la ruta de Babilonia, y que consiguió, con las escasas fuerzas que le conce-

---

[12] Demetrio, aleccionado por la derrota, no quiso confiar a nadie el cuidado de deshacer el ejército egipcio de Cilas. En su alegría, se mostró de una gran generosidad para con el general vencido y Ptolomeo, inaugurando así una serie de actos «caballerescos», que son característicos de un aspecto de la guerra helenística, y cuyo equivalente se encontrará en la lucha entre Pirro y Roma. Cfr. Plutarco, *Demetrio*, 6, 1 y ss.

dió Ptolomeo, reconquistar su satrapía. Este regreso de Seleuco será tomado después por los reyes seléucidas como origen de su era (abril del 311). Antígono trató de recuperar Babilonia, para lo que encomendó a Demetrio la dirección de un golpe de mano, pero sin éxito. Al fin, se impuso la necesidad de hacer la paz. El tratado firmado en el 311 equivalía a una partición del mundo: Antígono conservaba el Asia, Lisímaco era confirmado como sátrapa de Tracia, Ptolomeo en Egipto (con un protectorado sobre Chipre) se convertía prácticamente en rey, mientras que Casandro era proclamado regente de Macedonia hasta la mayoría de edad del joven Alejandro, hijo de Roxana. En apariencia, Antígono no obtenía para sí gran cosa, a excepción del fin de las hostilidades (que él no había desencadenado). Sin embargo, tampoco para él era negativo el balance. Seleuco era muy probablemente excluido de la paz (aunque el hecho haya sido negado), lo que salvaguardaba los derechos de Antígono sobre Babilonia, pero sobre todo una cláusula garantizaba su libertad a todas las ciudades griegas, que debían ser liberadas de sus guarniciones, lo que suponía un golpe para Casandro. Antígono no había vencido con las armas, pero su prestigio, al menos, salía reforzado ante la opinión de los griegos, una opinión que a largo plazo acabaría pesando en la balanza mucho más que los ejércitos[13].

Por otra parte, nadie se hacía ilusiones acerca del carácter provisional de aquel tratado. Casandro no se resignaba a la disminución de su influencia en Grecia, donde la diplomacia de Antígono había suplantado a la vieja Liga de Corinto, instrumento tradicional de la dominación macedónica, por ligas locales adictas. A finales del 310, Casandro hacía asesinar al joven Alejandro y a Roxana. Por

---

[13] Una inscripción (Dittenberger, *Inscr. Or. Gr.*, 5) nos permite conocer una carta «programa» de Antígono a los habitantes de Escepsis de Tróade. Antígono les informa de los términos de los tratados que él acaba de establecer con los otros Diádocos, y toma a su cargo la política filohelena de Poliperconte. Invita a los griegos a ayudarse recíprocamente para salvaguardar su libertad y conservar los beneficios que les han reconocido los contratantes, a saber: el fin de sus obligaciones militares y financieras en relación con los reyes. En cuanto a la situación de Seleuco, algunos autores modernos, ante el silencio de las fuentes, estiman que fue incluido en el tratado (cfr. A. Momigliano, «La pace del 31», en *Stud. ital, di filol. class.,* VIII, 1930, pp. 83-86; *idem.,* en *Riv. di filol.,* 1932, p. 479; contra esta hipótesis, cfr. R. H. Simpson, «The historical circumstances of the peace of 311», en *J. H. S.,* 1954, pp. 25-31.

otra parte, Polemeo, el sobrino y lugarteniente de Antígono, descontento de la manera en que le había tratado su tío (ignoramos exactamente por qué), se sublevó y se pasó al bando de Casandro. Durante este tiempo, Antígono se dedicaba, en Babilonia, a reducir a Seleuco, pero sin lograrlo. En el 309 tuvo que abandonar el país, resignado a aceptar el *statu quo*.

LA LUCHA POR EL EGEO

Aprovechándose del alejamiento de Antígono, Ptolomeo, en el 310, había reanudado las hostilidades. Había enviado una flota a intentar un desembarco en Cilicia[14], pero Demetrio había rechazado al invasor. Entonces, Ptolomeo decidió instalarse más sólidamente en Chipre. Hasta aquel momento, la isla estaba gobernada por reyes, bajo el protectorado egipcio. Las intrigas del rey local le dieron pretexto para una intervención. La dinastía chipriota fue aniquilada, y Menelao, hermano de Ptolomeo, se convirtió en regente de la isla.

Estas operaciones tuvieron como consecuencia la ruptura de la vieja alianza que unía a Ptolomeo con los dinastas de Macedonia. Dominado por una ambición que hasta entonces había sabido disimular muy bien (o que solo entonces había comenzado a abrigar), Ptolomeo anunció su intención de casarse con Cleopatra, la hermana de Alejandro, que seguía viviendo en Sardes rodeada de honores reales pero solitaria. Cleopatra acepta el ofrecimiento de Ptolomeo, y Antígono, entonces, hace que la asesinen sus criadas, provocando a renglón seguido la ejecución de estas[15].

---

[14] El pretexto fue que unas ciudades griegas de Cilicia aún tenían una guarnición impuesta por Antígono, contrariamente a los términos del tratado. Las verdaderas razones no están claras o, mejor, parecen haber sido varias: Ptolomeo esperaba, sin duda, apartar a Antígono de Babilonia y socorrer a Seleuco. Tal vez pretendía también asegurarse en Cilicia unas bases para intentar una posible conquista de Siria. Cfr. Diodoro, XX, 19.

[15] Diodoro, XX, 37, 3. Cleopatra intentó abandonar Sardes para reunirse con Ptolomeo, pero se lo impidió el gobernador de la ciudad, a las órdenes de Antígono. Este envió, inmediatamente, instrucciones para hacer matar a aquella princesa, que representaba un peligro constante, pues todos los aspirantes al trono de Macedonia trataban de conseguir su mano.

En el 308, Ptolomeo, prosiguiendo su empresa, desembarca en Corinto, a la cabeza de un ejército, y proclama que viene como liberador. Era muy tarde, y ya nadie le escuchó. Poco tiempo después, tuvo que retirarse sin haber conseguido nada. Pero aquella incursión infructuosa provocó en Grecia la intervención de Demetrio, a quien Antígono encomendó que redujese definitivamente los puntos de apoyo en que se mantenían Casandro y Poliperconte, muy desacreditado desde que, unos años antes, había traicionado a Antígono y se había puesto al servicio de su antiguo rival.

Hemos dicho que la principal base de Casandro en Grecia seguía siendo Atenas, donde, desde hacía diez años, Demetrio de Falera, gobernador filósofo, formado en la escuela de Aristóteles[16], había acertado a restablecer alguna prosperidad, manteniendo un régimen aristocrático ampliado y renunciando a ciertas prácticas consideradas como demagógicas porque empobrecían a los «ricos». Así, se suprimieron los trierarcos (que habían llegado a ser bastante inútiles en una ciudad que no podía ya esperar un papel de primera importancia en el interior de Grecia) y los coregos. La desaparición de los coregos implicó, por su parte, consecuencias muy interesantes para la historia del teatro: poco a poco –evolución anunciada ya por las formas dramáticas en boga a comienzos del siglo–, el papel del coro cambió de naturaleza; los cantos líricos se confiaron, desde entonces, a virtuosos, más preocupados que los coreutas tradicionales por poner de manifiesto su habilidad personal y la calidad de sus voces. Es ya la tragedia helenística, que está a punto de nacer.

Antígono decidió apoderarse de Atenas, arrebatándosela a Casandro. En el mes de junio del 307, Demetrio se presentó ante el Pireo con una flota y exigió la rendición de la ciudad. La guarnición macedónica no pudo resistir, y Demetrio de Falero huyó a Tebas, mientras el pueblo ateniense decretaba honores extraordinarios a su liberador. Antígono y Demetrio fueron considerados como dioses, al igual que los héroes legendarios. Se les levantaron altares y se dio su nombre a dos tribus suplementarias. Demetrio fue asimilado a Dioniso[17] –título que los atenienses, probablemen-

---

[16] Sobre la personalidad de Demetrio de Falero, cfr. E. Bayer, *Demetrios Phalereus der Athener,* en *Tübinger Beitr. zur Altertumsw.,* t. XXXI, Stuttgart, 1942.

[17] Diógenes Laerc., VI, 63; K. Scott, en *Amer. Journ. of Philol.,* 1928, pp. 137-168; 217-239.

te, habían concedido antes al propio Alejandro–. Es ya el comienzo de la realeza «divina», típica de la era helenística, y es conveniente señalar que esta costumbre nació en Atenas, y no en ningún remoto cantón de Oriente (véase, más arriba, pp. 22 y ss.). Desde luego, Demetrio y Antígono bien merecían el reconocimiento de Atenas: gracias a ellos, recobraba, por lo menos, una parte de su antigua grandeza; recuperaba sus antiguos «aliados», Lemnos e Imbros; reanudaba la construcción de navíos en sus arsenales, y las otras ciudades griegas eran invitadas por Antígono a apoyar a Atenas, y, en caso necesario, a socorrerla si era amenazada.

Tras haber afirmado así su decisión de no tolerar en la cuenca del Egeo ninguna influencia más que la suya, Antígono se dispuso a desalojar a Ptolomeo, sólidamente instalado en Chipre. Demetrio, abandonando Atenas con su flota, fue a poner cerco a Salamina de Chipre, donde se había encerrado Menelao, el regente lágida. Una flota de socorro, acaudillada por el propio Ptolomeo, fue derrotada ante la ciudad, y Chipre capituló en el mes de junio del 306. Esta victoria tuvo una gran importancia[18]. Antígono fue entonces saludado por su pueblo con el título de rey. Esto significaba que el que, legalmente, no era más que «regente» de una realeza vacante (desde la muerte del joven Alejandro IV) se convertía en el legítimo sucesor de Alejandro. Antígono aceptó el título y quiso asociar a él a Demetrio. Después, sin esperar más, lanzó una gran ofensiva destinada a reducir a Ptolomeo (otoño del 306).

Desgraciadamente, la aventura terminó, una vez más, en un fracaso. Una tempestad dispersó la flota de invasión, y las tropas de tierra no pudieron franquear el Nilo. Sobrevino la retirada. Ptolomeo, exaltado, tomó también el título de rey. Pero Antígono no se declaraba vencido. Al no poder derrotar a Ptolomeo por medio de las armas, trató de paralizar su comercio y agotar sus recursos económicos, mientras que los suyos propios crecían sin cesar[19]. Para eso, tenía que atacar Rodas, que era la plaza comercial más importante del Egeo oriental y mantenía excelentes y fructíferas relacio-

---

[18] Durante mucho tiempo se ha atribuido la fecha de esta victoria a la Niké de Samotracia, que es, probablemente, más tardía. Cfr. H. Thiersch, *Die Nikè von Samothrake,* Gotinga, 1931.
[19] Sobre la prosperidad económica de Antígono, cfr. P. Cloche, *La dislocation d'un empire,* París, 1959, pp. 142 y ss.

nes con Egipto[20]. Encomendó, pues, a Demetrio que atacase la isla, y el cerco de la capital de los rodios comenzó. Demetrio, que había merecido ya su sobrenombre de Poliorcetes (expugnador de ciudades), desplegó un ingenio increíble en el empleo de las máquinas, y puso en juego considerables efectivos en la tierra, y en el mar. A pesar de la encarnizada resistencia de los rodios, Demetrio avanzaba, metro a metro, pero las fortificaciones destrozadas por los arietes o por las minas eran rehechas delante de él. Todas sus precauciones no bastaban a impedir que los navíos de Ptolomeo abasteciesen a la ciudad. Finalmente, en el curso del verano del 304, Demetrio cedió ante la opinión de su padre y aceptó una paz de compromiso. Los rodios permanecerían libres; oficialmente aliados de Antígono, excluían expresamente de la alianza el caso de un ataque contra Ptolomeo. Este seguía siendo el amigo de los rodios, que le concedieron honores divinos. Rodas conservaba su carácter de gran puerto comercial de Oriente, y, solo siglo y medio después, aquella república mercantil se vería reducida a la insignificancia, cuando Roma se instale definitivamente en el Egeo. Como símbolo de su victoria, los rodios hicieron levantar, con el producto de la venta de las máquinas de guerra abandonadas por Demetrio ante su isla, una estatua gigante del Sol, su dios tutelar.

Antígono había querido desembarazarse de la empresa contra Rodas, porque Casandro, por su parte, había reanudado la ofensiva en Grecia y amenazaba a Atenas. Durante un año, esta había podido resistir con sus propias fuerzas, pero, en el 304, una nueva ofensiva había entregado a los macedonios varias plazas del Ática, y especialmente Salamina. La propia Atenas estaba cercada y su caída no era más que una cuestión de tiempo. Antígono no podía tolerar una victoria de Casandro, que había comprometido su prestigio. Demetrio fue enviado a Grecia, desembarcó en Áulide, sorprendió a Casandro por la espalda y le obligó a replegarse hacia el norte, infligiéndole, además, sobre la marcha, una derrota en las Termópilas. Atenas se había salvado, pero su salvación le costó cara. Demetrio se estableció en la ciudad, eligió como residencia el Parte-

---

[20] El papel de Rodas en la economía oriental está bien estudiado por M. Rostovtseff, *Soc. and Econ. Hist. of the Hell. World*, I, pp. 171 y ss. [ed. cast.: pp. 235 y ss.]. Los rodios dominaban los mercados, sobre todo como intermediarios y distribuidores del trigo egipcio.

nón y se condujo como un libertino –que lo era– y como un tirano. En contra de los principios hasta entonces mantenidos por Antígono, él no dudó en intervenir en los asuntos de la ciudad y en tratar duramente a los demócratas.

A comienzos del 303, Demetrio emprendió la reconquista del Peloponeso, donde subsistían algunas guarniciones, instaladas unas por Casandro y otras por Ptolomeo. Una campaña fue suficiente para expulsar a aquellas tropas aisladas, y Demetrio pudo, en el 302, convocar en una Corinto «liberada» a los diputados de las ciudades griegas, para fundar una nueva «Liga de Corinto», que esta vez sería de inspiración democrática y ya no oligárquica. La Liga reconstituida empezó por elegir a Demetrio como estratego. Parecía que el tiempo de Filipo y de Alejandro estaba a punto de volver. Antígono, dueño del Asia, salvo algunas satrapías orientales, y «hegemón» de Grecia, había casi reconstituido el Imperio. Extendía ya su acción diplomática fuera de Grecia. Demetrio se casaba con Dadamia, hermana del joven rey del Épiro, Pirro, lo que acentuaba el aislamiento de Casandro y podía constituir, un día, una amenaza.

Ante aquella situación, volvió a formarse la coalición de los otros reyes, y en la primavera del 302 se reanudaron las hostilidades. Demetrio tomó la iniciativa invadiendo la Tesalia, mientras Casandro confiaba a Lisímaco una parte de su ejército y le señalaba la misión de atacar a Antígono en Asia. Por su parte, Seleuco, con 500 elefantes, se dirigía hacia el oeste. Antígono tenía que defenderse en dos frentes. Uno tras otro sus lugartenientes le abandonaron. El viejo rey no por eso dejó de luchar con la mayor energía; por dos veces estuvo a punto de cercar a Lisímaco, pero al paso de los meses la fuerza de la coalición aumentaba. En el otoño, Antígono tuvo que resignarse a llamar a Demetrio, que abandonó la Tesalia y volvió a Asia. El choque decisivo tuvo lugar en la primavera, en Ipso (Frigia). Antígono y Demetrio tuvieron al principio la mejor parte, pero Demetrio, en vez de contener a sus jinetes, les permitió que se lanzaran a una persecución demasiado lejana. Durante aquel tiempo, Antígono, abandonado por la mayor parte de la falange, fue mortalmente herido, conservando hasta el fin la esperanza de que su hijo llegaría para salvarle[21].

---

[21] Plutarco nos ha dejado una biografía de cada uno de estos dos personajes, y él es una de nuestras principales fuentes para el conocimiento de sus vidas. Plutarco ha

El reino de Antígono fue repartido. Seleuco obtuvo la Armenia, Capadocia y Siria. El hermano de Casandro, Plistarco, recibió la Caria y la Cilicia, y Lisímaco el resto del Asia Menor. Ptolomeo, que en el curso de la guerra había invadido, una vez más, Siria, pero se había retirado inmediatamente a consecuencia de una falsa noticia que anunciaba la derrota de Lisímaco, fue excluido del reparto. Demetrio, por su parte, lo había perdido casi todo, pero conservaba todavía algunos recursos. Después de la batalla, se había refugiado en Éfeso con un pequeño ejército y le quedaba la sólida flota de Antígono, algunas ciudades costeras, entre ellas Tiro y Sidón, así como Chipre. Y seguía siendo estratego de la Liga de Corinto.

El tiempo de los *condottieri*

Con la derrota de Antígono en Ipso comienza un nuevo periodo: hasta entonces los Diádocos querían o conservar la parte de herencia que les había correspondido o, por lo menos en algunos casos, tratar de reconstituir el Imperio en provecho propio. Ahora, en el mundo confuso, desgarrado por incesantes guerras, creado por las querellas de los Diádocos, aparecen unos hombres que transforman la guerra en una industria beneficiosa y, cuando la victoria les permite construirse un reino con los despojos, se muestran incapaces de levantar un Estado verdaderamente pacífico y duradero. Dos figuras de estos *condottieri* dominan este periodo: la de Demetrio y la de Pirro.

Las aventuras de Demetrio

Después de Ipso, Demetrio se encontraba en una situación que no dejaba de recordar la que recientemente había conocido Poliperconte: rey sin reino, pero no totalmente desprovisto de recursos ni de ejércitos, podía intentar la reconquista, al menos, de una parte de lo que había perdido. Al principio y durante algunos meses,

---

realizado un gran trabajo de documentación (cfr. H. C. Girard, *Essai sur la composition des Vies de Plutarque*, París, 1945). Entre los autores modernos que han tratado de Demetrio y de Pirro, téngase en cuenta los trabajos de E. Manni, *Demetrio Poliorcete*, Roma, 1951-1952, y P. Lévêque, *Pyrrhos,* París, 1957.

fue un proscrito. Atenas, que antes le había colmado de honores, le volvió la espalda. Influida por Lisímaco, se negó a acogerle después de la derrota y se limitó a enviarle los navíos que él había dejado fondeados en el puerto, antes de marchar a reunirse con Antígono. Quedaba Corinto. Demetrio se dirigió allí, pero todo el mundo le abandonó. La fidelidad a los reyes destronados no entraba en el programa de la Liga: un rey que ya no podía ser un bienhechor ni un amo no interesaba a nadie. Para subsistir y mantener a sus soldados, Demetrio emprendió algunas operaciones fructuosas, en Tracia, en el curso de los años 301 y 300, que más tenían de bandidaje que de operaciones militares regulares.

Pero en el momento en que todo parecía perdido y en que Demetrio iba, como Poliperconte, a hundirse en la mediocridad de unas operaciones y combinaciones de corto alcance, la suerte, de pronto, cambió. Seleuco propuso una alianza a Demetrio y con ella la esperanza de recuperar su puesto de poco tiempo antes entre los dueños del mundo helénico. Seleuco, el gran beneficiario de Ipso, se sentía, a su vez, aislado en Asia. Chocaba con Ptolomeo en Siria, no habiendo conseguido ocupar el sur del país, adonde el rey de Egipto había enviado tropas, y no había tenido más remedio que aceptar, aparentemente de buen grado, una partición de aquellos territorios. Ptolomeo, por su parte, estrechaba su alianza con Lisímaco y le concedía la mano de su hija Arsínoe. Seleuco veía transformarse la vieja coalición, que parecía amenazar, inevitablemente, al dueño de Asia. Por eso se dirigió a Demetrio, cuyos genio militar y energía indomable conocía. Empezó por pedirle la mano de su hija Estratónice. La boda se celebró con gran pompa en Rosos (Siria). Inmediatamente Demetrio, apoyado por Seleuco, partía a atacar las posesiones de Plistarco. Ocupó muy rápidamente la Cilicia, porque Plistarco, al parecer, no recibió ayuda alguna de sus aliados. Casandro no se preocupó por su hermano: tal vez estaba ya enfermo o tal vez se dedicaba a restablecer en Grecia la dominación macedónica, lo que era suficiente para ocuparle por completo[22].

---

[22] Es posible que Fila, la mujer de Demetrio, que era hija de Antípatro y, por consiguiente, hermana de Casandro, defendiera cerca de este la causa de su marido; cfr. Plutarco, *Demetrio, 32*. Casandro se preocupaba, a la vez, de la suerte del Épiro, que él logró entregar a un rey de su hechura, Neoptólemo II, para eliminar la dinastía de Eácidas, uno de cuyos hijos era Pirro. Trató también de apoderarse de Corcira, que fue ocupada por el rey de Siracusa, Agatocles.

Además, no tardaría en morir, prematuramente, en el mes de mayo del 297.

Mientras tanto, Demetrio no se limitó a arrebatar a Plistarco una parte del antiguo reino de Antígono. No había olvidado la época en que era dueño de Grecia ni había renunciado a entrar en Atenas como rey. La ciudad estaba entonces dividida en dos facciones. Una, con Olimpiodoro, era hostil a Macedonia y favorable a Demetrio. La otra, en manos de Lacares, en otro tiempo amigo de Casandro, se hallaba en el poder. Demetrio se presentó como liberador para todos los que soportaban impacientemente lo que se llamaba la «tiranía» de Lacares y que parece haber consistido, sobre todo, en poderes excepcionales, destinados a proteger la ciudad contra un ataque de Demetrio. Una primera ofensiva lanzada en el 296 no alcanzó su objetivo, pero tras varias operaciones victoriosas en el Peloponeso, Demetrio volvió al año siguiente; se apoderó del Pireo (donde parece que se agruparon los adversarios de Lacares) y la ciudad tuvo que capitular a comienzos del 294, mientras Lacares huía a Beocia. Una flota de socorro enviada por Ptolomeo no había podido forzar el bloqueo y se había retirado sin combatir. Demetrio se mostró generoso. Llamó al poder al partido demócrata (sin dejar por eso de intervenir en los asuntos de la ciudad), abasteció a los atenientes y no castigó a nadie. Después se dirigió contra Esparta, última ciudad independiente del Peloponeso e influida, probablemente, por agentes de Ptolomeo.

Los lacedemonios fueron vencidos dos veces en campo abierto, y Demetrio habría tomado seguramente la ciudad si no hubiera visto, de pronto, la posibilidad de otra presa, cuya posesión no solo le permitiría volver más fuerte contra Esparta, sino compensar las pérdidas que durante aquel tiempo le infligían en Asia los Diádocos: Ptolomeo ocupaba Chipre y ponía sitio a Salamina; Lisímaco se apoderaba de Éfeso y obtenía Mileto; el propio Seleuco se instalaba en Cilicia. Demetrio estaba obligado a reconstruirse un dominio en Europa: ese dominio iba a encontrarlo en Macedonia.

Entrada en escena de Pirro

A la muerte de Casandro le había sucedido el hijo mayor del rey, pero había muerto también tres meses después. Sus dos hermanos,

Antípatro y Alejandro, eran menores. Se confió la regencia a su madre, Tesalónica, y esta dividió el reino en dos: la parte oriental para Antípatro y la otra para Alejandro. En el 295, el primero, llegado a la mayoría de edad, reclamó la totalidad del reino a su madre, que se negó a tal pretensión. Antípatro la hizo asesinar y luego expulsó a Alejandro. Este protestó y llamó en su ayuda simultáneamente a los dos príncipes a quienes él consideraba más aptos para lograr que le hicieran justicia: Pirro del Épiro y Demetrio. La situación había cambiado mucho para Pirro desde el momento en que Demetrio le había tomado bajo su protección. En la época de la alianza con Seleuco, Demetrio le había dado como rehén a Ptolomeo; allí el joven príncipe se había alejado poco a poco de Demetrio; se había convertido en el protegido de Ptolomeo y de Berenice, lo que le había valido, hacia el 297, ser reinstalado en su reino familiar, el Épiro[23]. Aquí Pirro había asegurado su poder y acrecentado sus dominios casándose con Lanasa, hija de Agatocles, rey de Siracusa. La dote de la princesa había sido la isla de Corcira (Corfú). Esta era la situación de Pirro cuando Alejandro le pidió ayuda.

Pirro acudió inmediatamente, pero empezó por exigir la cesión de varias provincias macedonias. Después atacó a Antípatro. Lisímaco, con cuya hija se había casado Antípatro, no pudo socorrer a su yerno por hallarse comprometido contra los bárbaros más allá del Danubio. Por consejo suyo Antípatro hizo la paz y aceptó una partición.

---

[23] Pirro, hijo de Eácidas, primo hermano, a su vez, de Olimpia (la mujer de Filipo de Macedonia), había tenido que huir del reino del Épiro a la edad de dos años (en el 317), en el momento en que su padre había sido expulsado del país y había buscado refugio en Etolia. Pirro había ido recogido por Glaucias, un rey ilirio, al lado del cual permaneció durante diez años. En algún momento fue restaurado por Glaucias como rey en el Épiro (probablemente en el 307), siendo entonces un instrumento en manos de los antimacedónicos y, especialmente, de Demetrio. En el 302, con motivo de la coalición contra Antígono, una nueva revolución, en el Épiro, expulsa a Pirro, que se une a Demetrio y combate a su lado en Ipso. Durante las expediciones de Demetrio a Tracia, Pirro fue su lugarteniente en Grecia. Cuando Demetrio se reconcilió con Ptolomeo, en 299-298, el Lágida le exigió rehenes, y Pirro fue a vivir a la corte de Alejandría. Así fue como Pirro se casó con Antígona (véase *infra*, n. 27). Ptolomeo le dio los medios para reconquistar su reino, pues de este modo podía esperar granjearse un aliado sólido en la Grecia continental. Pirro, en su segunda restauración, no tiene todavía más que 22 años. Acerca de todos estos hechos, cfr. el análisis de P. Lévêque, *op. cit.*, pp. 83 y ss.

Demetrio se había retrasado en el Peloponeso, pero, desembarazándose rápidamente, atravesó Grecia y se reunió con Alejandro en Dío (Pieria). Alejandro le hizo saber que ya no tenía necesidad de él. Demetrio no dejó traslucir su contrariedad, pero poco tiempo después, durante un banquete, hizo asesinar al joven rey y al día siguiente los soldados macedonios presentes en Dío le proclamaron rey. La opinión pública, unánimemente, les siguió. Antípatro, príncipe detestado, tuvo que huir a la corte de Lisímaco, y Demetrio comenzó su reinado. Después de fundar una ciudad (Demetríade) en el golfo de Pagasas, se marchó a proseguir la pacificación de Grecia.

Pirro no se resignaba de buen grado al establecimiento de Demetrio en Macedonia. Así, cuando los beocios con el apoyo de los etolios, que entonces ocupaban Delfos, se sublevaron por segunda vez[24], y mientras Demetrio estaba comprometido en el sitio de Tebas, Pirro ocupó las Termópilas con el evidente propósito de cortar las comunicaciones del Poliorcetes con su reino. Pero cuando Demetrio se presentó, Pirro no prosiguió la aventura y se retiró al Épiro.

El conflicto latente entre Pirro y Demetrio iba a adoptar una forma inesperada: Lanasa, la mujer de Pirro, abandonó a su marido y se retiró a Corcira: estaba cansada de la presencia en la corte de una concubina iliria. Desde Corcira propuso a Demetrio convertirse en su mujer. Demetrio aceptó y, con permiso de Agatocles, se casó con ella. Inmediatamente se apoderó de Corcira sin que Pirro pudiese resistir.

Demetrio era entonces el dueño de un verdadero «reino griego» y sus objetivos parecían susceptibles de extenderse al occidente helénico, el mundo de Sicilia y de la Magna Grecia, que hasta entonces había evolucionado al margen de las crisis que perturbaban a Grecia y a Oriente. Pero tenía en contra no solo a Pirro, cuyo prestigio aumentaba, sino también a los etolios, que ocupaban Delfos y cristalizaban a su alrededor las tendencias antimacedónicas[25].

---

[24] Las dos sublevaciones sucesivas de la Beocia parecen situarse en el 292 y el 291. La incursión de Pirro en las Termópilas es de la primavera del 291. P. Lévêque, *ibid.,* pp. 137 y ss. Para la ocupación de Delfos por la Liga Etolia (entre el 301 y el 297), cfr. R. Flacelière, *Les Aitoliens à Delphes,* París, 1937.

[25] Demetrio hizo celebrar en Atenas los Juegos Píticos, que, normalmente, se celebraban en Delfos. El partido macedónico, en Grecia, multiplicaba las adulaciones a Demetrio. Los etolios eran, por consiguiente, considerados como los campeones de la libertad de los helenos, al igual que en el tiempo de la Guerra Lamíaca.

Demetrio intentó reducirles e invadió su país, pero Pirro, para aliviar a los etolios, asoló durante aquel tiempo la Macedonia, aunque tuvo que concluir una paz en el 289.

Demetrio no abandonaba por ello sus grandes proyectos; por los preparativos que hacía, sus vecinos, y sobre todo Lisímaco, comprendieron que trataba de emular a Alejandro y de emprender la conquista de Asia. Decidieron impedirla. Lisímaco y Pirro invadieron simultáneamente Macedonia. Los ejércitos de Demetrio, minados en su moral por los adversarios, cedieron rápidamente. Demetrio, abandonado por sus soldados, tuvo que salir disfrazado de Macedonia, y el reino fue repartido entre Pirro y Lisímaco (verano del 287). Unos meses bastaron para que se hundiese, esta vez definitivamente, la fortuna de Demetrio. Atenas se sublevó y Ptolomeo se apoderó de las ciudades asiáticas que aún le quedaban al rey destronado. Demetrio intentó invadir el Asia Menor con un ejército de mercenarios, pero Agatocles (el hijo de Lisímaco) salió a su encuentro y, atacándole de costado, le obligó a retirarse a las satrapías superiores. Demetrio perdió en la aventura más de los dos tercios de sus hombres. Por último, fue cercado por Seleuco y tuvo que rendirse (comienzos del 285). Pasó los dos últimos años de su vida en una cautividad honorable en una residencia real, a orillas del Orontes.

EL FINAL DE LOS DIÁDOCOS

La derrota de Demetrio beneficiaba sobre todo a Lisímaco, que no tardó en apoderarse de toda Macedonia expulsando de su parte al rey Pirro. Su diplomacia le había conciliado el favor de un gran sector de la opinión, también en Grecia. Además, había ocupado la Tesalia, donde se había mantenido algún tiempo Antígono Gonatas, hijo de Demetrio, a quien su padre, al salir para Asia, había entregado plenos poderes sobre lo que le quedaba de sus posesiones europeas[26]. Pero Lisímaco iba a ser arrojado también del pi-

---

[26] Lisímaco y Pirro habían colaborado para actuar contra Demetrio y Antígono Gonatas. Este había sido expulsado de la Tesalia, casi totalmente, por Pirro, en el 287. Pero, dos años después, Lisímaco había expulsado, a su vez, a Pirro, mientras este iniciaba una reconciliación con Gonatas.

náculo a que había logrado elevarse. Seleuco se inquietó ante los progresos realizados por el rey de Tracia. Además, ciertas intrigas familiares urdidas en la corte de Tracia dieron origen a la formación de verdaderos complots contra Lisímaco —complots cuyas ramificaciones se extendieron muy pronto a todo el Oriente— y contribuyeron a persuadir a Seleuco de que había llegado el momento de actuar[27]. Así, en el verano del 281, Seleuco inició las operaciones contra Lisímaco en Asia Menor. Algunas semanas después se libró la batalla decisiva entre los dos reyes en la llanura de Ciro (Cirupedio), al oeste de Sardes. Lisímaco fue vencido y pereció en el campo de batalla. Seleuco no se contentó con haber abatido a Lisímaco. Se hizo proclamar rey de Macedonia por los soldados y, confiando su reino asiático a su hijo Antíoco, se puso en camino hacia su patria, aquella Macedonia de la que un día había salido con Alejandro y a la

---

[27] He aquí el esquema (un tanto simplificado) de las alianzas familiares que explican el «complot» contra Lisímaco y sus ramificaciones políticas «internacionales»:

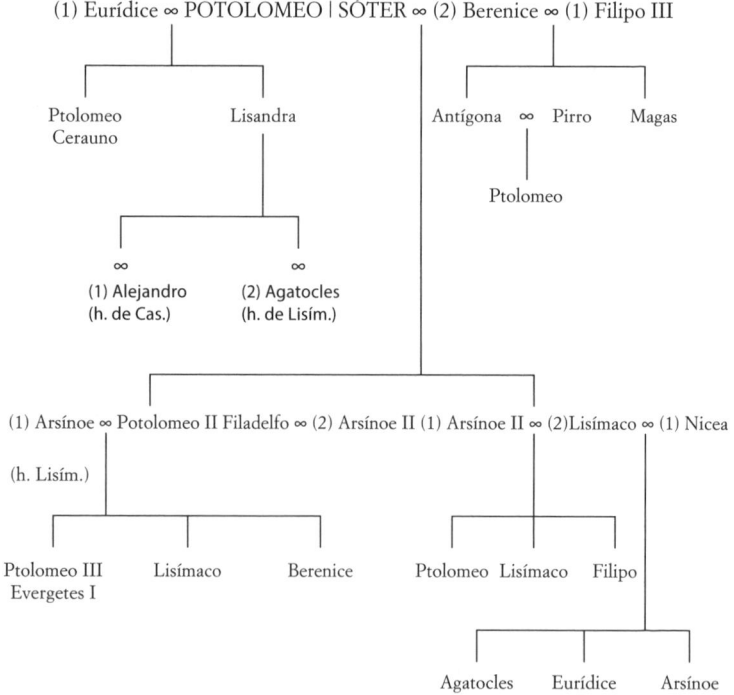

que no había vuelto. Pero no llegaría a ella. Apenas franqueados los estrechos, fue asesinado por un hijo de Ptolomeo y de la reina Eurídice, un tal Ptolomeo «Kéraunos» (el Rayo), a quien Seleuco había prometido reintegrarle en el trono de Alejandría, donde reinaba desde el 285, primero juntamente con su padre y después solo, Ptolomeo II «Filadelfo», hijo de Ptolomeo y de su segunda mujer, Berenice. Cerauno, considerando que Seleuco tardaba en cumplir sus promesas, le degolló cerca de la ciudad de Lisimaquia y se hizo proclamar, a su vez, rey de Macedonia (invierno del 281-280). Así desapareció el último de los Diádocos, los compañeros de Alejandro que habían participado en la conquista y se habían repartido los despojos del rey difunto. El Imperio de Alejandro estaba desde entonces y para mucho tiempo dividido en tres reinos: Egipto, en manos de los Ptolomeos; Siria, a la que se añadían el Asia Menor y algunas de las «satrapías superiores», en las de Antíoco y de sus descendientes, los Seléucidas; y, por último, la Macedonia, sobre la que reinó, al principio, Cerauno y que después pasó al hijo de Demetrio, Antígono Gonatas, y a la dinastía de los Antigónidas. Los Lágidas de Alejandría habían de reinar hasta la muerte de Cleopatra, en el l 30 a.C.; los Seléucidas, tras un largo conflicto contra Roma y numerosos reveses, desaparecieron definitivamente en el 64, cuando Pompeyo transformó Siria en una provincia. Los Antigónidas, por último, perdieron su reino en el campo de batalla de Pidna, ante las legiones de Paulo Emilio (168). La historia de estos reinos y de los que se formaron a sus expensas ocupa los siglos III y II antes de nuestra era y constituye el periodo «helenístico» propiamente dicho, del que los acontecimientos que acabamos de resumir entre la muerte de Alejandro y la de Seleuco no son más que el preludio.

El balance de una generación

Después de la Guerra del Peloponeso y de los acontecimientos que caracterizaron el comienzo del siglo IV en la Grecia continental, algunos espíritus (entre ellos, Isócrates) habían esperado que la dominación macedónica y una «cruzada» contra el Imperio persa aportarían un eficaz remedio a las divisiones del mundo griego, a las disensiones en el interior de las ciudades, en resumen, que era preciso encontrar una salida a las tendencias guerreras de los helenos[28]. Se pensaba también que los despojos de Oriente permitirían restaurar una economía quebrantada por las incesantes guerras y revoluciones, satisfacer a una plebe despojada de sus tierras por la concentración de la propiedad, facilitándole colonias en suelo asiático. La experiencia demostró que no todas aquellas esperanzas eran realizables.

Durante los pocos años en que Alejandro administró el Imperio parece que las condiciones económicas fueron bastante satisfactorias[29], pero muy pronto dejó de reinar la paz y las ciudades comprendieron que habían perdido a la vez la libertad y las ventajas que podían, al menos, esperar de su sujeción. Las querellas entre los Diádocos originaron, como hemos visto, guerras interminables y contribuyeron a exacerbar las disensiones interiores en las propias ciudades. A cada cambio de dueño el partido en el poder era expulsado y diezmado por el destierro y las ejecuciones. Atenas no fue la única ciudad que sufrió perturbaciones; tal vez, incluso, las sufrió en menor grado que otras ciudades más oscuras, donde las costumbres eran más primitivas y a las que había menos interés en cuidar. Pero las pruebas sufridas por Atenas al final de la Guerra del Peloponeso se reproducen con una frecuencia cada vez mayor. La democracia, indisolublemente ligada a la resistencia contra Macedonia, es proscrita en todas las ocasiones en que se presenta un nuevo dueño. Para sobrevivir, el pueblo de Atenas no tiene más que un recurso, el de halagar a los reyes, y la democracia, por su parte, se entrega a unos protectores que no sienten por ella más que un respeto aparente.

Es fácil enumerar los males causados por la guerra y por la situación política en la Grecia continental y en las islas: contribuciones muy pesadas, mantenimiento de ejércitos reales, efectos prolongados de sublevaciones como la Guerra Lamíaca, «razzias» llevadas a cabo periódicamente por uno u otro partido, ocupación de Delfos por los etolios, incursiones de los hombres de las montañas del Épiro, reanudación de la piratería contra el comercio marítimo. Sin

---

[28] Cfr. Cl. Mosse, *La fin de la démocratie athénienne*, París, 1962, pp. 435 y ss., donde se analiza el panhelenismo de Isócrates, bajo sus sucesivas formas.
[29] Cfr. M. Rostovtseff, *Soc. and Econ. Hist.*, I, pp. 129 y ss. [ed. cast.: pp. 132 y ss.], donde se ofrece un cuadro bastante optimista del estado económico del mundo griego durante el reinado de Alejandro. No hay que olvidar, sin embargo, que los fenómenos económicos originan y desarrollan sus consecuencias lentamente.

embargo, todo ello no acabó con la increíble vitalidad griega. Si algunas ciudades antiguas conocen la decadencia, otras nuevas las sustituyen: cada rey crea ciudades que son objeto de su atención y en las que encuentran asilo los habitantes de las ciudades venidas a menos. A veces, algunas ciudades se reúnen en una sola, establecida en un sitio más cómodo, más adecuado a las necesidades de la nueva economía. Las destrucciones anteriores se compensan o se reparten: así, Tebas renace de sus cenizas e inmediatamente reanuda su intervención en los asuntos de la Hélade. ¿Quién habría podido esperar de aquella ciudad, aniquilada en la época de Alejandro, que por dos veces se situara a la cabeza de una sublevación contra Demetrio?

Parece, desde luego, que, en líneas generales, la depauperación alcanzó, sobre todo, a las poblaciones rurales, pera la burguesía de las ciudades, a pesar de todos los inconvenientes, mantuvo e incluso mejoró su posición. Es a las ciudades a donde afluyen los mercenarios, los comerciantes, que llevan consigo alimentos, esclavos, objetos de lujo y de placer. En las ciudades se ejercen también las «industrias» necesarias a la navegación y a la guerra. Nunca como en esta época fue tan abundante la cerámica ática ni se extendió tanto en tierras remotas. No es la primera vez en la historia de las sociedades que un empobrecimiento profundo de las masas populares se ve acompañado y enmascarado por el desarrollo de una actividad superficial, creando el volumen de cambios una verdadera «inflación» que acrecentaba los recursos de los comerciantes y disminuía los de los pequeños productores. Por ejemplo, los soldados y los mercaderes que acompañaban a los ejércitos se procuraban grandes ingresos mediante la venta de los objetos procedentes de los saqueos o de los prisioneros reducidos a la esclavitud; los tesoros acumulados en el curso de los siglos por el Imperio persa eran puestos en circulación para las necesidades de la guerra o de la diplomacia. El volumen de la moneda va creciendo; las nuevas capitales proceden a emisiones masivas. Todo esto no crea ninguna riqueza verdadera, pero produce la ilusión de ella y, sobre todo, origina un nuevo reparto de la riqueza existente. La banca y el comercio de la plata desempeñan un gran papel y, naturalmente, la burguesía de las ciudades acapara la mayor parte de estos signos monetarios que ella cambia por productos manufacturados, cuyo precio sube rápidamente.

El periodo helenístico, que se inicia a comienzos del siglo III, será la «belle époque» del lujo, del arte (un poco industrializado, para satisfacer a una clientela burguesa y «colonial»), de la vida de las ciudades consagrada al placer y a la realización de toda clase de negocios y a veces de tráficos. El mundo mediterráneo está a punto de adquirir el aspecto que ofrecerá en el momento de la conquista romana: preeminencia reconocida al comercio y a las empresas de las sociedades capitalistas, situación inferior de la producción agrícola, todo lo cual chocará violentamente con las tradiciones romanas y cuya adopción gradual se presentará, a los ojos de los senadores, como una traición y una decadencia moral.

Sin embargo, tal estado de cosas no deja de producir algunas consecuencias afortunadas: si políticamente la ciudad tradicional ha perdido mucho de su importancia, no ocurre lo mismo en el campo económico y, por lo tanto, en el intelectual. Son precisamente los privilegios de que gozan los habitantes de las ciudades –su riqueza, sus ocios, su independencia de todo trabajo «servil»– los que favorecen el desarrollo de las artes y también de todas las formas de cultura. Atenas, por grande que sea su decadencia, sigue siendo la capital espiritual del helenismo. Las asambleas del pueblo ya no regulan nada, pero los jóvenes aristócratas frecuentan más asiduamente que nunca las escuelas de los filósofos que se establecen en la ciudad. Y el fenómeno no es exclusivo de Atenas: se produce cada vez que una ciudad alcanza un nivel suficientemente elevado de riqueza. Habrá una escuela rodia de retóricos, porque Rodas es la factoría del Mediterráneo oriental. Habrá después escuelas célebres en Pérgamo y naturalmente, sobre todo, en Alejandría. La estructura tradicional del mundo griego está a punto de transformarse. Hasta el siglo IV, la ciudad era una entidad política, una potencia militar. Ahora se convierte en una entidad económica y espiritual. Esta transformación no habría sido posible si cada uno de los centros no hubiera perdido con su independencia política sus veleidades de imperialismo, que disimulaban su verdadera vocación: facilitar un esquema humano a la vida de los hombres libres. Desde el momento en que la ciudad ya no tuvo la iniciativa de la guerra, surge la idea de que la paz es el medio natural del hombre. Existen ya las condiciones para que el helenismo pueda cumplir su misión en un mundo del que ya no le incumbe la responsabilidad total, aquella responsabilidad que en el pasado había gravitado demasiado pesadamente sobre los ciudadanos de Atenas, de Esparta o de Tebas.

II. EL OCCIDENTE MEDITERRÁNEO A COMIENZOS DEL SIGLO III A.C.

En el curso de las luchas que siguieron a la muerte de Alejandro el mundo oriental había acabado por encontrar una especie de equilibrio que duraría, mal que bien, hasta que los romanos sustituyen a aquellos reinos, hermanos y frecuentemente enemigos, con un Imperio definitivamente pactificado. El Occidente mediterráneo se había librado de las sacudidas que tan profundamente transformaron la mitad helénica de la *oikumene*. Tal vez fuese debido a la desaparición prematura del conquistador, pero los problemas no se planteaban en Occidente como se habían planteado en Oriente. Los historiadores antiguos gustaron durante mucho tiempo de preguntarse sobre el resultado de un posible conflicto entre Alejandro y los romanos: de una parte, un pueblo sublevado o, por lo menos, siempre victorioso en la última batalla, y del otro, un jefe que jamás había conocido la derrota. Y se comprende que la imaginación de los retóricos se haya visto seducida por esta imaginaria confrontación[1]. Sin embargo, los romanos, a finales del siglo IV, no habrían ofrecido a Alejandro un Imperio totalmente formado, del que él pudiera dar cuenta en unas pocas batallas afortunadas. El propio Aníbal, un siglo después, tampoco lo conseguirá. Nada existía en Occidente que se semejara al Imperio persa, nada que poseyese ni siquiera aquella apariencia de unidad que caracterizaba los dominios de Darío y una estructura suficientemente definida que hiciese posible la sustitución, por medio de la victoria, del poder antiguo por otro nuevo. La conquista de Occidente habría exigido un tiempo y unos esfuerzos infinitos, porque habría sido necesario abatir a una ciudad tras otra, contra un enemigo que renacía sin cesar.

Un rey formado entre los Diádocos soñó y acaso intentó esta conquista. Ya hemos dicho que Pirro, cuando quiso crearse un reino semejante a los que él había visto constituirse a su alrededor, dirigió sus miradas hacia Occidente. La otra orilla del mar Jónico era un campo muy adecuado a la ambición de los reyes del Épiro. Ya algunos años antes Alejandro el Moloso se había encontrado comprometido en Italia, adonde le habían llamado los tarentinos[2]. Pero Alejandro había descubierto a expensas suyas que las llanuras de la Apulia y las montañas de Lucania ocultaban temibles guerreros y que las interminables intrigas entre los pueblos y las ciudades de aquellos países no eran menos de temer que sus soldados. Pirro también descubrirá muy pronto que los asuntos de las ciudades griegas de Sicilia encierran mil peligros, y experimentará asimismo los efectos de una potencia de la que Alejandro el Moloso se había hecho prudentemente una aliada: aquella Roma que, por primera vez al combatir a Pirro, enfrentará sus legiones con unos ejércitos helenísticos.

Aquella tendencia que empujaba a los príncipes, herederos directos o indirectos de Alejandro Magno, a dirigir su ambición hacia Occidente era muy natural. En la medida en que el Imperio del Macedonio integraba la totalidad del «nombre heleno», las prolongaciones occidentales del mundo griego parecían dependencias legítimas de él. Ya sabemos con qué diligencia se apresuró el rey Ptolomeo a llevar a cabo la anexión de Cirene en las orillas meridionales del Mediterráneo[3]. ¿Cómo no iba Pirro también a concebir el propósito de unificar en un solo reino por lo menos los diferentes Estados helénicos que se habían formado en Sicilia y en la Magna Grecia[4]? Pero por seductor que pudiera parecer tal proyecto, la situación política del Occidente no permitía su realización. Para cumplir su destino en aquella parte del mundo, el helenismo se sirvió de otras fuerzas distintas de la ambición del rey que, espoleado por el recuerdo de Alejandro, se consideraba, como él, un «nuevo Aquiles».

SITUACIÓN DEL HELENISMO EN OCCIDENTE

Hacía muchos siglos que las ciudades griegas del Egeo habían diseminado y fundado colonias en la cuenca occidental del Mediterráneo. Algunas de aquellas colonias habían alcanzado gran esplendor en el curso de los siglos V y IV. Toda la costa italiana del

---

[2] Sobre el papel de Alejandro el Moloso, tío de Alejandro Magno, cfr. P. Wuilleumier, *Tarente*, París, 1939, pp. 81 y ss.
[3] *Supra,* p. 49.
[4] *Infra,* p. 333; cfr. P. Lévêque, *Pyrrhos,* pp. 262 y ss.

mar Jónico y una gran parte de Sicilia se habían convertido en países griegos, cuya prosperidad e importancia artística e intelectual no cedía en nada a las de sus metrópolis. Desgraciadamente, el mal que había aquejado a Grecia no había perdonado a sus colonias. Guerras incesantes entre ciudades rivales habían acabado por debilitar a las más poderosas, y revoluciones internas habían logrado agotar a las que alcanzaban la victoria. A veces, las aportaciones de nuevos colonos llegados de las metrópolis habían compensado –pero en una medida siempre muy débil– aquellas «pérdidas de sustancias»[5]. Así, los griegos tenían cada vez más la impresión de mantenerse precariamente al borde de un continente hostil, del que, en cualquier instante, podían llegarles oleadas de bárbaros capaces de inundarlos. Esto se había comprobado, en varias ocasiones, en ciertos «puestos avanzados», como Posidonia (Paestum), en el golfo de Salerno, que los lucanos habían ocupado a finales del siglo V o comienzos del IV[6]. Las rutas interiores, que conducían desde las orillas del mar Jónico a la región de la Campania, eran cada vez menos seguras, lo que perjudicaba grandemente los intereses económicos de los colonos.

En la Italia meridional, la ciudad dórica de Tarento desempeñaba el papel más importante. Había llegado a dominar la liga de las ciudades griegas de Italia, pero, para mantenerse frente a la presión de los lucanos y de los brucios, en el curso del siglo IV había tenido que pedir ayuda, varias veces, a los *condottieri,* jefes de mercenarios. Arquidamo, rey de Esparta, que pereció en el 338; Alejandro el Moloso, que no tardó en reñir con los tarentinos y trató de constituirse un reino personal, pero fue muerto por los lucanos en el 330; Cleónimo, un príncipe espartano, que muy pronto se reveló como un tirano insoportable: alcanzó, desde luego, notables victorias, restableció el «protectorado» de Tarento sobre toda la costa oriental, hasta Crotona[7] pero, abandonado por los griegos que le habían llamado, fue vencido por los bárbaros y obligado a abandonar Italia (hacia el 301). Roma, que se halla entonces, como veremos,

---

[5] El caso más célebre, y también el más claro, el de Siracusa, que había recibido nuevos inmigrantes después de la victoria de Timoleonte, en el 343 (Diod., XVI, 69).
[6] Cfr. Diod., XVI, 15. En realidad, la cronología es aquí bastante oscura. Paestum y las ciudades griegas de Lucania perdieron su independencia en el curso del siglo IV, pero hasta ahora no hemos podido alcanzar una mayor precisión.
[7] P. Wuilleumier, *op. cit.,* p. 95.

en conflicto crónico con los samnitas, es decir, unos elementos pertenecientes a las mismas poblaciones bárbaras contra cuya presión luchaban los colonos de Tarento y, en general, las ciudades griegas del sur, no podía permanecer extraña a aquellos acontecimientos. De un modo natural, los romanos se habían aliado, desde luego, con los luchadores de Tarento, y habían concluido un pacto de amistad con Alejandro el Moloso[8]. Pero aquella *entente,* nacida de las circunstancias, no podía durar. Muy pronto, entre Tarento y Roma se suscitó una rivalidad, al principio diplomática, después cada vez más aguda, que, en el año 282, desembocaría en conflicto armado.

Tarento, a finales del siglo IV, era la metrópoli espiritual de la Magna Grecia. De Tarento había irradiado, en otro tiempo, el pitagorismo, que aliaba a una filosofía mística una doctrina política y una cultura científica, así como el prestigio de la música. Parece claro que las poblaciones bárbaras no permanecieron insensibles a ciertos aspectos, por lo menos, de aquella espiritualidad tarentina y que asimilaron ávidamente sus prácticas y creencias religiosas[9]. Todo esto favorecía la influencia de la ciudad. Tal influencia se manifestó en Nápoles, sitiada por los romanos en el 326 y defendida por tropas samnitas, junto a contingentes griegos apoyados por el oro tarentino[10]. Finalmente, Roma venció, concluyó un tratado de paz con Nápoles y puso una guarnición en la ciudad.

A medida que la presión de Roma sobre los samnitas y sobre los hombres de las montañas del sur aumentaba, los bárbaros volvían sus ojos cada vez de mejor grado hacia Tarento. Varios episodios bastante oscuros permiten adivinar una rivalidad entre los romanos y los tarentinos, que trataban, unos y otros, de extender o asegurar su protectorado sobre las naciones del interior. Parece que Tarento intentó mediar entre los romanos y los samnitas, intento que los romanos rechazaron desdeñosamente. Seguros de su potencia, los senadores no deseaban, en absoluto, una mediación que habría limitado los resultados de su victoria sobre los samnitas y frenado su «descenso» hacia las llanuras apulianas. Dominando el país samnita, Roma podía atraer a su órbita a los lucanos y a otras poblaciones itálicas, que reanudan entonces la lucha contra Tarento. Sin duda

---

[8] T. Livio, VIII, 17, 2; Justino, XII, 2.
[9] Cfr. Giannelli, *Culti e miti della Magna Grecia,* Florencia, 1924.
[10] T. Livio, VIII, 25; 27, 2; Dion. Hal., XV, 5, 10.

para hacer frente a aquella situación peligrosa, se llamó a Cleónimo, y las victorias del *condottiero* espartano sobre los lucanos eran otras tantas victorias sobre Roma. Así, es natural suponer que el famoso tratado firmado entre los romanos y Tarento –tratado que prohibía a los navíos romanos sobrepasar el cabo Lacinio y cuya violación provocaría el conflicto en el 282– data de aquella época[11]. No es imposible tampoco que la derrota final de Cleónimo fuese provocada por Roma, incluso aunque no se admita que entre el espartano y un ejército romano se librase batalla alguna[12]. De todos modos, a comienzos del siglo III, resultaba claro que Tarento, verdadero centro del helenismo itálico –después de la humillación de Nápoles–, tendría que enfrentarse con Roma en un futuro muy próximo. Ciudades griegas, como Turios, opuesta a Tarento por una antigua rivalidad, están dispuestas a pedir ayuda a Roma. En el 285, Turios, atacada por los lucanos, se dirige por primera vez a Roma, que entonces se abstiene de intervenir. Pero, tres años después, con motivo de un nuevo ataque, el cónsul C. Fabricio Luscino libera a la ciudad, y las otras colonias griegas, en su deseo de sacudir la tutela de Tarento, piden y obtienen guarniciones romanas. Desde entonces, la guerra entre Tarento y Roma era inevitable. Estallaría al año siguiente, y provocaría la llegada de Pirro[13].

Se ve hasta qué punto sería inexacto –e injusto– presentar la intervención de Roma en los asuntos de la Magna Grecia como un «raid» de bárbaros atraídos por el deseo de saquear unas ciudades cuyas riquezas habían despertado sus codicias. Roma no está considerada como una «enemiga de los griegos». Se presenta, incluso, en Turios, como campeona del helenismo contra las poblaciones «bárbaras» de las montañas que a ella le ha costado tanto trabajo vencer. Las ciudades griegas tenían la impresión, al llamar a Roma en su ayuda, de que salvaban lo esencial de su civilización. En Turios, como en Nápoles, el principal enemigo era el lucano o el samnita. El romano era un protector y un aliado, un poco molesto tal vez, pero menos difícil de soportar, en todo caso, que aquel Cleónimo que aprovechaba su omnipotencia para saciar sus más bajos

---

[11] Esta es la tesis sostenida por P. Wuilleumier, *Tarente,* p. 95. Otra teoría fecha este tratado en el tiempo de Alejandro el Moloso; cfr. T. Frank, en *C. A. H.,* VII, p. 640.

[12] T. Livio, X, 2, 2.

[13] *Infra,* pp. 332 y ss.

instintos[14]. La situación en la Italia del Sur había llegado a un punto en que las ciudades griegas no podían tener esperanza de conservar la seguridad y la independencia de que en otro tiempo habían gozado. El «descenso» irresistible de las poblaciones itálicas, probablemente bajo la presión de la invasión gala[15] que oprime a los pueblos itálicos al norte de los Apeninos, hace necesario hallar un apoyo exterior. Tarento, por orgullo, por tradición, se negará a aliarse con Roma, y llamará a Pirro. De todos modos, y cualquiera que fuera el final de la lucha entre el rey y Roma, se habían acabado Tarento y su independencia. A la Magna Grecia ya no le quedaba más que la elección entre dos destinos: convertirse en la «protegida» de Roma o integrarse en un reino «helenístico», semejante a los que se establecían en Oriente.

En Sicilia, los griegos se encontraban también con problemas muy graves, aunque sus causas no fuesen las mismas. Siracusa desempeñaba en la isla un papel análogo al de Tarento en el continente. La lucha estaba entablada no tanto contra los bárbaros sicilianos como contra un adversario venido del sur y más peligroso aún que los romanos: los «comerciantes» imperialistas de Cartago.

Timoleonte se había retirado de la vida pública en el 337 y, a su muerte, los siracusanos le habían rendido un homenaje solemne. Su elogio fúnebre recordaba «que él había abatido a los tiranos, vencido a los bárbaros en la guerra, fundado de nuevo las más importantes de las ciudades destruidas y dado sus leyes a los griegos de Sicilia»[16]. Algunos años después, Siracusa caía otra vez en poder de un déspota que reanudaba la tradición de los tiranos, que podía considerarse ya abolida. Agatocles no era siquiera un siradisano, sino el hijo de un desterrado de Regio establecido en Sicilia. No se hizo ciudadano de Siracusa hasta el año 343, cuando Timoleonte acogió en la ciudad a hombres llegados de todas partes. Es, primero, oficial al servicio de su nueva patria, y no tarda en participar en

---

[14] El episodio es conocido: llamado en ayuda de Metaponto, a la que él mismo había hecho atacar por los lucanos, Cleónimo exigió que se le entregasen como rehenes a 200 jóvenes, «nobles y bellas», con las que se hizo un harén, Cfr. Duris, ap. Ateneo, XIII, p. 605 d.; Diod. Sic., XX, 104.
[15] Sobre las consecuencias de la invasión gala en Italia y sus manifestaciones durante todo el siglo IV, cfr. *infra*, pp. 126 y ss.
[16] Sobre la persona y la obra de Timoleonte, cfr. H. Bengtson (comp.), *Griegos y persas*, Madrid, Siglo XXI de España, 2021.

las intrigas que de nuevo comienzan a desgarrarla. Desterrado, tiene que refugiarse en el continente; se le encuentra en Crotona, de donde es expulsado muy pronto, y luego en Tarento, donde no se aceptan por mucho tiempo sus servicios. Cuando, hacia el 322, la patria de su familia, Regio, es atacada por fuerzas siracusanas, encuentra el medio de reunir una tropa con la que va en socorro de su ciudad, con tal fortuna que logra rechazar a los atacantes. Su victoria devuelve la libertad a Regio y le vale el ser llamado por los siracusanos.

En el curso de la guerra que estalla entonces entre las ciudades griegas de Sicilia, Agatocles es el estratego de Siracusa; desterrado durante algunos meses, vuelve a la cabeza de un ejército y, para evitar una prueba de fuerza, se le deja entrar de nuevo en la ciudad y, más aún, se le elige estratega «con plenos poderes» (317 a.C.). Agatocles lleva a cabo entonces un golpe de Estado por el que alcanza la autoridad suprema y ordena una matanza de todos sus adversarios. Se declara campeón de la democracia, proclama la anulación de las deudas, promete una redistribución de la tierra y se hace nombrar único estratego, título y función que conservará hasta el 304, en que se proclama rey. Su reinado no terminaría hasta su muerte, en el año 289.

Durante este largo periodo de gobierno, Agatocles, empleando frecuentemente métodos brutales y crueles, llegó a reunir bajo su autoridad las ciudades sicilianas que, hasta entonces, eran hostiles a Siracusa. Pero, sobre todo, emprendió la liberación del helenismo siciliano de la amenaza que pesaba sobre él a causa de la presencia de los cartagineses.

Desde la época de Timoleonte, la isla estaba dividida en dos zonas de influencia. El oeste, desde las orillas del Halico, pertenecía a los cartagineses. El resto, a los griegos. Y, durante mucho tiempo, este acuerdo fue honestamente observado por ambas partes. Amílcar, que gobernaba la Sicilia cartaginesa durante las primeras luchas de Agatocles, no era hostil a este, pero todo cambió cuando se hizo evidente que el nuevo dueño de Siracusa estaba llamado a reunir en torno suyo todas las fuerzas de los griegos. En el 312, Agatocles, que acababa de ocupar Mesina, se encontró frente a un gobernador cartaginés más enérgico que el anterior, Amílcar, hijo de Giscón. La batalla se entabló por la posesión de Atragante (Agrigento). Agatocles fue derrotado (junio del 311), y los cartagineses fueron a poner sitio a Siracusa.

La ciudad seguía sitiada aún durante el verano del 310, cuando Agatocles, con una audacia increíble, emprendió una expedición contra la propia Cartago. El 15 de agosto, víspera de un eclipse de sol, partió con algunos navíos, burló a los cartagineses que bloqueaban el puerto y pudo desembarcar en Cabo Bon antes de que sus perseguidores le dieran alcance. Esta operación sorprendió totalmente a los cartagineses, que solo pudieron oponer a los griegos una milicia de ciudadanos apresuradamente reclutados, incapaces de ofrecer ninguna resistencia seria. Agatocles no podía esperar mantenerse durante mucho tiempo en África, pero consiguió rápidamente lo que había deseado. El ejército cartaginés levantó el sitio de Siracusa. Sin embargo, en lugar de regresar a su patria, Agatocles extendió su acción hacia el interior, donde los indígenas le acogían como a un liberador. Entonces, parece haberse planteado una idea: ¿por qué los griegos llegados de Sicilia no establecían contacto con los griegos instalados en Cirene? Agatocles concluyó una alianza con Ofelas, que gobernaba la ciudad en nombre de Ptolomeo. Por un momento, pudo creerse que el helenismo estaba a punto de efectuar un nuevo y prodigioso avance, esta vez hacia el oeste, pero, antes de que Ofelas tuviera tiempo de reunir sus fuerzas, el viento cambió. Los cartagineses, a comienzos del 309, reorganizaron su defensa, y los indígenas empezaron a cambiar de bando. Ofelas, cuando, al fin, estableció contacto con Agatocles, se mostró como un dudoso aliado, pero Agatocles le asesinó y, con una audacia extraordinaria, logró reunirse con el ejército de Cirene, aunque sin poder lanzar una acción decisiva.

La guerra se prolongaría durante dos años más, con triunfos alternos, pero, finalmente, Agatocles tuvo que abandonar África, en el 307, de un modo definitivo, dejando que los restos de su ejército se salvaran como pudiesen de la mala situación en que él les había colocado.

Aunque la expedición de África había terminado realmente en un fracaso, puesto que los invasores habían sido rechazados, Agatocles no dejó de sacar de ella grandes ventajas. En Sicilia, puso fin, al menos por algún tiempo, a la amenaza cartaginesa, y acabó de someter las ciudades griegas. Es en este momento cuando toma el título de rey.

Y hecho ya rey en Sicilia, Agatocles orienta sus ambiciones en dos direcciones nuevas: la Magna Grecia y la isla de Corcira. Se le encuentra en dos ocasiones al servicio de los tarentinos, tras la intervención de Cleónimo, en el 298 y en el 295; lucha contra los brucios, pero sin alcanzar resultados positivos. En cuanto a su ocupación de Corcira, en el 300, contra Casandro, no se sabe muy bien cómo explicarla. Quizá responde a algún proyecto abandonado antes de ser llevado a cabo. De todos modos, la isla no debía de parecerle muy importante, puesto que la dio como dote a su hija Lanasa[17]. Agatocles murió en el 289. Dejaba Sicilia casi totalmente unificada y el helenismo triunfante, pero no había podido resolver completamente el problema púnico. Los cartagineses conservaban importantes bases en la isla y, sobre todo, la dominación de Agatocles no había borrado los rencores y los odios provocados por sus implacables métodos. Después de su muerte, las guerras civiles entre griegos se reanudarían, más encarnizadas, más devastadoras que nunca.

Además de la Magna Grecia y de Sicilia, existía un tercer centro helénico importante en la cuenca occidental del Mediterráneo, en estos comienzos del siglo III. Este foco del helenismo vivo era Marsella. Las primeras colonias focenses establecidas en la costa no habían podido mantenerse en su totalidad, y los griegos habían sufrido, en el pasado, duros fracasos en la tierra y en el mar. A pesar de todas las dificultades, Marsella había logrado sobrevivir y superar los tiempos difíciles[18]. Sus comerciantes y marinos habían recuperado algunos de los viejos mercados focenses, especialmente en la costa española; además, se habían esparcido también por el litoral próximo a su ciudad, entre el Ródano y los Alpes, y también entre el río y los Pirineos. La historia de esta colonización marsellesa, reanudada recientemente y proseguida a la luz de descubrimientos arqueológicos cada vez más numerosos y más precisos, efectuados en el curso de los últimos años en el sur de Francia, demuestra que Marsella se contentó, durante mucho tiempo, con sus «comptoirs» y no empezó a desarrollar un dominio «colonial» y a instalarse con alguna solidez en la Baja-Provenza más que a partir del siglo IV, y que solo el apoyo de Roma le permitió, después, asegurar su influencia sobre las otras regiones del país[19]. Las poderosas murallas

---

[17] Quien la dio, finalmente, a Pirro, cfr. *supra*, p. 72.
[18] Cfr. H. Bengtson (comp.), *Griegos y persas, op. cit.*
[19] J. Jeannoray, *Ensérune*, París, 1955, pp. 279 y ss., y la bibliografía, *ibid.*, p. 27.

de Olbia[20] datan del siglo IV, y la fundación de Glano, la más «helenística» de las ciudades galas[21], se remonta a finales del siglo III. Pero es necesario hacer una distinción. La ausencia de una colonización política no excluye, en absoluto, la influencia cultural y la penetración económica. Estas, continuadas durante generaciones por los comerciantes marselleses, habían creado lo que a veces se llama, no sin exageración, la «Galia griega» *(Gallia Graeca)*. Durante este periodo, se ven los *oppida* indígenas (anteriores al descenso de los galos a las llanuras del Languedoc, que no se produce hasta la segunda mitad del siglo III a.C.[22]), situados, como Ensurena, al borde de una importante ruta comercial, helenizarse lentamente, aceptar ciertas formas arquitectónicas llegadas de Grecia y adoptar la moneda y el alfabeto de sus vecinos. En realidad, las zonas de influencia del helenismo en los países ligur e ibero estaban mucho menos sólidamente afirmadas que en Italia o en Sicilia, pero, llegado el momento, desempeñarán su papel en la evolución de estos países, preparando, política e intelectualmente, el advenimiento de los romanos. Los marselleses, que en otro tiempo habían tenido que luchar contra Cartago en las aguas del mar Tirreno[23], tomarían el partido de Roma al estallar el inevitable conflicto entre esta y Cartago.

El Imperio de Cartago

En Sicilia y en la cuenca más occidental del Mediterráneo, el helenismo, como vemos, chocaba con la potencia cartaginesa. No era una situación nueva en este comienzo del siglo III a.C. Pero, a partir de este momento, las relaciones entre Cartago y el mundo

---

[20] J. Coupry, «La place-forte d'Olbia sur la côte provençale», *Revue Arch.*, 6.º Sér., XXXIV (1949), pp. 42-52.
[21] H. Rolland, *Les Fouilles de Glanum (Saint-Rémy de Provence)*, París, 1946.
[22] J. Jeannoray, *op. cit.*, pp. 465 y ss.
[23] Se sabe que la batalla de Alalia, en el 535, en la costa occidental de Córcega, entre los focenses y los cartagineses, aliados a los etruscos, dio la victoria a los griegos, pero, en realidad, señaló el fin del gran Imperio focense. Córcega había pasado al control de los etruscos, y Cerdeña al de Cartago. Era Cartago la que había eliminado de España a los comerciantes focenses y cerrado las rutas comerciales del oeste. Para los marselleses, Roma era una esperanza de desquite. En cuanto a las relaciones de Marsella con Roma hasta comienzos del siglo III, cfr. G. Nenci, «La relazioni con Marsiglia nella poltica estera romana, dalle origini alla prima guerra punica», *Rivista di Studi Liguri* XXIV (1958), pp. 27-97.

griego van a hacerse más complejas y sutiles. Aunque conservando la mayoría de sus caracteres tradicionales, la gran ciudad, capital de los semitas occidentales, aceptaría cada vez más elementos tomados del helenismo y, curiosamente, se convertiría, en el curso del siglo que precedió a su definitivo hundimiento, en el intermediario entre este y los reinos indígenas de África.

Durante el siglo V y la mayor parte del IV, Cartago había permanecido aislada del mundo oriental, de donde la excluía la potencia marítima de Atenas. Pero no por ello la República dejaba de mantener relaciones fieles con su antigua metrópoli, Tiro. Los cartagineses enviaban allí, todos los años, una embajada sagrada y ofrendas al santuario de Melkart. Así fue como, en el año 332, la delegación púnica pudo asistir al cerco y conquista de la ciudad por Alejandro, y este no ocultó su intención (real o fingida, no lo sabemos) de proseguir la conquista hasta Occidente, probablemente para «liberar» el helenismo del imperialismo cartaginés. Pero la formación y posterior desmembración del Imperio del Macedonio, lejos de causar la ruina de Cartago, le dieron como una nueva vida. Ya hemos dicho cómo, en el sur del Egeo, se había formado una gran potencia que abarcaba a Egipto, la Cirenaica y, en ciertos momentos, una parte al menos de Siria, precisamente la región de Tiro. A este reino –el menos «griego», quizá, de todos los que habían surgido de las luchas entre los Diádocos– iba a asociarse Cartago de un modo perfectamente natural: los territorios de Ptolomeo confinan, en Cirenaica, con los de la República, y el comercio sirio está integrado a la economía de los Lágidas. Es Ptolomeo Sóter, el primero de los Lágidas, el que, prácticamente independiente, pensó en alinear la moneda de su reino según el sistema fenicio, separándola así del resto del Imperio macedónico. Todo ocurre, pues, como si las rutas comerciales y las grandes corrientes de intercambio mantenidas hasta entonces por los sirios hubieran formado la infraestructura del nuevo reino[24]. Pero, por aquel tiempo, Cartago empieza a emitir monedas de acuerdo con el sistema ptolemaico. Hasta entonces, el comercio cartaginés se fundaba exclusivamente en el trueque, y los metales preciosos, no amonedados, se acumulaban en lingotes en

---

[24] Sobre estos hechos, cfr. M. Rostovtseff, *Soc. and Ec. Hist. of the Hell. World,* I, pp. 399 y ss. [ed. cast.: pp. 406 y ss.].

los tesoros, tanto públicos como privados[25]. Y por entonces también Agatocles acuñaba piezas de tipo «ptolemaico». Así los cartagineses y su antigua enemiga, Siracusa, se encontraban integrados en el mismo conjunto económico. La influencia egipcia venía, de este modo, a sumarse a la que el helenismo siciliano ejercía, desde hacía tiempo, sobre Cartago, a pesar de las continuas luchas (y, paradójicamente, en parte a causa de ellas). Parece bastante claro que los intereses de Cartago y los de los Ptolomeos podían complementarse. Mientras algunos mercados asiáticos estaban en manos de los reinos rivales, las riquezas de Occidente seguían siendo accesibles a los comerciantes cartagineses y, por consiguiente, también a los Lágidas, si se hacían «clientes» de Cartago. Los cartagineses, además, eran valiosos intermediarios para las mercancías procedentes de los más lejanos territorios y también para los minerales «en tránsito», desde Hispania por ejemplo, como el estaño, procedente de la Bretaña insular, o el oro del Senegal. En cambio, los de Alejandría facilitaban a Cartago los productos de la industria griega, necesarios a aquella ciudad en la que los artesanos nunca produjeron más que objetos de calidad inferior. Por eso las excavaciones han descubierto gran número de vasos de inspiración alejandrina en las necrópolis púnicas de aquella época[26].

Las relaciones comerciales de Cartago con el Oriente no se limitaban a los países controlados por los Lágidas. Desde finales del siglo IV existía un «próxenos» de los cartagineses en Tebas[27]. Probablemente los comerciantes púnicos importaban en Beocia tejidos de púrpura (el tinte se fabricaba en las abundantes pesquerías de múrex que los cartagineses habían instalado en las costas de África) y quizá también trigo, importación de primera necesidad en una Grecia que no logra abastecerse por sí misma. En esta época, Cartago empieza a perfilarse como gran potencia agrícola. Las familias nobles se han procurado grandes extensiones en el interior y las explotan utilizando la mano de obra indígena. Sería erróneo imaginar a la Cartago del siglo III como una ciudad de comercian-

---

[25] Cfr. G. Picard, *La vie quotidienne à Carthage,* pp. 182 y ss.
[26] G. Picard, *Le monde de Carthage,* París, s. d. (1956), pp. 52 y ss. y pp. 192-193 (bibliografía). Los monumentos están publicados en P. Gauckler, *Nécropoles puniques de Carthage,* 2 vols., París, 1915.
[27] G, Picard, *Le monde de C.,* p. 52; *Vie quotid.,* pp. 181 y ss.

tes encerrada dentro de sus murallas y abierta solo al mar. En realidad, el resto del país estaba verdaderamente «colonizado» y en él se encontraban prados, viñedos, campos de trigo y olivares. Cartago no solo vivía por sí misma, sino que podía exportar el excedente de su producción agrícola. En el siglo II este cultivo intensivo, casi hortícola, de las tierras púnicas sorprenderá mucho a los romanos, que veían en la agricultura cartaginesa una rival peligrosa. Uno de los más célebres agrónomos antiguos, cuyo tratado ha sido el más frecuentemente utilizado por los autores latinos y griegos, es el cartaginés Magón. De este Magón solo sabemos que escribió antes de mediado el siglo II a.C. Es muy probable que su actividad se sitúe en el curso del siglo III y que se refiera a las realidades económicas de su patria. Es posible incluso que su libro tuviese como finalidad la de hacer progresar la agricultura púnica introduciendo en África métodos practicados en los grandes dominios del Asia helenística[28]. Agricultura de tipo esencialmente «capitalista», en la que la explotación tiene como finalidad dejar la mayor ganancia posible al propietario y no, como ocurrió durante mucho tiempo con la agricultura itálica y romana, la de permitir la subsistencia de una sociedad campesina en contacto directo con la tierra.

Así, las nuevas características de su comercio y de su agricultura en pleno desarrollo tendían simultáneamente a hacer de Cartago, desde el punto de vista de la economía, una «gran potencia» helenística. Los grandes personajes, como Aníbal, poseían en el campo verdaderos castillos (llamados «torres», πύργοι), análogos a aquellos en que vivían los grandes señores de los reinos orientales[29], y en aquella época, los cartagineses más ricos tenían, al parecer, conciencia de formar una aristocracia destinada a imponer su voluntad a la ciudad, que gustaba de situarse por encima de las leyes.

La «constitución» de Cartago no nos es conocida más que de un modo muy imperfecto. Lo que sabemos de ella procede esencialmente de un texto de Aristóteles[30] y de lo que podemos inferir de las alusiones de historiadores como Polibio, Tito Livio o Justino.

---

[28] Sobre la agricultura helenística, cfr. *infra,* cap. III, pp. 196 y ss.
[29] Cfr. P. Grimal, «Les Maisons à tours hellénistiques et romaines», *Mél. Ec, fr.,* LVI (1939).
[30] Aristóteles, *Polit.,* 2, 1, p. 1275 b; 7, p. 1239 b; 5, 6, p. 1307. Cfr. E. Cavaignac, en la *Revue des Cours et Conf.,* 1935, XXXVI, 1, pp. 229-242.

Es curioso que tal constitución tuviese ciertas semejanzas con las de las ciudades griegas. Se basaba en un sistema muy complejo de asambleas, consejos y magistraturas. Como en Esparta, los magistrados supremos eran dos «reyes» que se convirtieron, sin duda a partir del siglo V, en «jueces» (*shofetim,* término latinizado en *suffetes*), designados para un año. Pero los poderes de estos magistrados se encontraban, en la práctica, muy limitados por la acción de un tribunal de 104 miembros (los «Ciento Cuatro»), elegido en el Senado por una comisión de cinco magistrados (los «Pentarcas»), cuyas funciones no conocemos exactamente. El senado era, como en todas las ciudades antiguas, una asamblea esencialmente aristocrática, reclutada entre las familias más ricas y, por eso, las más importantes, en una ciudad en la que fortuna y dinero estaban considerados como los valores esenciales. Naturalmente existía también una asamblea del pueblo, pero no desempeñaba más que un papel muy restringido, toda vez que la administración pertenecía a las instancias emanadas de la aristocracia. De todos modos, aquella asamblea popular podía intervenir, en momentos críticos, cuando los «nobles» no conseguían ponerse de acuerdo sobre una decisión o sobre el desarrollo de una política determinada. Aquella «plebe» cartaginesa, llamada a convertirse en el árbitro supremo de la ciudad, parece haber sido muy inquieta y haber manifestado frente a los aristócratas tendencias demagógicas.

Algunos magistrados podían permanecer en funciones durante mucho tiempo. Así ocurría, especialmente en la época que nos ocupa, con los jefes militares, a los que vemos mandar durante años los ejércitos y las flotas de la República en el curso de las campañas llevadas a cabo en Sicilia y en Hispania. Pero están siempre a merced de una denuncia o de una llamada si sus enemigos personales se imponen en el consejo de los Ciento Cuatro. Y tal llamada significa para ellos la muerte, generalmente en la cruz. La justificación se encuentra a veces en la impericia del jefe y a veces en las razones que se tengan para sospechar que aspira al poder personal. Un afán preocupa a todos los senadores: no permitir que uno de ellos ejerza una influencia preponderante. Y una inquietud análoga dominará también por la misma época la vida pública de Roma, pero no, tendrá consecuencias tan trágicas. Antes de las guerras civiles no hay precedente de que un *imperator* romano fuese condenado al último suplicio. Un proceso urdido por sus enemigos le condenaba al exilio o a una fuerte multa y ponía fin a su carrera. No estaban amenazadas ni su vida ni la dignidad de los suyos. Se supone también que las envidias en Roma desaparecían ante la preocupación del bien público. Tal vez al formar esta opinión los historiadores modernos se dejan ganar por la imagen que sus predecesores en la propia Roma quisieron trazar de su patria en el siglo de oro de la República. Pero, en cualquier caso, lo cierto es que Roma jamás conoció un complot tan espantoso como el de Hanón el Grande, el vencedor de Dionisio, que concibió el designio de asesinar de un golpe a todo el senado de Cartago invitándole a las bodas de su hija. Tal proyecto habría horrorizado a los romanos, que con razón lo considerarían «bárbaro» en la medida en que violaba el «pacto» *(foedus)* que unía a los ciudadanos de una misma patria y la «confianza» *(lides)* que debe concederse a los miembros de una misma asamblea política y también el derecho sagrado de los huéspedes. Lo que la conducta de los romanos en el tiempo de Pirro nos parece tener de «caballeresco» es solo el resultado de aquella *pietas* –el reconocimiento de valores morales que se consideran como sagrados, superiores a cualesquiera otros–, de la que los hijos de Eneas hacían su virtud nacional. La anécdota de Hanón, su terrible proyecto, ilustra quizá mejor que ningún episodio de las Guerras Púnicas –susceptibles de haber sido parcialmente interpretado por nuestras fuentes latinas– el reproche de «perfidia» que los romanos hicieron siempre a Cartago. Había entre los dos pueblos una verdadera «incompatibilidad de humor», no reconocían los mismos postulados morales. Mientras en Roma la astucia es, por sí misma, sospechosa y el gran dios es Júpiter, soberano del cielo luminoso, en Cartago todo está permitido para alcanzar los dos bienes supremos: el poder y el dinero.

Esta diferencia de temperamento político se revela también en la organización de la potencia de Cartago y en la de Roma. Para los cartagineses la primera fuente del poder es el dinero. Son los tesoros acumulados en su ciudad los que permiten armar flotas y mantener ejércitos para lanzarse a la conquista de nuevos mercados. La ciudad se nutre de los tributos en especie impuestos a los súbditos indígenas del interior y estos tributos quitan a las poblaciones sometidas la mitad de la cosecha, y frecuentemente más, según nos informa Polibio. Las colonias fenicias de África pagaban a Cartago un tributo en dinero. Todo esto llenaba las arcas de la República, que prefería recurrir para sus operaciones a ejércitos de mercenarios y a tropas reclutadas entre los pueblos sometidos antes que alistar a sus propios ciudadanos. En este aspecto, los ejércitos cartagineses anunciaron los de los reyes helenísticos y, tras la formación de los reinos surgidos del Imperio de Alejandro, esta será una semejanza más entre ellos y la ciudad púnica. Y habrá una gran diferencia entre las fuerzas de Aníbal, heterogéneas, reclutadas tanto entre los bárbaros de Hispania y de África como entre los soldados profesionales llegados de Oriente, y las que le opondrán los romanos: legiones de ciudadanos luchando por su patria, por un ideal religioso y moral, del que carecen totalmente aquellos aventureros o guerreros medio salvajes que el Barca llevaba consigo. En tales condiciones, Aníbal podrá sentirse más próximo de los grandes capitanes del mundo helenístico, de Pirro o de Demetrio Poliorcetes o del rey Filipo V de Macedonia, cuya alianza buscará. Los generales cartagineses, cuando habían alcanzado algunas victorias sobre un campo de operaciones fuera de su patria, se convertían en verdaderos «virreyes» y su responsabilidad ante el poder central iba siendo menor cada año. Solo en caso de derrota actuaba con rigor el senado cartaginés. Así vemos en el curso del siglo III constituirse, bajo la autoridad de una familia, los Barca, un Imperio cartaginés de Hispania que se parece mucho a los reinos helenísticos, tal como habían surgido de la desmembración del Imperio de Alejandro. El prestigio de un Amílcar, de un Asdrúbal y después el incomparable ascendiente personal de Aníbal eran la fuente real de su autoridad. Aceptados por sus tropas, objetos en cierto modo de un plebiscito permanente, no se diferenciaban de los grandes capitanes macedonios, elegidos o confirmados en su mando por la asamblea de soldados. El Imperio de los Barca en Hispania tenía una importancia demasiado grande para la República. Esto impedía evidentemente que se pudiera intentar un control serio de los hombres de quienes aquel Imperio dependía y a quienes los indígenas habían convertido, ciertamente, en reyes.

La influencia helenística tendía, pues, también en el plano de la política, a transformar profundamente las tradiciones de Cartago. La antigua ciudad se veía desbordada por su Imperio y este se parecía cada vez más a un «reino» que solo la buena voluntad de los «virreyes» mantenía ligado provisionalmente a la metrópoli. Los Barca parecen haber sido unos «patriotas», y entre los propósitos de

Aníbal figuraba, sin duda, el de dar a Cartago la dominación sobre todo el Occidente mediterráneo, pero en esta perspectiva, ¿qué lugar se reservaba a la oligarquía tradicional? Los Barca dejaron fama de haber sido unos «demócratas». Aníbal, vencedor, se habría apoyado seguramente en el pueblo en perjuicio de la aristocracia, puesto que, vencido, le vemos reducir los poderes de los Ciento Cuatro, haciéndolos anuales[31]. Se vislumbraba ya en la nueva Cartago el advenimiento político no solo de la plebe urbana, sino el de las poblaciones indígenas, aquellos libios que, en el tiempo de Agatocles, habían tomado con entusiasmo el partido del invasor, pero habían acabado por volver al lado de la República y contribuían con sus soldados a la conquista del Imperio.

Ni siquiera en el tiempo en que la ciudad mantenía del modo más estricto sus tradiciones políticas y morales, se hallaba cerrada en absoluto a los extranjeros. Esto habría sido inconcebible tratándose de una ciudad de mercaderes. Aunque Cartago combatía el helenismo en Sicilia, en su territorio existía una colonia bastante numerosa de griegos, que en él vivían y en él comerciaban libremente. Y entre ellos se eligió a los sacerdotes destinados a profesar un nuevo culto, importado desde Sicilia después del 396, para «expiar» los sacrilegios cometidos en las proximidades de Siracusa cuando el ejército cartaginés de Himilcón había saqueado un santuario de Deméter y Cora, las dos grandes diosas del helenismo siciliano. Aquella nueva religión había alcanzado rápidamente una difusión muy grande y había echado sólidas raíces en la tierra africana[32]. Más aún que en la propia Cartago, el culto de las «dos diosas» que presidían el nacimiento y el crecimiento del trigo se propagó entre las poblaciones númidas, donde, al parecer, se superponía a muy antiguas prácticas relativas al estímulo de la fecundidad. Con las diosas siracusanas penetraba así un verdadero misticismo, ligado a las creencias que los Misterios de Eleusis ponían de relieve. Es muy significativo que ciertas tumbas púnicas del siglo III hayan contenido estatuillas de Deméter y de su hija. Esto demuestra evidentemente que los cartagineses o, por lo menos, algunos de ellos se abrían a la

---

[31] T. Livio, XXXIII, 46.
[32] Cfr. J. Carcopino, *Aspects mystiques de la Rome païenne,* París, 1942, pp. 13-37 (Les Cerers et les Numides); Diod. Sic, XIV, 70 y ss.; 77.

esperanza de un más allá que su religión «nacional»³³ no contemplaba. Es ya la idea de la «salvación» que penetra en el sistema, más sombrío, de la tradición semítica. Al mismo tiempo los propios ritos pierden su crueldad. El sacrificio de los hijos primogénitos, supervivencia terrible de un acto de magia muy antiguo llevado por los fenicios que fundaron Cartago, empieza a ser practicado menos gustosamente. Las excavaciones demuestran que en el siglo IV las víctimas animales sustituían a los desgraciados niños. Ciertamente cuando la invasión de Agatocles amenazó por un momento la existencia misma de la patria, se procedió a una inmensa matanza de niños³⁴. Parece que entonces reinó en la ciudad, bajo la influencia del fanatismo, un verdadero terror religioso. Se descubrió (o se fingió que se descubría) que los niños nobles que en el pasado debían haber sido sacrificados no habían sido realmente ofrecidos a los dioses y que sus padres les habían salvado sustituyéndolos por recién nacidos comprados a gentes pobres. Los culpables se apresuraron a reparar aquella «falta»: «Doscientos niños de familias nobles fueron sacrificados públicamente –nos cuenta Diodoro– y muchos otros, de los que se suponía que habían sido indebidamente salvados en su juventud, se arrojaron voluntariamente a la pira del holocausto. Su número no fue inferior a trescientos».

El mismo exceso de aquella crisis de misticismo bárbaro nos demuestra que tales ritos ya no eran habituales en la ciudad. Así veremos que en Roma, después de la batalla de Canas, se celebran sacrificios humanos, costumbre que no existía ya desde hacía mucho tiempo³⁵. Y se ha señalado, muy justamente, que las derrotas que marcaron para Cartago el final de la Segunda Guerra Púnica no dieron lugar a ninguna escena comparable con la que un siglo antes había ensangrentado la ciudad³⁶. Los griegos habían asimilado al gran dios cartaginés Baal Amón con su Cronos, el dios que devoraba a sus propios hijos. Esta asimilación sitúa en su verdadero lugar la religión púnica tradicional: religión arcaica que adora a

---

[33] G. Picard, *Les Religions de l'Afrique antique,* París, s. d. (1954), pp. 89 y ss., recogiendo las conclusiones de P. Gauckler, *Nécropoles puniques,* p. 521.
[34] Diod, Sic., XX, 14.
[35] *Infra,* p. 383.
[36] G. Picard, *Religions...,* pp. 82 y ss.

unos dioses destronados ya en Grecia por una nueva generación divina. El desarrollo de las relaciones de todo orden entre los cartagineses y los países helenísticos no tardaría en ejercer su influencia sobre la teología misma. En efecto, las divinidades no son solo, en una ciudad antigua, el objeto de un culto «interno», sino que tienen una función internacional. Cuando se trata de garantizar los tratados, se acude a ellas. El panteón particular de una ciudad oculta la existencia de otro panteón más general, del que las divinidades locales no son más que una interpretación. Al hacerse así «intercambiables», los dioses y las diosas influyen los unos sobre los otros de uno a otro país. Las primeras asimilaciones que se intentan son aún poco importantes; después, a medida que van realizándose, se hacen más consistentes y las personalidades divinas se modifican. Pero al principio de la época helenística, las divinidades griegas habían sufrido una larga evolución que las había alejado mucho de su prehistoria. Se habían cargado de todo un simbolismo moral, extraño, sin duda, a su más antigua forma. Al encarnar el ideal del helenismo, lo importaban, como en un solo bloque, al interior de la ciudad púnica.

Sobre este fenómeno, que se percibe, pero cuya realización es en detalle difícil de captar, tenemos algunos testimonios que a veces han desconcertado a los historiadores. Así, produce asombro el encontrar en ocasiones a Baal Amón identificado con Cronos y hasta con Zeus. Pero nada hay más natural si se advierte que también el viejo tirano sanguinario del panteón cartaginés cambió de carácter con los años y que el aspecto «croniano» del devorador de niños ha dejado paso a una personalidad nueva, más próxima de la del Zeus clásico, rey y protector de ciudades. Así, del mismo modo que los cartagineses habían tenido que adoptar la moneda de los Lágidas, hubieron de aceptar también que su antiguo panteón se acercase al que presidía la nueva comunidad espiritual que informaba el Oriente mediterráneo.

Los dioses, sin embargo, no eran solo las potencias que presidían las relaciones internacionales y los ritos del Estado. Eran también el objeto de una piedad personal. Ya hemos recordado que Deméter y Cora habían contribuido a introducir en Cartago la idea de una salvación más allá de la muerte. Al lado de las dos diosas eleusinas hay que hacer un sitio a Dioniso, al que también se ve aparecer en el simbolismo funerario de las tumbas púnicas. La religión dionisíaca conoció, en la época helenística, una brusca y considerable expansión³⁷, especialmente en Alejandría. Como se sabe, Italia se contaminó del furor sagrado de las bacantes. Y toda una serie de monumentos nos permite suponer que Cartago no quedó al margen de aquel movimiento. Es verosímil que Dioniso penetrase en la ciudad púnica mediante el juego de una asimilación con una divinidad nacional, el «dios-niño» Shadrapa, procedente este de Shed, un «curandero» cananeo³⁸. Probablemente Egipto sirvió de intermediario para facilitar aquella asimilación sincrética –Egipto, donde Dioniso Serapis comenzaba a recibir un culto oficial–. Dioniso, dios de la resurrección, de la embriaguez divina, del éxtasis, el dios que trastorna los espíritus y los lleva a la exaltación de la bacanal, de la música, de la danza sagrada. Si no viésemos que en las estelas cartaginesas figura la crátera mística, símbolo de la «salvación» dionisíaca, y si no conociésemos la existencia, en algunas tumbas, de representaciones y de objetos también indudablemente dionisíacos³⁹, dudaríamos en suponer que los cartagineses fueron sensibles a aquel ideal tumultuoso que la austeridad romana rechazó, al menos por algún tiempo, pero que tuvo un duradero y extraordinario auge en Oriente. Y esto nos explica la pervivencia de los temas dionisíacos en África, mucho después de la caída de Cartago.

Sin embargo, la presencia de Dioniso en Cartago no va acompañada de la actividad que en Grecia era el dominio esencial del dios. Los cartagineses ignoraban el teatro. El teatro de Cartago fue construido solo en la ciudad romana, bajo el Imperio. Quizá, si Cartago hubiera vivido más tiempo, habría acabado por acoger las representaciones dramáticas, que fueron importadas en Roma a mediados del siglo III a.C. y que todo ciudadano griego consideraba como parte integrante de la «paideia», de la cultura humana. Las únicas manifestaciones colectivas en que se encontraba el espíritu de fiesta y la comunión del pueblo entero, en Cartago, eran los festines celebrados en común y ofrecidos por ricos particulares. Pero aquellos festines, comparados por los griegos con las *syssities* espartanas, no elevaban el corazón ni el espíritu. Se comprende que aquella

---

³⁷ *Infra*, p. 224.
³⁸ Cfr. A. Caquot, en *Syria* XXIX (1952), pp. 74-88; G. Picard, *Religions*, pp. 94 y ss.
³⁹ G. Picard, *ibid.*, pp. 97 y ss.

civilización que, a pesar de la influencia helenística, seguía siendo inhumana y rebelde al atractivo de la belleza –cuando esta no revestía la forma del lujo más ostentoso– haya inspirado a Plutarco un juicio tan severo como célebre:

El carácter (de los cartagineses) es triste y sombrío, son serviles con los magistrados y duros con sus súbditos; sin constancia en los peligros, se dejan arrebatar sin medida por la cólera, se obstinan cuando han decidido algo y rechazan inhumanamente todo lo que encanta, todo lo que es bello[40].

Los cartagineses podían acoger ciertas técnicas, incluso ciertas creencias llegadas del mundo helénico, pero jamás fueron considerados por los griegos un «pueblo hermano», a diferencia de lo que ocurrió con Roma, según veremos.

Tal era Cartago a comienzos del siglo que vería el estallido, entre ella y Roma, del terrible, del interminable conflicto de las Guerras Púnicas.

Los primeros pasos de la potencia romana

Las relaciones entre Roma y los colonos griegos de Italia meridional y de Sicilia se asemejan poco a la historia de las luchas sangrientas que habían enfrentado a Cartago con el helenismo y que no cesaron hasta que Roma se instaló definitivamente en Siracusa, en el curso de la Segunda Guerra Púnica. Sin duda, aquellas relaciones no fueron siempre pacíficas y Siracusa no sucumbió más que después de un sitio largo y cruel, pero jamás hubo entre los dos partidos aquella total incompatibilidad, incluso, a veces, aquel odio que se advierte entre los griegos de Sicilia y sus adversarios púnicos. El cartaginés aparece como un extraño. El romano, incluso cuando se le califica de bárbaro, sigue siendo en cierto modo un «pariente». Es difícil discernir con precisión la idea exacta que se hacían de Roma los historiadores griegos a partir del momento en que la ciudad apareció en su horizonte. Los fragmentos que poseemos no nos ofrecen más que testimonios inseguros, cuya fecha y a

---

[40] *Praec. reipubl. ger.*, 3, pp. 709. D.

veces la atribución son discutibles[41], pero no por eso deja de ser evidente que Roma, por lo menos en la época de Aristóteles y, sin duda, mucho antes, está ligada a la tradición homérica y, más concretamente, a un episodio de los «Regresos»[42]. Un juego de palabras facilita el acercamiento: se inventa una heroína, *Rhomé* (en griego, la «Vigorosa»), cuyo nombre se habría atribuido a la nueva ciudad[43]. Pero los historiadores antiguos no parecen estar de acuerdo acerca de si aquella fundadora de Roma o, mejor, aquella heroína epónima era una griega o una troyana. Andrómaca, de nombre heleno, ¿no es una asiática? Dos tradiciones distintas se enfrentan entonces: una, según la cual Roma es una colonia aquea, y otra que la considera una colonia troyana. Esta dualidad de tradiciones, que sería inútil tratar de resolver, se encontrará después en la *Eneida,* donde el poeta distingue cuidadosamente dos emplazamientos sucesivos del lugar de Roma: una primera colonia, instalada por los arcadios de Evandro sobre el Palatino, y, a continuación, la fundación «latina», que fue obra de Rómulo, en quien se unían la sangre troyana, que él había recibido de su antepasado Eneas, y la sangre de los reyes «aborígenes», el último de los cuales había sido Latino[44].

Ciertamente Roma no está aislada en esta perspectiva. Tradiciones muy firmes aseguraban que Italia, en la época heroica, había recibido a inmigrantes orientales, ligados a los héroes de la guerra contra Troya, que podían ser guerreros aqueos apartados de su ruta o exiliados troyanos. En realidad, la diferencia entre ambas concepciones no es tan grande como hoy podríamos pensar. En la perspectiva épica, troyanos y aqueos están próximos los unos a los otros.

---

[41] Se encontrará el «corpus» de estos testimonios y las discusiones necesarias en J. Perret, *Les Origines de la légende troyenne de Rome,* París, 1942.

[42] Textos referidos por Dion. Hal., I, 72, 3, 4: unas prisioneras troyanas, llevadas por los aqueos camino de su patria, llegan al Lacio. Allí, se sacan los barcos a la orilla y todos esperan el momento de reanudar el viaje. Una noche, las cautivas incendian las naves. Al no tener medios para construir otras, los aqueos se establecen en el lugar con aquellas mujeres.

[43] El nombre de *Rhome* aparece, no en Aristóteles, sino en Calias. Este Calias escribía en Siracusa en tiempo de Agatocles, es decir, en una época en que Roma era ya muy conocida entre los griegos de la Magna Grecia y de Sicilia.

[44] Tal es la tradición virgiliana, que procede, sin duda, de los *Orígenes* de Catón, y que tiene por objeto el de poner de acuerdo dos cronologías, de otro modo inconciliables: la que sitúa la fundación de Roma a mediados del siglo VIII y la que la aleja hasta el tiempo de los «Regresos» y de la conquista de Troya.

Pertenecen al mismo mundo, entre ellos existen relaciones de parentesco, de hospitalidad e, incluso, confusamente, el sentimiento de un origen común. Acaso sea necesario referir estas leyendas de una inmigración «heroica» en Italia, tanto frigia como aquea, a hechos históricos reales cuya paciente reconstitución ha sido intentada recientemente[45]: es innegable que hacia finales del II milenario a.C. se dibujaron corrientes de migraciones del Oriente hacia el Occidente. Numerosos y coincidentes descubrimientos arqueológicos son clara prueba de ello[46]. Es posible, e incluso probable, que la leyenda de la fundación troyana de Roma oculte una verdad histórica. En todo caso, es indudable que en el mundo etrusco de finales del siglo IV a.C. la figura de Eneas era popular y que se le consideraba como al héroe «piadoso» por excelencia[47]. Todo nos induce a creer que la idea de una descendencia troyana de la ciudad pertenece menos a la Roma latina que a la Roma etrusca, que, como veremos, se superpuso a la primera en el curso del siglo VI a.C.

Ciudad «griega» y más concretamente arcaica, ciudad «troyana» y también «latina», es decir, indígena e itálica, Roma está abierta, por vocación, a todas las influencias que se entrecruzan en el mundo mediterráneo y predestinada a realizar una síntesis de civilizaciones y de culturas que acabará constituyendo su originalidad.

Por su lengua, que es la del Lacio, Roma pertenece a los «indoeuropeos». Los latinos se nos aparecen hoy como una rama desgajada, en fecha relativamente antigua, de la comunidad lingüística que nosotros llamamos «indoeuropea». En la Italia histórica forman un islote rodeado de otras poblaciones, en su mayoría indoeuropeas también, pero inmigradas en la península más recientemente, a las que se llama poblaciones «oscoumbras». Los latinos no eran los únicos pertenecientes a la más antigua ola de inmigrantes «arios». En este aspecto, suele relacionárseles con los sículos, que, cuando nosotros los conocemos, se hallan establecidos en el interior de Sicilia. Tienen parentesco también con los vénetos, cuya lengua nos es

---

[45] J. Berard, *La colonisation grecque de l'Italie méridionale et de la Sicile dans l'Antiquité,* 2.ª ed., París, 1957.
[46] Véase la bibliografía reunida por G. Capovilla, «Introduzione miceno-italica», en *Rendiconti 1ˢᵗ Lombardo* (Lettre), XCIV (1960), p. 379, n. 50 y 380, n. 51.
[47] Cfr. Q. Giglioli, «Osservazioni e monumenti relativi alla leggenda delle Origini di Roma», en *Bullet. del Museo del Imperio Romano* XII (1941), pp. 3-16. Fr. Bomer, *Rom und Troia,* Baden-Baden, 1951.

muy poco conocida, pero que empieza a manifestársenos gracias a una serie de inscripciones recientemente descubierta[48]. Próximas a los latinos deben de haber estado también, al menos en su origen, las gentes de Faleria (los faliscos), que fueron «etrusquizados» más profundamente que los romanos. Pero estos datos que nos facilita el análisis lingüístico se coordinan mal con los que podemos deducir de los descubrimientos arqueológicos. No sabemos exactamente con qué estado lingüístico relacionar en su conjunto la civilización «villanoviana», que a comienzos del I milenio antes de nuestra era cubre casi toda la Italia septentrional y la del centro. El osario villanoviano típico, con su forma bicónica, se encuentra desde la llanura del Po hasta el Lacio, y es evidente que las más antiguas tumbas halladas sobre el suelo de Roma, en el «sepolcretum» del Foro[49], pertenecen al mismo grupo. Los «villanovianos» eran incinerantes, pero desde los tiempos más remotos había también «inhumantes» en Italia. Sin duda, esta diferencia en los ritos funerarios responde a veces a diferencias de raza, pero sabemos que en la época histórica los romanos practicaban uno y otro rito, conservando cada familia su propia tradición, y el mismo cementerio arcaico del Foro contenía, junto a urnas de incinerantes, sarcófagos de inhumantes. Es muy evidente que la simple consideración del rito funerario, como tampoco la del mobiliario de las tumbas, no bastan para definir una «civilización» y menos todavía una «raza». Debemos tener sumo cuidado con cualquier extrapolación: la identidad de ritos no demuestra la de las lenguas y de las instituciones, así como su diversidad no prueba la heterogeneidad cultural del grupo social en que la encontramos.

Las excavaciones demuestran una continuidad absoluta entre la civilización villanoviana y el comienzo de la civilización etrusca. Las tumbas de urnas bicónicas aparecen en todos los lugares donde habían de surgir las ciudades etruscas. Sin embargo, parece seguro que los etruscos no pueden ser identificados con los «villanovianos». Constituyen –si no, tal vez, un pueblo definido– por lo menos una comunidad cultural original que, a pesar de cuanto se

---

[48] Sobre las inscripciones vénetas y su interpretación, cfr. M. Lejeune, en *Revue des* Études *Anciennes,* 1952 y ss.

[49] Todo el material está recogido y estudiado por E. Gjerstad, *Early Rome,* II, Lund, 1956.

haya dicho en el pasado, no podía haber sido introducida, totalmente formada, en Italia por unos inmigrantes llegados del Norte a través de los Alpes.

El «pueblo etrusco» que nos describen los historiadores romanos es, sin duda alguna, el resultado de una síntesis de elementos muy diversos, en la que poblaciones itálicas anteriores a las invasiones de los inmigrantes indoeuropeos, de los «villanovianos» (de los que hay buenas razones para pensar que fuesen «arios») e, indudablemente, de los inmigrantes llegados de Oriente (acaso de Lidia), habían tendido a crear una comunidad de cultura original. Los orientales impusieron su lengua, el *etrusco,* que ellos habían aprendido a cifrar utilizando los caracteres del alfabeto griego arcaico y que los sabios modernos, a pesar de sus esfuerzos, no descifran todavía hoy más que de un modo muy imperfecto. Desarrollaron también las relaciones culturales con Asia, creando así, en el curso del siglo VIII a.c., una civilización orientalizante que, a lo largo de los siglos siguientes, se helenizó de manera progresiva.

El corazón del país etrusco era la Toscana. Pero, poco a poco, los etruscos fundaron ciudades en el interior de la península; franquearon los Apeninos por los valles que les ofrecían vías de paso relativamente fáciles como el valle del Reno, y se establecieron en la región de Bolonia (Bolonia, antigua aldea villanoviana, se convirtió en la ciudad etrusca Felsina), alargando incluso sus tentáculos hacia los Alpes. Al mismo tiempo, la penetración etrusca, medio cultural y medio política, alcanzaba a las regiones situadas al sur del Tíber y se extendía hasta la Campania, donde entablaba contacto con las colonias griegas.

Roma nació antes del gran periodo de la expansión etrusca, y, sin duda, hacia la época en que empezó a formarse la civilización de aquel pueblo, al que los griegos llamaban «tirrenos».

Es muy poco probable que los pueblos de la Italia preetrusca hayan conocido la noción de ciudad. Las poblaciones itálicas de cultura oscoumbra no la poseyeron más que tardíamente, y la aprendieron, unos de los etruscos o de los romanos, y otros de los colonos griegos del Sur. Puede creerse que la gran necrópolis «latina» de la colina de Alba[50] no supone la existencia, en fecha antigua (hacia el siglo IX a.C.), de una ciudad, pues la ciudad de Alba de que

---

[50] Véase sobre esta famosa necrópolis, en último lugar Q. Giglioli, en *Bollet. di Paletn. Ital.,* N. S. IV (1940), pp. 177 y ss.

nos hablan los historiadores romanos no es, sin duda, más que una invención reciente, de un tiempo en que la ciudad había sustituido en todas partes, al menos en el Lacio, a la organización tribal. Ni siquiera es seguro que haya constituido una verdadera fundación la primera ocupación del suelo romano por los colonos latinos, llegados tal vez de la región de Alba, según la tradición romana. Los colonos instalados sobre el Palatino, donde las excavaciones modernas han descubierto vestigios de sus cabañas, no eran todavía más que pastores apenas sedentarios, que habían encontrado allí un lugar de refugio cómodo, que dominaba los pantanos mantenidos por los frecuentes desbordamientos del Tíber y que se unía al resto de la meseta latina por un istmo estrecho y fácil de cerrar. La aldea del Palatino era uno de los muchos asentamientos latinos diseminados entre el mar, las colinas –que son, al este, los últimos contrafuertes de los Apeninos– y el curso del Tíber. Aquellas aldeas dispersas conservaban entre sí un lazo de unión. Todas rendían culto al gran dios del Lacio, Júpiter Latino, que residía en la más elevada cima del país, en el actual Monte Cavo *(Mons Albanus)*. Alba era la metrópoli común, y ostentaba la «presidencia» de la Liga Latina[51].

Solo de un modo muy hipotético podemos reconstruir la más antigua organización política de aquel pueblo de «protolatinos». Es, seguramente, a través de ellos como se conservaron y luego se transmitieron al Estado romano ciertas instituciones muy arcaicas, que generalmente se hacen remontar al tiempo en que los antepasados de los latinos vivían en la comunidad indoeuropea primitiva. Esas instituciones son, muy frecuentemente, religiosas. Entre ellas, hay que situar, sin duda, la realeza, pero no la que encontraremos en la propia Roma, en la época de su apogeo, en el siglo VI, sino una realeza esencialmente sacerdotal, anterior a la influencia etrusca, y llamada a sobrevivir bajo la República, una vez que la «magistratura» real, esta de origen etrusco, se despoje de su carácter político[52].

---

[51] La relación de los *populi Albenses* está dada por Plinio, *N. H.,* III, 69, que concluye: «*ita ex antiquo Latio LIII populi interiere sine vestigiis*». Sobre la importancia de esta relación y su significado para la interpretación de los datos arqueológicos, cfr. M. Pallotino, «Le Origini di Roma», en *Archaeol. Class.* XII (1960), pp. 27 y ss., con la bibliografía citada en la n. 2; y P. de Francisci, *Primordia Civitatis,* Roma, 1959, pp. 131 y ss.

[52] Un intento interesante para caracterizar la realeza latina anterior a la influencia etrusca ha sido llevado a cabo por S. Mazzarino, *Dalla monarchia allo stato republica-*

Es probable, pues, que cada una de aquellas pequeñas comunidades latinas tuviera su rey, que era sacerdote, mago, intérprete y manipulador de presagios, y, naturalmente, también jefe militar, si se puede hablar de ejércitos en comunidades tan restringidas. Al nivel de la Liga, parece que existía un magistrado temporal, al que se designaba tal vez con el nombre de *dictador,* y cuya función consistía en mantener y asegurar una unidad de acción en el seno del «pueblo» de los latinos. Pero es muy verosímil que el dictador no interviniese más que en circunstancias excepcionales. El verdadero marco de la vida política era, al parecer, el «clan», la *gens,* en cuyo seno era omnipotente el *pater familias.* Y así era, desde luego, como los poetas «anticuarios» de la época augustana se representaban la sociedad de la más antigua Roma: un rey, asistido de un consejo de *Patres,* a los que se imaginaban vestidos de pieles de carnero y deliberando en un prado[53]. En el seno de la *gens, el «pater»* es juez soberano, dueño absoluto de la libertad, de la vida y de los bienes de todos, y, durante mucho tiempo, conservará, en la Roma clásica, aquella exorbitante autoridad. La organización gentilicia es tan esencial a la vida social romana, que, más adelante, una vez integrados elementos extraños a lo que habrá llegado a ser la ciudad, se advertirá una tendencia muy clara a hacerlos entrar, mal que bien, en aquel marco que no estaba hecho para ellos. Al lado de los jefes de las viejas familias, habrá *patres* asociados, asimilados, y cada familia tendrá también sus «clientes», considerados, en ciertos sentidos, como miembros «honorarios», asimilados, de la *gens.* Su «patrón» será su representante ante la justicia, su defensor, exactamente como había, en las ciudades griegas, «próxenos» para representar y defender a los extranjeros.

La tradición nacional sostenía que la ciudad de Roma había sido fundada sobre el Palatino por Rómulo, asistido de su hermano Remo, pertenecientes ambos a la estirpe de los reyes de Alba. Rómulo había trazado con un arado el surco que delimitaba el *pomerium* (recinto) de la futura ciudad, y esta había tomado la forma de un cuadrado o, por lo menos, de un cuadrilátero, lo que se llamaba la *Roma quadrata.* Pero las tradiciones difieren mucho sobre la si-

---

no, Catania, s. d. (1945); cfr. también J. G. Préaux, *La sacralité du pouvoir royal à Rome,* extr. de *Le Pouvoir et le Sacré,* Bruselas, 1962.
[53] Propercio, *Elegías,* IV, 1, 11: *Curia... pellitos habuit, rustica corda, patres...; centum illi in prato saepe senatus erat.*

tuación y la extensión de aquella ciudad de Rómulo: tan pronto se la reduce solo al Palatino, como se le integran el Capitolio y el Foro. Hoy parece poco probable que se tratase de una verdadera ciudad, que luego constituiría el núcleo de la *Urbs*. En efecto, desde muy pronto se distinguen, simultáneamente, varias aldeas establecidas en el lugar de la futura Roma. La del Palatino es la más conocida, pero no es la única, y hoy es incluso imposible pensar, como en otros tiempos se hacía, que constituyese un «hábitat» del que estaban excluidos los muertos, lo que la habría asimilado a la Roma clásica, permitiendo suponer que se hallaba rodeada de un *pomerium* en cuyo interior estaban prohibidos los enterramientos, como la regla ordenaba en época histórica. Esta hipótesis, admitida durante mucho tiempo, después de las excavaciones de Boni, que creía haber encontrado en el Foro el cementerio de la «ciudad palatina»[54], ya no es válida, desde que se han descubierto tumbas al lado de las cabañas, en el propio Palatino[55]. Los resultados de las excavaciones pacientemente analizadas[56] demuestran que, acaso desde el siglo IX a.c., el lugar de Roma estuvo habitado por unos «incinerantes» latinos y, tal vez, simultáneamente, por otros incinerantes, a los que se calificaba como «sabinos», llegados, ya no de la llanura costera, al sur de la desembocadura del Tíber, sino de las últimas estribaciones de los Apeninos, y que pertenecerían al grupo lingüístico de los oscoumbros. No es imposible tampoco que algunos núcleos, numéricamente más débiles, de poblaciones establecidas en aquel emplazamiento antes de la llegada de los colonos indoeuropeos, subsistieran durante largo tiempo. Las habitaciones humanas, las «cabañas» cubrieron, poco a poco, las diferentes colinas, las faldas del Palatino, en la dirección del Foro, las de la Velia, que prolongaba el Palatino hacia el Esquilino, las alturas del Fagutal, del Celio y del Viminal; generalmente, se admite que las cabañas del Quirinal estaban habitadas por sabinos, mientras que el sur del Foro era el territorio por excelencia de los latinos. Naturalmente, tales reconstrucciones son

---

[54] Cfr. E. Gjerstad, *op. cit.*
[55] G. Carettoni, «Tomba archaica a cremazione scoperta sul Palatino», *Bull. di Paletn. Ital.*, LXIV (1954), pp. 261 y ss.; *idem.*, en *Not. Scav.* ser. VIII, XI (1957), pp. 87 y ss.; M. Marella, en *Antichitá*, II, 2 (1950), pp. 1 y ss.; E. Gjerstad, *op. cit.*, pp. 282 y ss.
[56] E. Gjerstad, *Early Rome*, I y ss.; *idem.*, «Dicussions concerning early Rome», en *Opuscula Romana... Regni Sueciae*, V, 1 (Lund, 1962).

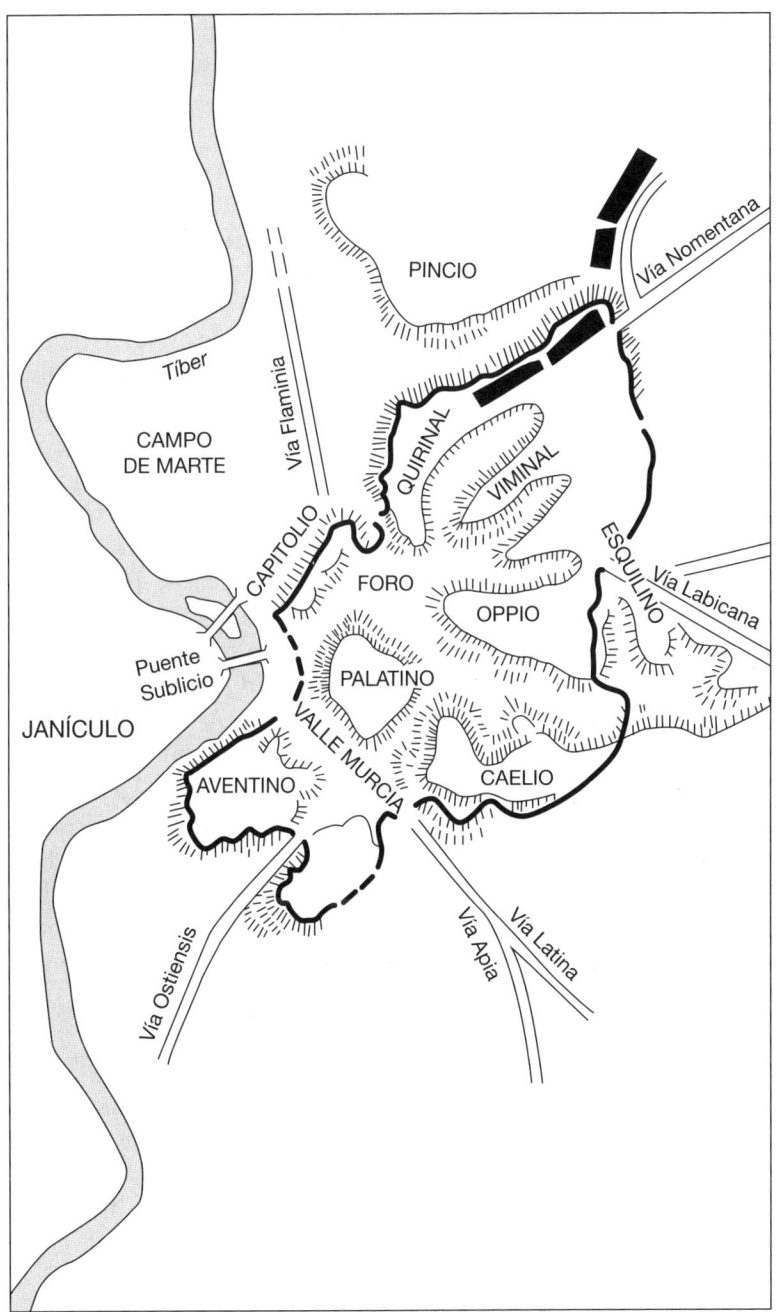

Mapa 2. Roma

muy hipotéticas, y solo constituyen cómodos esquemas para ordenar, mal que bien, algunos hechos conocidos. Durante mucho tiempo, el mayor número de sepulturas se acumuló en las partes bajas, en el Foro y al pie de la Velia. Después, llegó un momento en que las habitaciones de los vivos cubrieron las tumbas y cesaron los enterramientos en el Foro. Esto ocurrió hacia comienzos del siglo VII. Unos 100 años después (hacia el 575), el Foro tuvo su primer pavimento, y este hecho ha sido interpretado como la verdadera «acta de nacimiento» de la ciudad[57].

En realidad, un plan de excavación, un hecho de orden puramente arqueológico no podría aportar un testimonio innegable sobre un fenómeno tan complejo como el nacimiento de una ciudad: una ciudad –y, especialmente, la *Urbs,* entidad sagrada– no se reduce a la realidad material de su aglomeración, a las casas que la componen. Es una creación jurídica, cuya existencia no es perceptible más que indirectamente cuando ningún texto, ningún testimonio circunstanciado nos informan acerca de ella. La existencia «espiritual» de Roma es, evidentemente, inseparable de la ocupación del Foro y de su utilización para las grandes actividades sociales, religiosas y políticas que condicionan la vida de la ciudad. La tradición no ha conservado el recuerdo de un «forum» palatino. Antes de la ciudad, había, quizá, entre las aldeas, una especie de liga análoga a la que unía a todos los latinos alrededor del santuario de Alba. De esta liga local, limitada, podría ser un vestigio, bastante misterioso, la fiesta del *Septimontium,* que se celebraba todavía en la época clásica, el 11 de diciembre[58]. Las aldeas latinas incluidas en aquella liga estaban situadas todas al este y al sur del Foro. Carecían de toda unidad topográfica, y en ningún momento podrían haber formado un «oppidum».

El Foro, por el contrario, es un centro geográfico: hacia él convergen los valles y las faldas de las colinas. Cuenta con todas las condiciones necesarias para constituir un lugar de reunión común. Desde hace mucho tiempo, se ha advertido que, en su orientación y en la de las dos vías que lo atravesaban, se dan unas características que los romanos consideraban inseparables de toda fundación

---

[57] Gjerstad, *op. cit., passim.*
[58] Varron, L. L., V, 41: Cermalo, Palatino, Velia, Opio, Cispio, Fagutal y Celio, a los que se añade, misteriosamente, el «valle» de Suburra.

urbana: dirección norte-sur de la vía axial *(cardo),* dirección este-oeste de la vía principal *(decumanus),* implantación de puertas (lugares de paso de valor religioso, más que puertas de recinto) en los cuatro puntos cardinales, agrupamiento de los templos más importantes de la religión urbana, especialmente el «hogar» común, el de Vesta, y la morada del Rey (concebido entonces como un sacerdote) que existe aún hoy *(Regia).* Todo hace pensar que la «ciudad» de Roma no fue constituida como ciudad hasta la ocupación del Foro[59]. Esto puede haberse producido antes del establecimiento de un pavimento de losas, y las condiciones de lo que hay que llamar la «fundación» de Roma nos son casi totalmente desconocidas. Algunos indicios nos permiten suponer que este acontecimiento fue provocado por la acción de los etruscos, especialmente la orientación de los ejes urbanos y sin duda también la idea misma de ciudad, ligando indisolublemente el suelo de la ciudad y las instituciones, sacras y políticas, que le dan su ser. Pero es difícil decidir si esta acción se ejerció desde el exterior o si fue precedida de una conquista militar. La realidad de una dominación política de los etruscos en Roma es innegable; está proclamada por los propios historiadores romanos, que designan como etrusca a la dinastía de los Tarquinios. En el siglo VI, Roma reconoció una fase etrusca, como la mayor parte de la Italia central, y es posible que a este «accidente» histórico debiese incluso su existencia como *civitas.*

Como se sabe, la tradición romana atribuye la fundación de la ciudad a Rómulo. Pero Rómulo tuvo que asociar muy pronto su poder al del sabino Tito Tacio, tras la guerra que enfrentó a los habitantes de la joven ciudad con los sabinos, cuyas mujeres habían raptado. Tacio murió enseguida, y Rómulo fue arrebatado a su pueblo por los dioses, que le convirtieron en uno de ellos, con el nombre de Quirino. En este momento, Tito Livio, que es nuestra fuente principal, sitúa una verdadera comedia jurídica que se representa entre el pueblo y los *patres* para saber a quién pertenecería el derecho de designar al nuevo rey; a fuerza de generosidad simulada, los Padres obtuvieron la ratificación de la elección popular y, finalmente, el

---

[59] Esta hipótesis, formulada hace tiempo por A. Piganiol, ha dado origen a diversos trabajos, entre los que figuran los de E. Gjerstad, *op. cit.* Nosotros la hemos adoptado *(Lettres d'Humanité,* IV).

pueblo se entregó a ellos[60]. Este relato tiene el valor de un mito etiológico; define las relaciones entre el senado y la asamblea popular: el senado posee la *auctoritas,* es decir, una cualidad de esencia religiosa y casi mágica, el privilegio de iniciativa para una acción cuya eficacia garantiza su «autor», en virtud de su sola personalidad.

A Rómulo sucedió Numa, un sabino, cuya figura es compleja. Numa es el rey religioso por excelencia, y a él se atribuyen la mayor parte de las instituciones sacras de la ciudad. Pero se dice también que era «discípulo de Pitágoras», afirmación puesta en duda desde la Antigüedad por razones de cronología y que, sin embargo, merece ser considerada con atención. Numa simboliza, sin duda, las corrientes religiosas que recorrían la península, en el momento en que los colonos griegos consolidaban sus asentamientos en Italia meridional y en que los cultos y las creencias indígenas se modificaban insensiblemente, al contacto con la religión importada de Oriente. La cronología de Tito Livio sitúa el reinado de Numa a comienzos del siglo VII. Es el momento en que los pueblos itálicos parecen haber experimentado una verdadera fermentación religiosa, cuando en el país etrusco alcanzan cierto predominio algunos ritos nuevos, como la inhumación de los muertos –y se nos dice, precisamente, que Numa era un «inhumante»–. Las influencias orientales dominan. Los «latinos» de Roma fueron envueltos en aquel movimiento, que ayudó a su ciudad a definirse. Es muy significativo advertir que el reinado siguiente, el de Tulo Hostilio, vio la guerra entre Roma y Alba, y la destrucción de esta, y luego el traslado de su población a Roma, donde se instaló: esto, según se dice, implicó la unión del Celio al «hábitat» ya existente[61]. La vieja confederación religiosa estuvo a punto de ser suplantada por los dioses del vencedor. Pero, finalmente, el espíritu conservador de los latinos volvió a imponerse y Roma adoptó entonces el culto del *Mons Albanus.*

El sucesor de Tulo Hostilio fue un sabino, Anco Marcio, nieto de Numa por su madre. Anco «legalizó» los ritos guerreros y fue un rey enérgico. Prosiguió –nos dice Tito Livio– la conquista del Lacio e instaló en Roma a los habitantes de varias aldeas, que se establecieron en la zona del Aventino. Es el último rey de la serie «nacional». Le sucedió un singular personaje, llamado Lucumón (que,

---

[60] T. Livio, I, 17-18.
[61] *Ibid.,* I, 30.

en realidad, es un título de un magistrado etrusco), originario de la ciudad etrusca de Tarquinia (hoy Corneto) e hijo de un corintio inmigrado en Etruria. Este Lucumón reinó con el nombre de Lucio Tarquinio Prisco, y la tradición de Tito Livio sitúa su advenimiento en el 616, es decir, a finales del siglo VII, momento en que la influencia de Grecia se hace preponderante, en que se multiplican los productos de la cerámica corintia y en que las riquezas afluyen a una Etruria que debe su prosperidad a la explotación de las minas de hierro, de cobre, de cinc y de plomo abundantes entonces en la isla de Elba y alrededor de Siena. Tarquinio Prisco se presenta, en la tradición, como uno de esos tiranos que entonces menudean en Grecia y, durante más de un siglo, tendrán bajo su poder a las ciudades. Está considerado como el primero que hizo «la corte» al pueblo para conseguir sus sufragios.

Cabe pensar también que instaló una guarnición, instrumento de su poder, en la colina que una tenaz tradición siguió llamando *Mons Tarpeius* (es decir, sin duda, «monte de Tarquinio»), incluso cuando el nombre oficial pasó a ser *Capitolium*. En este momento, la villa de Roma se constituye seguramente en ciudad, una ciudad de tipo análogo al de las villas etruscas, asiáticas y griegas, con su ágora, el Foro, y, más especialmente, el *Comitium,* donde se reunía el pueblo, su acrópolis (la ciudadela capitolina) y su «Bulé», su sala de Consejo, la Curia, próxima al Comicio, donde, tradicionalmente, se reunían los Padres. Se cree también que Tarquinio amplió el senado de Roma, añadiendo a los jefes de las *gentes* mayores cien senadores llamados «de las *gentes* menores»[62]. Como se ve, ya está en formación, bajo la influencia griega, la constitución de un Estado en que los elementos heredados de la tradición latina se adaptan a las exigencias de una administración menos primitiva y, sin duda, menos exclusivamente sacral.

Efectivamente, en aquel momento, parece que el culto se modifica. Se atribuye a Tarquinio Prisco la organización de los primeros Juegos, *Ludi Romani* o *Ludi Magni,* que son, evidentemente, una costumbre etrusca. También por esta época, se introducen, si no divinidades nuevas, por lo menos interpretaciones nuevas de «personas divinas». La antigua tríada indoeuropea formada por Júpiter, Marte y Quirino es sustituida por la capitolina clásica, con Júpiter, Juno y

---

[62] *Ibid.,* I, 35.

Minerva, que expresa quizá la tripartición étnica de la ciudad nueva, siendo Júpiter el dios latino, Juno la gran «reina de las ciudades» etruscas, y Minerva, la divinidad sabina[63]. Pero es cierto también que esta misma tríada existía en otras ciudades, puramente etruscas, hasta el punto de que incluso podía considerarse que no había ciudad digna de tal nombre sin tres templos, consagrados separadamente a Júpiter, a Juno y a Minerva[64].

En los primeros años del siglo VI (la cronología tradicional asegura que en el 579) se produce un acontecimiento muy importante para la historia del Estado romano. Al rey-tirano etrusco le sucede un personaje al que la historia conoce con el nombre de Servio Tulio y al que los anales etruscos parecen haber designado con el título, convertido casi en nombre propio, de Mastarna, es decir, la traducción etrusca de la palabra latina «magister»[65]. A él se atribuyen las reformas fundamentales del Estado. La ciudad romana, dividida hasta entonces en tres tribus –*Ramnes, Ticies y Luceres*–, a las que hay buenos motivos para considerar étnicas[66], fue organizada según tribus territoriales: el principio del domicilio sustituye al del nacimiento. Hubo cuatro tribus urbanas y un cierto número de tribus rústicas, entre las que se repartía el territorio de la campiña. Las cuatro tribus urbanas eran la *Succusana* (después llamada *Suburrana*), la *Collina* (sobre el Quirinal y el Viminal), la *Esquilina* (sobre la meseta del Esquilino y sus avanzadas en dirección al Foro), la *Palatina*, con el Palatino y la Velia. Las dos cimas del Capitolio estaban excluidas de esta división: colinas sagradas y reales se hallaban al margen de lo que parece haber sido la finalidad y la razón de ser de aquella organización, es decir, el reparto del impuesto (*tributum*). En el campo, las tribus rústicas comprendieron *pagi*, en los que generalmente dominaban las grandes *gentes* cuyos nombres llevaron: *Claudia, Cornelia, Aemilia*, etc. En la época clásica eran 31, pero en el momento de su creación eran, sin duda, menos numerosas.

---

[63] Cfr. de Francisci, *Primordia Civitatis*, pp. 660 y ss. El origen sabino de Minerva, no tan probado, es, sin embargo, bastante probable. No se olvide que todas estas reconstrucciones son muy hipotéticas.

[64] Servio, *ad. Aen.*, I, 422.

[65] S. Mazzarino, *op. cit.*, pp. 184 y ss.; J. Heurgon, «L'Etat étrusque», en *Historia* VI (1957), pp. 75 y ss.

[66] En contra de la tesis sostenida por G Dumézil, que les asigna un valor funcional.

En la Roma «latina» los ciudadanos estaban repartidos en Curias, que parecen haber sido primitivamente unas «asambleas» de aldeas esencialmente dedicadas a fines religiosos. El presidente de cada curia, el *curio,* tenía funciones sacerdotales. A la curia correspondía el regular las cuestiones relativas al estatuto jurídico de los individuos; todavía en la época clásica había una «lex *curiata*», que decidía acerca de las adopciones, y las formas más antiguas del matrimonio están en relación con las curias. El conjunto de las curias formaba lo que se llamaba los «comitia *curiata*», es decir, la asamblea del «pueblo»; pero primitivamente, durante el largo tiempo que las curias representaron sobre todo a los jefes de *gentes,* estos comicios se distinguían muy difícilmente del «senado». La diferencia consistía, sin duda, en esto: en que el «concilium patrum» reunía a los Padres a título individual, mientras que en las curias eran portavoces y representantes, tanto religiosos como civiles, de los miembros de su *gens* y de las *familiae* que con ella se relacionaban. Ya antes de Servio las curias habían evolucionado y se habían convertido en divisiones territoriales, encontrándose los habitantes de un barrio adscritos a una curia determinada. A esta organización Servio superpuso otra, que estaba ligada a la fortuna. Los ciudadanos se repartían en cinco clases, cada una de ellas definida por una cifra de fortuna y, en el seno de cada clase, en centurias, marcos esencialmente militares. De las centurias formadas por los ciudadanos más ricos salían caballeros que tenían que comprar y mantener su caballo. Después venían las centurias de los infantes, que combatían con un armamento cada vez más ligero a medida que iban perteneciendo a clases menos ricas. Los ciudadanos que no poseían nada (los *capite censi*) formaban cinco centurias de obreros especialistas (carpinteros, herreros, músicos). Y el conjunto de las centurias, es decir, el pueblo soldado, formaba una nueva asamblea, los *comitia centuriata.*

Con aquella reforma, la ciudad romana adquiría uno de los caracteres que la distinguieron durante mucho tiempo; se convertía en una oligarquía de la fortuna, al mismo tiempo que su organización militar tendía si no a darle el gusto de las aventuras de conquista, por lo menos a hacer de ella un admirable instrumento guerrero. La reforma de Servio era, además, un primer paso hacia la unificación de la ciudad; se apartaba un poco más de su antigua organización gentilicia y patriarcal. La fortuna predominaba sobre el nacimiento, el Estado sobre las *gentes.* Es muy verosímil que Servio actuase como un auténtico demagogo y que, como su sobrenombre de Mastarna indica, fuese un dictador casi revolucionario, inspirado quizá en sistemas ya experimentados en Etruria, quizá en ejemplos llegados de Grecia, donde en la generación anterior se habían establecido regímenes timocráticos[67]. La huella de aquella reforma había de ser duradera. Roma sería para siempre una ciudad timocrática, en la que el rango conferido por el dinero se conciliaría, mal que bien, con el que daba el nacimiento.

Servio está considerado también como el primero que realizó una fortificación efectiva de la ciudad. A su reinado se atribuye la construcción del Muro Serviano, que fue el límite militar de Roma hasta el momento en que, tras el enorme crecimiento del Imperio ya no fue necesario prever fortificaciones alrededor de la capital. Aquel límite, cuyo trazado podemos seguir aproximadamente, comprendía ya toda la extensión de la Roma clásica y alcanzaba una longitud total de unos 8 kilómetros. Se ha asegurado frecuentemente que Roma era todavía una ciudad demasiado pequeña, muy poco poblada, para que en el siglo VI se la pudiese dotar de una muralla tan larga y se ha propuesto retrasar en dos siglos la fecha de aquella construcción. Pero pueden invocarse buenos argumentos en favor de la fecha tradicional[68]. Parece evidente que el muro serviano, al englobar todas las colinas, comprendido el Aventino, apoyándose sobre el río (que no franqueaba), utilizando las defensas naturales (especialmente los declives del Capitolio y del Esquilino), había sido concebido teniendo solo en cuenta exigencias militares y no las del conglomerado real. Entonces solo estaban ocupadas algunas partes de la ciudad; aquellas agrupaciones étnicas relativamente aisladas se hallaban asentadas en las colinas periféricas (el Celio, el Aventino) y continuaban, en suma, la tradición del periodo «latino» con sus aldeas discontinuas.

Bajo el reinado de Servio y el de Tarquinio el Soberbio, la tradición sitúa una gran actividad en las edificaciones. Se canaliza (aunque no totalmente) el arroyo que atraviesa el Foro encañando las aguas de chorreo y, sobre todo, comienzan a construirse templos.

---

[67] Existió una timocracia en Corinto, tras el fin de la tiranía, hacia el 581 (cfr. R. Burn, *The lyric age of Greece*, Londres, s. d. (1960, p. 194). Recuérdese también la constitución de Solón, pero no se olviden los orígenes corintios de los Tarquinios.

[68] Cfr. P. Grimal, «L'enceinte servienne dans l'histoire de Roma», en *Mélange d'Arch. et d'Hist.*, LXXI (1959), pp. 43-64, con la bibliografía citada.

Servio consagró en el Aventino un templo a Diana, la gran diosa itálica, y Tarquinio el Soberbio, hijo del penúltimo rey, que había recobrado el poder por la fuerza asesinando a Servio, dedicó en el Capitolio un templo a Júpiter Máximo Óptimo, y a sus dos colegas, Minerva y Juno. Esto no debe sorprender en una época en que todas las ciudades etruscas se cubren de monumentos suntuosos y en que todas las artes concurren a adornar los santuarios. Los escultores que modelaron, a finales del siglo VI, el Apolo de Veyes[69] y que dieron así prueba de poseer, en grado admirable, la difícil técnica de fabricación y de cocción de estatuas de grandes dimensiones en terracota, pueden muy bien haber colaborado, como la tradición señala, en el gran templo del Capitolio. En aquel momento, Roma, como todo el Lacio, se adorna con una decoración «jonizante», los templos se adornan con placas en terracota de vivos colores, donde se ven las imágenes de los dioses más «emotivos», especialmente los del cortejo dionisíaco, y todas las divinidades del mundo helénico y oriental que se convierten en centros de las entidades sacras de la antigua tradición latina. Júpiter es, a la vez, el dios del cielo sereno o tormentoso, lo que era para los «arios», y el dios del poder soberano, el señor del «Consejo de los Dioses» *(dii consentes),* lo que era en la tradición etrusca, bajo el nombre de Tinia[70].

LOS COMIENZOS DE LA REPÚBLICA

La dinastía de los Tarquinios acabaría, en el 509, de un modo dramático con la expulsión de Tarquinio el Soberbio. El pretexto de la revolución fue un hecho escandaloso: la violación, por Sexto, hijo del rey, de una joven virtuosa, Lucrecia, esposa de Tarquinio Colatino. Lucrecia no pudo sobrevivir a su deshonor y se suicidó en presencia de su marido y de su padre. El pueblo entero, indignado por el crimen de Sexto Tarquinio y considerando que la virtud es incompatible con la omnipotencia, se subleva, expulsa a los Tarquinios y proclama la Libertad.

---

[69] Cfr. nuestra obra, *A la recherche de l'Italie antique,* París, s. d. (1961), pp. 270 y ss., y la bibliografía.

[70] Júpiter, en sus relaciones con la teoría aruspicina, presenta innegables caracteres etruscos (cfr. K. Latte, *Römische Religionsgesch.,* Múnich, 1960, pp. 159 y ss.).

Desde hace mucho tiempo se ha señalado que esta revolución coincide con el declinar de la influencia etrusca en Italia central, bajo la acción conjunta de un despertar de las poblaciones itálicas y de una ofensiva de los colonos griegos: derrota de los etruscos ante Cumas en el 524; un poco después (en una fecha incierta), victoria de los latinos sobre los etruscos también en Aricia[71], y por último, en el 474, la victoria naval de los griegos en Cumas eliminaba prácticamente a la marina etrusca del mar Tirreno. La expedición organizada por el rey de Clusio, Lars Porsena, para restaurar a los Tarquinios fracasó, según se nos dice, ante la resolución de los romanos, en efecto, los etruscos eran ya incapaces de mantener sus posiciones tradicionales. Lo que triunfaba en Roma y ejercía el poder no era el pueblo, sino la aristocracia de los *Patres,* los grandes terratenientes, los jefes de las *gentes* latinas primitivas, que eran, al mismo tiempo, los «caballeros» de las primeras clases y los «rurales» inscritos en las tribus rústicas. La revolución fue social –en un sentido reaccionario– tanto como política. Tendió también a imponer ciertos ideales, morales y religiosos, una austeridad, una disciplina, un respeto a las costumbres de los antepasados *(mos maiorum),* que parecen haber sido menos practicados en la Roma fastuosa y, probablemente, menos puritana de los reyes etruscos.

Roma, después de la expulsión de los reyes, se dio unas instituciones. Se trataba de sustituir al rey *etrusco,* no de volver a la antigua realeza de carácter latino. La reforma de Servio había modificado muy profundamente la estructura del Estado haciendo de él una ciudad militar: los nuevos jefes serían, ante todo, los conductores del ejército, investidos del *imperium,* que era esencialmente un poder de carácter religioso, incluso mágico, comunicado por el propio Júpiter a los magistrados que le representaban entre los hombres[72]. La comunión entre el dios y los jefes del pueblo no se establecía de una vez para siempre desde su «creación»; se aseguraba regularmente mediante los auspicios –una de las prerrogativas esenciales del *imperium* era, efectivamente, el *ius auspicit*–. El im-

---

[71] T. Livio, II, 14, 5, donde el ataque de los etruscos contra Aricia se atribuye a Arrunte, hijo de Porsena, y se sitúa en el 508. Pero véase Dion Hal., V, 36, 1 y ss.; 7, 3-11.

[72] El problema de la naturaleza del *imperium* está lejos de hallarse totalmente aclarado; cfr. de Francisci, *op. cit.,* cap. III, pp. 199 y ss. Insistiremos, sobre todo, en la ceremonia del triunfo, en la que el general romano es asimilado a Júpiter. Cfr. H. Wagenvoort, *Roman Dynamism,* Oxford, 1947.

perium confería a su poseedor un poder, en teoría, ilimitado, pero la plenitud de ese poder no se ejercía más que en el ejército, fuera del *pomerium*. En el interior de la ciudad; en tiempo de paz, estaba limitado por ciertos derechos de los ciudadanos, especialmente por el *ius provocationis*, derecho de apelar al pueblo contra cualquier decisión del magistrado concerniente a la *caput* (vida o estatuto jurídico) del ciudadano. El *imperium* correspondió, al principio, a dos magistrados supremos, a los que se llamó *pretores (praetores, de praeitores)*, y que recibieron primero el nombre de *consules,* mientras que el de pretor estaba reservado a unos auxiliares que se les asignaron y que en ausencia de los cónsules ejercían sus funciones judiciales. Desde el rey Servio, una de las funciones del poder era la de establecer el *census,* es decir, la lista de los ciudadanos, clasificados según el nivel de su renta. Este cargo se confió a dos magistrados especiales, los censores. Mientras los cónsules y los pretores eran elegidos por un año, los censores no se renovaban más que cada cuatro años, pero en realidad solo ejercían su cargo durante dieciocho meses consecutivos. Procedían a la *lustratio,* la «purificación» del pueblo, reunido en sus cuadros militares, y tenían también a su cuidado los trabajos públicos y todas las adjudicaciones en nombre del Estado.

Este sistema solo se constituyó a partir de la expulsión de los Tarquinios. Según Tito Livio, la creación de la censura data del 443, y la de los primeros pretores con poder judicial, del 366[73]. Los cuestores *(quaestores),* que son en la época clásica los auxiliares financieros de los cónsules, pueden haber sido elegidos por primera vez en el 447[74], pero la tradición es muy oscura en cuanto a ellos; si al principio fueron designados solo por el cónsul o sustituyeron a magistrados de otro carácter, los *quaestores parricidii,* encargados de la represión de los homicidios, los antiguos mismos lo ignoraban.

Estas magistraturas surgieron directamente del poder real, desmembrado para evitar todo peligro de tiranía. Pero inmediatamente después de la fundación de la República, Roma tuvo que instituir otra serie de magistraturas, casi autónomas, destinadas a resolver una necesidad especial, la salvaguardia de los derechos de la plebe. En efecto, apenas había sido liberada Roma cuando se planteó un problema terrible: la coexistencia de las dos mitades de la ciudad,

---

[73] T. Livio, IV, 8; VII, 1.
[74] Tácito, *Ann.,* XI, 22.

los patricios y los plebeyos. Los primeros eran los representantes de las grandes *gentes* latinas y de las *gentes* menores asimiladas, entre las que había familias sabinas. Los segundos parecen haber sido sobre todo elementos urbanos que habían prosperado en la ciudad etrusca. Era, en suma, sin ellos y, en cierto modo, contra ellos como estaba haciéndose la revolución del 509. Al parecer, los patricios no monopolizaron el poder inmediatamente, si es cierto que algunos de los primeros cónsules fueron plebeyos[75]. Pero enseguida las listas que se conservan no muestran más que cónsules patricios. En este momento sitúa la tradición el relato de la secesión de la plebe, que, retirada al Aventino (o al Monte Sacro, fuera de la ciudad), amenazó con constituirse en ciudad autónoma. Se nos dice que entonces los patricios, para mantener la unidad del Estado, concedieron a los plebeyos unos magistrados especiales, los tribunos, cuya persona era inviolable, y que tenían el privilegio de poder oponerse a toda decisión de un magistrado referente a la persona o a los bienes de un plebeyo[76]. Más adelante, los tribunos (al principio, en número de dos) tuvieron, se dice, como «auxiliares» a los ediles *(aediles),* a quienes se nos presenta como magistrados en cargados del templo, especialmente plebeyo, de Ceres. En realidad, es probable que estos ediles sean anteriores a los tribunos y que representen una forma de magistratura no romana, un sacerdocio investido de funciones políticas que fue integrado en la organización de la plebe[77].

---

[75] El problema de los plebeyos nombrados entre los cónsules de 508 a 487, por los *Fastos,* es uno de los más oscuros que existen. Durante mucho tiempo, se ha resuelto afirmando el carácter apócrifo de la relación consular, pero los historiadores están hoy menos seguros de su inexactitud. La falsificación, en la hipótesis tradicional, habría sido casi inconcebible. Cfr. de Francisci, *op. cit.,* pp. 479 y ss., y E. S. Staveley, *op cit.; infra,* n. 80. Es posible que los historiadores romanos reuniesen, en la fecha del 509, dos hechos distintos: la expulsión de los reyes y la eliminación de los elementos etruscos del poder. La influencia etrusca no era, en absoluto, inseparable de la realeza, y las ciudades etruscas del sur eran decididamente republicanas (cfr. R. Lambrechts, *Essai sur les Magistratures des Républiques* étrusques, Bruselas-Roma, 1959, pp. 21 y ss.; T. Livio, V, 1, 3). Se admite, a veces, que la influencia etrusca sobrevivió, por lo menos en una generación, a la expulsión de los Tarquinios (cfr. R. Bloch, *Origines de Rome,* p. 100, que señala su persistencia hasta el año 475, aproximadamente, es decir, solo unos diez años después del último cónsul plebeyo).

[76] T. Livio, II, 33 (año 493 a.C.).

[77] Véase el resumen de este problema, muy complejo, en H. le Bonniec, *Cérès,* París, 1958, pp. 155 y ss.

Desde ahora está creada la estructura de la constitución romana. En el curso del siglo V la evolución ya solo se produce en el sentido de una mayor cohesión del Estado. La plebe lucha por alcanzar el poder político. Excluida del consulado desde sus comienzos o, por lo menos, desde el 487, se esfuerza por llegar a la magistratura suprema y, a causa de esto, se entablan luchas incesantes que desgarran la ciudad y la ponen en peligro. El conflicto es quizá menos político que religioso. Como, según hemos visto, el consulado implicaba el derecho de auspicio y los patricios eran los únicos que podían consultar válidamente a los dioses[78], resultaba difícil elegir a un cónsul plebeyo. Otra razón de conflicto entre las dos clases era la prohibición de matrimonios «desiguales» (entre cónyuges de estatuto diferente). Se quería evitar así, según se nos dice, que un hijo de padre patricio y de madre plebeya pudiese «poner confusión en los auspicios»[79]. Pero estas distinciones parecían ya declinar a mediados del siglo V; un irresistible movimiento modernista imponía el abandono de los viejos tabús. Un colegio «constituyente» de diez magistrados (los decenviros) fue encargado, en el 451, de formular las reglas fundamentales del derecho. Después de muchas dificultades, aquel colegio promulgó el código llamado de las Doce Tablas, que solo conocemos por citas bastante tardías y por alusiones. Código heteróclito que yuxtapone medidas de detalle y prescripciones de policía general, el cuerpo de las Doce Tablas era, sin embargo, importante porque retiraba el monopolio del derecho a la costumbre de los *Patres* y le daba una objetividad más democrática en su principio. Apenas los decenviros habían cumplido su misión, entre la sedición y el desorden los principales privilegios de los patricios se hundían. No solo se permitían los matrimonios entre las dos clases, sino que el consulado fue sustituido por una magistratura nue-

---

[78] Este hecho dificulta la posibilidad de admitir la existencia de cónsules plebeyos al comienzo de la República (cfr. *supra*, n. 75), pero la dificultad no es insalvable, si se acepta la hipótesis de que el carácter de los auspicios pudo cambiar; los ritos, esencialmente etruscos, de la realeza de los Tarquinios (de la cual salió el régimen republicano), pudieron ser sustituidos, gradualmente, a iniciativa de los jefes de las *gentes* patricias, por sus propias tradiciones religiosas, con lo que tales jefes se adjudicaron el monopolio de la magistratura. Podrían, pues, distinguirse dos momentos en la «revolución del 509»: la expulsión de los reyes y, después, el dominio total de los patricios sobre el poder.

[79] T. Livio, IV, 6.

va, el tribunado militar con poder consular, que «desacralizaba» el consulado y, por consiguiente, lo ponía al alcance de los plebeyos[80].

Menos de un siglo después, aquella magistratura bastarda, que, por otra parte, nunca había sido ejercida con una gran regularidad, desaparecía y los plebeyos eran definitivamente admitidos al consulado (Leyes de Licinio, 367/366, *Leges Liciniae Sextiae*). En Roma subsistieron durante mucho tiempo vestigios de la división de la ciudad entre plebe y patriciado. La plebe conservará siempre (salvo algunos intervalos bastante breves) sus tribunos y también su asamblea particular, los «comicios tribales», cuyas decisiones *(plebis scita),* consideradas por los aristócratas durante un largo periodo como sin valor, acabarán siendo reconocidas y aceptadas como leyes (comienzos del siglo III). Por su parte, los patricios conservarán ciertos privilegios religiosos, algunos sacerdocios

---

[80] La cuestión de los tribunos militares con poderes consulares *(tribuni militum consudari potestate)* se halla lejos de estar clara; replanteada recientemente en dos estudios originales y de conclusiones opuestas (E. S. Staveley, «The Significance of the Consular Tribune», *J. R. S.,* XLIII (1953), pp. 30-36; A. Bodington, «The Original Nature of the Consular Tribunate», *Historia,* VIII (1959), pp. 356-364), no parece susceptible aún de solución definitiva. Tras un detenido examen, la interpretación que Tito Livio da de su institución (una «desacralización» del consulado, para hacer la magistratura suprema accesible a los plebeyos) parece, al menos en parte, válida. E. S. Staveley, *op. cit.,* hace notar, con razón, que su creación fue seguida, dos años después, por la de la censura. Se diría que a los tribunos con poder consular no se les consideraba con calidad para ejercer el censo, función religiosa, de carácter sagrado. Tito Livio tendría, pues, razón en el primer punto; por otra parte, al negar la relación de aquellas innovaciones con la lucha entre patricios y plebeyos, esta desmembración del consulado resulta muy oscura. Pero, en todo caso, el tribunado con poder consular no fue ejercido, en principio, por los plebeyos, como podría esperarse si su creación hubiera sido esencialmente una victoria de la plebe, sino por los patricios. ¿Es que estos, por su ascendiente sobre las masas electorales, habían recuperado una ventaja que en derecho habían perdido (cfr. Staveley, *ibid.)?* En realidad, muchos episodios de la vida política de los siglos V y IV son misteriosos para nosotros. Se puede intentar una explicación muy general, considerando que, si los patricios formaban una «clase», la plebe, en cambio, era un compuesto: de una parte, la masa de los «clientes», unidos por lazos religiosos, económicos, que un sentido muy vivo de la tradición hacía difíciles de romper, y, de otra, una «aristocracia» plebeya, formada por comerciantes, artesanos ricos o acomodados, y acrecentada por toda la muchedumbre de las «gentes del foro y del Campo de Marte», que se había liberado de sus tradicionales lazos con los patricios, o que no los había sufrido. Esta segunda parte de la plebe, la más inquieta y activa en las asambleas tribunicias, se veía ahogada, con ocasión de las elecciones que tenían lugar en los comicios centuriados, por la masa de los «buenos plebeyos», que no querían llevar a hombres «nuevos» al poder.

y algunos ritos, cuya desaparición habría sido considerada peligrosa y que se mantenían aún bajo el Imperio de un modo frecuentemente artificial (por la creación de patricios, *adlecti inter patricios,* de nacimiento plebeyo).

Así se creó, al término de una evolución que duró unos cuatro siglos, la célebre «constitución romana», objeto a veces de admiración y siempre de asombro para los pueblos antiguos. Aquella constitución no surgió de ningún principio racional ni es tampoco la obra de un legislador determinado. La figura, un tanto confusa, de un Servio Tulio no puede compararse con la de un Solón y la de un Licurgo. Las instituciones romanas se formaron día tras día, según las necesidades y las exigencias de las transformaciones económicas y sociales, también según las influencias ejercidas por este o por aquel pueblo extranjero, pero siempre con resistencias internas, ante el deseo de no destruir radicalmente nada del pasado, de utilizar para fines nuevos las formas y las prácticas de la tradición, tal como la concebía cada grupo étnico. Durante siglos de formación Roma no tiene todavía una tradición nacional, sino varias herencias, peculiares de este o del otro grupo. Solo mucho después, con la lejanía del tiempo, los romanos tendrán la ilusión de haber conocido desde siempre una unidad, una «concordia» profunda, que no podía verse perturbada por la rivalidad, carente (decían ellos) de violencia, entre patricios y plebeyos. Pero no dejaban de sospechar tampoco que la verdadera unidad de Roma se había realizado menos en sus instituciones que en el impulso irresistible de su conquista: ahí radicaba la fuerza que le había permitido superar las crisis internas.

La conquista de Italia

La paz no reinaba en el Lacio en la época de la fundación de Roma. Los distintos pueblos diseminados por todo el país y finalmente agrupados en el interior de las ciudades se hallaban en guerra frecuentemente los unos contra los otros y también chocaban con las poblaciones de las montañas cuyos territorios rodeaban la llanura costera. Según hemos recordado, durante el siglo VI los etruscos llegados de los países situados inmediatamente al norte del Tíber habían dominado el Lacio, y Roma, gracias a su «etrusquización», se había beneficiado de la potencia de los mismos. En efecto, bajo los reyes etruscos situaba la tradición las primeras conquistas verdaderas de Roma, la ocupación sistemática de las ciudades latinas: Apiolas, Corniculo, Crustumeria, Nomento, etc.[81]. Hacia el norte, el territorio conquistado y anexionado llega hasta Colacia, en el país sabino, no lejos de la confluencia del Tíber y del Anio. Este movimiento, iniciado por Tarquinio Prisco, es activamente proseguido por Tarquinio el Soberbio, que somete, se nos dice, el este del Lacio, lo que le lleva a una lucha contra los volscos, de la que Roma no saldría hasta muchas generaciones después. Al final de la realeza, Roma aparece como la principal potencia en el Lacio, y los cartagineses firmaron con ella un tratado que era un verdadero pacto de no agresión[82].

Pero, como era natural, el fin del predominio etrusco en el Lacio provocó un levantamiento general contra Roma, a la que ya no apoyaba la alianza de las ciudades de la confederación etrusca. Este levantamiento, acaudillado por el «dictador» de Tusculo, Octavio Mamilio, terminó con una batalla memorable a orillas del lago Regilo, en la que resultaron victoriosos los romanos. Se cuenta que fueron ayudados por dos caballeros sobrenaturales que combatieron en sus filas: los Dióscuros Cástor y Pólux. En reconocimiento, los romanos les erigieron un templo en el Foro, cronológicamente el tercero de los santuarios monumentales, después del de Júpiter Capitolino y el de Saturno, al pie del *Clivus Capitolinus*[83]. Terminada así la guerra, latinos y romanos concluyeron un tratado, conocido con el nombre de *foedus Cassianum,* cuyo texto grabado en bronce pudo leerse durante mucho tiempo en el Foro romano[84]: debía haber una paz perpetua entre los dos partidos, que se prometían asistencia mutua y alianza militar, lo que significa que los latinos en aquel momento no eran todavía «súbditos» de Roma, sino que su liga formaba una potencia capaz de tratar con Roma de igual a igual.

---

[81] T. Livio, 1, 35; 38.
[82] Sobre este tratado, cfr. M. L. Scevola, «Civiltà marittima di Anzio preVolsco», en *Rendiconti Ist. Lomb... Lettere,* XCIV (1960), pp. 250 y ss.
[83] T. Livio, II, 20.
[84] Este tratado es mencionado por T. Livio, II, 33, 9; Cic., *Pro Balbo,* 23, 53. Su texto es resumido por Dion Hal., VI, 95, 2. El *foedus Cassianum* suele ser considerado por los historiadores modernos posterior a su fecha. Pero es probable que un tratado de esta naturaleza existiera en la fecha que se le asigna. Tras la caída de los reyes, la liga latina no podía subsistir sin un texto jurídico que le sirviese de base.

Hay, pues, base para creer que la revolución del 509 tuvo, al fin, por efecto el de aminorar el poder de la ciudad y rebajar el ritmo de la conquista, creencia que vienen a confirmar los datos de la arqueología, que revelan la disminución de las importaciones de cerámica griega a partir del siglo V y, al menos por algún tiempo, el empobrecimiento de la ciudad.

El Estado «latino-romano» que había surgido del *foedus Cassianum* tuvo que enfrentarse muy pronto con graves peligros: los pueblos de las montañas ejercían ya su presión y empezaban a descender hacia el mar, fenómeno que dominará toda la historia de la península itálica entre comienzos del siglo V y la terminación de la conquista romana.

Los primeros pueblos «sabélicos» que descendieron al Lacio fueron los sabinos. Algunos se incorporaron pacíficamente a la ciudad, como el clan de Atio Clauso (en el 505), que se asimiló completamente y que más adelante llegó a ser la muy célebre y muy noble *gens Claudia*. Pero hubo intentos de golpes de mano, como el de Apio Herdonio, del que se nos dice que logró, en una noche, apoderarse del Capitolio. Mas fue expulsado inmediatamente, y las alianzas que había podido encontrar en el interior de la ciudad demuestran que el pueblo romano se hallaba entonces muy lejos de estar unido en su patrimonio.

Más peligrosa era la situación en las fronteras oriental y del sudeste del Lacio: los ecuos amenazaban con invadir la llanura en la región de Preneste, y los volscos, por el boquete situado entre los montes Albanos y el mar. El detalle de las luchas que permitieron contener a aquellos invasores y que fueron sostenidas, conjuntamente, por los romanos y por sus aliados latinos, es extremadamente oscuro. En ellas intervinieron personajes semilegendarios, como Coriolano, aristócrata traidor a su patria por una pasión partidista y que llegó a ser jefe de los volscos, pero que acabó renunciando a su criminal acción ante las súplicas de su madre y de su mujer. Después del 440, los volscos, al parecer, no persistieron en sus ataques.

Hacia la misma época, los ecuos eran también contenidos por una victoria romana, alcanzada por el dictador A. Postumio Tuberto sobre el Álgido en el 431[85], y los historiadores romanos nos di-

---

[85] T. Livio, IV, 26 y ss. Ovidio, *Fastos,* IV, 721, señala a esta batalla la fecha del 17 de junio.

cen expresamente que los dos pueblos eran aliados y estaban de acuerdo en su intento de invasión. La lucha continuó durante todo el final del siglo v, pero las ciudades de los volscos fueron cayendo, una tras otra: Anxur (Terracina), que ellos habían ocupado en una fecha que desconocemos, en el 406; Velitras, en el 404; por último, en el 393, se estableció una colonia romana en Circeos, sobre la costa, lo que implicaba que, en aquella época, Ancio estaba de nuevo entre los súbditos de Roma.

Estos esfuerzos, sostenidos con la ayuda de los latinos (que nuestras fuentes tienden a minimizar, ciertamente, pero que fue real), no impedían a Roma volverse hacia el oeste y el norte, y emprender una lucha enérgica por la posesión del «vado» de Fidenas, sobre el Tíber. Fue un duelo entre ella y la ciudad etrusca de Veyes. Al principio, la ventaja correspondió a los veyentes, cuando destruyeron, en el 477, el campo que los hombres de la *gens* Fabia habían establecido en la Cremero[86], pero, poco después, se nos asegura que los veyentes pidieron la paz. A mediados del siglo, se señalan nuevas operaciones militares, especialmente el triunfo del cónsul Coso, que mató por su propia mano al rey de Fidenas, Tolumnio, y mereció así el honor de consagrar a Júpiter Feretrio «opimos despojos». Una vez tomada Fidenas, los romanos no pudieron evitar, para explotar aquella ventaja y consolidarla, el poner sitio a Veyes. Este sitio duró 10 años (tanto como el de Troya, lo que hace bastante sospechosa la cifra). Comenzado en el 406, no terminaría hasta el 396, cuando el dictador romano Camilo tomó la ciudad gracias a la construcción de galerías subterráneas que facilitaron a los soldados acceso directo hasta la ciudadela[87]. Todo contribuye a colocar este sitio en una atmósfera de religión casi mágica todavía. Nunca los dioses habían estado tan presentes en el pensamiento de los romanos, y nunca tampoco habían tenido tal peso sobre la conciencia de la ciudad. Parece que, al atacar una ciudad etrusca para destruirla, los romanos tuviesen la impresión de cometer un sacrilegio, si no un parricidio, sentimiento que no se refleja en los relatos que se nos hacen de la destrucción de Alba. Entre los dos pueblos hay una lu-

---

[86] El célebre episodio de los *Fabii* encargándose ellos solos de la guerra ha sido contado por T. Livio, II, 48, 8 y ss. Evidentemente, está lleno de elementos folclóricos, pero responde también, sin duda, a alguna realidad histórica.
[87] T. Livio, V. 1 a 22.

cha de presagios, un duelo de ritos, muy semejante al que acompañaba, en las epopeyas cíclicas, a la destrucción de Troya[88].

Los historiadores romanos relacionan con el sitio de Veyes una importante innovación social: hasta aquel momento, los soldados, al servir en el ejército, no hacían más que cumplir con su deber de ciudadanos. Y lo hacían gratuitamente. Pero la duración de las operaciones ante Veyes y, sobre todo, su continuidad (el sitio tuvo que mantenerse en verano y en invierno), al impedir a los hombres el regresar cada año a sus trabajos, al menos por algún tiempo, arruinaba a las familias pobres, que no podían pagar mercenarios para cultivar los campos. Se hizo necesario instituir un sueldo[89]. Era el primer paso hacia los ejércitos «de oficio» que la República conocería en su declive y cuya acción envenenaría las discordias civiles. Camilo había declarado que ofrecería a Apolo Délfico el diezmo del botín, y cumplió su promesa, después de la victoria, haciendo depositar en Delfos, en el tesoro de los marselleses (que así desempeñaron el papel de «próxenos» de Roma cerca del dios), una gran crátera de oro[90]. Esta consagración a Delfos es para nosotros de suma importancia, porque sitúa a Roma en la perspectiva «internacional» a comienzos del siglo IV. Sabemos que las ciudades etruscas mantenían relaciones regulares con el gran santuario panhelénico. Cere, especialmente, tenía allí un «tesoro»[91]. Se nos dice que ya Tarquinio el Soberbio había enviado una embajada a Delfos, lo que no es seguro ni inverosímil. Pero la ofrenda de Camilo no puede ponerse en duda. Cere es ciudad amiga de Roma y, si no pudo, por conveniencia, prestar su tesoro para acoger la crátera que celebraba la destrucción de una ciudad perteneciente como ella a la Confederación etrusca, tampoco había hecho nada para molestar a los romanos durante la guerra. Apolo era también uno de los grandes dioses de Veyes. Según vemos, Roma, en el siglo V, no es ajena a aquellas combinaciones «político religiosas» o, si se prefiere, a aque-

---

[88] Sobre el clima religioso de esta guerra, y las razones que acerca de ello pueden darse, cfr. J. y J. Hubaux, *Rome et Véies,* Lieja-París, 1958.
[89] T. Livio, IV, 59, 11, que data la institución del sueldo en el periodo que precedió inmediatamente al sitio de Veyes.
[90] La base de esta crátera permaneció durante mucho tiempo en su sitio; cfr. Apiano, *Ital.,* 8.
[91] Cfr. J. Gage, *Apollon romain,* París, 1955, p. 59.

lla diplomacia sacra que se muestra, entonces, tan activa en el mundo helénico. De todos modos, Roma había alcanzado, en la propia Italia, una victoria diplomática, cuando las ciudades etruscas, reunidas, según la costumbre, en el *Fanum Voltumnae,* que era su santuario federal, se habían negado a socorrer a Veyes. Después de la caída de la ciudad, los romanos recibieron la sumisión de Falerios y de Capena.

LA CATÁSTROFE GALA

Apenas acababa Roma de hacerse reconocer así como una de las «grandes potencias» de la península, cuando se produjo una catástrofe que estuvo a punto de aniquilarla.

Desde hacía varios siglos, existía, en toda la Europa occidental y central, sobre un territorio cuya extensión había variado según las épocas, pero que, en líneas generales, había ido aumentando, una gran civilización «bárbara» (a veces, incluso se dice un Imperio), que las fuentes antiguas atribuyen a un solo pueblo, llamado «Celtas» (Κέλτος) por los historiadores griegos (después «Gálatas») y «Galos» por la tradición romana[92]. Hoy, a nuestros ojos, los Celtas se definen de tres modos distintos, en tres campos: históricamente, los conocemos por los textos antiguos, tanto por el testimonio de los griegos, que tuvieron relación con los «gálatas», según veremos, a comienzos del siglo III[93], como por el de los romanos, y, en especial, por los *Comentarios* de César sobre la Guerra de las Galias; lingüísticamente, los celtas representan el conjunto de los pueblos que utilizaron como lengua cualquiera de los innumerables dialectos «célticos», de los que algunos sobreviven todavía hoy, como el gaélico, el irlandés, las distintas variedades del bretón continental, etc. Estos dialectos proceden de lo que los lingüistas llaman el «celta común», rama occidental de la gran familia lingüística indoeuropea y pariente muy próximo de las lenguas itálicas y germánicas. Arqueológicamente, por último, se relaciona con la civilización celta todo un complejo aspecto cultural, bien probado y definido por innumerables

---

[92] Referencias antiguas: Heródoto, II, 33; IV, 49. Para Hecateo, cfr. *Histor. Graec. Frag.;* ed. Jacoby.
[93] *Infra,* p. 146.

descubrimientos, y que se designa con los nombres de las dos localidades donde primero fueron reconocidas sus dos grandes fases, con los nombres de Hallstatt y de La Tène[94].

Se puede hablar de «pueblos celtas», de «civilización celta», pero no de «raza celta». En efecto, parece que el complejo cultural céltico salió, como los «latinos» o los «romanos» (y quizá también los etruscos), de una fusión realizada entre elementos étnicos muy diversos, superpuestos, desde los tiempos más lejanos, sobre inmensos territorios, entre las bocas del Danubio y las del Rin. Allí habían intervenido numerosísimas influencias, que no es posible precisar, ni siquiera, a veces, advertir, y que habían tendido a crear una civilización relativamente unida, que, en realidad, jamás fue recogida «totalmente hecha» por los conquistadores.

Es muy difícil determinar el momento preciso en que, en aquella evolución cultural que nosotros adivinamos continua, apareció la civilización «céltica». Se admite que, hacia finales de la Edad del Bronce, unas poblaciones de lengua céltica, partiendo del norte de los Alpes, se habían extendido a través de la Galia meridional hasta Cataluña, mientras otros grupos se establecían en la península ibérica, a lo largo de las costas del Atlántico[95]. Pero ya en aquel momento había surgido, en la región de que eran originarias aquellas poblaciones, una nueva «civilización» (la de Hallstatt), caracterizada, sobre todo, por la sustitución del bronce por el hierro en la metalurgia. Parece también que esta innovación fue acompañada de transformaciones sociales, y que los pueblos tendieron, entonces, a agruparse bajo las autoridades de los «reyes», cuyas tumbas, especialmente ricas, contribuyen a definir este periodo. Es, sin duda, en este momento, cuando el «mundo celta» empezó a ser, en cierta medida, consciente de su unidad. Según esta hipótesis, la unifica-

---

[94] Hallstatt es el nombre de una pequeña ciudad de la alta Austria, situada no lejos de Salzburgo. La Tène, el de un pueblo situado sobre el istmo que separa el lago de Neuchâtel y el lago de Bienne, en Suiza. Respecto al estado antiguo de estas cuestiones, se consultará siempre a J. Dechelette, *Manuel d'archéologie préhistorique,* 2.ª ed., París, 1927, t. III y IV. Véase también M. Hoernes, *Das Gräberfeld von Hallstatt,* Viena, 1921; P. Vouga, *La Tène,* Leipzig, 1923. Se han publicado dos síntesis cómodas: la de T. G. E. Powell, *The Celts,* Londres, s. d. (1958), y, sobre todo, la de J. Moreau, *Die Welt der Kelten,* Stuttgart, s. d. (1958).

[95] Sobre estos problemas exclusivamente ibéricos, cfr. P. Bosch Gimpera, *La formación de los pueblos de España,* México, 1945.

ción política siguió con un retraso de algunos siglos a la formación de la unidad cultural.

Es muy difícil también establecer una cronología absoluta del periodo de Hallstatt. La mayoría de los estudiosos admite que comienza hacia mediados del siglo VIII. En aquel momento, apareció una nueva costumbre para el enterramiento de los muertos. A los campos de urnas de final de la Edad del Bronce suceden *tumuli* recubriendo una cámara funeraria de madera donde se deposita el cadáver, sobre su carro, rodeado de ofrendas, a veces, suntuosas. Se adivina la existencia de una casta guerrera; las ofrendas funerarias son muy ricas en armas, especialmente largas espadas flexibles, a veces coronadas por antenas, características de este periodo.

La civilización de Hallstatt se extendió desde España hasta las orillas del Danubio. Evolucionó de un modo continuo, dando origen, sin duda hacia finales del siglo VI, a la civilización llamada de La Tène[96], que parece representar esencialmente una «democratización» de la precedente, provocada, quizá, por la mejora de las condiciones económicas y por la intensidad del comercio y de las relaciones con los griegos y los etruscos.

El mundo celta no había estado aislado en ningún momento de su historia (ni siquiera de su prehistoria): algunos aspectos de Hallstatt muestran la influencia del arte oriental, «cimerio» o anatolio. El valle del Danubio, los puertos alpinos eran otras tantas vías de comunicación que ponían a los celtas en relación con los grandes centros de civilización. En el siglo VI, y después en el V, las relaciones comerciales y los intercambios culturales están bien probados entre los celtas y los griegos, así como los etruscos. Así lo atestiguan abundantemente los objetos (sobre todo de barro) encontrados en las tumbas célticas al Norte de los Alpes. Pero hoy resulta claro que, a finales del periodo Hallstatt, se entablaron relaciones más estrechas, que, sin duda, pueden ser calificadas de «diplomáticas»[97]. Dos grandes hechos nuevos nos autorizan a ello: el descubrimiento en pleno país céltico, en Heuneburg (Wurtemberg), de una fortificación de carácter helénico, que data, a juzgar por los objetos de

---

[96] Es decir, que el periodo de Hallstatt correspondería, más o menos exactamente, al periodo «real» de Roma.
[97] J. J. Hatt, *Histoire de la Gaule romaine*, p. 21.

cerámica, de finales del siglo VI y comienzos del V[98], y, por otra parte, el célebre hallazgo de la tumba y del tesoro de Vix, en el alto valle del Sena[99], donde, en la sepultura de una princesa celta, se encontraron objetos extremadamente preciosos, procedentes de talleres griegos y etruscos. El tesoro de Vix da una idea de la riqueza a que habían llegado las cortes de los reyes celtas en la misma época en que Roma, al derribar a sus propios reyes, se apartaba a sí misma, voluntariamente, de las grandes corrientes de comunicación generadoras de riqueza mobiliaria. Los jefes galos, por el contrario, abrían ampliamente sus territorios a los mercaderes griegos e itálicos, de los que recibían magníficos «presentes de hospitalidad», forma apenas disfrazada de un derecho de peaje que ellos percibían (quizá, en Vix, por el tránsito del estaño) de las caravanas que recorrían los países todavía poco conocidos de la Europa occidental. Algunos reyes celtas llegaban incluso a llamar a sus capitales a ingenieros griegos para fortificar su residencia –si, por lo menos, hay que interpretar en ese sentido los vestigios descubiertos en Heuneburg.

Los datos de la arqueología no están acordes con la impresión que nos da la lectura de los historiadores antiguos, cuando describen las invasiones de los celtas, sus métodos de combate, las violencias que cometían, el terror sin nombre que extendían a su paso. Estas imágenes terribles contrastan con lo que nos permite imaginar el tesoro de Vix, que nos habla de una vida apacible y lujosa, en un marco embellecido por el arte. Este contraste, evidente, se explica de varios modos. La civilización que nos muestran las excavaciones es la de los pueblos pacíficos, los más arraigados. Los guerreros que invadieron Italia o Grecia eran, por el contrario, emigrantes, en plena crisis. Continuaban practicando, por tradición, ritos bárbaros –como aquellos «gaesati», que combatían desnudos, y surgían en la pelea como demonios de las batallas–, y el asombro de horror que provocaban tales costumbres desconocidas, procedentes del fondo de los tiempos, es, en gran parte, el origen de los cuadros pintorescos y terribles que describen los historiadores antiguos.

---

[98] K. Bittel y A. Rieth, *Die Heuneburg and der oberen Donau,* Stuttgart, 1951; cfr. W. Dehn, *Die befestigung der Heuneburg...* Actes du Colloque sur les influences helléniques en Gaule, Dijon, 1958, pp. 55-62.
[99] La publicación del tesoro es la de R. Jofroy, *La tombe de Vix (Côte d'Or),* Monuments Piot, XLVIII, 1, 1954.

Por los testimonios de los textos, conocemos bastante bien los métodos de combate de los celtas. Por otra parte, el mobiliario de las tumbas nos permite seguir la evolución de su armamento. A las espadas de bronce sucedieron, a partir de Hallstatt, las de hierro, largas y cortantes, de las que hemos hablado, pero, desde el siglo v, aparece una espada más corta y ancha, que no ofrecía el peligro (como la antigua) de doblarse al chocar de punta. Durante mucho tiempo, persistió el empleo militar de los carros; y duró más aún en Bretaña (allí los celtas habían penetrado, quizá en el siglo vii) que en el continente, donde, en la época de César, había sido sustituido por la caballería montada. Los celtas concedían gran importancia al valor individual en el combate. La acción comenzaba por una serie de desafíos y de combates singulares –práctica olvidada, entre los griegos, desde los tiempos de Homero, y, entre los romanos, expresamente condenada como origen de indisciplina–. Sin embargo, sería erróneo pensar que los ejércitos galos no eran más que hordas inorgánicas, incapaces de toda estrategia. La manera en que, según el propio Tito Livio, se realizó la «marcha de acercamiento» hacia Roma, después de la batalla de Alia, demuestra que unas tropas incluso numerosas sabían ejecutar órdenes precisas y montar una acción compleja.

Los testimonios arqueológicos permiten entrever las líneas generales de las migraciones célticas. Ya hemos dicho que, en el curso del siglo viii, una primera ola céltica o «protocéltica» se dirigió hacia el sur de Francia y hacia España. Fue seguida de otras varias, que acabaron por formar un vasto territorio celta en la península ibérica (los «celtíberos» de que hablan los historiadores en tiempos de Aníbal y de las luchas contra Roma). Por otra parte, el sur de la Bretaña insular fue ocupado también por celtas, reforzados, en distintas ocasiones, por nuevos inmigrantes, los últimos de los cuales, cronológicamente, fueron los «Belgae», poco tiempo antes de la conquista de la Galia por César, y, finalmente, todas las Islas Británicas fueron «celtificadas».

Otro movimiento de expansión condujo a tribus celtas a Italia del Norte, donde se instalaron sólidamente, hasta el punto de dar a la llanura del Po el nombre de Galia Cisalpina –uno de los últimos países de Italia en caer bajo la dominación de Roma, y el último en ser incluido en el Estado romano–. Tito Livio (V, 34) señala los comienzos de las invasiones célticas en Italia durante el reinado de

Tarquinio Prisco (es decir, alrededor del año 600 a.C., en plena época de Hallstatt). Generalmente, se considera que esta fecha es demasiado alta. A lo sumo, las primeras infiltraciones (por el valle del Tesino y el San Bernardino) pueden remontarse hasta finales de Hallstatt, pero tampoco es seguro[100]. La invasión no adquirió cierta amplitud hasta finales del siglo V. Las opiniones difieren sobre la ruta seguida entonces por los celtas en su descenso hacia Italia: unos se inclinan por la del San Gotardo, y otros por la del Brennero. El descenso a Italia no es más que uno de los aspectos del vasto movimiento de extensión del mundo céltico que se produjo a comienzos de La Tène, y constituye, sin duda, en parte, una consecuencia de las modificaciones del clima europeo, que se hace cada vez más húmedo y frío a finales del siglo VI: las poblaciones establecidas en el norte de Europa comenzaron entonces a descender hacia el sur y a ejercer sobre las de la Europa Central una presión cada vez más fuerte. Sin embargo, es probable también que interviniesen, de modo más decisivo, causas internas del propio mundo celta: el aumento de la población, la progresiva mejora de las condiciones de vida que acrecienta el potencial guerrero y, por último, la atracción de los países del sur, cuya riqueza y fertilidad se conoce cada vez mejor.

De todos modos, unas tribus establecidas hasta entonces en el valle medio del Rin remontan entonces el curso del río y se infiltran a través de los pasos a los que da acceso el alto valle, en busca de tierras donde establecerse. Al mismo tiempo otros elementos llegan al Danubio y siguen su ruta hacia el este. En el curso del siglo IV, algunos de ellos habían alcanzado la Transilvania, y se sabe que Alejandro, en el 335, recibió, entre otros embajadores llegados de las regiones danubianas, a representantes de los celtas[101]. Unos 50 años después, las bandas «gálatas» amenazarían a la propia Grecia, antes de penetrar en el Asia Menor, donde fundaron un Estado duradero, Galacia.

En Italia, los galos habían chocado, al principio, con los etruscos en la llanura del Po, pero, inferiores en número, los etruscos habían cedido. Cada una de las sucesivas tribus galas ocupó su correspondiente territorio, hasta el punto de que los etruscos tuvieron que

---

[100] Véanse las discusiones de J. M. de Navarro, en *Cambridge Ancient History,* VII, pp. 61 y ss.
[101] Arriano, *Anab.,* I, 4, 6; Estrabón, VII, p. 301.

acabar retirándose al sur del Po, defendiendo a Félsina (Bolonia), que era su centro más importante, el que estaba en relación con sus establecimientos comerciales sobre el Adriático, alrededor de Spina, y asegurando, por el valle del Reno, sus comunicaciones con la Etruria del Sur. Atendiendo, sin duda, a esta seguridad, se estableció, en las orillas del Reno, la «colonia militar» de Marzabotto (ignoramos su nombre antiguo). Pero los celtas bordearon aquella posición y, por las llanuras costeras, se dirigieron hacia el sur, a lo largo del Adriático. En el 391, los galos senones llegaron hasta la región de Clusio, en número de unos 30.000, acaudillados por un jefe al que los romanos llamaron «Brennus». Clusio era aliada de Roma y, ante la inactividad de las otras ciudades etruscas, pidió ayuda a los romanos. Estos enviaron embajadores para mediar en el conflicto, pero los embajadores tomaron partido por las gentes de Clusio e intervinieron en una batalla, hasta el punto de que los galos, exasperados (pero no sin haber pedido el castigo de los culpables que les fue negado), marcharon sobre Roma. Los romanos, aterrados, movilizaron todas las fuerzas disponibles e hicieron frente al enemigo, sobre la línea del Alia, un poco al norte de Fidenas. El choque tuvo lugar el 18 de junio, antes, al parecer, de lo que esperaban los romanos. El ejército de estos, con sus aliados latinos, no resistió el asalto galo y, en lugar de replegarse hacia la ciudad, se dispersó, buscando un refugio entre los muros, ya vacíos, de Veyes. A Roma no le quedaban ya combatientes bastantes para asegurar la defensa de la interminable muralla serviana. Se abrieron las puertas y, mal que bien, los defensores se amontonaron en la ciudadela del Capitolio. Cuando llegaron los galos, al principio dudaron, temiendo una trampa, pero acabaron aceptando la evidencia: Roma se les entregaba. La saquearon, la incendiaron y mataron a todos los habitantes que pudieron encontrar. Según los historiadores romanos, el Capitolio resistió y, a pesar de violentos ataques, los galos se vieron contenidos durante siete meses. Pero el hambre hizo sucumbir a los defensores, en el límite de sus fuerzas, aceptando comprar la retirada del enemigo. Se convino una suma o, mejor, un peso en oro, que resultaba fácil de pagar, gracias a los exvotos de los templos del Capitolio. El jefe de los galos, mientras se pesaba el metal del rescate, añadió, para hacer más peso, el de su propia espada, diciendo: «*Vae victis!*». Los romanos tuvieron que aceptar aquella nueva exigencia, pero, cuando los galos iban a levantar el campo con el rescate, el ejército de socorro, que las ciudades latinas habían estado preparando durante todo aquel tiempo, surgió sobre el Foro, desbarató a los galos, les arrebató el oro romano e hizo una gran matanza de enemigos. En este golpe de teatro de última hora, hoy nadie ve más que una estratagema del orgullo nacional romano, y todos creen que Roma fue conquistada, desde luego, por una banda de galos senones, hacia el año 390 a.C., siendo, en gran parte, incendiada y amenazada de una destrucción total. La invasión gala dejó profundas cicatrices en el suelo de la ciudad, que hoy pueden todavía advertir los arqueólogos, y también en el espíritu de los romanos, en quienes se despertó un duradero sentimiento de temeroso respeto hacia los galos, del que César se aprovecharía para inmolar a Vercingétorix al pie de aquel mismo Capitolio, testigo, tres siglos y medio antes, de la derrota romana.

La toma de Roma por los galos provocó, naturalmente, un levantamiento casi general de los «aliados», demasiado recientemente sometidos. Los pueblos vecinos –volscos, ecuos, ciudades etruscas– pensaron que había llegado el momento de poner fin a la amenaza romana. Pero incluso los latinos y los hérnicos, que hasta entonces habían permanecido fieles al *foedus Cassianum,* intentaron recobrar su independencia. Los romanos, sin embargo, gracias a la acción de Camilo, pudieron hacer frente a todos aquellos peligros. Camilo, desterrado después de su triunfo sobre Veyes porque su gloria inquietaba a un senado que miraba con desconfianza el valor personal, había logrado reunir, por su sola autoridad, el ejército de socorro que había obligado a los galos a retirarse. Llamado entonces a su patria, fue nombrado dictador y, en pocos meses, restableció la situación.

Como después lo haría muchas veces, Roma empezó por sacar las lecciones de su derrota. Camilo reorganizó completamente el ejército. No conocemos con exactitud el detalle ni la cronología de aquella reforma, pero fue durante el siglo IV cuando el ejército romano recibió su organización y su táctica clásicas: división en tres categorías de infantes legionarios (*hastati* provistos de una larga lanza, *principes y triarii*) que combaten desde entonces en tres hileras en profundidad, formación que se hace más flexible al tomar como unidad táctica el manípulo[102], armamento moderno, tanto en

---

[102] T. Livio, VIII, 8, 3 y ss., consagra una larga digresión a la evolución de la táctica. Cfr. Ed. Meyer, «Das römische Manipularheer...», en *Kleine Schr,* II, Halle, 1924, pp. 193 y ss.; Kromayer-Veith, *Heerwesen und Kriegsführung...,* Múnich, 1928.

las armas defensivas (escudo, coraza y casco) como en las de ataque (espada reforzada, *pilum* más perfeccionado)[103].

Roma no había acabado con los galos, que continuaron errantes en bandas por la Italia Central durante una gran parte del siglo IV, y a los que se encontraba un poco por doquier, como mercenarios, al servicio de las «grandes potencias» de la península. Pero el refuerzo del aparato militar romano permitió alcanzar sobre ellos éxitos suficientes para que, al fin, los invasores fuesen contenidos al norte de los Apeninos, en la futura provincia de la Galia Cisalpina, donde muchos de ellos se habían establecido definitivamente, asimilándose al resto de la población y convirtiéndose en excelentes agricultores. A partir del año 331 (tratado entre Roma y los senones), terminó para Roma la «pesadilla» gala.

Menos tiempo aún fue necesario para que el poder romano fuese restablecido e incluso acrecentado en Etruria. Antes de mediados del siglo, Tarquinia, que se había revelado en los años precedentes como el alma de la resistencia contra Roma, se veía obligada a firmar un tratado de paz y de alianza, es decir, en realidad, a entrar en la órbita de Roma. La propia Cere, donde se habían refugiado las Vestales con los Penates del pueblo romano y con los objetos sagrados durante la catástrofe gala, era invitada, a pesar de aquella amistad tradicional, a firmar un tratado semejante, y tuvo que hacerlo. Por la misma época, los volscos, tras largas y difíciles campañas, eran, al fin, sometidos; los ejércitos romanos llegaban al mar y capturaban el puerto de Ancio (338), y las proas de los navíos de aquel puerto emprendían el camino de Roma, donde adornarían durante mucho tiempo la tribuna de las arengas (llamada por esta razón los «Rostros»).

Aquellas guerras afortunadas habían sido posibles solo gracias a la «reconquista» del Lacio. Los latinos, en el 358, habían aceptado obligadamente la renovación del *foedus Cassianum,* que se había convertido para Roma en un arma jurídica muy eficaz. Mediante algunas modificaciones y adiciones, aquel tratado incorporaba las ciudades latinas en una liga donde ya no figuraban como miembros «iguales», sino como verdaderas ciudades sometidas (obligación de suministrar contingentes militares y de pagar un tributo). Un último levan-

---

[103] Para la historia del armamento y para las incertidumbres que subsisten, cfr. Couissin, *Les armes romaines,* París, 1926.

tamiento de los latinos, en el 341, provocó su aplastamiento y, en el 338, la definitiva disolución de la Liga latina. Pero esto no implicó el fin del *foedus,* que subsistió como estatuto jurídico abstracto. Hubo desde entonces ciudades de derecho «latino», y un derecho latino en sí que suponía una participación muy amplia, por otra parte, pero no total, en la ciudadanía romana. En el interior del *imperium* romano habría desde entonces toda una gama de estatutos, muy flexibles, que iban desde la sujeción pura y simple hasta la integración total. El derecho latino es un escalón, el penúltimo antes de llegar a la «ciudadanía». Por otra parte, un cierto número de ciudades latinas fueron consideradas, a partir del 338, como romanas, y algunos miembros de su aristocracia llegaron poco después al consulado.

Las Guerras Samnitas

La derrota de los volscos, la ocupación de Ancio y la disolución de la liga latina habían sido posibles gracias a la alianza de Roma con una potencia que comenzaba a desempeñar un papel importante en la historia italiana, el «pueblo» samnita. Los samnitas pertenecen a los elementos oscoumbros de la población itálica, y son parientes de los sabinos, cuyo descenso hacia el Lacio, como hemos visto, había amenazado, en determinado momento, a Roma. En el curso del siglo V, una tribu samnita había ocupado la llanura de la Campania y se había apoderado de la colonia griega de Cumas; ya antes habían expulsado a los etruscos de la ciudad de Capua; y poco a poco su dominación fue extendiéndose a todas las ciudades de la costa hasta Pompeya, excepto Nápoles, que logró conservar su independencia[104]. Pero otras tribus habían permanecido en las montañas de la Italia Central y, unidas de un modo no muy sólido al interior por una especie de confederación, constituían una amenaza constante para los pueblos instalados en los territorios más acogedores del litoral e incluso para sus hermanos de raza.

En el 354, Roma había concluido, por razones bastante oscuras, un tratado de alianza con los samnitas[105] –quizá como una precau-

---

[104] Sobre estos acontecimientos, véase el cuadro establecido por J. Heurgon, *Capone pré-romaine,* París, 1942, pp. 85-96.
[105] T. Livio, VII, 19, 4.

ción contra una posible secesión de los latinos–. Un poco más de diez años después aquella alianza tendría graves consecuencias que acabarían en la conquista, por parte de Roma, de toda la Italia meridional, pero a costa de sangrientas luchas.

Estamos bastante mal informados acerca de las circunstancias exactas en que comenzó este largo episodio de la historia romana. Se nos dice[106] que los samnitas habían atacado a unos aliados de Capua y después a Capua misma, y que el senado de la Campania había pedido a Roma que interviniese militarmente. Los romanos, respetando su juramento y en virtud del tratado del 354, se habían negado a hacer la guerra a los samnitas, ofreciendo solo una mediación pacífica. A continuación, los embajadores de Capua pronunciaron la fórmula ritual que «daba» su patria a Roma, lo que obligaba a los romanos a defender lo que mediante aquel artificio jurídico se había convertido en bien propio. Evidentemente, se trata de una pura y simple invención[107]. Mucho más probable es que Roma dejase a los samnitas las manos libres contra los sidicinos (aliados de Capua) e impusiese a Capua un tratado de alianza que hacía entrar a la ciudad en zona de influencia romana, mientras los latinos, que parecían haber tomado el partido de los capuanos por temor a la alianza romano-samnita, que les colocaba en una difícil situación, se sublevaban contra Roma y precipitaban así el final de su autonomía. En la batalla decisiva, los caballeros de Padua parecen haber puesto algún inconveniente a combatir contra el ejército romano, y quizás a este hecho se debe el que recibiesen (por lo menos una parte de la tradición lo afirma) el derecho de ciudadanos romanos[108], derecho que probablemente fue concedido enseguida a todo el resto de la población.

Tras la conclusión de aquel tratado con Capua, Roma se encontraba, pues, a la cabeza de un vasto Estado, que se extendía desde

---

[106] *Ibid.*, VII, 29 y ss.
[107] J. Heurgon, *op. cit.*, pp. 171 y ss.
[108] *Ibid.*, p. 179, señala la validez de esta tradición, y no cree en la situación privilegiada reconocida entonces a los caballeros de Capua, pero es muy tentador pensar que la alianza de las dos aristocracias, la de Roma y la de Capua, estuvo consagrada por un lazo jurídico concreto, semejante al que unía a Roma con las viejas ciudades latinas, donde la aristocracia local era asimilada a los ciudadanos romanos –política que, por otra parte, duraría muchos siglos.

el valle del Tíber hasta la región de Nápoles[109]. Era inevitable que estallase un conflicto entre ella y los samnitas, que se veían cerrar así el acceso a las llanuras costeras. Las «Guerras Samnitas» empezaron realmente hacia el 325. Lo único que nosotros sabemos de un modo cierto es que el primer episodio terminó en una severa derrota romana, el cerco y la capitulación de un ejército consular en las «Horcas Caudinas»[110], en el 321. Roma tuvo que aceptar la paz. Y esta duró, al parecer, hasta el 316, no sin que Roma en ese intervalo reforzase sus posiciones en Apulia, que era un territorio exterior a la confederación samnita. La iniciativa de las operaciones correspondió a los samnitas, que al principio tuvieron ventaja, hasta el punto de provocar en la misma Capua un fuerte movimiento antirromano. Pero las armas romanas, en el momento crítico, vencieron al enemigo; Capua, rigurosamente «depurada», volvió a la obediencia[111], y los romanos pudieron fundar en toda la región nuevas colonias o reforzar las que ya existían.

Aquellos éxitos aseguraron un descenso a Roma en las fronteras meridionales de su «Imperio» y le permitieron tomar la ofensiva en el norte. Las legiones, franqueando la barrera que les oponían los temibles bosques ciminianos, conquistaron Cortona, Perusa y Arrecio (309). Una sublevación de los ecuos, que se produjo en aquel momento, fue rápidamente aplastada y los romanos fundaron la colonia de Alba Fucens, que recientes excavaciones nos permiten reconocer muy bien[112]. En el 298, un ejército romano mandado por un Escipión (L. Cornelio Escipión Barbado) sometió, al menos en parte, la Lucania, lo que aseguraba unas comunicaciones casi directas con la Apulia. Intentaron establecer contacto con los galos, asentados al norte de la Umbria y siempre dispuestos a entrar en guerra. El choque tuvo lugar en Sentino, en la vertiente nordeste de los Apeninos, y las legiones romanas dieron cuenta de la coalición de los samnitas y de los galos, a los que se habían unido algunos rebeldes etruscos. Los samnitas continuaron la guerra todavía durante

---

[109] Convertida en ciudad aliada, en el 326; cfr. *supra*, p. 81.
[110] T. Livio, IX, 1 y ss.; relato dramático, probablemente cargado de elementos apócrifos y convertido en tema de controversias jurídicas sobre la legalidad de un juramento impuesto coactivamente.
[111] T. Livio, IX, 26, 5 y ss. (año 314).
[112] F. de Vischer, F. de Ruyt, J. de Laet, J. Mertens, *Les fouilles d'Alba Fucens...*, Bruselas, 1955.

algunos años, pero en el 290, M. Curio Dentato sometió definitivamente aquel país atravesándolo de uno al otro extremo, hasta alcanzar el Adriático, en cuyas orillas fundaron los romanos las colonias de Sena y de Hatria. Desde entonces Roma es ya dueña de la península, desde el país galo (la región de Arímino, hoy Rímini) hasta las fronteras de Tarento.

ROMA A COMIENZOS DEL SIGLO III

Roma, que sale victoriosa de las Guerras Samnitas y a la que los griegos tienen motivos para considerar como la protectora del helenismo contra los bárbaros de las montañas, ya no es la ciudad patriarcal y aristocrática de los siglos V y IV. A partir de las leyes de Licinio (367, según la tradición de Tito Livio), uno de los cónsules debía ser patricio y el otro plebeyo, y las dos clases venían así a compartir las magistraturas y los sacerdocios. De allí surgió la formación de una nueva nobleza. A finales del siglo IV, un censor, Apio Claudio, extrajo las consecuencias de tal situación: en el censo tuvo en cuenta la fortuna mobiliaria, es decir, que la influencia política ya no perteneció solo a los terratenientes, sino a toda la burguesía que se enriquecía mediante el comercio. Un tal Cn. Flavio, hijo de un liberto y hechura de Apio Claudio, publicó por primera vez las reglas del procedimiento civil continuando la obra de los decenviros y completando así el código de las Doce Tablas.

Por otra parte, la conquista de territorios cada vez más numerosos permitió mejorar la situación del bajo pueblo, que parece haber sido terrible en el curso de los siglos precedentes. De los territorios conquistados, el Estado romano no se reservaba más que una parte, que se convertía en «ager publicus», propiedad colectiva del «pueblo». En el curso del siglo IV, los esfuerzos de los tribunos y de los jefes de la plebe lograron beneficiar a esta con las distribuciones de tierras. Nos es difícil precisar el detalle de tales medidas porque las informaciones que en nuestras fuentes podemos recoger tienen frecuentemente fechas anteriores y están deformadas, pero lo cierto es que los más pobres de los romanos tuvieron entonces la posibilidad de instalarse en otras partes y no en un Lacio en el que la propiedad estaba en manos de las grandes *gentes*. Por otra parte, Roma, para asegurar la ocupación militar de sus conquistas, fundaba colonias, a las que atribuía un *ager,* que cultivaban los habitantes enviados a la nueva ciudad. Todo esto contribuyó en gran medida a aliviar la miseria real de la plebe, Se hicieron también esfuerzos por resolver, como mejor se pudo, el terrible problema de las deudas, que en otros tiempos había causado tantos desastres. Fue haciéndose cada vez más raro el ver a un deudor vendido como esclavo para pagar a su acreedor. Pero la disminución de las deudas fue, sobre todo, resultado de la multiplicación de la moneda. En la última parte del siglo IV es cuando empieza (en una fecha indeterminable, quizá en el 310) la acuñación de monedas romanas en bronce y cuando el Estado romano, sustituyendo con su autoridad la de la confederación etrusca, se convierte en una gran potencia comercial[113]. La multiplicación de los signos monetarios tuvo como consecuencia evidente la de hacer menos elevado el «alquiler» de la plata, y la evolución económica natural vino en apoyo de las leyes.

Roma, en el momento en que va a entrar en la historia general del Mediterráneo, se ha convertido en un Estado complejo que dispone de considerables recursos, y no ya reducido a una economía agrícola, y abierto, gracias a Capua, a Nápoles y a sus aliadas etruscas, a las grandes corrientes de comunicación que atraviesan la *oikumene.* A medida que su economía se moderniza, su horizonte sobrepasa los límites relativamente estrechos de Italia. Pero quizá Roma fue «vista» antes de que ella viese. Los griegos la consideraron, de un modo muy natural, como la principal potencia de la península después de los acontecimientos que hemos recordado: las dificultades experimentadas por Alejandro el Moloso, las decepciones de Tarento en sus relaciones con las ciudades helénicas de la Magna Grecia, el establecimiento progresivo de la soberanía romana sobre los «bárbaros» de las montañas y sus establecimientos costeros, como Paestum (la antigua Posidonia), todo esto probaba que Roma se elevaba muy por encima de todos los otros pueblos italianos, y los ecos de sus triunfos tenían resonancias lejanas en el mundo esencialmente internacional del comercio marítimo. Es imposi-

---

[113] Es posible que estos resultados fuesen producidos por la política defendida por Appius Claudius (cfr. E. S. Staveley, «The political aims of Appius Claudius Caecus», en *Historia,* VIII (1959), pp. 410-433), pero es cierto también que esta evolución se había hecho inevitable, por la entrada en la comunidad económica romana de unas sociedades en que la riqueza era esencialmente mobiliaria, y que diferían grandemente de la ciudad patricia y rural que Roma habría querido ser.

ble exagerar la gran importancia del mar y de las relaciones lejanas en la historia del mundo helenístico. Ya hemos visto la importancia de las flotas y de las ambiciones marítimas en la constitución de los reinos orientales, tras la muerte de Alejandro. No puede sorprender, pues, que Demetrio Poliorcetes, al enterarse de que los piratas de Ancio se unían para sus expediciones a los «bandidos» etruscos, se dirigiese a Roma para pedirle que pusiera fin a las actuaciones de unos marinos que legalmente eran súbditos de ella[114], ni que Rodas, en el 306, entablase con Roma relaciones oficiales de carácter comercial –ignoramos qué relaciones eran estas exactamente: quizá un simple pacto de «amistad» en el sentido más vago, que implicaba un trato preferencial de los súbditos de ambos Estados–. Aquel pacto se estableció por iniciativa de los rodios, que enviaron a Roma una embajada. El senado acogió favorablemente aquella solicitud. Seguramente no hay que ver en ello una segunda intención política por parte de los Padres: el tiempo del imperialismo romano no ha llegado todavía. Pero el Senado no tomaba a la ligera los deberes que le imponía su situación a la cabeza de la confederación cuya responsabilidad pertenecía ya a Roma. Era importante garantizar la libertad de los mares a los comerciantes de la Campania y la amistad de los rodios podía contribuir a ella muy eficazmente. Al margen de todo esto, otras razones más vagas, pero de aquellas a las que gustaban de mostrarse muy atentos los romanos, pudieron seducir a los Padres: Rodas era, como Roma, una república que había logrado evitar el ser sometida a un reino (muy pronto iba a probar heroicamente su decisión de permanecer libre), y era muy grato para los romanos el tener por amigos a los únicos «hombres libres» del Oriente. Y Roma no es hostil a los griegos, ni, en líneas generales, al helenismo; considerada, según hemos dicho, por una parte de la opinión internacional como una «ciudad griega», no rechaza, en absoluto –entonces–, nada de lo que puede contribuir a que se tenga de ella tal concepto. Si sus relaciones con Tarento son tensas, tiene aliados en la Magna Grecia, y el ejemplo de Nápoles demuestra que concede a los griegos la más amplia autonomía, incluso las apariencias de una total libertad. Por todas estas razones, el establecimiento

---

[114] El testimonio es el de Estrabón, V, 3, 5, p. 232. Cfr. II. H. Schmitt, *Rom und Rhodos,* Múnich, 1957, pp. 39 y 45, n. 3, donde se encontrarán los textos que demuestran la realidad de esta piratera etrusca a finales del siglo IV.

de un «pacto de amistad» entre Roma y Rodas, en el 306, es muy verosímil[115]. Unos doce años después, y por consejo de los Libros Sibilinos, una delegación romana iría a buscar a Epidauro al dios griego Asclepio. Se ha hecho observar que, sin duda, este no era un desconocido para Roma, pues el nombre mismo que se le dio muestra que había penetrado en la ciudad a partir de la Magna Grecia. Además, los romanos se mostraron conscientes de la verdadera naturaleza de aquel culto, pues cuando se trató de implantarlo en su ciudad, se dirigieron a Epidauro y no a cualquier ciudad itálica. Esta evolución de Roma y de su situación internacional se produjo oportunamente para permitir a la República el enfrentamiento con otros Estados que acababan de formarse al este. Roma iba a poder tratar de igual a igual con Pirro, uno de los *condottieri,* discípulos directos de los Diádocos, que iban a repartirse el Oriente. Las condiciones generales en que ella se encontraba hacían que aquel enfrentamiento no fuese desproporcionado, en absoluto. Pero lo que, en el antiguo dominio de Alejandro, había sido obra de algunos generales convertidos en reyes por su propia autoridad, era en el Lacio, en Campania, en Samnio, obra de una verdadera nación, que tenía tras sí unas tradiciones políticas y morales a las que estaba apasionadamente ligada, y, cuando se produzcan los inevitables

---

[115] Véase la discusión en H. H. Schmitt, op. cit., pp. 31 y ss. Los esfuerzos desplegados en el pasado para destruir los testimonios antiguos relativos a esta «alianza» del 306 (Polibio, XXX, 5, 6-8; T. Livio, XLV, 25, 9; Dio., fr. 68, 3), ignoran las condiciones generales del mundo mediterráneo en aquella época y la evidente ambición de los navegantes y mercaderes rodios (quizá instigados por los soberanos de Egipto) de conquistar los mercados occidentales (*infra,* p. 229). Las críticas dirigidas desde M. Holleaux, *Rome, la Grèce et les monarchies hellénistiques,* París, 1921, reanudadas por J. Carcopino, especialmente (también en las *Etapes de l'Imperialisme romain,* París, s. d. [1961], pp. 70 y ss.), contra estos textos atienden, realmente, menos a los testimonios en sí mismos que a la interpretación tradicional que se les daba cuando se pretendía extraer de ellos la prueba de una política imperialista romana, consciente, en una fecha tan antigua. Conviene también no seguir a Droysen, *Geschichte d. Hell.,* II, 2, p. 154, que afirma la existencia, en el 306, de un tratado de comercio en buena y debida forma entre Rodas y los romanos. El envío de una embajada no supone consecuencias jurídicas tan rigurosas. Además, la iniciativa pertenece a los rodios, deseosos de «conocer» Roma, no a los romanos, y esto basta para excluir toda intención política –y, mucho menos, imperialista– por parte de estos. No hay, pues, necesidad de recurrir a los tesoros de ingeniosidad que derrocha M. Holleaux para destruir (de un modo bastante problemático) unos testimonios concretos, y que escapan a las objeciones que se oponen en cuanto no se pretende hacerles decir más de lo que dicen.

conflictos, la continuidad anónima del senado prevalecerá sobre los monarcas de fecha reciente, cuyos reinos, surgidos de la anarquía, tenderán, irresistiblemente, a volver a ella.

III. EL ORIENTE HELENÍSTICO EN EL SIGLO III A.C.

Para todo el mundo mediterráneo, el año 281 fue una fecha decisiva: no solo se produjo en Oriente la derrota y el hundimiento de Lisímaco en Cirupedio[1], y luego el asesinato de Seleuco –acontecimientos que precipitarían la evolución política de los países helenos y helenizados–, sino que, en Occidente, en dicho año, los tarentinos decidieron llamar a Pirro en su ayuda contra los romanos[2], lo que, en un plazo bastante corto, tendría como consecuencia el sometimiento de toda la Italia meridional a los conquistadores latinos y, más aún, la de implicar a Roma en un conflicto contra Cartago, en el que Roma tomaría el relevo de la política siracusana, y, finalmente, encontraría el medio (y la obligación) de entrar en el grupo de las grandes potencias que se repartían el mundo. A partir de tal momento, las dos mitades de aquel mundo se ven como lanzadas a dos movimientos inversos y complementarios: al ascenso de Roma responde, en Oriente, el desgaste recíproco, la destrucción mutua de los reinos. Pero lo que es cierto en el orden político no lo es en el de la vida espiritual y, más generalmente, de la civilización. El helenismo propiamente dicho se salva del proceso de lenta desintegración sufrido por los Estados orientales; por el contrario, en el curso del siglo III se asiste a la constitución de una cultura nueva, que, por contagio y también porque algunos de los factores que habían dado origen a su formación hacían sentir su acción tanto en Occidente como en Oriente, acabó propagándose de un extremo al otro del Mediterráneo. Y, por una paradoja a la que no siempre han sido sensibles los historiadores modernos, se advierte que la desintegración política del Oriente favoreció la supervivencia de un pensamiento y de unas formas de vida que no debían nada, o muy poco, a los Estados como tales. Para

---

[1] *Supra,* p. 73.
[2] Sobre las condiciones en que tuvo lugar esta llamada y las causas del conflicto entre Tarento y Roma, véase *infra,* cap. V, pp. 332 y ss.

comprender esta articulación de fenómenos, debemos desembarazarnos de ciertos hábitos y prejuicios propios de los historiadores del siglo XIX occidental, que, en efecto, ligaban la civilización a la existencia de una nación y concedían un predominio incondicional a lo «político». Nada hay más erróneo que aplicar esas categorías *a priori* al mundo antiguo y, sobre todo, al helenístico: el marco de la ciudad sigue siendo, en la mayoría de las ciudades helenizadas, el marco espiritual, cuando la ciudad no tiene ya importancia política; inversamente, cuando las realidades espirituales tienden a trascender la ciudad, no piden ayuda al reino o a la confederación, sino que avanzan, sin preocuparse de las fronteras ni de los imperios. En este sentido, Roma no tendrá privilegio alguno en Oriente. Las religiones y las filosofías podrán ignorarla, con bastante frecuencia y sin ningún inconveniente. En este terreno, la espada no tiene función alguna, y es justo reconocer que quienes la esgrimían no trataron nunca, en líneas generales, de atribuírsela y, así como un Antígono acudía a la escuela de los estoicos, así los gobernadores romanos tendrán en sus «cohortes» a poetas y a filósofos, y frecuentemente se les verá apartarse de su ruta para visitar a un «docto» famoso, a cuya puerta abandonarán, por un momento, sus fasces.

HISTORIA POLÍTICA DEL ORIENTE HELENÍSTICO EN EL SIGLO III

Las consecuencias de Cirupedio

La batalla de Cirupedio y el asesinato de Seleuco, ocurrido algunos meses después, habían creado una situación muy compleja. Ptolomeo Cerauno, el asesino de Seleuco, no había encontrado inconveniente alguno en hacerse proclamar rey de Macedonia por el ejército, pero tal proclamación no había sido aprobada por todo el mundo. Antígono Gonatas, hijo de Poliorcetes, no había renunciado a hacerse un reino, y conservaba partidarios. Aquel mismo año 281 logró apoderarse de Atenas, y luego, al año siguiente, atacó a Macedonia. Contaba, sobre todo, con su flota, pero Cerauno le infligió una grave derrota, que le obligó a abandonar momentáneamente su proyecto. Inmediatamente –consecuencia inevitable de su fracaso–, tuvo que hacer frente a un levantamiento en el Peloponeso. Esparta, quizá impulsada por su rey, Areo, formó contra él una nueva Liga del Peloponeso. En aquel momento, Antígono se encontraba, probablemente, en Beocia. Para alcanzarle, Arco desembarcó en Etolia con un ejército, pero no había contado con el espíritu belicoso y suspicaz de los etolios, que se levantaron contra él y le obligaron a evacuar su país. Mas los asuntos de Antígono no mejoraron por eso. Su partido, que dominaba en Atenas, es expulsado por la oposición nacional, que proclama su fidelidad a la política y al nombre de Demóstenes. El «reino» de Antígono se reduce entonces a algunos puntos de apoyo: Demetríade, Corinto (su principal fortaleza), el Pireo y algunas plazas diseminadas en Acaya y en Argólida. Podría parecer que el hijo de Poliorcetes estuviese destinado a revivir la suerte de su padre; tal vez, incluso, sintió, por un momento, la tentación que había perdido a Demetrio. En efecto, en el 279, pasa al Asia y, tratando de beneficiarse de la nueva situación que se había creado en las orillas del Ponto Euxino después de la desaparición de Lisímaco, se une a Antíoco. Antígono, solo, con las reducidas fuerzas de que disponía, no habría podido, evidentemente, hacer nada. Pero, inmediatamente después de la derrota de Lisímaco en Cirupedio, algunas ciudades griegas del Ponto (Heraclea, Bizancio, Calcedonia, así como Cío, la futura Prusias, y Tío) formaron una Liga del Norte, que proclamó su independencia. Fueron imitadas por un príncipe de origen persa, Mitrídates, que fundó el reino del Ponto, incluso antes de la muerte de Seleuco.

La Liga, cuyos miembros habían conquistado su independencia contra Lisímaco, no estaba dispuesta, en absoluto, a someterse al sucesor de Seleuco, aunque no le quedase otra salida que la de reconocer a Cerauno y aliarse con él contra el Seléucida. La flota de Heraclea, que era poderosa, había contribuido a la derrota de Antígono en su intento del año 280 contra Macedonia.

Este movimiento de defección fue continuado y ampliado por Bitinia, cuyo viejo rey, Cipetes, aunque había apoyado a Seleuco contra Lisímaco, destruyó a un ejército de Antíoco, cuando este intentó afirmar su soberanía sobre su provincia. Su sucesor, Nicomedes, continuó la misma política separatista, proclamó su independencia y concluyó una alianza con los otros Estados independientes de la costa del Ponto. Por otra parte, en fin, durante la guerra entre Lisímaco y Seleuco, Filetero, el gobernador que el primero había puesto al mando de la plaza fuerte de Pérgamo, donde estaba encerrada una parte de los tesoros reales, había traicionado a su señor por Seleuco. Terminada la guerra, Filetero no afirmó oficialmente su independencia y se comportó, en apariencia, como vasallo respetuoso del rey seléucida, pero, en realidad, era autónomo.

Esta era la situación de que Antígono pretendía beneficiarse. Además, Antíoco tenía que enfrentarse en Siria con una revuelta que le paralizaba, y, por su parte, Ptolomeo II acababa de romper las hostilidades contra los Seléucidas, apoderándose de Mileto. El momento parecía propicio para reducir un poco más el dominio de Antíoco, y acaso se hubiera producido una reanudación de las coaliciones que, en el pasado, se habían formado siempre contra el dueño de Babilonia, si, bruscamente, una nueva amenaza, de gravedad extrema, no hubiera interrumpido aquellas intrigas ambiciosas, ya casi tradicionales. Unas hordas galas, parientes de las que habían asolado Roma e Italia un siglo antes[3], estaban a las puertas de Macedonia y penetraban ya en tierra helena.

La invasión de los «gálatas», como les llamaban los griegos, empezó en la primavera del año 279[4], procedente de la región del Danubio, en tres columnas. Cerauno intentó oponerse a una de ellas, cerca de la frontera, pero el ejército macedónico estaba todavía en sus cuarteles de invierno; los efectivos de que disponía el rey resultaron insuficientes, y Cerauno fue muerto. Los invasores tenían el campo libre. Inmediatamente, la confusión empezó a apoderarse de Macedonia. Desaparecido Cerauno, el ejército no le dio, en principio, más que efímeros sucesores: su hermano Meleagro, que fue destituido casi inmediatamente, y después Antípatro, que no reinó más que un verano. Por último, y en espera de que se pudiera elegir un rey, la asamblea encargó el ejercicio del poder al «estratego» Sóstenes. El trono de Macedonia estaba prácticamente vacante, y Antígono podía abrigar todas las esperanzas.

Quizá fue en aquel momento cuando Antígono y Antíoco concluyeron un tratado que fijaba sus respectivas zonas de influencia (al parecer, la frontera quedaba fijada en el Nesto); además, Antígono se casaba con Fila, hermana de Antíoco[5]. Estimulado, Antígono

---

[3] *Infra,* pp. 333 y ss.
[4] Sobre la fecha, cfr. W. W. Tarn, «Teloklès and the Athenian Archons», *J. H. S.* XL (1920), p. 159.
[5] El problema planteado por este tratado es de los más oscuros; cfr. W. W. Tarn, *op. cit.,* pp. 149 y ss. H. Bengtson, *Die Strategie,* II, pp. 336 y ss., P. Lévêque, *Pyrrhos,* p. 555.

podía atacar a Macedonia, pero Sóstenes, aun prosiguiendo una vigorosa campaña contra los gálatas, logró infligirle una derrota que desbarató su ofensiva, a comienzos del 277. En aquel momento, los gálatas habían sufrido una sangrienta derrota, que les había costado una buena parte de su prestigio. En el invierno del 279-278, una columna, capitaneada por Breno, había forzado las Termópilas y penetrado hasta Delfos, con la esperanza de saquear el santuario. Allí chocaron con la encarnizada resistencia de los habitantes, apoyados por un contingente etolio. Durante el asalto, se produjo una tempestad de nieve, y nadie dudó después que el propio dios Apolo había sido visto combatiendo contra los bárbaros. Esta derrota, que levantó la moral de los griegos, tuvo como consecuencia inmediata la de apartar a los gálatas de la Grecia propiamente dicha, pero no por eso fue contenida la invasión; continuó su camino, ahora hacia los estrechos, donde encontraron un aliado en la persona de Nicomedes, que les facilitó los medios de cruzar el mar, a fin de utilizarlos contra su propio hermano, llamado, como su padre, Cipetes, que le disputaba el reino. Los gálatas, al servicio de Nicomedes, pusieron fin a las pretensiones de su rival, pero una vez lanzado su envite contra Asia, fue imposible contenerlo, y muy pronto las provincias del Asia Menor fueron asoladas sin piedad.

En estas circunstancias, desapareció Sóstenes, sin haber podido resolver el problema de la sucesión. Nuevas oleadas de invasores gálatas seguían penetrando en Macedonia. Aprovechándose de tal situación, Antígono, que había reunido su ejército cerca de Lisimaquia, atacó a una horda gala y, por primera vez, en campo abierto, las tropas griegas pusieron en derrota a los gálatas[6]. Se aseguró que el dios Pan había contribuido a sembrar el «pánico» entre las filas bárbaras, pero, naturalmente, el prestigio de Antígono se hizo irresistible. Para los macedonios era el Liberador. Y el ejército le recompensó, eligiéndole rey.

Había que tener en cuenta a algunos pretendientes, el más importante de los cuales era Ptolomeo, hijo de Lisímaco y de Arsínoe[7]. Alistando a los gálatas como mercenarios, Antígono acabó muy pronto con los unos y con los otros. Ptolomeo huyó a la corte de

---

[6] La fecha tradicionalmente asignada a la batalla de Lisimaquia es la del 277. E. Manni, en *Athenaeum*, 1956, p. 251, cree poder establecer que tuvo lugar en el 278.
[7] Véase el cuadro genealógico, n. 27, en la p. 74, e *infra*, pp. 155 y 156.

Egipto, donde fue adoptado inmediatamente por Ptolomeo II, quien le utilizó, como veremos, para las necesidades de su política egea. En unos meses, Antígono había reconstituido un reino de Macedonia dotado de gran cohesión y prácticamente árbitro indiscutido en las ciudades de la propia Grecia[8].

Sin embargo, Antígono había de sufrir aún, a pesar de su presente victoria, una última prueba, antes de quedar como dueño de Macedonia. En la primavera del 274, Pirro, de regreso de sus desafortunadas aventuras en Italia y en Sicilia[9], invadía el país. ¿Lo hacía solo para procurarse, mediante el saqueo, los recursos destinados a compensar lo que había perdido en sus expediciones más lejanas? ¿Tuvo, desde el principio, la intención de recuperar un reino al que podía pensar que, tenía ciertos derechos? Hoy es difícil saberlo con seguridad[10]. De todos modos, Antígono, cuando quiso oponerse a su victorioso avance, no encontró apoyo más que en sus mercenarios gálatas. Los soldados macedonios le abandonaron y se pasaron al enemigo. Las razones de esta defección nos son desconocidas, pero acaso haya que buscarlas en el hecho de que Pirro estaba unido por la sangre al gran Alejandro y, por la ambición, el carácter caballeresco y el prestigio militar, recordaba a su glorioso primo. Lo cierto es que Antígono tuvo que huir, y Pirro ocupó su lugar en el trono de Pela, en el 274.

Al año siguiente, el nuevo rey, atraído por otras quimeras, abandonaba Macedonia, dejándola al gobierno de su hijo Ptolomeo, y empezaba su aventura del Peloponeso, que le sería fatal. Antígono aprovechó aquella ocasión para reanudar la ofensiva. Inmediatamente, entraba en Macedonia y, mientras Pirro estaba comprometido en su expedición contra Esparta, recuperaba la mayor parte del país. Finalmente, fue en Laconia donde se decidió la suerte de la guerra y se cumplió el destino de Pirro. Este declaraba, oficialmente, que había ido al Peloponeso para liberar las ciudades todavía ocupadas por las guarniciones de Antígono, lo que le había vali-

---

[8] Cfr. M. Chambers, «The first regnal year of Antigonos Gonatas», *A. J. P.,* 1954, pp. 385 y ss.
[9] *Infra,* cap. V, p. 337.
[10] Cfr. P. Lévêque, *op. cit.,* pp. 558 y ss., que tal vez presta demasiada fe al relato de Plutarco, a pesar de que este presenta, frecuentemente, el carácter de una reconstitución psicológica verosímil, más que un valor auténticamente documental, sobre los móviles de los héroes.

do el apoyo de las ciudades agrupadas en el seno de la Liga Aquea[11]. Antígono, abandonando momentáneamente Macedonia, se dio prisa para desembarcar un cuerpo expedicionario en Corinto (que era su principal punto de apoyo al sur del istmo). Pirro estaba a punto de dar el asalto a Esparta, cuando le llegó un mensaje de Argos: Antígono amenazaba la ciudad, en la que él tenía partidarios; a los antimacedónicos no les quedaba otra esperanza que una rápida intervención de Pirro. Y Pirro acudió. Se libró una batalla en las calles de Argos, entre los dos ejércitos, cada uno de los cuales había sido introducido por los argivos partidarios de uno y del otro bando. En el curso de la lucha, en una calleja, Pirro fue herido en la frente por una teja que había arrojado una anciana. Un soldado de Antígono le reconoció, mientras yacía, desvanecido, y le cortó la cabeza[12]. Era el final de la resistencia contra Antígono. Pirro murió en el otoño del 272. Las ciudades del Peloponeso se unieron inmediatamente a Antígono, entregando el poder a sus partidarios. El rey tenía las manos más libres para consolidar su trono en Macedonia, a donde regresó sin esperar más. A su paso, situó guarniciones en Eubea, en Eretría y en Calcis. Así, constituía, con el Pireo –que él no había dejado de dominar–, una serie de bases destinadas a garantizar la seguridad de las comunicaciones entre Macedonia y el Peloponeso.

Desde entonces quedaban dibujados los cuadros casi definitivos del mundo helenístico, al margen de las innumerables fluctuaciones de detalle, que arrojarán hacia un campo o hacia el otro a tal ciudad o a tal pueblo, y modificarán incesantemente las fronteras; hasta la conquista romana, la estabilidad será siempre relativa en Oriente. Sobre las ruinas del Imperio de Alejandro habían surgido tres reinos principales, que se mantienen, y entre los que se establece un equilibrio que contrasta con las ambiciones imperialistas de

---

[11] La Liga Aquea (o Confederación Aquea), que tan considerable papel desempeñará en los asuntos de Grecia a partir de Arato (*infra*, pp. 184 y ss.) y cuya historia es conocida bastante claramente gracias a Polibio, es la reconstitución, hacia el año 280, de la más antigua Liga. En principio, comprendía a Patras, Dima Tritea y Fareas, pero se extendió rápidamente y llegó a ser una potencia política, mientras que la liga primitiva no era más que una asociación de carácter religioso (cfr. A. Aymard, «Le Zeus fédéral achaien Hamarios-Homarios», *Mélanges Navarre,* Toulouse, 1935, pp. 453-470), disuelta por Alejandro.

[12] El dramático relato de la muerte de Pirro está dado por Plutarco, *Pirro,* 34, 1 y ss.

los Diádocos. La división es aceptada, como un hecho consumado, y la organización se lleva a cabo en el interior de fronteras consideradas como definitivas. Cada una de las familias reales –Antigónidas en Macedonia, Seléucidas en Asia, Lágidas en Egipto– posee su reino como un dominio hereditario, y, en último análisis, por derecho de conquista. No es ahora cuestión de reconstituir la unidad del Imperio desmembrado, ni, como en el tiempo de los Diádocos, de legitimar el poder de cada príncipe reinante por una decisión –incluso ficticia– del ejército macedonio. Ahora se trata de Estados independientes, que evolucionan de un modo paralelo, que tienen sus alianzas y sus querellas, pero que ya no pretenden destruirse los unos a los otros.

Macedonia, en manos de Antígono y de sus sucesores, sigue siendo, aproximadamente, lo que era en tiempos de Filipo; continúa dominando políticamente a Grecia hasta las fronteras del Épiro, pero tiene que contar cada vez más con las ligas locales, la Liga Etolia, la Liga Aquea, cada una de las cuales tiene su política propia, y también con las ambiciones de ciudades como Esparta e incluso Atenas, minadas por la solapada diplomacia de los Lágidas, apoyo de todos los partidos antimacedónicos.

El reino de Egipto, el más sólido de los tres, no fue nunca despedazado por las guerras que se hicieron los Diádocos: tal como estaba al principio, así será anexionado por Augusto, después de Accio. Al Egipto propiamente dicho une la tierra griega de Cirene, que lo prolonga hacia el Occidente, hasta los confines del Imperio cartaginés. A estas posesiones principales los Lágidas se esfuerzan por añadir otras, sin unidad geográfica: así, Mileto y otras ciudades del Asia Menor, aparentemente simples puntos de apoyo, bases de la hegemonía lágida en el Egeo. Pero, sobre todo, los Ptolomeos no dejarán nunca de combatir por anexionarse la Siria Meridional, que el tratado de coalición había atribuido, en el 303, a Ptolomeo I, pero que los vencedores le habían negado, después de Ipso, toda vez que el egipcio había retirado sus tropas de la lucha en el último momento. Los Lágidas seguían considerando que tenían sobre aquella provincia derechos imprescriptibles, y la lucha por Siria, a partir de Damasco hasta la frontera egipcia, acarreará interminables guerras, llamadas «Guerras Sirias», entre los Lágidas y los Seléucidas, en las que el reino de los segundos se desgastará, sin que los primeros consiguiesen nunca la victoria definitiva que ambicionaban.

En apariencia, a los Seléucidas había correspondido la mejor parte: su reino alcanzaba casi los límites del antiguo Imperio persa, a excepción de Egipto. Pero, en Asia Menor, hemos visto que ya se habían desprendido importantes territorios: Bitinia, el reino del Ponto, las ciudades costeras griegas y, muy pronto, el reino de Pérgamo conquistaron su autonomía. Mas el dominio de Antíoco sufre un profundo malestar, que es más grave todavía: su capital es Babilonia, pero las preocupaciones de sus reyes no se dirigen hacia Mesopotamia. Sus ojos se vuelven hacia el Oeste, hacia los países helenizados que bordean el Mediterráneo. En efecto, lo que geográficamente es el centro de su reino, les parece un país de segunda fila; aunque precioso, sin duda, a veces embarazoso por su propia inmensidad. El helenismo es, en la mayoría de las satrapías que lo componen, una civilización extraña, aceptada más o menos voluntariamente por la «elite», pero sin verdadera influencia sobre la masa del pueblo. Por esta razón, la falta de unidad, ya perceptible en los tiempos de los reyes persas, se convierte ahora en una auténtica tara, que provocará el progresivo agotamiento de la potencia seléucida.

Las empresas de Ptolomeo II Filadelfo

Los acontecimientos que siguieron a Cirupedio y que fueron sus consecuencias directas o indirectas dieron origen a lo que, a veces, se llama «el equilibrio de las potencias»[13]; cada reino, a pesar de sus debilidades internas y de las guerras en que se encuentra envuelto, conserva, mal que bien, la apariencia de la grandeza y de la fuerza. Este equilibrio, en realidad bastante precario, no se romperá definitivamente hasta que la intervención de Roma en los asuntos orientales introduzca en el mundo helenístico un factor nuevo. Pero lo que Roma vendrá a trastornar no será un edificio político armonioso. La fuerza militar o, más frecuentemente, la diplomacia de Roma pondrán fin, en realidad, a una serie indefinida de intentos sin futuro, de ambiciones siempre fallidas, cuyos mismos fracasos pueden dar, con la lejanía del tiempo, la ilusión de un equilibrio que realmente no pasa de ser una caída largo tiempo aplazada.

---

[13] Por ejemplo, M. Rostovsteff, *Historia social y económica del mundo helenístico*, cap. IV, titulado *El equilibrio de potencias*.

Durante este periodo es difícil distinguir con claridad las grandes líneas de una historia que a nuestros ojos se ofrece como una sucesión de hechos mal trabados entre sí, a veces mal establecidos y fechados de modo incierto. La dispersión, el lamentable estado de nuestras fuentes[14] contribuyen a acentuar esta impresión de incoherencia. No es imposible, sin embargo, vislumbrar ciertas probabilidades a falta de certezas evidentes.

Un primer periodo en la historia del siglo III está dominado, sin duda, por la personalidad y las empresas del segundo de los Lágidas, Ptolomeo II Filadelfo, que había sido asociado por su padre, Ptolomeo Sóter, al poder real en la primavera del 285 y que reinó solo desde la muerte de Sóter (283) hasta la suya, ocurrida en el 246[15]. Este largo reinado corresponde, aproximadamente, al de Antígono Gonatas, el otro personaje notable de esta generación (276-241)[16], y que, en el Asia seléucida, alcanza una duración que abarca la de dos reinados: el de Antíoco I Sóter (280-261) y el de Antíoco II el Divino (261-246)[17]. Los azares de la cronología acaban de definir un periodo que presenta una indudable unidad, debida precisamente a la continuidad de la política lágida.

Ptolomeo I Sóter, había establecido en Egipto un reino griego, y sus disputas con Demetrio Poliorcetes habían mostrado su deseo de estar presente en el mundo egeo. Había tratado por todos los medios de realizar aquel propósito utilizando, por ejemplo, a Pirro al comienzo de la carrera de este[18], esforzándose mediante múltiples

---

[14] Cfr. *infra*, p. 394.

[15] Para la cronología de los reinados en la dinastía ptolemaica, cfr. Th. Skeat, «The Reings of the Ptolemies», en *Münchener Beiträge...*, 39 Heft, Múnich, 1954.

[16] La cronología del reinado de Antígono Gonatas ha sido recientemente estudiada por E. Manni; cfr., por ejemplo, «Antigono Gonatas e Demetrio II. Punti fermi e problemi aperti», en *Athenaeum* XXXIV (1956), pp. 249-272. Respecto a este periodo, siguen en suspenso muchos problemas cronológicos, y las precisiones dadas aquí suelen reflejar hipótesis «generalmente admitidas» más que certidumbres. Sin embargo, los descubrimientos epigráficos llevados a cabo desde comienzos de este siglo han aportado muchos esclarecimientos y precisiones. Comparar, por ejemplo, la cronología admitida por W. W. Tarn en su obra capital sobre *Antigono Gonatos* (aparecida en 1913) con la que el mismo autor establece en *C. A. H.*, VII, cap. VI (1.ª ed., 1928). Véase n. siguiente.

[17] La cronología de los Seléucidas ha sido renovada por un documento cuneiforme publicado en 1954 (A. J. Sachs y D. J. Wiseman, «A Babylonian king list of the Hellenistic period», en *Iraq* XVI (1954), pp. 202-212. Cfr. A. Aymard, en *R. E. A.*, LVII (1955), pp. 102-112; E. Manni, en *Riv. Filol. Istr. Class.*, XXXIV (1956), pp. 273-278.

[18] Cfr. *supra*, cap. I, p. 70.

alianzas por establecer lazos personales con los soberanos de los otros reinos, tanto el de Líbano como el de Agatocles[19]. Se atraía a las ciudades con presentes y buenas acciones de todas clases, lo que le había valido el establecimiento de un verdadero protectorado sobre las islas[20]. Hacía mucho tiempo que Naucratis era uno de los puertos a donde afluían los navíos mercantes de los armadores helénicos. En los proyectos del primero de los Ptolomeos, Alejandría debía sustituir a Naucratis y abrirse a un tráfico todavía más activo. Egipto, en lugar de limitarse a recibir navíos extranjeros, debía enviar barcos por todos los mares conocidos, y la política del Lágida se había propuesto como tarea el conseguirlo. Sería erróneo, sin embargo, pensar que Ptolomeo deseaba ante todo enriquecer a su país o colmar su propio tesoro. La actividad económica, en realidad, no es para él más que un medio de realizar un ideal más auténticamente griego que el enriquecimiento por sí mismo (los Lágidas no se parecen a los burgueses de Cartago). Lo que ellos buscan, ante todo, es la gloria. Su afán no es muy diferente del que preocupaba a los «clientes», para los que Píndaro había compuesto, en otro tiempo, sus cantos de triunfo. El oro no es más que símbolo y el medio de alcanzar la gloria. A su lado hay que hacer un sitio a las Musas, y Alejandría poseía, a la vez, un puerto de comercio muy activo y «moderno», con su faro, y un *Museo,* un santuario consagrado a las diosas y a las actividades que ellas patrocinaban. Esta gloria que conceden los poetas, las inscripciones grabadas por los pueblos agradecidos la conceden también. Estalla en las fiestas periódicas dedicadas en los santuarios panhelénicos al nombre de un rey vencedor, y que perpetúan su recuerdo, como los Juegos del Istmo, por ejemplo, perpetúan el de Heracles. No es extraño que el helenismo haya brotado con una especial magnificencia en aquella corte de Alejandría, donde se hallaban reunidas las condiciones materiales y espirituales más favorables para su florecimiento.

Aquella política de prestigio fue perseguida por Ptolomeo II, llamado después Filadelfo, tras su matrimonio con su hermana Ar-

---

[19] Ptolomeo dio a su hija Teóxena (nacida de su primer matrimonio, con Eurídice) a Agatocles, cuyas ambiciones africanas él ignoraba sin duda. Cfr. J. Justino, XXIII, 26.
[20] Cfr. I. G. XII, 7, 506 = *Syll.* 3, 390. En líneas generales, los documentos epigráficos están reunidos por H. Volksmann, s. v., «Ptolemaeos», *R. E.* XXIII, 2, pp. 1628 y ss.

sínoe. El nuevo rey era hijo de Ptolomeo Sóter y de Berenice y había sido preferido a los hijos del primer matrimonio. Cuidadosamente educado por su padre, confiado al filósofo peripatético Estratón de Lámpsaco y después al poeta sabio y cariñoso Filetas de Cos (compatriota, por lo tanto, del joven rey, que en Cos había nacido el 308), poseía una cultura de la que probablemente carecía Ptolomeo Sóter. Sus maestros habían querido darle una «alma real». Y su padre, ya anciano, había gustado de elevarle al poder, mientras él mismo desde la sombra guiaba sus primeros pasos de soberano. Filadelfo conservó por su parte una veneración que se tradujo en el establecimiento de un verdadero culto –sin duda, la «razón de Estado» exigía la deificación de Sóter–, pero parece que Filadelfo sobrepasó, por la magnificencia de las fiestas que dio en aquella ocasión, la medida que habría bastado para satisfacer las conveniencias. Unos juegos, los *Ptolomaea,* debían celebrarse cada cuatro años, lo que los igualaba con los grandes juegos tradicionales de Grecia. El rey invitó a aquellos juegos con motivo de su institución, en el 279, a representantes oficiales de la Liga de las Islas[21], y aquella fiesta se convertiría en la de toda la dinastía lágida, en la consagración oficial de su carácter divino. Poseemos una descripción, probablemente incompleta, pero de todos modos preciosa, de una de aquellas ceremonias, y fácilmente se advierte que su carácter es, ante todo, religioso[22]. En la gran procesión que señala su comienzo se colocan, entre los otros dioses, las estatuas de Alejandro y de Ptolomeo cerca de las imágenes que recuerdan el triunfo de Dionisio sobre los indios[23]. Es posible que Filadelfo, del que se nos dice que no gozaba de un gran vigor físico y que siempre estaba a la busca de placeres raros[24],

---

[21] Cfr. Teocr., XVII *(Elogio de Ptolomeo),* v. 116-117: «Pero ¿qué puede haber más bello para un hombre que posee la riqueza, que obtener un glorioso renombre en el mundo?».

[22] Véase el estado de la cuestión, bastante complejo, en el art. citado de H. Volksmann, pp. 1578 y ss.

[23] Descripción de Calíxeno de Rodas, recogidas por Athen., V, 196 a-203 b. El carácter religioso de esta procesión está minimizado por Boucheleclerq, *Hist. des Lagides,* I, pp. 155 y ss., que no quiere ver en ella más que una «mascarada».

[24] Estrabón, XVII, p. 789: φιλιστορων καί διά τήν άσθένειαν τού σώματος διαγωγάς άείτινας καί τερψεις ζητων καινοτέρας.

Esta frase de Estrabón, frecuentemente comentada, no autoriza a hacer de Ptolomeo II un «libertino»; más bien parece describir a un «intelectual», en oposición a los otros reyes surgidos de entre los Diádocos, y a su propio padre, que siguieron siendo, gustase de ordenar de un modo pintoresco aquel desfile dándole un especial esplendor. Pero de todos modos y al mismo tiempo quedaba definida para varios siglos la religión dinástica con una mezcla de fausto y de misticismo dionisíaco, cargado de sensualidad, susceptible de alcanzar directamente, a la vez, la imaginación de los griegos y la emotividad voluntariamente «naturalista» de las muchedumbres indígenas, puesto que Dioniso tendía oficialmente a absorberse en Osiris[25].

Ptolomeo II se había casado, probablemente cuando había sido asociado al trono, con una hija de Lisímaco llamada Arsínoe y que, por su madre, descendía de Antípatro. Pero esta primera esposa fue desterrada muy pronto, con el pretexto de que había conspirado contra su marido, y relegada a Coptos. La verdadera razón de aquel destierro tenía otro origen: era el resultado de las intrigas urdidas por la propia hermana del rey, Arsínoe II, hija, como él, de Ptolomeo I Sóter y de Berenice[26]. Arsínoe II había dejado la corte de Alejandría a la edad de quince años para casarse con Lisímaco, entonces en la cumbre de su poder (hacia el 300 a.C.). De creer a algunos historiadores antiguos, ella había contribuido a apresurar el fin de su marido provocando (por despecho amoroso) el asesinato de Agatocles, hijo de Lisímaco y el principal apoyo con que podía contar el viejo rey. Después de Cirupedio, ella había huido clandestinamente de Éfeso, donde se encontraba, y se había fortificado en Casandria. Allí Ptolomeo Cerauno, que era su medio hermano, le ofreció el trono de Macedonia si consentía en casarse con él. Arsínoe, con una imprudencia en ella sorprendente, le abrió las puertas de Casandria. El matrimonio se celebró, desde luego, pero Cerauno, una vez dueño de la ciudad, mató a los hijos de Lisímaco y de Arsínoe; esta huyó, refugiándose primero en Samotracia y luego en Egipto, en su patria. Lejos de escarmentar con sus aventuras, reanudó sus intrigas, y lo hizo con tal habilidad que, al parecer, pocos meses después de su llegada a Alejandría había conseguido el alejamiento de la otra Arsí-

---

ante todo, soldados, lo que no impidió a aquellos reyes guerreros tener, por lo menos, tantas concubinas como Ptolomeo «Filadelfo».

[25] La fusión de Osiris y de Dioniso se hizo efectiva en el dios Serapis (o Sarapis), cuyo culto fue propagado por los primeros Ptolomeos. Cfr. P. Jouguet, «Les Premiers Ptolemées», en *Hommages à J. Bidez y à Fr. Cumont,* Bruselas, s. d., pp. 169 y ss., que remite a la bibliografía anterior.
[26] Véase el esquema, n. 27 del cap. I.

noe –gracias al mismo procedimiento que tan útil le había sido ya contra Agatocles– y ocupó su lugar como esposa de Ptolomeo II[27].

Es difícil de explicar aquel matrimonio, considerado incestuoso por los griegos, que, según las ciudades, solo autorizaban el matrimonio entre hermano y hermana consanguíneos o, por el contrario, solo entre hermana y hermano uterinos. Puede justificarse de varias maneras: por las costumbres egipcias, por la libertad de que parecen haber gozado los soberanos persas en este terreno o, en fin, asimilándolo, como los poetas cortesanos contemporáneos, a la unión divina de Zeus y de Hera. Ya los aduladores habían recordado, cuando Ptolomeo Filadelfo había sido preferido a sus hermanos mayores y especialmente a Cerauno, que Zeus era el más joven de los hijos de Cronos y Rea. Estas consideraciones pueden justificar a Ptolomeo, pero evidentemente no bastan para explicar la elección que hizo de su hermana. Sus verdaderas razones fueron, sin duda, personales. Los retratos de Arsínoe la muestran muy bella; mayor que su hermano en edad, imperiosa, le dominaba con la seducción que una mujer autoritaria y voluptuosa puede ejercer sobre una naturaleza débil, un tanto pueril o, al menos, caracterizada por una imaginación y una afectividad incontroladas. Influyó también, sin duda, el placer de elevarse sobre las leyes impuestas a los mortales, de asemejarse a los dioses: el mismo soberano que había ordenado la pompa de los *Ptolomaea* debió de complacerse en un incesto que le acercaba a Zeus y a las costumbres atribuidas a los faraones[28]. Es ya el esbozo de aquella «vida inimitable» imaginada por Cleopatra, digna descendiente de Filadelfo, al lado de Antonio. Y era una buena política la de representar el papel de Osiris y de Iris tanto como el de Zeus y el de Hera. Después de su muerte (ocurrida en el 270), Arsínoe sería divinizada. Pero ya en vida estaba reconocida como «señora de la Buena Fortuna», y los marinos la invocaban como a una Afrodita marina, lo que la acercaba mucho a Isis, protectora de los navegantes y reina del mar[29]. En ella se esbozaba el sincretismo

---

[27] *Schol. a Teocr.*, XVII, 128.
[28] Cfr. A. Hombert y C. Préaux, «Mariages consanguins dans l'Egypte romaine», en *Hommages à J. Bidez...*, cit., pp. 135-142.
[29] Sobre Arsínoe como «Isis», cfr. los testimonios reunidos por G. H. Macurdy, *Hellenistic Queens...*, Baltimore, 1932, pp. 125 y ss. Para Isis como divinidad de la navegación y honrada como tal en Delos, cfr. Ph. Bruneau, en *Bull. Corr. Hell.*, LXXXV (1961), II, pp. 435-446; D. Muller, en *Abhdl. der Süchs. Akad. d. Wiss. Z. Leipzig*, LIII,

religioso característico de la piedad popular alejandrina, el que después había de elaborar la teología de los filósofos.

Es innegable que Arsínoe representó un importante papel en la administración del reino. Había instalado en la corte a sus adictos, había suprimido mediante el asesinato o la calumnia a cuantos podían molestarla, pero no parece que hubiera desviado la línea política de Filadelfo, que era, al menos en el campo de las relaciones exteriores, semejante a la de Sóter. Todavía no era reina Arsínoe, cuando comenzó la Primera Guerra de Siria.

La Primera Guerra Siria

Las hostilidades se desencadenaron a causa de una iniciativa de Ptolomeo II, que en el 278, hallándose en posesión de la ciudad de Mileto (disputada, en el pasado, por Lisímaco, Seleuco y el propio Ptolomeo Sóter), le asignó unas tierras pertenecientes a Antíoco. Este no respondió inmediatamente a la provocación porque se hallaba implicado en varios conflictos, una revuelta en la propia Siria y la rebelión de la Liga del Norte. Tenía que hacer también frente a la invasión de los gálatas. Ptolomeo se aprovechó de aquella situación para invadir Siria en la primavera del 276. Antíoco, a toda prisa, volvió a cruzar el Tauro (había pasado el invierno en Sardas) y expulsó al invasor. Después, al año siguiente, al fin con las manos libres, podía lanzar contra los gálatas una ofensiva general y alcanzar sobre ellos una victoria (llamada «Batalla de los elefantes»), que alejó, por lo menos durante un tiempo, el terror que los galos imponían desde hacía cuatro años en el Asia Menor.

La primera campaña de la guerra se saldaba, pues, con un fracaso militar para Ptolomeo II. Pero no ocurría lo mismo en el campo de la diplomacia. Ptolomeo, el hijo de Lisímaco y de Arsínoe, que había escapado a la matanza de Casandria[30], había encontrado refugio, como su madre, en Alejandría, y el rey le había confiado el

---

1 (1961). V. J. Leclant, «Fouilles et travaux en Égypte et au Soudan», en *Orientalia N. S.* XXXII, 2 (1936), p. 212.
[30] *Infra*, p. 166. Para la identificación de este personaje, cfr. M. Holleaux, en *Bull. Corr. Hell.*, XXVIII (1904), p. 408; ID., en *J. H. S.*, XLI (1921), p. 183; A. Pridik, en *Acta et Commentationes Univ. Dorpatensis*, V (1924); Macurdy, *op. cit.*, pp. 121 y ss.

gobierno de las ciudades de Jonia instalándole en Mileto. Era reunir alrededor del hijo de Lisímaco a los partidarios del viejo rey, que se negaban a aceptar la autoridad de los Seléucidas. Egipto instalaba, pues, en Mileto no solo una eventual «cabeza de puente», sino un foco de agitación que podía llegar a ser peligroso.

Antíoco decidió tomar, a su vez, la ofensiva y, para no estar en inferioridad en el campo de las intrigas, fomentó una revuelta en Cirenaica, donde Magas, medio hermano de Ptolomeo II, gobernaba como virrey. Magas, tal vez inquieto ante la influencia que iba adquiriendo Arsínoe o simplemente persuadido de que las derrotas militares de Ptolomeo en Siria y la amenaza de una invasión que Antíoco hacía pesar sobre Egipto podían asegurarle la impunidad, se declaró independiente y tomó el título de rey. Es indudable que tuvo el apoyo del Seléucida, puesto que en 275 se casó con la princesa Apama, hermana de Antíoco. Sin esperar a la ofensiva preparada por Antíoco, Magas decidió atacar a Egipto él mismo; un motín de los mercenarios gálatas de Ptolomeo (en aquella época los gálatas solían ponerse al servicio de los reyes helenísticos) le dio casi la posibilidad de lograr su propósito, pero también él fue requerido en Cirenaica por la revuelta de una tribu indígena –revuelta que se asegura provocada por los agentes de Arsínoe–. Durante aquel tiempo, Ptolomeo acabó con el motín y envió una flota para asolar la Giba. Esta estrategia fue afortunada para el Lágida, que obtuvo, hacia el 272, una paz muy ventajosa. Teócrito, que fue uno de los cortesanos más adictos a Filadelfo, ha resumido en un poema los resultados alcanzados por el tratado:

> Él (Ptolomeo) se adjudica un trozo de la Fenicia, de la Arabia, de Siria, de Libia y de los negros etíopes. Él manda a todos los panfilios, a los cilicianos guerreros, a los lirios, a los carios enamorados de los combates y a las islas Cícladas, porque tiene navíos excelentes que surcan las olas, todo el mar y la tierra y los ríos sonoros obedecen a Ptolomeo[31].

Así, el Lágida no solo consolidaba en Asia Menor las posiciones heredadas de su padre, sino que ocupaba nuevos países: la parte occidental de la Cilicia, la costa de Panfilia; una buena parte de Caria

---

[31] Teocr., XVII, v. 86-92.

y de Licia. En Siria posee la Celesiria, que es la parte del país en que se encontraban los puertos y las tierras más ricas. El reino seléucida es arrojado hacia el este y los países no griegos. Ptolomeo parece estar a punto de realizar su sueño dinástico: imponer su supremacía sobre el mundo griego. En este momento es cuando envía a Roma una embajada, cuya realidad es innegable[32]. Filadelfo quería evidentemente, como lo habían hecho los rodios en el 306, ganarse la «amistad» de la potencia que había dado cuenta de Pirro y que dominaba a Italia. De igual modo que Cartago multiplicaba los tratados con el Pueblo Romano, así el Egipto lágida no podía menos de mantener relaciones oficiales con el Estado del que dependían las ciudades comerciales de Campania y la libre circulación en el Tirreno. Pero había, sin duda, también otra razón, que muy bien pudo haber sido decisiva: Ptolomeo, al considerarse «leader» de los griegos, extendía naturalmente su diplomacia a las dimensiones de aquel «lago griego» que, a su parecer, debía ser el Mediterráneo. Roma, integrada, como hemos dicho, al helenismo occidental, no podía dejar de ser incluida en la cerrada red de las relaciones mantenidas por el Lágida, con todo lo que, de cerca o de lejos, se refería al mundo griego.

La Guerra de Cremónides

Sin embargo, aquella supremacía diplomática, comercial y espiritual no era todavía reconocida de un modo indiscutible en la cuenca del propio Egeo: el reino de Macedonia, surgido definitivamente, según hemos dicho, de la anarquía y de los graves trastornos que habían seguido a Cirupedio, estaba a punto de recobrar, en manos de Antígono Gonatas, su posición tradicional en el mundo griego. Antígono, sucesor, en el norte del Egeo, de Filipo, de Alejandro y de su abuelo Antípatro, era como el protector natural de la Grecia continental y de las Islas. Macedonia y Egipto no podían, pues, dejar de chocar en la cuenca del Egeo, donde confluían las ambiciones de la segunda y los vitales intereses de la primera.

---

[32] La realidad de esta embajada es admitida incluso por M. Holleaux, *C. A. H.*, VII, p. 823. Está atestiguada por T. Livio, *Per.* XIV; Eutrop., II; 15; Dion. Hal. XX, 14; Dion Casio, fr. 41; Justino, XVIII, 2, 9; Zonar, VIII, 611; Val. Max., IV, 3, 9.

Antígono era unos diez años mayor que Filadelfo[33] y difícilmente podía imaginarse un contraste más profundo que el de sus juventudes. Filadelfo, hijo de un segundo matrimonio, no había nacido para reinar, pero suplantó a sus medio-hermanos gracias a la influencia y, sin duda, a las intrigas de su madre. Antígono, por su parte, era desde siempre el sucesor designado de su padre Demetrio. Filadelfo se había formado para sus futuros deberes en la paz y en la calma de la corte de Alejandría. Antígono se había ejercitado en la política con las armas en la mano; había gobernado algún tiempo por encargo de su padre las ciudades griegas –tarea difícil que ponía a dura prueba los talentos diplomáticos e incluso la paciencia de cualquiera que lo intentase– y, por último, había tenido que reivindicar por las armas su reino de Macedonia, a donde le llamaba la sangre de Antípatro, que su madre, Fila, le había transmitido, y reivindicarlo no una sola vez sino dos, y para ello, enfrentarse con los gálatas, los más peligrosos guerreros de aquel tiempo. Sin embargo, los dos hombres tenían un rasgo común: uno y otro habían frecuentado en su adolescencia a filósofos y poetas cuya amistad conservaban en su edad madura. Antígono había escuchado en Calcis las lecciones del filósofo Menedemo, que había sido discípulo directo de Platón, pero no le había permanecido fiel y en su vejez, según Diógenes Laercio nos cuenta, no sentía por él más que desprecio. Elegido por los eritreos para ser su principal magistrado, Menedemo se vio envuelto en la política de su tiempo y desempeñó varias embajadas cerca de los reyes Ptolomeo Sóter, Demetrio y también Lisímaco. Hablaba a los grandes con una libertad ya digna de un cínico, pero lo hacía menos por verdadero desprecio que por hacerse escuchar a fuerza de usar con ellos un lenguaje insólito, recordándoles que los valores espirituales son superiores a los otros. Es significativo que Antígono se haya mostrado siempre afecto a Menedemo, patriota entregado a sus conciudadanos, censor de los «tiranos» y despreciador de las riquezas.

De Menedemo, Antígono pasó a la escuela de Zenón, que empezó a enseñar en Atenas en el 301 o en el 300. Y muy pronto el príncipe y el filósofo establecieron una profunda amistad recíproca. Pero es difícil saber en qué medida influyó el pensamiento del filósofo en el del rey. Lo cierto es que Antígono era más sensible a las

---

[33] Su nacimiento es, probablemente, de finales del 320 o comienzos del 319. Cfr. W. W. Tarn, *Antigonos Gonatas,* pp. 15 y ss.

preocupaciones de orden moral que a la seducción del conocimiento en cuanto tal, como habían podido serlo Alejandro y Antípatro en la escuela de Aristóteles. No solo fue amigo de Menedemo y de Zenón, sino también de Bión de Boristenes, al que acogió en Pela y al que permitió que le hablase con suma franqueza. Estas amistades ayudan a una mejor definición de Antígono, a quien adivinamos ávido de ver claro en sí mismo y de no dejar subsistir ninguna de las ilusiones demasiado frecuentes entre los grandes. Ciertamente, las vicisitudes de su propia fortuna al reducirlo al estado de rey sin reino le obligaron a encontrar en sí mismo sus propios recursos, como enseñaba Estilpón (que había sido el maestro de Menedemo) y a lo que exhortaba también la doctrina de Zenón. Pero su inclinación hacia el estoicismo es anterior a sus desgracias; y tal estoicismo no supone en él resignación hasta el punto de que es lícito pensar que en su propia filosofía y en su fe en el poder de la voluntad encontró la fuerza para continuar la lucha.

El poeta Arato de Solos figura también entre los familiares de Antígono. Arato, también estoico, fue célebre en toda la Antigüedad por su poema astronómico titulado los *Fenómenos,* que describe lo que pasa en el cielo y explica la causa: Zeus –dice– gobierna el mundo, él es la fuente de toda vida y es su Pensamiento el que mantiene esta vida universal. Hacía mucho tiempo, sin duda, que Zeus era celebrado como modelo de los reyes –ya la *Ilíada* relacionaba con el soberano del Olimpo a todos los «pastores de pueblos»–, pero el Zeus de los *Fenómenos* ya no es el de Homero; gracias a Zenón (cuyo origen semítico ha favorecido quizá sus tendencias henoteístas, si no místicas) ha llegado a ser como la «conciencia» del mundo; ya no es un soberano libre de actuar como le plazca, en la medida en que respete las leyes del Destino, sino que es un servidor de la Razón o, más bien, es esa misma Razón en su devenir.

Es probablemente peligroso tratar de explicar por su «estoicismo» algunos de los actos políticos de Antígono y suponer, por ejemplo, que su actitud hacia las ciudades, a las que gustó de gobernar por medio de tiranos y a las que impuso guarniciones, se halla de acuerdo con el principio estoico según el cual la libertad está en el interior del hombre y no en las instituciones, que cada uno de nosotros es un hombre antes de ser ciudadano de una pequeña patria. Sin duda, era natural que el estoicismo aceptase una concepción del Estado más amplia que la estrechez tradicional de las ciudades. Pero no se olvide tampoco que esta política autoritaria había sido practicada por Antípatro por otras razones. Esto no excluye que Antígono tuviese una idea muy alta de sus deberes reales y que, en cierta ocasión, advirtiese a su hijo, el cual había ofendido a un súbdito, que «su realeza, la del padre y la del hijo, no era más que una brillante servidumbre»[34], es decir, que el rey era el servidor de su pueblo –una máxima que seguramente no habría suscrito Filadelfo.

Los Lágidas habían intentado por todos los medios a su alcance impedir el retorno de Antígono a Macedonia, cuyo trono reservaban para Ptolomeo el hijo de Lisímaco[35]. Desde el tiempo de Pirro se habían dedicado a consolidar sus partidos en las ciudades de la Grecia continental y especialmente en Atenas. Esto animó a las ciudades a abandonar a Antígono, despojado, por algún tiempo, de Macedonia, pero manteniéndose en la mayor parte de sus restantes posesiones. La inesperada muerte de Pirro había roto los hilos de la diplomacia egipcia en la Grecia continental. La victoria de Antígono le había granjeado un considerable prestigio; incluso en Esparta, aliada tradicional de los Ptolomeos, Antígono contaba ya con amigos –lo que era natural, pues la ciudad le debía su salvación contra las empresas de Pirro–. Así, el partido pro macedonio recupera el poder en todas partes, reduciendo al silencio a los «nacionalistas», que estaban, generalmente, subvencionados o, al menos, ayudados por Egipto.

Parece que, en muchas ciudades, Antígono, si no impuso tiranos, ayudó, por lo menos, a mantenerlos, como Aristodemo en Megalópolis y Aristómaco en Argos. Así, reducía al mínimo sus propias guarniciones y podía esperar que los «demócratas» le dejarían en paz para reorganizar Macedonia. Pero, aunque dominaba el Pireo, donde tenía una guarnición, y aunque el partido pro macedonio

---

[34] Elian., *V. H.*, II, 20.

[35] ¿Hay que pensar o no que Egipto ayudó a Pirro en su intento de recuperar Macedonia? La hipótesis es defendida por W. W. Tarn, combatida últimamente por P. Lévêque, *Pyrrhos,* pp. 560 y ss. Sin duda, como P. Lévêque señala, no era beneficioso para los Lágidas que Macedonia cayese en manos de Pirro, pero puede objetarse que nosotros ignoramos qué acuerdos secretos pudieron establecerse entre Pirro y Ptolomeo; además, Arsínoe podía considerar a Pirro como un instrumento que sería fácil de eliminar, atrayéndole a alguna aventura –lo que, efectivamente, ocurrió, tal vez antes de lo que la reina esperaba–. Antígono se mostraba peligroso de otra manera, y Arsínoe le perseguía con su odio.

estaba en el poder desde el 271, Antígono no pudo impedir que los agentes egipcios provocasen un verdadero complot contra él en Atenas, que seguía siendo la capital espiritual de Grecia y conservaba un gran prestigio, incluso político, entre las otras ciudades. La muerte de Arsínoe (270) no había introducido el menor cambio en la política lágida –a lo sumo, los historiadores modernos pueden afirmar que aquella política habría sido puesta en práctica con más vigor, si ella hubiese vivido–. Una embajada egipcia, que tuvo lugar quizá en el 267, y cuyo recuerdo ha llegado hasta nosotros porque a la comida que se dio en honor de los egipcios asistió el filósofo Zenón, provocó un endurecimiento del partido democrático. En el mes de agosto de aquel mismo año, el partido macedónico se veía obligado a abandonar el poder, y Atenas, en manos de los nacionalistas extremistas, concluía una explícita alianza con Egipto, con el que contaba para asegurar su abastecimiento de trigo. Para Egipto era un triunfo tanto mayor, cuanto que ya, durante los meses anteriores, Esparta había formado contra Antígono una liga de ciudades que comprendía a casi todas las del Peloponeso, menos Megalópolis y Argos, naturalmente, dominadas por sus tiranos.

El alma de la oposición ateniense a Antígono era un joven, discípulo, como el rey, de Zenón, el bello Cremónides. Por instigación suya, se votó, a comienzos de septiembre, un decreto declarando la guerra al rey de Macedonia[36]. Cremónides, con el entusiasmo de su juventud, evocaba los recuerdos de un pasado glorioso: las Guerras Médicas, la lucha contra todos los «tiranos», y aseguraba que la alianza de Esparta y de Atenas sería también invencible contra Antígono como lo había sido contra Jerjes. En realidad, las circunstancias habían cambiado desde el siglo V. En aquel tiempo, los griegos estaban solos frente al Bárbaro. Ahora, no eran más que la apuesta de una partida que ellos mismos no jugaban, y cuyos verdaderos protagonistas eran Macedonia y Egipto.

Las operaciones comenzaron en la primavera del 266. Antígono invadió el Ática, mientras una flota egipcia, a las órdenes del «estratego», el macedonio Patroclo, tomaba posiciones a lo ancho del cabo Sunion para dominar la entrada del golfo Sarónico. El plan de los coligados comprendía una acción combinada entre Patroclo y el ejército de tierra, al que el rey de Esparta, Areo, debía hacer

---

[36] Se conserva su texto; *Syll.* 3, 214.

pasar del Peloponeso al Ática. Pero el sistema estratégico tradicional del Imperio macedonio en Grecia, y que se apoyaba en la posesión de Corinto, se mostró eficaz una vez más. Crátero, el propio hermano de Antígono, era dueño de Corinto, e impidió a Areo el paso del Istmo. Las fuerzas enemigas estaban cortadas en dos, y no podían reunirse. A pesar de ser dueño del mar, Patroclo no disponía de los medios necesarios para realizar el transporte del ejército de Areo, sin duda porque no pudo encontrar una base de desembarco[37]. Antígono era dueño de la situación, pero no pudo explotar su ventaja aquel año, pues sus mercenarios gálatas se sublevaron. Los beligerantes se retiraron, al llegar la mala estación. En la primavera del 265, al reanudarse la campaña, Antígono marchó al encuentro de Areo, y el choque tuvo lugar ante las fortificaciones de Corinto. Areo fue derrotado y muerto. Patroclo y sus inútiles navíos habían tomado, sin duda, el camino de Alejandría.

Pero ya el Lágida intentaba otra maniobra, lanzando contra Antígono al joven Alejandro, hijo de Pirro, al que Antígono no había disputado, a la muerte de este, el reino paterno. Alejandro, pues, invadió Macedonia, lo que obligó a Antígono a dirigirse contra él, abandonando por algún tiempo el sitio de Atenas. Volvió inmediatamente al Ática; un ejército que había dejado en Macedonia, al mando nominal de su hijo, Demetrio, de unos doce años, bastó para expulsar al invasor. Mientras tanto, la Liga del Peloponeso formada por Esparta (donde Acrótato, hijo de Arco, había sucedido a su padre como rey) se había disuelto por sí sola. Acrótato intentó reanudar la lucha, pero, cuando se dirigía hacia el norte, fue detenido por Aristodemo, el tirano de Megalópolis, y pereció en la batalla. Atenas ya no podía contar más que consigo misma. Ptolomeo no hizo nada por salvar a la ciudad de la que él se había servido. En aquel momento, sus fuerzas se hallaban comprometidas en otra parte, en la «Guerra de Éumenes», y el oportunismo de su política excluía toda consideración sentimental. Atenas, pues, resistió sola, heroicamente según su costumbre, pero los habitantes, hambrientos, tuvieron que rendirse en el curso del invierno del 262 al 261.

---

[37] Cfr. las juiciosas consideraciones de W. W. Tarn, *Antigonos Gonatas*, pp. 299 y ss.: la Beocia y la Etolia observaban una neutralidad favorable al macedonio, la guarnición del Pireo impedía un desembarco en el Ática, etc. Sobre Patroclo, cfr. M. Launey, «Études d'Histoire hellénistique», II, en *R. E. A.*, 1945, pp. 32-45.

Antígono puso fin, de una vez para siempre, a la autonomía de que Atenas había gozado hasta entonces. La ciudad perdió su derecho de acuñar moneda y, sin duda, también el de elegir libremente a sus magistrados. Su gobierno fue encomendado a un «estratego» de Antígono. Atenas comienza entonces el último periodo de su historia, que es el de una ciudad «universitaria» –lo que será todavía en el momento de la conquista romana, y lo que seguirá siendo hasta el final de la cultura antigua viva.

La Guerra de Éumenes

La Guerra de Cremónides era, en apariencia, una rebelión puramente griega contra el rey de Macedonia. Antíoco no tenía razón alguna para intervenir. No habría podido hacerlo más que volando a favor de la victoria, si hubiera querido contrarrestar la diplomacia lágida, o, de haber tomado la defensa de los coaligados, habría actuado contra sus propios intereses. Se puede suponer, pues, que permaneció neutral, y tanto más gustosamente, cuanto que su propia casa sufrió, hacia el momento en que comenzaban las hostilidades en Grecia, una crisis tan grave que le obligó a poner fin a la corregencia confiada a su hijo Seleuco. Después, la muerte de Fileteroo de Pérgamo, ocurrida probablemente en el 263, abrió otra que había permanecido latente durante toda la vida de Fileteroo. Éumenes, su sobrino, ya no se contentó con una independencia de hecho. Probablemente apoyado por las promesas de Ptolomeo, se proclamó rey de Pérgamo y, sin esperar más, atacó a Antíoco y le venció cerca de Sardes gracias a los mercenarios que le había facilitado el oro egipcio. Mientras tanto, la flota de Patroclo realizaba varios desembarcos en la costa de Jonia y en la de Caria. Aprovechando las dificultades de Antíoco, el persa Ariarates establecía, por aquel tiempo, un reino independiente en la parte de la Capadocia que habían conservado los Seléucidas. Cuando Antíoco murió, probablemente a comienzos del 261, su hijo, que le sucedió con el nombre de Antíoco II, se resignó a firmar la paz. Los Seléucidas quedaban casi completamente excluidos del Asia Menor. Éumenes había acrecentado el territorio de Pérgamo, ocupando no solo todo el valle del Caico, sino la costa a ambos lados de su desembocadura. Ptolomeo ocupaba Milete y Éfeso, donde estableció como gobernador a Ptolomeo, hijo de Lisímaco.

Antíoco I y Antígono habían sido, en el pasado, aliados fieles. Antíoco II, despojado de una buena parte de sus Estados, decidió llegar a un acuerdo también con el macedonio para vengarse de las empresas del Lágida. La paz concertada en el 261 no podía ser más que una tregua. Y esto tanto más fatalmente, cuanto que ya Antígono se armaba para el desquite. Había comprendido que su poder estaría a merced de Egipto, mientras no poseyese el dominio del mar. Se fijó, pues, la obligación de proveerse de una flota utilizando para ello su principal base en Grecia, la gran ciudad marítima de Corinto, que tenía también un pasado glorioso en el mar, y, aproximadamente, hacia el momento en que Roma se decidía a llevar la guerra sobre las aguas, para lo que «improvisaba» una flota, Antígono se veía obligado a la misma política. Y el paralelismo entre los dos Estados es más sorprendente aún, si se piensa que la potencia militar romana se fundaba, como la de Macedonia, en el ejército de tierra, es decir, en el empleo masivo de una infantería sólida, totalmente resuelta a no abandonar el terreno en que se la había colocado. No es, pues, extraño que Roma y Antígono hubieran pensado en la construcción de unos navíos capaces de recibir a una «infantería de marina» cuya superioridad se afirmase en el abordaje.

El desquite de Antígono y de Antíoco

Mientras esperaban a que estuviera dispuesta aquella flota para asestar al Lágida un golpe decisivo, los aliados, Antíoco y Antígono, atacaron a Ptolomeo con las armas de que este se había valido tantas veces. Antíoco empezó por provocar en Jonia la rebelión de Ptolomeo, que consideraba el gobierno de Éfeso como una desgracia y no se resignaba a perder toda esperanza de reinar algún día en Macedonia. Ptolomeo, manejado por Antíoco, fue asesinado muy pronto, y Antíoco logró recuperar una buena parte de los territorios ocupados por Egipto en el curso de las guerras anteriores. Después, prosiguiendo su ofensiva en Siria, recobró toda la Fenicia, hasta Sidón.

Mientras tanto, la alianza de Antígono y de Antíoco se consolidaba, de un modo casi simbólico, provocando una nueva secesión en Cirene. Tras la derrota de Antíoco I, Magas se había resignado a aceptar, de nuevo, la soberanía de Ptolomeo[38]. Pero, a su muerte, en el 259, su viuda la reina Apama, que era hermana de Antíoco II, se propuso apartar a la Cirenaica del Imperio egipcio. Con este fin llegó a un acuerdo con el partido nacionalista para ofrecer el poder al medio hermano de Antígono, Demetrio el Bello, hijo del Poliorcetes y de Ptolemaida, hija esta de Ptolomeo Sóter. Al hacer esto, apartaba del trono a su propia hija, Berenice, que había sido prometida por Magas al primogénito de Filadelfo. Demetrio fue bastante bien acogido por los ciudadanos de Cirene, pero sucumbió muy pronto a causa de las intrigas de palacio provocadas por Berenice y, quizá, también a causa de su inmoralidad, si es cierto que se convirtió en el amante de Apama. Tras su muerte, la Cirenaica no volvió inmediatamente a Egipto; durante algunos años formó una liga independiente sobre el modelo de la Liga Arcadia. Un poco antes del 246 (no se sabe exactamente en qué fecha), Cirene volvía a caer en poder de Ptolomeo. La ofensiva en Cirenaica, pues, había tenido una cierta eficacia, y, por otra parte, en aquel momento, las condiciones políticas habían cambiado profundamente.

Mientras comenzaba la aventura de Demetrio el Bello en Cirene, los coaligados tomaban la iniciativa de un ataque en el mar, hasta entonces dominio indiscutible del Lágida. Aliados con Rodas (que se mostraba infiel a la alianza egipcia, quizá porque la creciente influencia de los egipcios en el mundo egeo le parecía peligrosa para su propio comercio, quizá por otras razones que desconocemos), no solo impidieron a las flotas egipcias intervenir en Éfeso y en Mileto durante su reconquista por Antíoco II, sino que, en las aguas de Cos, la fuerza naval organizada por Antígono, que él mismo mandaba, logró sobre las escuadras de Ptolomeo una victoria decisiva (probablemente, en el 258)[39]. En el 255, Ptolomeo tenía que firmar un tratado de paz con sus vencedores. Antígono le sustituía como protector de las Islas. Por su parte, Antíoco obtenía el reconocimiento de sus conquistas a costa de Egipto. Así terminaba lo que, a veces, se llamaba la «Segunda Guerra de Siria», aunque el principal teatro de operaciones y la decisión misma se situasen en otra parte, y

---

[38] Sobre la fracasada revuelta de Magas, cfr. *supra*, pp. 157 y ss.
[39] La fecha de la victoria de Cos es muy discutida. Algunos la sitúan en 262-261. Sabemos que esta batalla coincidió con la celebración de los Juegos Ístmicos. Cfr. H. Bengtson, *Griech. Gesch.*, Múnich, 1950, pp. 382, n. 5.

aunque las ganancias territoriales logradas por el Seléucida no fuesen más que consecuencias de la estrategia macedónica.

La inversión de las alianzas y el fin de Filadelfo

Vencido en los campos de batalla y en el mar, Ptolomeo tuvo que recurrir a su arma favorita, la intriga. Como Corinto era el principal puerto de Antígono y el corazón mismo de su flamante potencia naval, fue en Corinto donde el Lágida decidió golpear. Crátero, el medio hermano de Antígono, había muerto. En el gobierno de Corinto le había sucedido su hijo Alejandro, pero este no era tan leal al rey como lo había sido su padre, y, hacia el 253 o 252, cedió a las instigaciones de Ptolomeo y proclamó su independencia. El reino que se adjudicó comprendía Corinto y Eubea. Extraño reino, sin cohesión; pero su constitución paralizaba a Antígono, privándole de bases vitales para su flota y de su flota misma, capturada en el puerto por Alejandro. Este atacó también a Atenas, pero no logró ocuparla: el estratego de Antígono le opuso una fuerte y eficaz defensa. Sin embargo, aquel episodio no tuvo consecuencias: en el 248 (o 249), Alejandro moría y Antígono recuperaba Corinto[40] a finales del año 247.

En el momento de su «entente cordiale», Antígono y Antíoco II habían decidido sellar su alianza con un matrimonio. En el 253, Estratónice, la hermana del Seléucida, se había casado con el joven Demetrio, hijo de Antígono. Los reyes tenían así la esperanza de que una princesa seléucida fuese, un día, reina de Macedonia, y que los dos reinos opusieran entonces, como acababan de hacerlo, un mismo frente a las ambiciones lágidas. Este matrimonio parece haber satisfecho profundamente a Antígono, puesto que, el mismo año de su celebración, fundó en Delos unas fiestas en honor de Estratónice –lo que era como un desafío lanzado a Egipto, que, todavía poco tiempo antes, imponía su ley en la isla sagrada de Apolo.

---

[40] Acerca de las novelescas circunstancias en las que el viejo rey (tenía unos 72 años) recuperó la Acrocorinto, engañando desvergonzadamente a la viuda de Alejandro y haciéndose abrir, por sorpresa, las puertas de la ciudadela, cfr. Plut., *Arato*, 17; Polieno, IV, 6, I.

En respuesta, como hemos dicho, Ptolomeo provocó la defección de Alejandro en Corinto, pero, además, encontró el medio de perturbar la alianza de Antígono y de Antíoco, induciendo a este a repudiar a su mujer, Laodice, que era también su prima hermana y de la que había tenido dos hijos y dos hijas. Por razones que desconocemos, Antíoco despidió a Laodice, que se retiró a Éfeso, y aceptó casarse con la joven Berenice, hija de Ptolomeo, que le aportaba como dote una suma considerable. Es posible que el rey seléucida estuviese entonces apremiado por dificultades financieras, hasta el punto de haber aceptado, en cierto modo, la venta de su sucesión. Ptolomeo, en efecto, había, estipulado que la corona volvería al hijo que naciese del matrimonio con Berenice. Y este hijo nació, efectivamente, al siguiente año. Por la misma época, o quizá un poco después, Estratónice abandonaba a Demetrio y la corte de Macedonia para volver a Siria. Había terminado la alianza entre Antígono y Antíoco II. Durante muchos años, el reino seléucida y Macedonia evolucionarán paralelamente, el primero cada vez más comprometido en Asia, y el otro obligado a defenderse contra las Ligas que empiezan a desempeñar en Grecia un papel decisivo. Sin interrupción, Filadelfo y Antíoco II desaparecen de la escena política (Ptolomeo muere en enero del 246; Antíoco II el Divino, en el curso del mismo invierno). De su generación solo quedaba Antígono, pero tuvo tiempo de alcanzar sobre Egipto una victoria casi definitiva.

Durante la revuelta y la secesión de Alejandro en Corinto, Ptolomeo II había recuperado en el mar una supremacía que nadie osaba disputarle. Pero cuando Antígono estuvo en posesión de su flota, la situación se invirtió. Ptolomeo III (de sobrenombre, Evérgetes, el Bienhechor) dispuso del tiempo justo para fundar, en Delos, nuevas fiestas en honor de su dinastía. A finales de año, o en la primavera del 245, las escuadras de Antígono, aliadas a las de Rodas, que reanudaban la lucha contra sus antiguos protectores, desafiaron a la flota del Lágida frente a Andros. Esta vez, los egipcios eran definitivamente expulsados de las Cícladas. Y Antígono celebró su triunfo con fundaciones delias: unas *Sotería* y unas *Paneia*, que evocaban el recuerdo de Lisimaquia, cuando el propio dios había intervenido para provocar la desbandada en el ejército enemigo. Las divinidades macedónicas se alzan frente a los nuevos dioses egipcios: una oposición religiosa que estaba lejos de ser olvidada y que, en el momento de Accio, con motivo del último combate en que el Egipto Lágida desafió al poder romano, había de ofrecer a los poetas un tema inagotable.

El periodo que se abre tras la batalla de Andros y tras el hundimiento de la monarquía lágida presenta menos unidad que el anterior. Las acciones diplomáticas o militares que enfrentan a los reinos están menos concertadas y son menos coherentes que en la época en que Ptolomeo Filadelfo, desde su palacio de Alejandría, dirigía las intrigas personalmente. Egipto no está absolutamente eliminado del Egeo. Conserva en él una zona de influencia, en la parte meridional, pero ya no está presente en el corazón de las Cícladas, en Delos, lo que tiene graves consecuencias, ya que, en cierto modo, condena a la esterilidad cualquier intento por su parte de mantenerse aún como «leader» helénico. Materialmente, sus intereses económicos no han sido dañados, o lo han sido en escasa medida; sus ejércitos lograrán grandes triunfos sobre el reino seléucida, la propia tierra egipcia gozará de una paz casi total, que no conseguirán perturbar, en realidad, algunos movimientos nacionales rápidamente sofocados. Pero el objetivo esencial perseguido por Ptolomeo II se le escapa: brutalmente eliminado por Antígono Gonatas de su puesto a la cabeza de la Liga de las Islas, Egipto no tiene ya el prestigio suficiente para disponer en la propia Grecia de un partido activo. Así, las ciudades griegas tratan de hacer su política por sí solas; para ello recurren de muy buen grado a la formación de Ligas, convencidas de que nadie puede ayudarles, más que ellas mismas, a recobrar la libertad frente a Macedonia. Y esta, liberada de su rivalidad con Egipto, tiene, sin embargo, mucho que hacer para mantenerse en Grecia.

Por su parte, el reino de los Seléucidas continúa desintegrándose: sus elementos más orientales se desprenden de él. Ya Antíoco II no había podido intervenir eficazmente en las satrapías lejanas, al verse obligado a concentrar todos sus esfuerzos en la lucha contra Ptolomeo. La Bactriana y la Sogdiana se habían separado bajo Diódoto, hacia el 250. Al mismo tiempo, o un poco después, hace su aparición una nueva dinastía, la de los Arsácidas, que estaba llamada a una gran fortuna tras la caída definitiva del reino griego de los Seléucidas. Esto empezó por la invasión de la Partia, subyugada por una tribu irania, los aparnos, capitaneados por un jefe llamado Arsaces, cuyo hermano, Tirídates, fundará después el reino de Partia. Aunque la conquista no fuese efectiva hasta Tirídates, los partos hacían remontar la era arsácida al año 247. Era el «desquite» político de los iranios, que reaparecían así, a expensas del helenismo[41].

La Tercera Guerra de Siria

Al aceptar el casarse con Berenice, Antíoco II quizá había querido, a la vez, procurarse recursos nuevos, una mujer más joven y menos enérgica que Laodice y –al menos, puede pensarse también– asegurar para su reino la amistad y la alianza de los Lágidas. Los Seléucidas tenían necesidad de paz para consolidar lo que quedaba de su patrimonio, pero esta última esperanza se frustró. El matrimonio «diplomático» de Antíoco tuvo como consecuencia casi inmediata la de arrojar al país a una nueva guerra, más desastrosa todavía que las precedentes.

Durante los últimos meses de su vida, Antíoco II parece haberse acercado a Laodice y haber intentado, a pesar de sus solemnes promesas a Ptolomeo II, asegurar a su primogénito, Seleuco, la sucesión al trono. Ptolomeo II había muerto a finales del mes de enero del 246. Antíoco II le sobrevivió unos siete meses. Fue, sin duda, durante ese periodo cuando intentó volver sobre una acción de la que ahora se arrepentía. En Éfeso, donde estaba retirada Laodice, le sorprendió la muerte en el mes de agosto –se ha pretendido, sin duda equivocadamente, que Laodice le había mandado asesinar para impedir que cambiase de opinión–. En todo caso, su hijo, Seleuco II, fue proclamado rey en Éfeso. Mientras tanto, en Antioquía, unos guardias de corps adictos a Laodice asesinaban al hijo de Berenice. Esta no tardó en ser asesinada también durante un motín, pero había tenido tiempo de avisar a su hermano, Ptolomeo III (Evérgetes), que se apresuró a ayudarle. Empezó por enviar en auxilio de su hermana al hermano de ambos, que gobernaba Chipre. Una flota egipcia ocupó Seleucia y un cuerpo de desembarco ganó Antioquía. Después, sin pérdida de tiempo, para vengar a Berenice y también para impedir que el nuevo rey, Seleuco II, se estableciese

---

[41] Cfr. J. Womi, «The decay of the Iranian Empire of the Seleucides and the chronology of the Parthian beginnings», en *Berytus* XII (1956-1957), pp. 35-52.

en Asia Menor, el ejército egipcio siguió su camino hacia la Cilicia, donde ocupó la ciudad de Solos[42]. Ptolomeo consideró que la ocasión era favorable para apoderarse de todo el reino seléucida. Poniéndose él mismo a la cabeza de un ejército, se presentó en Siria en nombre de su hermana Berenice, cuya muerte, al parecer, se había mantenido oculta, estratagema que le permitió recorrer sin obstáculos toda la Siria al sur del Tauro y quizás adentrarse hacia el Oriente hasta las provincias ribereñas del Éufrates[43]. Pero, por razones que desconocemos, estaba de regreso en Alejandría a finales del 245. Quizá la ficción en que se basaba su autoridad no pudo mantenerse por más tiempo. La muerte de Berenice dejó de ser un misterio y ya Seleuco II reforzaba su posición en Asia Menor (aunque la ciudad de Éfeso hubiera sido entregada al Lágida por un gobernador desleal), donde algunas ciudades griegas por lo menos (entre ellas, en primera fila, la ciudad de Esmirna) no habían abandonado su causa. Seleuco se aseguró, desde luego, un aliado, Mitrídates, el rey del Ponto, a quien dio en matrimonio a su hermana Laodice. Equivalía a reconocer oficialmente una rebelión ya antigua convertida en hecho consumado[44], pero el inconveniente era menor que las ventajas que de ello lograba Seleuco, que así se aseguraba de no ser atacado por la espalda mientras se dedicaba a reconquistar Siria. Al mismo tiempo, el joven rey construía a toda prisa una flota capaz de mantener a raya a las escuadras egipcias. En la primavera del 244 podía presentarse en Siria, donde, como había ocurrido ya en varias ocasiones, la simple llegada de un soberano legítimo seléucida bastó para expulsar a los ocupantes egipcios. Al cabo de unos meses, Seleuco había recuperado el reino paterno y sus fronteras no dejaban ya al Lágida, como

---

[42] El relato de esta parte de la campaña está contenido en un documento llamado «papiro de Gurob» (*Petr. Pap.* II, n. 45 y III, pp. 335-338), que ha provocado numerosos comentarios y mantiene todavía muchas oscuridades. Nosotros seguimos la hipótesis (aventurada) presentada por W. Tarn. Se admite también (y quizá más generalizada) que el redactor de este texto, muy mutilado, es el mismo rey, y no su hermano. Cfr. Tarn, *C. A. H.*, VII, 1928, p. 716; W. Otto, *Beiträge zurf Seleukidengesch,* 1928, p. 49, n. 4; H. Bengtson, *Gr. Gesch.*, p. 384, n. 2 (que admite que se trata del rey).

[43] Inscripción de Adulis, en la costa africana del mar Rojo (O. G. I. S., I, 54), mencionando, con probables exageraciones (ni siquiera se sabe si se trata de un texto oficial), las efímeras conquistas de Ptolomeo III en el Oriente seléucida.

[44] Cfr. *supra,* p. 145.

antes, más que la Fenicia. De todos modos, Ptolomeo conservaba, además, la ciudad de Seleucia de Pieria.

Esta rápida reconquista de Siria resultó probablemente más fácil para Seleuco gracias a la acción emprendida al mismo tiempo por Antígono contra Ptolomeo y a la victoria naval conseguida en Andros contra Egipto[45]. De todos modos, la campaña no debió de ser totalmente desfavorable a Ptolomeo, pues sabemos que en el momento de la paz, en el 241, Egipto aún poseía un gran número de bases alrededor del Egeo. No solo continuaron siendo egipcias Éfeso y Mileto, sino que también Priene, Samos, Lébedos y la Jonia meridional, la Caria y una parte de la Licia, así como la Cilicia occidental, siguen sometidas al Imperio de Ptolomeo. Más lejos de su metrópoli, controla el Quersoneso Tracio, Sesto, Samotracia la costa de Tracia y Cipsela, sobre el Hebro, así como Abdera, en pleno territorio macedonio[46].

Una vez firmada la paz entre Seleuco y Ptolomeo, el Seléucida tenía que reorganizar y reagrupar su reino. A instancias de su madre Laodice, Seleuco había confiado a su hermano Antíoco «Hiérace» el gobierno de las provincias situadas al norte del Tauro, y con el consentimiento del rey o por su propia autoridad, Hiérace no había tardado en actuar como soberano independiente. Vuelta la paz, Seleuco se propuso recuperar para la corona los territorios que le había arrebatado Hiérace. Fue lo que se llamaba «la Guerra de los Hermanos».

La Guerra de los Hermanos

La situación se había complicado por el hecho de que el rey Mitrídates, a pesar de su alianza con Seleuco, había tomado partido a favor de Hiérace. Este, por su parte, había buscado algunos apoyos más en Asia Menor, de modo que aquella guerra fratricida degeneró muy pronto en un conflicto más amplio. Con motivo de la primera batalla librada entre Hiérace y Seleuco ante Ancira, el

---

[45] *Supra,* p. 170.
[46] Cfr. Pol., V, 34, 6-9, cuyas indicaciones son confirmadas, en cuanto a la Tracia, por el decreto de Samotracia (publicado en *Ath. Mitt.* XVIII, 1893, pp. 346 y ss. Michel, 351).

primero tenía de su parte no solo al rey del Ponto, sino a los gálatas, que decidieron la batalla. Seleuco pudo escapar a duras penas y volvió a sus Estados, abandonando momentáneamente el Asia Menor (hacia el 235) y concluyendo incluso un tratado en este sentido con su hermano.

Como podía esperarse, los reyes de Pérgamo se aprovecharon de aquella situación. La política de Hiérace, que había recurrido a los gálatas, encerraba un grave peligro. No solo despertaba el orgullo galo, sino que chocaba con la opinión pública, especialmente en el mundo helénico, que había conservado un terrible recuerdo de la invasión gálata medio siglo antes. Desde el 241 reinaba en Pérgamo un joven rey, llamado Átalo, que había sucedido a su tío Éumenes. Átalo, quizá para imponerse a los ojos de los griegos, quizá por necesidad, decidió liberarse del chantaje que los gálatas ejercían tradicionalmente sobre las poblaciones de Asia y que consistía en exigir un tributo como premio a su «protección» contra posibles saqueos. Átalo, pues, se negó a pagar el tributo, lo que trajo como consecuencia una guerra contra los gálatas. Sucesivamente derrotó a los tolistosages y luego a los tectosages, a los que Antíoco no había dudado en apoyar. Y enardecido por aquella victoria, tomó el título de rey. Apoyado en el favor de las ciudades griegas, Átalo continúa entonces la lucha contra el propio Antíoco, que tan evidentemente había ligado su suerte a la de los bárbaros, aunque estos, después de su derrota ante Átalo, se habían vuelto contra el Seléucida.

En tres batallas sucesivas, que fueron tres derrotas para Antíoco, Átalo conquistó, entre el 230 y el 228, la banda costera de Frigia y de Lidia, los territorios más ricos del Asia Menor, también los más helenizados y que por consiguiente debían estar especialmente protegidos contra las incursiones de los gálatas.

La joven dinastía de Pérgamo había encontrado en aquellas batallas el medio de acrecentar su territorio y a la vez —lo que le importaba, por lo menos, tanto— el de alcanzar de golpe una gloria comparable a la de los reinos surgidos directamente del Imperio macedonio. Átalo se rodea inmediatamente de todo lo que entonces supone la gloria en el mundo heleno. Organiza juegos, levanta grandiosos monumentos en su capital y, sobre todo, los hace levantar en Atenas sobre el muro norte de la Acrópolis. Cuatro grupos en Atenas dan el sentido que el rey atribuía a su victoria. La hace figurar en un conjunto que comprende la batalla librada en otro tiempo por los atenienses contra las amazonas, la que había enfrentado a los mismos atenienses con los persas, la de los gigantes frente a los olímpicos y, por último, su propio triunfo sobre los gálatas.

No es casual que, en Atenas como en Pérgamo, aquellos monumentos conmemorativos estén colocados en la proximidad inmediata de un santuario de Atenea, la más puramente «helénica» de las divinidades olímpicas, la enemiga por excelencia del desorden bárbaro y el símbolo del espíritu «clásico». Equivalía a subrayar ante la opinión panhelénica el carácter especial de la dinastía, su oposición a los Seléucidas, a los que se acusaba de pactar con los bárbaros y también con los otros pueblos más helenizados de Siria y de Babilonia. Es probable que el impulso de Pérgamo se viese favorecido por el oro de los Ptolomeos, que encontraban en las ambiciones de Átalo un medio muy cómodo para continuar su propia política y situarse como campeones del helenismo contra los Seléucidas, así como contra la «tiranía macedónica».

El Asia Menor, después de las derrotas de Antíoco Hiérace y de la ascensión de Pérgamo, se había convertido en un campo en el que se enfrentaban los diferentes imperialismos. Se sitúa hacia el 227 la expedición organizada por Antígono Dosón, el sucesor de Demetrio II en Macedonia, para apoderarse de la Caria y asegurar así a su flota bases en las rutas del Oriente. Tentativa fallida, porque los acontecimientos de Grecia le impidieron proseguir la ocupación del país. Mientras tanto, Antíoco Hiérace, expulsado del Asia Menor por Átalo, llegaba a la región del Alto Éufrates, donde, sin duda, esperaba hacerse un nuevo reino. Seleuco estaba, al parecer, ocupado personalmente en un intento de recuperar la Partia, de cuya secesión bajo el reino precedente ya hemos hablado[47]. Con la complicidad de su tía Estratónice, que había sido repudiada por Demetrio, el hijo de Gonatas, Hiérace consiguió provocar una rebelión en Siria, pero sin otro resultado que el de obligar a Seleuco a abandonar la conquista de la Partia. Estratónice fue condenada a muerte y Hiérax vencido y obligado a huir, sin que se sepa muy bien en qué condiciones encontró poco después la muerte. Cuando entre el 22 de abril del 226 y el 10 de abril del 225[48] Seleuco II murió, había restablecido la unidad de la dinastía y restaurado la autori-

---

[47] *Supra,* p. 170.
[48] Cfr. A. Aymard, en *R. E. A.,* 1955, *op. cit.*

dad de los Seléucidas sobre una parte de las satrapías orientales (lo que le valió en aquellos territorios el sobrenombre de Calínico), pero muchas provincias seguían fuera del patrimonio real. Sobre todo no había podido impedir la formación a sus expensas del reino de Átalo, que constituía ya en Asia Menor un temible punto de apoyo del que podían servirse los Lágidas en sus luchas contra los Seléucidas. Pero ya se acercaba el momento en que se produciría un notable reajuste con el reinado de Antíoco III.

Antíoco III

Sin embargo, entre la muerte de Seleuco II y el advenimiento de su hijo más joven, que tomó el nombre de Antíoco III, el reino atravesó todavía una crisis muy grave. A la muerte de Seleuco, el poder había pasado a su primogénito, Alejandro, que había tomado el nombre de Seleuco III y se había propuesto recuperar las provincias perdidas en Asia Menor. Para ello había enviado más allá del Tauro un ejército mandado por su tío Andrómaco, pero este fue hecho prisionero por Átalo y enviado a Egipto. Seleuco III había acudido entonces personalmente, pero un oficial de su propio ejército le asesinó y fue necesaria toda la habilidad de Aqueo, el hijo de Andrómaco, para devolver las tropas intactas a Siria[49]. En estas condiciones Antíoco, entonces de 18 años, fue llamado al poder por el propio Aqueo. Inexperto, inclinado a escuchar a todos los consejeros, el joven rey empezó por delegar sus poderes: Aqueo fue encargado de las operaciones en el Asia Menor, y dos hermanos, Molón y Alejandro, recibieron las satrapías de Media y de Persia. Los resultados no se hicieron esperar. Sin duda, Aqueo, al principio fiel, consiguió grandes triunfos sobre Átalo y le obligó a los antiguos límites del «reino» de Pérgamo, pero en el 222, Molón se sublevó, se proclamó independiente y tomó el título de rey. Una primera expedición enviada para reducirle no tuvo fortuna. Fue necesaria la intervención del propio Antíoco. La presencia del rey en Babilonia reafirmó las adhesiones a la dinastía. En la batalla decisiva una gran parte de las tropas de Molón desertó y él y sus hermanos tu-

---

[49] Pol., IV, 48.

vieron que suicidarse. La sublevación de Molón no había durado dos años. Pero Aqueo, creyendo que el rey, comprometido en Babilonia, no podría reaccionar con rapidez y deslumbrado también por sus propios triunfos, se unió a los rebeldes y ocupó Antioquía. En aquel momento Aqueo, que hasta entonces había sido muy popular, se vio abandonado por la mayor parte de la opinión, desde que se comprendió que se rebelaba contra el legítimo rey. Muy hábilmente fingió haber sido siempre fiel, y Antíoco III fingió no haber sabido nada, de modo que Aqueo continuó en su provincia.

Antíoco había recuperado, pues, las provincias perdidas y restaurado la unidad del reino. Le quedaba por realizar una tercera tarea para devolver a los Seléucidas casi íntegramente su patrimonio de antaño: liberar el sur de Siria de la dominación egipcia. Al comienzo de su reinado, el rey había querido empezar por atacar a Egipto, pero se lo había impedido la rebelión de Molón. Una vez libre de sus restantes preocupaciones, se dedicó a organizar una gran expedición contra Egipto.

La Cuarta Guerra Siria

Antíoco empezó por «liquidar» la cabeza de puente egipcia que subsistía en Seleucia de Pieria, el puerto de Antioquía. Después, tras hacerse dueño de ella tanto por la traición como por la fuerza, se dirigió hacia el Sur. El gobernador lágida, un etolio llamado Teódoto, le entregó las ciudades de Tiro y de Ptolemaida (Acé = San Juan de Acre) y pudo así ocupar, casi sin lucha, toda la Celesiria.

El Egipto que Antíoco III combatía no era ya el de Ptolomeo Sóter o el de Filadelfo. Evérgetes, al contentarse tras sus efímeras victorias de la Tercera Guerra Siria con subvencionar a los aliados en Asia Menor y en la propia Grecia, había descuidado el ejército. Cuando murió, en el mes de febrero del 221[50], fue sucedido por su hijo, Ptolomeo IV Filopátor, de unos veintidós años. Filopátor estaba en manos de un «visir», Sosibio, al que los historiadores nos presentan como un bellaco malhechor y sanguinario. Se nos dice cómo hizo matar a todos los supervivientes del reinado anterior: a la reina Berenice, la propia madre del rey, después a Lisímaco, hermano

---

[50] Cfr. Skeat, *op. cit.*, pp. 12 y 31.

de Evérgetes, y a su segundo hijo, Magas, y, por último, a Cleómenes, el rey destronado de Esparta, que vivía refugiado en la corte de Alejandría. Si se considera más detenidamente, se advierte que Cleómenes se atrajo él mismo su desgracia por su estúpido comportamiento, y que Sosibio no es directamente responsable de su muerte[51]. De todos modos, Sosibio trabajaba para asegurar la paz interior y por desbaratar y acaso prevenir los complots. Y muy pronto iba a salvar al país de la invasión. Después de haber ocupado Fenicia, Antíoco III se había dejado detener por una mediocre fortaleza, Dora, en lugar de proseguir su ruta. El ejército egipcio, desorganizado, habría sido incapaz de detenerle. Pero Sosibio le hizo creer que unas numerosas fuerzas defendían Pelusio, la puerta de Egipto, y Antíoco, dejándose engañar, aceptó una tregua de cuatro meses con la esperanza de que Ptolomeo se avendría a entregarle la Celesiria. Transcurrido el plazo, nada se había acordado aún, pero Sosibio había conseguido improvisar tropas. Para ello había llamado a los colonos militares, reclutado mercenarios y, sobre todo, había dado armas a los indígenas, medida sin precedentes desde que los Ptolomeos reinaban en Egipto. Cuando Antíoco, agotada ya su paciencia, decidió proseguir la guerra en la primavera del 218, cometió un nuevo error: en lugar de lanzarse contra el país enemigo, perdió el tiempo en pacificar la Siria meridional y no atacó al propio Egipto hasta el 217. Ptolomeo Filopátor fue a su encuentro en el desierto de Gaza y la batalla tuvo lugar cerca de Rafia (22 de junio), la víspera del día en que Aníbal aplastaba a los romanos a orillas del lago Trasimeno. Antíoco llegaba demasiado tarde. Sosibio había tenido tiempo de constituir un ejército sólido, casi igual en número al del Seléucida (unos 70.000 hombres de una y otra parte). Al primer choque, los elefantes de Antíoco destrozaron el ala izquierda de Ptolomeo, y Antíoco, considerándose ya vencedor, se lanzó imprudentemente en persecución de los egipcios en desbandada. Pero mientras él se había alejado del campo de batalla, el ala derecha de los egipcios conseguía imponerse y empezaba a envolver a la falange siria, que dominaba el centro. Sosibio, al frente de esta con su propia falange compuesta de indígenas egipcios, consiguió derrotar a la infantería de Antíoco. Al día siguiente, Antíoco se batía en retirada y algún tiempo después tenía

[51] Plut., *Cleómenes*, 33 y ss.; Pol. V, 36-39.

que firmar una paz que entregaba a Ptolomeo la posesión de la Celesiria, motivo de aquella Cuarta Guerra.

Este año 217 señala el momento en que parecía que Antíoco III debería consumar la definitiva destrucción del reino Seléucida. En Asia Menor, Aqueo actuaba cada vez más como rey independiente; las satrapías lejanas, por su parte, se desgajaban sensiblemente de una monarquía que parecía decadente; los elementos iranios levantaban de nuevo la cabeza y el helenismo se debilitaba. Pero en pocos años Antíoco acertaría a restablecer la situación e incluso a lograr un desquite decisivo a costa de Egipto. En realidad, estos triunfos de los seléucidas no habían de ser duraderos y su brillo incluso atraería contra ellos la hostilidad de Roma, hostilidad diplomática primero y armada después, que provocaría la definitiva humillación y decadencia de su monarquía[52]. Pero antes de exponer estos acontecimientos, conviene, sin duda, recordar cuál fue la historia de la Grecia continental en sus relaciones con la Macedonia, entre la victoria de Andros y este mismo año de 217, que vio la derrota de Antíoco III en Rafia y la paz de Naupacta, en la propia Grecia.

El tiempo de las Ligas

Polibio ha querido comenzar su historia con el año 220 porque, según nos dice, fue en ese momento cuando se produjeron dos acontecimientos de una gran importancia: en Occidente, los pródromos de la Segunda Guerra Púnica (la «Guerra de Aníbal»), y en Oriente, la lucha entablada entre la Liga Aquea y el rey de Macedonia –lo que se llama la «Guerra de los Aliados»[53]–. Pero esta Guerra de los Aliados no es más que el final de una evolución política iniciada unos sesenta años antes, y que constituye el supremo esfuerzo del helenismo por sobrevivir fuera de la servidumbre de los reinos.

Las dos o tres generaciones anteriores, en los tiempos de los Diádocos, y de sus inmediatos sucesores después, habían asistido a la eliminación definitiva de la «ciudad» como potencia política. La causa esencial de esta eliminación había sido la creciente despropor-

---

[52] Sobre estos acontecimientos, cfr. P. Grimal, *La formación del Imperio romano. El mundo mediterráneo en la Edad Antigua III*.
[53] Pol., II, 37, 1 y ss.

ción entre las fuerzas de que disponían los reyes y las que podían poner en campaña las ciudades. Estas no podían sobrevivir más que tomando parte en los grandes tráficos comerciales que se hacían a través del Mediterráneo y fuera de este, entre los pueblos todavía bárbaros. Y estos tráficos solo eran posibles bajo la garantía de potencias capaces de hacer reinar el orden y la seguridad. Las ciudades estaban obligadas a colocarse bajo la salvaguardia de un protector –lo que, como hemos dicho, no dejaba de tener a veces felices consecuencias para las ciudades mismas, obligadas, a pesar suyo, a vivir en una paz relativa–. Esto era lo que había ocurrido con todas las ciudades de Asia, de la Grecia continental y de las Islas.

Pero con el final del siglo IV y sobre todo en el curso del III, se había afirmado una formación política nueva que parecía capaz de garantizar la libertad apoyándose en una fuerza militar suficiente para imponer respeto a los reyes. Esto había comenzado con el triunfo de la Liga Etolia, que había permanecido independiente a pesar de los esfuerzos de los reyes de Macedonia, acabando por concertar con ellos una especie de amistad fundada sobre el respeto mutuo. Y cuando los gálatas habían amenazado a Delfos, ¿no fueron los etolios los que salvaron el santuario (con la ayuda del dios)? Así se habían instalado sólidamente en la ciudad de Apolo, conservando el predominio en la Anfictionía, donde disponían de los votos tradicionalmente atribuidos a las ciudades que se habían agregado a ellos. La posesión de Delfos otorgaba a los etolios una dignidad nueva a los ojos de los griegos e incluso de los extranjeros que no desdeñaban enviar embajadas sacras al santuario de Apolo.

Sin embargo, la Liga Etolia no podía constituir un modelo susceptible de ser imitado por los otros griegos. Políticamente, era una formación demasiado arcaica que los ciudadanos de Atenas, de Esparta o de Tebas miraban con desdén. La Liga no tenía una ciudad, una capital donde pudiera desarrollarse la *paideia,* la cultura que se consideraba como indispensable a un hombre digno de serlo. No tenía más que un santuario federal en Termo y un puerto, Naupacto, que no podía rivalizar con ciudades como Corinto. Los etolios vivían en aldeas o en caseríos de la montaña, y es este carácter casi salvaje de sus costumbres lo que constituía su fuerza contra los ejércitos macedonios. Después de sus triunfos, la Liga había acabado por dotarse de instituciones calcadas en las de las ciudades clásicas: la Asamblea general, formada por todos los hombres capaces de empuñar las armas, se reunía dos veces al año y era soberana, especialmente para declarar la guerra y concertar los tratados. Un magistrado anual con el título de Estratego ejercía todos los poderes en nombre de la Asamblea, pero el mismo hombre no podía desempeñar aquella alta función dos años seguidos; no era reelegible más que después de varios años. Estaba asistido por un Consejo permanente asegurando una representación de los diversos grupos (tribus, aldeas, pueblos) que formaban parte de la Liga. Después, con el crecimiento de esta, el Consejo permanente llegó a ser demasiado embarazoso y se redujo entonces a un comité formado por «delegados» *(apokletoi),* en número de 30, que dirigía de un modo efectivo los asuntos. Esta evolución realizada en el curso del siglo III había hecho de la Liga, al principio muy democrática, una potencia oligárquica en manos de algunos políticos.

La Liga Etolia era temible por las cualidades guerreras de sus miembros, turbulentos e inclinados a obtener del bandidaje los recursos que les negaba la tierra demasiado pobre de su país. En el mar practicaban la piratería y se hacían temibles en todas las latitudes.

Junto a la Liga Etolia había otras más antiguas que habían desempeñado en otro tiempo un gran papel y que comprendían ciudades. Pero vivían en precario. Así la Liga Beocia, que acabaría por inclinarse en el 245 ante la Etolia después de haber sido vencida en Queronea[54]. La Liga de las Islas, fundada por Antígono y activa sobre todo en la época de la supremacía egipcia en el Egeo, no había sobrevivido a la terminación de aquella supremacía[55]. La Liga Arcadia se había formado a comienzos del siglo IV (en el 370). Después, con intervalos de disolución, había recuperado una cierta vida tras la expulsión de los tiranos amigos de Antígono –especialmente después del asesinato de Aristodemo, en Megalópolis, por Ecdemo y Demófanes[56]–. Pero hacia el 245, de nuevo había dejado de existir cuando el partido pro macedonio tomó el poder. Las vicisitudes de las ciudades reflejan los acontecimientos de los «reinos», incluso en el seno de aquellas Ligas. No ocurre lo mismo con la Liga Etolia y con la que las ciudades «aqueas» del Peloponeso habían reanimado,

---

[54] Pol., XX, 4; Plut., *Arato,* 16. Cfr. R. Flacelière, *Les Aitoliens à Delphes,* pp. 207 y ss.
[55] Sobre la historia de la Liga de las Islas, cfr. A. Guggenmeier, *Die Geschichte des Nesiotenbundes bis zur Mitte des 3. Jahrh.,* Diss. Würzburg, 1929.
[56] Pol., X, 22, 2; Plut., *Filopemen,* 1.

primero hacia el 281, y que después la adhesión de Sición había transformado bruscamente, en el 243[57]. Las dos adquieren rápidamente el estatuto y el papel de «grandes potencias». La Liga Etolia había conquistado aquella categoría, según hemos tratado de señalar, gracias a su posición geográfica, a las costumbres de los hombres que las componían, pero también a las circunstancias especiales que hicieron de ella, con motivo de la invasión gálata, el «salvador» de Grecia. Mas con el restablecimiento de Macedonia y sobre todo con la política de los reyes de Pela, que les hacía volver cada vez más sus miradas hacia Grecia y cada vez menos hacia el Oriente, la Liga Etolia a partir del 226 ve disminuir su importancia[58]. Este es precisamente el momento en que la Liga Aquea empieza a consolidar su predominio en la mayor parte del Peloponeso, y su política proseguida contra Esparta y contra Macedonia con varia fortuna contribuirá en gran medida a la intervención de Roma en el «avispero» balcánico.

Las luchas que en otro tiempo enfrentaban a las ciudades enfrentan ahora a las Ligas. Los aqueos son los enemigos encarnizados de los etolios. La razón de ello estriba, sin duda, en una oposición de ambiciones y más profundamente en una antipatía que se duda en calificar de «racial», pero que se asemeja mucho a una incompatibilidad de costumbres, de tradición nacional. Al tomar el nombre de aqueos, los pueblos de la Liga se atienen, sin duda, al origen geográfico de las primeras ciudades integradas alrededor del santuario de Zeus Hamario. Pero este nombre tiene resonancias más profundas: el nombre de aqueo no puede dejar de recordar la antigua gloria de los «achaioi», que combatieron ante Troya. El hecho mismo de que esta Liga se constituyese alrededor de un santuario de caracteres arcaicos es una verdadera toma de posición histórica contra los dorios de Esparta y contra los etolios, considerados «medio bárbaros», y que en todo caso habían permanecido tanto tiempo fuera de la comunidad espiritual de la Hélade, que a duras penas se admitía su dominación en Delfos[59]. La leyenda heroica no atribuía a la Etolia más que algunos episodios marginales: la caza de Calidón, las aventuras de las Maleágridas, una o dos aventuras de Heracles. Era natu-

---

[57] Pol., II, 43, 3.
[58] R. Flacelière, *Aitoliens...*, pp. 277 y ss., 369 y ss.
[59] *Ibid.*, pp. 40 y ss. (cit. a Eurípides, *Fen.*, 138).

ral también que los aqueos fuesen enemigos de Macedonia en la medida en que se consideraban los más puros representantes de la tradición nacional helénica más auténtica. Es lamentable que la última «gran potencia» que se formó en la propia Grecia fuese, desde luego y ante todo, «opuesta» a los otros pueblos griegos y contribuyera así a la decadencia definitiva del hombre heleno, pues hay que reconocer que la Liga Aquea, al tomar partido tan violentamente en los conflictos y a veces al provocarlos, no hacía más que continuar una tradición que en otro tiempo había sido la de las ciudades.

Y sería probablemente erróneo tratar de explicar la hostilidad que se observa entre la Liga Aquea y la Liga Etolia por una diferencia de constitución, siendo la una «democrática» y la otra más «aristocrática». Sería difícil, en efecto, aplicar a una de las dos Ligas de un modo general uno u otro calificativo. La Liga Etolia, democrática en su principio, se convirtió, según hemos dicho, en una organización oligárquica en el curso de su evolución. De igual modo, en la Liga Aquea existen elementos que pueden calificarse de «democráticos», como la asamblea «primaria», en su doble forma de *synkletos* y de *synodos,* que en realidad tiene la última palabra en todas las cuestiones importantes[60]. Pero algunos aspectos de la constitución aquea hacen de ella una oligarquía: el hecho de que los miembros de la asamblea deban ser mayores de treinta años y la elección –que parece haber sido frecuente– de los ciudadanos «más ricos» para las magistraturas, todo ello desvirtúa la democracia aquea y la opone claramente a lo que había podido ser el gobierno del *Demos* ateniense en sus mejores tiempos[61]. En efecto, la Liga está en manos de lo que podría llamarse una burguesía –los «mejores ciudadanos» de las ciudades que la componen, los que participan en la *paideia* y se oponen socialmente a las gentes de los campos y de las aldeas.

La finalidad esencial de la Liga Aquea era, según Polibio, la libertad[62]; se proponía combatir a todos los que «por sí mismos o por mediación de los reyes» intentaban oponerse a la independencia de las ciudades del Peloponeso. Pero en el 251, un joven exiliado de Sición, Arate, cuya familia era de las más notables de la ciudad, con-

---

[60] Cfr. A. Aymard, *Les Assemblées de la Confédération Achaienne,* pp. 133-135, y cap. V, pp. 165 y ss.
[61] *Ibid.,* pp. 335 y ss.
[62] Pol. II, 42, 2 y ss.

siguió expulsar al tirano, Nicocles, y dio la libertad a la patria. Antígono no pareció inquietarse demasiado por aquel cambio de régimen en Sición, sino que, por el contrario, tal vez ayudó al «liberador». Daba por descontado, sin duda, que Arato ayudaría a expulsar de Corinto al tirano Alejandro que entonces la dominaba[63]. Arato lo intentó y para ello obtuvo la adhesión de Sición a la Liga Aquea. Pero Alejandro logró aliarse con los aqueos, lo que situaba a estos en el partido opuesto a Antígono. Así, cuando Arato tuvo necesidad de conseguir dinero para indemnizar a los exiliados que habían regresado a Sición sin perjudicar en sus legítimos intereses a los ciudadanos que habían adquirido todo o parte de sus bienes, se dirigió al rey de Egipto. Una vez que hubo recuperado Corinto, Antígono trató de conciliarse con Arato, esperando, sin duda, convertirle, de hecho, si no de derecho, en un tirano de Sición y en un aliado. Pero Arato no se daba por satisfecho tan fácilmente. Elegido «estratego» (es decir, único magistrado ejecutivo) de la Liga Aquea por segunda vez en el 243, se apoderó de Corinto mediante un afortunado golpe de mano y entregó las llaves de la ciudad a sus habitantes, a quienes él consideraba únicos propietarios legítimos de ella.

La Liga Aquea se encontraba alineada en el campo de los enemigos de Antígono, lo que dio por resultado el acercamiento de este a la Liga Etolia; junto a ella el viejo rey preparó un proyecto de guerra contra el Peloponeso con la explícita finalidad de repartir el territorio de las ciudades que habían sido cómplices de aquella traición. A su vez, Arato hizo concertar una alianza entre la Liga Aquea y Esparta, y pidió ayuda a Ptolomeo, a quien hizo nombrar «monarca» de los aqueos. Tras una fracasada tentativa de los etolios para invadir el territorio aqueo, se firmó la paz en el 241. Macedonia no recobraba Corinto ni ninguna de las ciudades que habían desertado inmediatamente después de la ocupación de la ciudad por Arato. En la península no le quedaban ya más que Argos y Megalópolis.

Esparta y sus problemas

Sin embargo, la alianza que por un momento había unido a Esparta y a la Liga Aquea no podía durar. Esparta seguía siendo un

---

[63] *Supra*, p. 169.

gran nombre y el grupo de aristócratas que la gobernaban conservaba un orgullo digno de su pasado. Pero la ciudad ya no era más que la sombra de sí misma. Los Iguales ya no alcanzaban –se nos dice– más que el número de 700; las tierras no estaban distribuidas ya de un modo igual entre ellos, según ordenaba –así se creía– la antigua constitución de Licurgo, sino que se hallaban concentradas en unas pocas manos y –lo que era una consecuencia inesperada de aquella constitución– pertenecían frecuentemente a mujeres. La evolución de las condiciones económicas, la afluencia del dinero procedente de Oriente y de Egipto habían empobrecido un poco en todas partes a las clases dominantes, pero en ningún sitio tan gravemente como en Esparta: la subida de todos los precios había obligado a muchos propietarios a vender sus tierras, lo que había tenido como consecuencia el privarles de su condición de ciudadanos; otros habían logrado conservar sus tierras pero no contaban con las disponibilidades necesarias para explotarlas convenientemente. Proliferaban las deudas y surgía una «proletarización» sin ningún remedio en una ciudad que no ejercía el comercio. Cuando Agis IV llegó a ser rey de Esparta, en el 244, comprendió que, si quería evitar la desaparición de su ciudad, tenía que introducir grandes reformas. Propuso la abolición de las deudas y también una redistribución de las tierras, lo que estaba a la vez de acuerdo con lo que se creía que era la verdadera tradición espartana y con una práctica generalizada desde el establecimiento por Alejandro y sus sucesores de colonias militares esparcidas por casi todo el mundo. Es fácil de comprender que aquellas propuestas chocaron con una oposición muy fuerte por parte de los pocos ricos que aún quedaban. Aprovechando la ausencia del joven rey, que había partido a guerrear contra los etolios al lado de Arato, en el 241, los opositores se adueñaron ilegalmente del poder y a su regreso Agis fue muerto. Sus partidarios fueron exiliados en gran número; algunos marcharon a Egipto y la mayoría a Etolia, donde su presencia contribuyó a envenenar las relaciones de la Liga con las ciudades del Peloponeso.

Agis iba a tener un continuador inesperado, el propio hijo de Leónidas, el hombre que le había derribado. Este joven, que era de una familia real, se hizo rey también él, en el 237, con el nombre de Cleómenes III. Su padre le había casado con la viuda de Agis, que era joven y rica, y aquel matrimonio había transformado totalmente las ideas de Cleómenes, que, apasionadamente enamorado de su mujer, se convirtió en un adepto de las doctrinas de Agis. Es posible también que escuchara las lecciones del filósofo estoico Esfero[64] –es bastante frecuente encontrar a un filósofo perteneciente al Pórtico en segundo plano de las revoluciones sociales[65], toda vez que la doctrina de Zenón y de Crisipo insistía en la necesidad de la justicia para establecer la vida social y consideraba que los hombres poseen en el seno de la sociedad derechos iguales.

Los esfuerzos de Cleómenes iban a provocar un trastorno general en el Peloponeso al llevar bruscamente los problemas a un plano distinto de aquel en que venían situándose desde los tiempos de Alejandro. Arato, a la cabeza de la Liga Aquea, se había esforzado tras la toma de Corinto por ampliar su influencia y, mediante incesantes golpes de mano, con ataques que frecuentemente parecían traiciones, lanzados de un modo inesperado en plena paz, había conseguido, a pesar de un gran número de fracasos, ventajas sustanciales.

En Macedonia, Antígono Gonatas había muerto a comienzos del 239. Demetrio II, su hijo, le había sucedido. Parece que el viejo rey al final de su vida había aceptado los triunfos de Arato. Demetrio, por su parte, se propuso devolver a Macedonia la influencia que había perdido en la propia Grecia, y, en el 238, entró en guerra a la vez contra la Liga Etolia y contra la Liga Aquea. La guerra se prolongó (Demetrio tenía otras preocupaciones en su frontera septentrional) y Arato se aprovechó de ello para provocar la adhesión a la Liga de una ciudad tan importante como Megalópolis (235). Pero en el 233, Demetrio tuvo tiempo de organizar una expedición que derrotó a Arato en Filacia, y esta derrota interrumpió por algún tiempo las actividades de la Liga. Pero en el 229, Demetrio moría y no dejaba otro heredero que su hijo, de nueve años, el futuro Filipo V. Todos los enemigos de Macedonia reanudaron la ofensiva. Atenas recobró su libertad comprando la partida de los mercenarios que constituían la guarnición del Pireo. La Liga Etolia ocupaba territorios que codiciaba desde hacía mucho tiempo, asegurándose un «Imperio» que llegaba desde Tebas hasta Ambracia. En el Peloponeso, Argos, que hasta entonces había sido el principal y casi

---

[64] Cfr. F. Ollier, «Le philosophe stokien Sphairos», *R. E. G.* XLIX (1936), p. 537.
[65] Consúltese P. Grimal, *La formación del Imperio romano. El mundo mediterráneo en la Edad Antigua III* para el papel desempeñado cerca de los Gracos por Blosio de Cumas.

el único apoyo de Macedonia, se adhirió a la Liga Aquea. En estas condiciones subió al trono de Macedonia Antígono Dosón, hijo de Demetrio el Bello y, por consiguiente, primo de Demetrio II. Este le había elegido tutor del joven Filipo, mientras el niño no llegaba a la edad de reinar. Dosón recibió la diadema y adoptó a Filipo. Su primera acción fue la de firmar la paz, mal que bien, con Etolia, y luego reconoció la independencia de Atenas. Aparentemente no podía hacer nada por restablecer la influencia macedónica en el Peloponeso, mientras Arato y la Liga Aquea dominasen en él.

En aquel momento estalló el conflicto. Aprovechando las dificultades surgidas en Macedonia, por la muerte de Demetrio, Cleómenes, en el 229, había atacado a la Liga Aquea. Pero las operaciones se prolongaban porque ninguno de los dos bandos deseaba realmente la guerra: Arato, porque no tenía razón alguna para implicar a la Liga en una lucha que no podía reportarle nada, y Cleómenes porque aquella guerra no era para él más que un medio de constituir una fuerza de mercenarios, de la que pretendía valerse para realizar sus reformas en el interior. La ocasión se le ofreció en el curso del verano del 227 al conseguir una victoria sobre un ejército aqueo cerca de Megalópolis. A favor de aquel triunfo volvió a Esparta solo con sus mercenarios, destituyó a los éforos, que eran los principales obstáculos para la realización de sus proyectos, y quedó como dueño del Estado. Volvió a poner en vigor la «constitución de Licurgo», en todo su rigor, lo que implicaba la abolición de las deudas, la redistribución de las tierras, el retorno a la austeridad de antaño y a las costumbres (por ejemplo, las comidas hechas en común) que constituían la originalidad tradicional de Esparta. Se puso remedio al descenso de la población incorporando entre los Iguales a periecos y extranjeros elegidos.

Estas reformas tendrían como consecuencia, según Cleómenes, la devolución a Esparta de su potencia de otro tiempo. En realidad, eran muy insuficientes para asegurar a los lacedemonios un lugar digno de su pasado en el mundo nuevo creado desde hacía un siglo. La vieja ciudad, por gloriosa que hubiera sido y por austera que volviera a ser, no estaba ya a la altura de las potencias que la rodeaban. Pero se comprendía que precisamente en un mundo de violencia y de intereses cada vez más amplios, las ideas tenían el privilegio de una eficacia mayor aún que la de las armas o de la corrupción. A los ojos de los «pobres» de todas las ciudades griegas la reforma de Cleómenes era sobre todo como una promesa de justicia: los problemas dejaban de ser esencialmente políticos para convertirse en sociales. En el Peloponeso había ahora dos partidos en conflicto, que ya no se enfrentaban solo para saber cuál de los dos predominaría, sino por un principio, el de la justicia social, que los unos, en la Liga Aquea, interpretaban como el mantenimiento de los privilegios tradicionales de la clase dirigente, y que los otros, en torno al reformador espartano, no podían concebir más que como una redistribución de las fortunas.

En el seno mismo de la Liga, naturalmente, existía un «partido de Cleómenes» y, en un momento dado, el rey espartano estuvo a punto de ser elegido estratego de la Liga, lo que habría tenido enormes consecuencias y habría cambiado el juego tradicional de las combinaciones políticas en Grecia y quizá en todo el mundo helénico. Ptolomeo (Evérgetes I) no se equivocó y se puso al lado de Cleómenes. Pero este, enfermo, no pudo asegurar su elección y la gran ocasión se perdió. Arato, comprendiendo que era necesario, costase lo que costase, mantener en jaque a las fuerzas que la intervención de Cleómenes podría hacer muy pronto incontenibles, no encontró más que una solución: renegando de todo su pasado, de todo el ideal al que había sacrificado incluso su honor, entabló negociaciones con Antígono Dosón. Cleómenes, mientras tanto, no tenía más que presentarse ante una ciudad para que se le rindiese. Por último, durante el invierno del 225, la propia Corinto le abrió sus puertas, aunque la ciudadela (la Acrocorinto) continuaba en poder de una guarnición aquea. La Liga (o lo que quedaba de ella) tuvo que aceptar las condiciones de Antígono, es decir, la restitución de Corinto. Arato fue elegido dictador y a comienzos del 224 sus tropas se unieron a las de Dosón. Cleómenes, que había fortificado el istmo, logró impedir que las tropas macedonias forzasen el paso, pero a sus espaldas las ciudades abandonaban su causa con la misma prontitud con que la habían abrazado. La aproximación de la fuerza macedonia alentaba a los adversarios de la revolución social y las masas populares que habían apoyado a Cleómenes no estaban bastante «maduras» políticamente para mantener una política coherente durante mucho tiempo. El choque decisivo se produjo en el mes de junio (o julio) del 222, cerca de Selasia. Antígono tenía las mejores tropas; alcanzó la victoria, y Cleómenes tuvo que huir. Un navío le esperaba en Gitio y lo llevó a Alejandría, donde, después de haber esperado los medios de reanudar sus luchas en Grecia, perecería víctima de su propia imprudencia[66]. En el Peloponeso Antígono y Arato, su aliado, restablecieron el régimen tradicional en las ciudades y en la propia Esparta. Cuando Antígono Dosón murió, en el otoño del 221, Macedonia había recuperado su posición en Grecia: se encontraba a la cabeza de una nueva combinación, la Liga Helénica, que comprendía, además del «koinón» macedonio, la Liga Tesalia, la Liga Aquea, la Beocia, el Épiro, la Acarnania, la Eubea y una parte de la Fócide (la que no había sido anexionada por los etolios). Fuera de ella solo quedaba la Etolia.

La Guerra de los Aliados

Filipo, el nuevo rey, solo tenía diecisiete años y desde su subida al trono hubo de hacer frente a una situación exterior muy compleja. Los etolios proseguían, un poco por todas partes y hasta Mesenia, operaciones de bandidaje contra las cuales las ciudades perjudicadas pidieron, de un modo perfectamente natural, su protección a Filipo, como jefe de la Liga Helénica. Por otra parte, Roma había puesto ya su pie en la orilla balcánica del Adriático[67] y constituía allí un elemento nuevo que el joven Filipo debía tener en cuenta. Así, en el 219, aceptó no sin vacilaciones ponerse en campaña contra Etolia y contra los aliados que esta no tardó en encontrar, especialmente Esparta, donde los supervivientes del partido de Cleómenes volvieron a levantar cabeza. Y todo el mundo griego de Europa se encontró partido en dos, unos del lado de Filipo, y los otros apoyando a Etolia. Cuando (en el 219) las acciones de Aníbal en España demostraron que el Bárcida iniciaba contra Roma una guerra que pretendía decisiva, Filipo, ya sin dudarlo, atacó a los etolios y, en unas campañas en las que se reveló brillante general, en la tradición de Poliorcetes y de Alejandro Magno, obligó a los etolios a pedir un armisticio. En el mes de agosto del 217, los dos adversarios celebraron una conferencia en Naupacta, en territorio etolio, donde hicieron la paz. Dos meses antes, el 21 de junio, Aníbal había aplastado a un ejército romano en el Lago Trasimeno, y los griegos, inquietos ante aquel

---

[66] *Supra,* pp. 178 y 179 y n. 51.
[67] *Infra,* pp. 368 y 369.

enfrentamiento de dos potencias, cuya vencedora no podría menos de aspirar, un día a la dominación universal, dirigieron sus miradas, instintivamente, hacia el joven rey como hacia un protector.

LA CIVILIZACIÓN HELENÍSTICA

Durante el siglo que separa la muerte de Alejandro y este año 217 –cuyo verano vio, a la vez, la batalla de Rafia, el final de la Guerra de los Aliados y, en Italia, la derrota de los romanos en Trasimeno–, nació y alcanzó su apogeo lo que se llama la «civilización helenística», es decir, una civilización griega, sin duda, pero adoptada y asimilada por poblaciones y reinos extraños al helenismo poco tiempo antes. Es notable que las incesantes guerras, las matanzas y las destrucciones no impidiesen a aquella civilización imponerse, de pronto, con un extraordinario vigor. Si se examina detenidamente, se observará que esta aparente paradoja no es única, pues la literatura augusta, por ejemplo, produjo sus más grandes obras durante el periodo más turbulento del siglo I a.C., cuando la plebe romana se arriesgaba cada día para poner fin a su penuria y cuando el Estado romano era desgarrado por luchas implacables, como si las maduraciones espirituales fuesen, a veces, apresuradas, más que obstruidas, por la desgracia de los tiempos.

Las condiciones políticas, en el curso del siglo III antes de nuestra era, invitaban a los espíritus a hacer un esfuerzo de renovación: las tradiciones habían dejado de imponerse por sí mismas, por su propia fuerza. Los atenienses, después de la Guerra Lamíaca y la de Cremónides, no se atrevían ya a repetir los argumentos de Isócrates o, por lo menos, les daban un sentido nuevo, separando en sus invocaciones a la hegemonía, ahora ridículas, el aspecto político y el espiritual. Si el primero estaba, evidentemente, muerto, el segundo permanecía vivo. Y la Atenas helenística era eso: una ciudad intelectual, donde se mantendrá con perseverancia la confrontación de las diferentes escuelas de pensamiento, entre unos hombres llegados de todas las orillas del Mediterráneo, de Asia, de Siria y, a veces, de Cartago. Era también a Atenas a donde los reyes, cuando alcanzaban la victoria, iban a buscar la consagración de su gloria, levantando un pórtico, un templo o unas estatuas, y los atenienses les recompensaban llamándoles «dioses» o «héroes», y dando su nombre a una tribu o a una fiesta. Aquellos honores, que parecen a algunos el colmo del servilismo, eran la expresión de aquella concepción de la gloria que se nos ha ofrecido como uno de los resortes esenciales de la política de los reyes[68]: según se creía, era natural conceder a los «bienhechores» contemporáneos lo que se había concedido a los de la época heroica. Resulta bastante curioso que la divinización de los reyes se viese muy favorecida por la corriente de pensamiento atribuida a Evémero, el siciliano amigo y agente de Casandro, que, a finales del siglo IV, propagó la idea, totalmente impregnada de racionalismo, de que los dioses del panteón clásico no eran más que reyes o «bienhechores» divinizados por los antiguos. Hay, sin duda, una cierta filosofía en la actitud de los atenienses. Pero esto no significa que las mismas palabras y los mismos decretos recibiesen en otras ciudades del mundo helénico el mismo sentido que en Atenas, ni, en la propia Atenas, una significación idéntica en las escuelas de los «sabios» y entre la gente del pueblo.

Porque, con nuestra perspectiva de más de dos mil años, nos inclinamos a considerar, sobre todo, lo que constituye los caracteres comunes de la civilización helenística. En realidad, conviene no olvidar la increíble diversidad de los pueblos y de las tradiciones que tal civilización encierra, y de la que, en último análisis, está formada. El helenismo se superpuso a las civilizaciones indígenas, es decir, que estas encontraron su expresión histórica –al menos durante algún tiempo– en unas formas propias del pensamiento y del arte griegos cuando no se hundían, incluso, en el silencio.

La ciudad en el mundo helenístico

En el pasado, la ciudad había sido el marco de la vida política, y seguía siendo, según hemos dicho, el de la cultura. Incluso los intentos de crear unos conjuntos más amplios –lo que fueron las Ligas– habían utilizado a la ciudad como célula, tendiendo a limitar lo menos posible la autonomía municipal. Es en la ciudad donde se mantiene y se afirma la noción de «libertad», tan esencial para un griego –cualquiera que sea, por otra parte, el contenido, bastante variable, de esta idea–. Es, pues, muy natural que Alejandro, desde el

---

[68] *Supra*, pp. 64 y ss.; 152 y ss.

principio, tuviese buen cuidado de fundar ciudades, a fin de crear el ámbito indispensable para la implantación de una población griega. Alejandro deseaba, sin duda, al multiplicar aquellas fundaciones, constituir otros tantos centros, en los que se aglutinarían, al menos, ciertos elementos de la población indígena, porque él esperaba llevar a cabo una fusión tan total como posible entre vencedores y vencidos. Aquellas primeras ciudades (70, según Plutarco) pueden ser consideradas, pues, como otras tantas «colonias culturales», modelos propuestos a la imitación de los súbditos. Pero muchas de ellas tenían también como finalidad la de dominar el país, consolidando militarmente su ocupación. Eran colonias de soldados, numerosas, sobre todo, en las fronteras, y sus habitantes no siempre aceptaban de buen grado la nueva vida que se les imponía[69].

Los Diádocos continuaron aquella política, que les era tanto más necesaria, cuanto que en Asia sus reinos se encontraban separados de Macedonia y les era preciso aclimatar a los soldados macedonios que eran los más seguros del ejército y también seguían siendo, en gran medida, los «camaradas» del rey. Además, el fundador de una ciudad era considerado como un héroe casi divino y, al fundar una ciudad o al dar un nombre nuevo a una ciudad ya fundada, el rey se elevaba sobre la condición de mortal ante los habitantes de su fundación. Así, a los móviles que indujeron a los Diádocos a seguir en este campo la política de Alejandro se unen intenciones políticas justificables racionalmente y otras que no se explicaban más que por la perspectiva religiosa propia de su tiempo. En el interior de una ciudad que lleva su nombre un rey o una reina se parecen mucho a la divinidad –Apolo, Zeus, Atenea...– a la que la ciudad está dedicada. Así se explican, probablemente, acciones que nos sorprenden, como el traslado por Seleuco I, después de la batalla de Ipso, de los habitantes de la ciudad de Antigonea, fundada por Antígono, junto al Orontes, a su propia ciudad de Antioquía, algunas millas más abajo[70].

Todos los reyes helenísticos fundaron ciudades. Pero hay una excepción: los Lágidas, que se contentaron solo con algunas fun-

---

[69] Véase, por ejemplo, la revuelta de los colonos de Bactriana, *supra*, p. 43.
[70] Diod., Sic., XX, 48; Paus (en F. H. G., IV, 469). Antioquía era una de las capitales de los Seléucidas, la que ellos prefirieron y a la que, al final, fueron reducidos. Pero no se olvide que su otra capital, a la que a veces se trasladaban, era Babilonia.

daciones, las que consideraron indispensables a su gloria dinástica. En el propio Egipto, Ptolemaida, en el Alto Egipto, es una creación de Ptolomeo Sóter. Generalmente, se cree que su finalidad era la de establecer en ella un centro griego frente a Tebas, como Alejandría era la rival helénica de Menfis, la antigua capital religiosa del Bajo Egipto. Pero los Lágidas no deseaban implantar en territorio egipcio ciudades griegas, quizá porque la economía y la administración de su reino se acomodaban mejor a una sociedad rural[71]. En cambio, no vacilaron en hacer surgir ciudades en otros territorios que les pertenecían, por ejemplo en Cirenaica y en Celesiria[72], y en todas las partes del mundo griego donde ejercieron su dominación en un momento dado (en Caria, en Chipre). Así, pues, en Egipto, Alejandría, fundación del propio Alejandro, siguió siendo una excepción: toda la vida urbana e «internacional» del reino se concentra en ella, y esto explica el prodigioso impulso de aquella ciudad, la densidad de su población, la magnificencia de sus monumentos, la intensidad de su comercio y de su vida intelectual. Esto da al reino lágida una fisonomía única en su tiempo: solo él tiene, verdaderamente, una capital a la manera de un Estado moderno, una «cabeza» enorme montada sobre un cuerpo que se ha quedado enteco en relación con ella. En los otros reinos y, naturalmente, en la propia Grecia, la densidad de las ciudades, tanto antiguas como nuevas, reparte de un modo más igual la población y la cultura urbanas en todo el país, y por ello impide la formación de centros tan prestigiosos como Alejandría.

En Asia, en el reino de los Seléucidas y en el de Pérgamo, que se desgajó de aquel, es donde las ciudades son más numerosas. Allí se encuentran, en efecto, las más viejas ciudades, helenas en Asia Menor y en el Norte de Siria, y semitas en Fenicia o en Babilonia. Cada ciudad constituye una entidad política definida, que no está

---

[71] Las otras fundaciones de ciudades en el reino Lágida, por ejemplo la de Berenice Troglodítica (Estrab., II, 133; XVI, 770, etc.) sobre el mar Rojo, responden al deseo de abrir comunicaciones regulares para el comercio oriental, liberándolo de las servidumbres de tránsito a través de países ocupados por tribus árabes. Obsérvese que los nomos (es decir, los distritos administrativos) de Egipto recibieron frecuentemente nombres dinásticos.

[72] En Cirenaica, Berenice (Benghasi) debe su nombre a Ptolomeo III Evérgetes. En Cirenaica, también Ptolemaida (Tolmita) y Arsínoe (antigua Tauchira); en Siria, Ptolemaida Acé (San Juan de Acre); en Chipre, Arsínoe (Marium).

ligada al rey más que por un lazo personal, jurídicamente bastante mal establecido. El rey es el «protector» que asegura a las ciudades su autonomía tradicional, a menudo su constitución democrática, el derecho de elegir a sus magistrados, de resolver por sí mismas el mayor número de cuestiones judiciales y también el de tener su presupuesto (aunque, en este punto, interviene el rey). Cuando el rey desea que alguna ciudad tome una decisión determinada, lo pone en conocimiento de las autoridades locales mediante una «ordenanza» *(prostagma)* –los magistrados y la asamblea locales obedecen, desde luego, pero se salvan las formas y se salvaguarda el derecho, teórico, de asentir–. Y no puede menos de pensarse en la fórmula que empleaban los estoicos –contemporáneos de este sistema– para definir la adhesión del Sabio a la voluntad divina: «El Destino arrastra al hombre que resiste; al que asiente lo sigue». Tal es la definición estoica de la libertad.

No creamos, sin embargo, que esta autonomía de las ciudades era solo hipocresía. En la práctica y para la gente del pueblo, la libertad no había cambiado nada respecto al pasado. Las formas ordinarias de la vida se habían mantenido. Si el magistrado epónimo era antes un sacerdote, lo seguía siendo[73]. Si, como en el caso de las ciudades fenicias, tenían por magistrados a «jueces», el título subsistía.

Las ciudades no se reducían solo a su territorio urbano, sino que poseían tierras, cuyos dominios eran propiedad de sus «burgueses» y que contribuían a las rentas de la ciudad. Pero no todo el campo estaba atribuido a las ciudades. Existían «tierras reales», e incluso esas tierras constituían la totalidad del territorio sometido a los Seléucidas con excepción del que se asignaba a las ciudades autónomas. En Asia (como también en el Egipto lágida) el rey es, en teoría, dueño absoluto de la tierra. Solo puede conceder parcelas de ella, mediante un canon, y su propiedad es inalienable. La aplicación de este principio permitía establecer regímenes de propiedad tan diversos y flexibles como se deseara, lo que era inevitable en unos Estados formados por pueblos muy distintos, cada uno de los cuales tenía sus propias tradiciones. Muy frecuentemente, el gobierno real pare-

---

[73] Cfr. L. Robert, en *Revue de Philol.*, 1936, p. 125 (en Laodicea de Licos, ciudad fundada, sin embargo, de nuevo por Antíoco Theos). Naturalmente, lo mismo ocurre en Mileto y en las ciudades antiguas.

ce estar simplemente superpuesto a los sistemas anteriores, sin que tratase de implantar en las comunidades indígenas unas instituciones imitadas de los países helénicos.

La tierra real paga el impuesto –en dinero (es el tributo) y en especie–. El rey percibe una parte considerable de las cosechas: la tercera parte, a veces la mitad –por lo menos, de las tierras cuya explotación directa se reserva–. El canon es, naturalmente, menor para los terrenos concedidos a particulares o a colectividades, puesto que los usufructuarios retienen una parte de las rentas.

La situación era muy semejante, en Egipto, a la del reino de los Seléucidas, pero la escasez de ciudades autónomas tenía como consecuencia la de acrecentar la proporción de las tierras reales. Las concesiones de propiedades solían hacerse solo a particulares, y rara vez a colectividades. Los primeros beneficiarios fueron, sin duda, los soldados griegos llegados con el conquistador, y las concesiones eran la contrapartida de una obligación de servir al rey impuesta al colono. Por otra parte, algunos cultivos delicados, como el mantenimiento de las huertas o de las viñas, que exigían una técnica muy precisa e implicaban grandes inversiones, abrían a quienes los practicaban un derecho de ocupación menos precario. Aquellos terrenos se concedían, generalmente, a altos dignatarios. Suele repetirse que la organización estatal de Egipto era la consecuencia de la tradición monárquica de aquel país y se explica, en último análisis, por unas costumbres que se remontan a los faraones. Pero las semejanzas de este sistema con el del Imperio de los Seléucidas permiten suponer que la tradición nacional egipcia importa aquí menos que el principio mismo de la realeza «oriental», sea egipcia o asiática, babilónica o persa.

El sentido del Estado helenístico

Heredero de realezas absolutas, el rey helenístico es, en principio, el único señor en su reino. Los poderes que él no ejerce personalmente no son más que delegados. Puede, en cualquier momento, recuperarlos. Sin duda, en la práctica, está limitado por la tradición y no puede entregarse impunemente a la comisión de arbitrariedades, pero todo poder legislativo emana de él. Puede modificar la ley. Como los griegos gustaban de decir, él es la «ley viva». Ya hemos hablado de la ficción mediante la cual el «buen deseo» del rey se transformaba en decretos municipales en las ciudades llamadas autónomas.

La autoridad real se ejerce en el país por medio de los «estrategos» o de los «sátrapas» en el país seléucida, y, en Egipto, por medio de «nomarcas» (comandantes de los distritos –los nomos–), asistidos de estrategos («comandantes de regiones militares») y de administradores financieros *(oikonomoi)*. A primera vista, parece que la administración es mucho más compleja y burocrática en Egipto. La razón consiste, evidentemente, en la ausencia casi total de ciudades autónomas, mientras que, en el reino de los Seléucidas, las instituciones municipales permitían a los oficiales reales ejercer su vigilancia desde un plano más alto. Es verdad que nuestro conocimiento de la burocracia egipcia es, gracias a los papiros, mucho más detallado que el de la administración seléucida. Es probable que un conocimiento más preciso de esta hiciese más semejantes a los dos reinos y revelase quizá unas analogías que, hasta ahora, ignoramos. Pero, en todo caso, el reino lágida presenta una innegable originalidad en cuanto a la organización de su economía.

Es a Ptolomeo Filadelfo a quien corresponde el mérito de haber creado la admirable máquina de enriquecer al rey que fue, durante mucho tiempo, el Estado egipcio. Partiendo del principio, que era también el de los Seléucidas, de que el rey es dueño absoluto de los bienes y de los seres, Ptolomeo Sóter se había esforzado por todos los medios en estimular y controlar la economía del reino. Filadelfo había continuado perfeccionando aquella economía dirigida, cuyo principio mismo actuaba también sobre los métodos de gobierno y de administración. La administración lágida presenta dos caracteres aparentemente contradictorios, pero, en realidad, complementarios: la multiplicación de los resortes, de los escalones y de los «ministerios» se coordina perfectamente con una extremada centralización. Cuando un súbdito haya recorrido, en demanda de resolución de su asunto, toda la jerarquía burocrática, será el rey, al final, quien decida, aunque se trate de un detalle minúsculo. La lectura de los archivos de Zenón[74] da la impresión de un ejército de funcionarios

---

[74] Se trata de una colección de papiros, procedente de Rubbayat-el-Fayum, donde antiguamente se elevaba Filadelfia, y que formaba los archivos de un tal Zenón, un cario, que fue intendente del administrador real (tesorero, *dioicetes*) de Ptolomeo II,

minuciosos e ineficaces, temerosos todos de asumir una responsabilidad y remitiéndola al escalón superior.

La economía descansaba sobre la producción agrícola, que era, con gran diferencia, la riqueza principal. Esta producción estaba reglamentada hasta el menor detalle: cada año se imponía a las aldeas un plan de cultivos, los graneros reales prestaban los granos de siembra a los agricultores, y las condiciones en que se compraba, almacenaba y vendía luego la cosecha se regían por normas muy precisas. Los cultivos más importantes (a excepción del trigo) eran monopolios reales: así ocurría con el aceite, con la cerveza, con las plantas textiles. Estos monopolios eran ejercidos por medio de granjeros que solían hacer contratos por dos años. El sistema de granjas es propio del Egipto lágida y parece haber sido extraño a los otros reinos. No se trata de granjas destinadas a la percepción de impuestos, como ocurrirá en el mundo romano, sino de granjas de explotación, cuya función esencial era la de garantizar al tesoro real la renta teórica calculada. El sistema no es de origen egipcio, sino que probablemente ha sido tomado de Atenas[75], quizás a instigación de Demetrio de Falero, que fue en sus últimos años, según hemos dicho, el consejero político de Sóter. Se ha señalado que era indispensable para modernizar una economía hasta entonces fundada en el trueque. La brusca introducción de la moneda en una población que no estaba habituada a ella no podía adaptarse a un régimen de explotación directa.

Pero los monopolios estatales y la generalización de las granjas originaron consecuencias que no siempre fueron favorables al desarrollo de la economía egipcia. La mayor parte de las riquezas era canalizada hacia los almacenes reales, las posibles plusvalías iban naturalmente a los granjeros, mientras que la ganancia del productor seguía siendo precaria. Y el sistema implicaba también severas vigilancias, unidas a registros y persecuciones contra todos los que intentaban burlar la reglamentación. Por ejemplo, los instrumentos para la elaboración del aceite eran inventariados, sellados (incluso en los templos) fuera de las estaciones de trabajo. La tentación

---

Apolonio. El dominio de Apolonio era una «concesión» real, en una tierra a la que se intentaba valorar y modernizar. Cfr. M. Rostovtseff, *A large Estate in Egypt in the Third Century B. C.,* Madison, 1922; y C. Préaux, *Les Grecs en Égypte d'après les archives de Zénon,* Bruselas 1947.

[75] C. Préaux, *L'Économie royale des Lágides,* Bruselas, 1939, pp. 450 y ss.

de crear un «mercado negro» era grande. Para evitar esta consecuencia casi fatal, se multiplicaban los controles y se dictaban penas cada vez más graves.

La masa de los trabajadores, que no participaba de la riqueza, vivía de un modo miserable. Un litro de aceite de sésamo, por ejemplo, valía alrededor de dracma y cuarto en el tiempo de Filadelfo (precio impuesto por la administración real), y un cultivador, encargado de la explotación de un terreno bastante grande, no gana más que un salario de diez dracmas mensuales[76]. Se comprende que para sobrevivir había que «trampear» con el sistema. Esto explica también, al menos en parte, el número y la frecuencia de las sublevaciones indígenas, en las que quizá entraba menos patriotismo o nacionalismo egipcio que rebelión contra un dirigismo asfixiante, una tiranía minuciosa, cuya finalidad era la de dar a una dinastía extranjera los medios de asegurar su prestigio en el seno de un helenismo en el que el «fellah» no puede ni quiere participar.

Frente a aquel Egipto rumoroso como una disciplinada colmena, el mundo de los Seléucidas parece una tierra de relativa libertad. Las fuentes de riqueza en aquel inmenso Imperio de regiones variadas eran muy diversas. La agricultura no era tan predominante como en Egipto. El comercio internacional desempeñaba un papel esencial, y se supone que los Seléucidas se esforzaron por canalizar, en beneficio propio, hacia las ciudades y los puertos que poseían las corrientes comerciales llegadas del Asia más remota, de igual modo que los Lágidas disponían las rutas comerciales entre Arabia y Egipto creando puertos destinados al Oriente. Es cierto que la obstinación de los Ptolomeos por poseer la Celesiria se explica, en parte, por su deseo de incorporar a su Imperio las grandes ciudades comerciantes de Fenicia, que eran tradicionalmente los puertos de tránsito entre los países del lejano Oriente y las rutas de Occidente. Pero eran los Seléucidas quienes controlaban la mayor parte de los caminos de las caravanas, especialmente los pasos sobre el Éufrates, en los que establecieron ciudades como Zeugma y Niceforio, así como sobre el Tigris, con Seleucia, que sustituía a Opis. Los Seléucidas controlaban también una ruta que, a través del desierto de Arabia, enlazaba el golfo Pérsico con Siria, ruta a veces cortada por los salteadores árabes.

---

[76] Véanse los textos citados por C. Préaux, *L'Économie royale...*, pp. 77 y 135.

El reino de los Seléucidas se hallaba así en permanente comunicación con la India, incluso después de la secesión de las satrapías más orientales. Relaciones comerciales, acompañadas a veces de otras culturales, religiosas o filosóficas –en realidad, nosotros no hacemos más que vislumbrarlo, pero el hecho es cierto–. Este comercio producía grandes beneficios al tesoro real. Las mercancías estaban sometidas a impuestos cada vez que pasaban las fronteras de una provincia o cuando penetraban en el recinto de una ciudad. No conocemos las cuotas de aquellos impuestos *ad valorem* sucesivos, pero parecen haber sido relativamente elevadas y tanto más pesadas cuanto que se añadían a otras cuotas especiales que gravaban los propios medios de transporte y, por último, a las tasas sobre transacciones, que debían pagarse cuando la mercancía cambiaba de propietario.

La actividad comercial, sin embargo, estaba asegurada por la iniciativa privada. Los «burgueses» de las grandes ciudades eran frecuentemente comerciantes o, por lo menos, una parte de los capitales de que disponían estaba invertida en operaciones comerciales lejanas. El resto de su fortuna solía emplearse en la compra y explotación de propiedades rurales. Quedaban algunos vestigios del pasado casi feudal del Asia Menor o de la Siria septentrional, en el tiempo en que los grandes señores persas vivían sobre sus tierras. Y el rey era el mayor terrateniente del Imperio. Aquellas propiedades, fuesen rurales o privadas, eran cultivadas por una población campesina instalada en aldeas y en cierta medida (que nos es imposible precisar con el suficiente rigor) sujeta a la tierra. Aquellos agricultores eran evidentemente indígenas, pues los colonos griegos no intervenían más que como propietarios de parcelas en concesión. El nivel de vida de los campesinos no era probablemente muy elevado. Para conocerlo, no contamos con documentos tan detallados como en Egipto, pero debe pensarse que la vida rural descansaba sobre una economía muy simple y que el dinero allí circulaba poco. No ocurre lo mismo con las ciudades, en las que se adivina una vida próspera.

La vida urbana

Lo que el helenismo había aportado al Asia desde el comienzo de la colonización griega y más abundantemente que nunca, en el curso del siglo III, era una forma de civilización esencialmente urbana. La «ciudad» parece haber perdido, en la misma Grecia, su fuerza de antaño, aunque sigue siendo el marco natural del hombre civilizado. Sin duda, ya no es el tiempo en que Sócrates podía enorgullecerse de no haber salido de Atenas más que en dos o tres ocasiones memorables, y ya veremos que el «campo» empieza a ocupar un lugar en la vida cultural y también en la vida personal de los griegos, pero no se puede imaginar que una vida digna de ese nombre se desarrolle enteramente fuera de las ciudades. El que lo intentase sería mirado como un extravagante, un «misántropo» pernicioso para sí mismo y para los demás, como el *Díscolo* de Menandro[77].

Así, de un modo solo aparentemente paradójico, la época helenística, que consagró la decadencia política de las ciudades, es uno de los grandes periodos del urbanismo griego.

En realidad, el urbanismo helenístico no fue inventado en el siglo III. Tiene sus raíces en un pasado que a veces se antoja remoto y que en todo caso continúa los esfuerzos de los arquitectos del siglo V. En aquella época se había generalizado la utilización, para las ciudades que se fundaban, de un sencillo plano formado esencialmente por un cuadriculado rectangular, en el que las calles delimitaban áreas sensiblemente iguales dentro de las que se emplazaban las viviendas particulares. Con arreglo a este estilo se había reconstruido la ciudad de Mileto, después de su destrucción por los persas en el 494 a.C. Otras creaciones o reconstrucciones en el curso del siglo V, por ejemplo en el Pireo, en Olinto, son testimonios del mismo espíritu modernista en reacción contra las ciudades de la época arcaica, cuyas calles eran estrechas y sinuosas sobre un plano desarrollado al azar. A mediados del siglo IV la ciudad de Priene adoptaba también el plano geométrico, y es notable que el templo de Atenea, diosa protectora de la ciudad, fuese dedicado por el propio Alejandro. Cuando el conquistador funde ciudades griegas en su flamante Imperio, se inspirará evidentemente en esta tradición, que tenía el mérito de la sencillez, que permitía trazar de un golpe, *a priori,* el diseño de una ciudad antes de haberla dotado de habitantes. El plano geométrico estaba considerado desde la Antigüe-

---

[77] El texto de esta comedia de Menandro no fue conocido hasta 1957, gracias a un cuaderno de papiros, de la colección Bodmer; primera publicación debida a V. Martin, Ginebra, 1959; Cfr. edición Jean Martin, París, 1961.

dad como el que mejor cumple las condiciones de la igualdad social, ofreciendo a los colonos condiciones totalmente semejantes. Conserva algo de la disposición de un campo y, como tal, se adecuaba excelentemente a las colonias militares. Por eso sobrevivirá en el mundo romano.

La más célebre de las Alejandrías –la de la Delta– es una fundación de este tipo, y es sabido que el rey se preocupó personalmente de su trazado y emplazamiento. Alejandría es la más famosa de las ciudades helenísticas, pero es en muchos aspectos una ciudad excepcional, única en el mundo contemporáneo. Probablemente Alejandro la había concebido como la capital (o una de las capitales) de su Imperio. Se convirtió en la residencia de los reyes de Egipto. Pero no era una ciudad egipcia, sino que estaba al margen del país, pues había sido creada para ser la capital de un Imperio que abarcaría desde una hasta la otra parte del mar. Era, quizá, el primer puerto del Oriente mediterráneo, pero sobre todo constituía un enclave internacional, que gozaba de un régimen político especial, habitada por una población cosmopolita sin relación con el reino egipcio, que la alimentaba y le facilitaba, ya hemos visto en qué condiciones, los artículos con que ella comerciaba. Como residencia real, Alejandría tenía un barrio especial ocupado por el palacio y sus anexos, lo que bastó para imponerle unos caracteres peculiares. Porque su vida no es la de una ciudad griega o helenizada común, sino que está dominada por la presencia del soberano, por las fiestas que él da y que provocan enormes movimientos de multitudes y a veces motines, mediante los cuales el pueblo de Alejandría trata de imponer su voluntad a un monarca impopular. Al final de los Lágidas las sublevaciones de los alejandrinos darán origen a constantes revoluciones y se cree entrever ya como el esbozo de lo que será mucho después la Roma imperial de los malos tiempos.

Los rasgos generales de la ciudad helenística deben buscarse en otra parte: las excavaciones de Pérgamo, de Dura-Europos, de Rodas, de Delos, y las de la propia Atenas permiten reconocer algunas de las tendencias características de esta nueva forma de la ciudad. El elemento esencial, el centro vital de la ciudad sigue siendo el ágora, la plaza pública donde en otro tiempo se celebraban las asambleas que decidían soberanamente los asuntos en las ciudades independientes y fuertes. Ahora los asuntos son menos importantes, a veces ridículos, pero los resortes tradicionales de la vida pública subsisten, y con ellos su ambiente, el ágora. En ella se reúnen los hombres libres. Pero la forma de las plazas públicas se modifica, se trata de imponerles una ordenación regular, que no tienen las *agorai* de las ciudades antiguas. En las ciudades de nueva creación las *agorai* son concebidas, naturalmente, sobre un plano regular, que tiende a incluirlas en el interior de unos pórticos. Estos pórticos sirven de fachadas a diversos edificios donde se instalan los servicios administrativos de la ciudad. Allí se abren también tiendas. Los pórticos se multiplican no solo alrededor de las *agorai* sino alrededor de los santuarios. Es una larga tradición griega que se perpetúa. El pórtico es el lugar de pasatiempo y también el del comercio. Las grandes galerías cubiertas que bordean las *agorai* sirven de «bolsas» a los mercaderes y en ellas se instalan también, como en las ciudades de la época clásica, las tiendas de los cambistas. A menudo esos pórticos han sido construidos por algún rey que tenía cualquier motivo para demostrar cierto agradecimiento a la ciudad o que trataba de ganarse sus simpatías o que, más sencillamente, quería dar a todos una prueba de su generosidad y de su riqueza. Después (según parece, en el curso de la primera mitad del siglo I a.C.[78]), los pórticos se extendieron más allá de las *agorai* y de los recintos sagrados, a ambos lados de las calles. Pero es porque en ese momento la vida social pierde cada vez más su aspecto político, al menos en las ciudades sirias o anatolias, en las que se han encontrado los más antiguos ejemplos de tales pórticos, para hacerse casi exclusivamente comercial, y es al comercio a lo que están destinadas aquellas calles cubiertas, esbozos de los futuros zocos característicos del Oriente.

En las ciudades de la Grecia clásica, el gimnasio se encontraba generalmente fuera de la aglomeración, instalado en sitios donde el terreno disponible no escaseaba. A partir del siglo IV, el gimnasio se convierte en el lugar donde los efebos no solo se entrenan, sino además reciben su instrucción «general» y –lo que es más importante aún– donde los filósofos y los conferenciantes famosos gustan de hacerse escuchar. El gimnasio es inseparable de la «cultura» helenística. En las ciudades nuevas el gimnasio está ubicado dentro del casco urbano, como las *agorai* y los templos. Es significativo que la ciudad helenística haya concedido un espacio tan amplio al

---

[78] Cfr. R. Martin, *L'Urbanisme dans la Grèce antique*, París, 1956, p. 218.

edificio consagrado por excelencia a la vida intelectual y a la educación de los jóvenes –nociones todas resumidas en un solo vocablo: *paideia*.

Por último, toda ciudad helenística tenía un teatro que desempeñaba varias funciones en la vida de la ciudad. No solo se celebraban en él las representaciones a que los griegos han sido tan grandes aficionados siempre, sino que allí se reunían también las asambleas del pueblo. La disposición en gradas, los asientos, las amplias dimensiones del conjunto se prestaban para acoger a una gran muchedumbre. En Tarento, a comienzos del siglo, será en el teatro donde el pueblo deliberará sobre su política respecto a Roma. En Megalópolis, capital federal arcadia, el teatro tenía las mismas *funciones*. Y este carácter se mantenía incluso bajo el Imperio romano. El teatro no tiene ya, en absoluto, la misma disposición que en las ciudades de la época clásica. El estrado en que se mueven los actores se halla ahora más alto en relación con la *orchestra,* el círculo donde en otro tiempo evolucionaban los coros en torno al altar de Dioniso. El muro del fondo que cierra la escena se adorna con motivos arquitectónicos que anuncian ya la *frons scenae* del teatro romano[79].

Las viviendas particulares evolucionan también. Desde el siglo IV se ha intentado hacerlas más hermosas renunciando a la sencillez que hasta entonces había sido norma, y esta tendencia se amplía en las ciudades helenísticas. La casa griega, desde siempre, estaba cerrada hacia el exterior y se abría sobre un patio interior, que daba la luz y servía de pasillo central. Este patio es el que se desarrolla, recibe una decoración cada vez más rica y se rodea también, como las plazas públicas, de columnatas formando pórticos. Estos pórticos ya no solo están destinados a adornar el patio, sino que tienen también una función muy importante bajo el cielo de Grecia. Un patio muy amplio sin protección sería durante los largos meses del verano un desierto tórrido e inhabitable, fuente de incomodidades para la casa entera. Los pórticos están destinados a facilitar la sombra indispensable y a templar los ardores del verano.

Las casas particulares de las ciudades helenísticas que nosotros conocemos presentan una variedad bastante grande. Es como si nos hallásemos ante dos tendencias principales: la primera, que triunfa

---

[79] Sobre la evolución del teatro como lugar de representación, decorado, arquitectura, etc., cfr. M. Bieber, *The History of the Greek and Roman Theater,* Princeton, 1939.

en las ciudades «coloniales», de plano regular, prefiere las casas relativamente uniformes, que ofrecen a todos los habitantes un confort aproximadamente igual; equivaldría a la generalización de lo que se observa en Olinto en el siglo V[80]. La segunda tendencia, que para nosotros se encuentra sobre todo en Delos, produce casas irregulares, muy desiguales, algunas de las cuales presentan gran magnificencia. En ellas el patio interior suele estar revestido de mosaico y recubre una gran cisterna capaz de alimentar de *agua* a toda la gente de la casa. Mientras en Olinto y en las ciudades más «igualitarias» el patio está bordeado por un solo pórtico, en Delos y, sin duda, en Siria y en los ricos palacios de Alejandría, se esfuerzan por realizar el plano en peristilo. La morada se aísla del resto de la ciudad. El espíritu democrático cede el paso a un individualismo autorizado por la fortuna del propietario. Es probablemente en Siria, en el curso del siglo III, cuando comienzan a construirse casas privadas cuyo peristilo estaba plantado como un jardín. En realidad, los testimonios que nos permiten conocerlas son posteriores, pero los jardines de las grandes casas nobles de Alejandría y del resto de Egipto, los de los barrios de Antioquía, no son creaciones romanas, sino el resultado de la síntesis de las tradiciones locales y de la casa griega –síntesis que se mostrará fecunda en la historia del Oriente romano y, a través de Bizancio, más allá de la misma Roma.

La literatura helenística

La sociedad profundamente transformada en su estructura, que surgía de las crisis políticas del siglo IV, no podía menos de suscitar una literatura nueva en la medida en que las obras literarias del pasado habían salido, al menos en parte, de las viejas estructuras sociales. Sin embargo, sería erróneo pensar que esta modernización de la literatura implica una ruptura total con el pasado. Es en Olinto, en pleno siglo V, donde aparece, según acabamos de ver, un tipo de morada «helenística»; de igual modo en Siracusa se forma mucho antes del tiempo de Alejandro una corte que anuncia las de los Diá-

---

[80] Cfr. D. M. Robinson, *Excavations at Olynthus, VIII. The Hellenic House* (1938); XII. *Domestic and Public architecture*. Resumen en el artículo publicado por el propio autor s. v. «Olynthus», *R. E.,* Suppl. VII (190), pp. 223-278.

docos, y muchos epinicios de Píndaro son ya poesía cortesana. El género más típicamente helenístico, la comedia «nueva», nació en el Ática a finales del siglo IV, y había sido ya anunciado por la comedia «media», que había florecido a comienzos y a mediados del mismo siglo, antes de la conquista macedónica.

La comedia

La comedia antigua (representada para nosotros esencialmente por la obra de Aristófanes) era una comedia política, sátira más bien que obra dramática (los romanos con Horacio no se equivocaron en esto), inseparable del medio histórico en que había nacido. Pero al final de su carrera, Aristófanes había hecho evolucionar el género y adoptado una especie de comedia de costumbres (en el *Pluto*), en la que la sátira política es sustituida por una crítica de la sociedad. Aristófanes no había hecho alusión a los filósofos más que para aconsejar a los ciudadanos que desconfiasen de ellos, y había tomado violentamente el partido de los acusadores de Sócrates en nombre de las costumbres tradicionales. Contra esta posición radical y violenta la comedia «nueva» y sin duda también la «media» –de la que nuestro conocimiento es mucho menos satisfactorio– imaginaron piezas en las que se tenía en cuenta la revolución moral llevada a cabo por los pensadores. Eurípides les había mostrado el camino llevando a la escena debates morales, el problema del mal, el de la pasión, las relaciones del hombre y de los dioses, preocupaciones todas que Aristófanes considera ridículas y nocivas para la ciudad. Pero las tragedias son obras serias: ¿cómo hacer reír, a un público «alegre» por las muchas libaciones de las fiestas dionisíacas, con tales problemas?

El maestro de Menandro, Teofrasto, le dio la respuesta. Teofrasto, discípulo a su vez de Aristóteles, se había propuesto analizar y clasificar los tipos humanos de la sociedad contemporánea –que él consideraba como representativos de toda humanidad– y estudiar así los medios adecuados para llegar a la sabiduría o, al menos, a las condiciones de esta. Y fueron caracteres los que él llevó a la escena. Sin duda es hacerle demasiado honor el atribuirle todo el mérito de esta innovación. Esta había sido preparada por los maestros de la comedia «media», que habían querido representar el mundo de la galantería, especialmente Alexis, venido de la Magna Grecia (era originario de Turios), donde prosperaban a la vez innumerables cortesanas y también un género cómico original –si es verdad que la comedia siciliana tuvo orígenes distintos de los de la comedia antigua propia de Atenas. Pero quedaba una dificultad: la comedia antigua se contentaba con una acción esquemática, más bien tema de referencia que verdadera acción. Ahora bien, la tragedia de Eurípides había despertado en el público el gusto de un teatro más sólidamente construido. La innovación de Alexis ofrecía la solución: ¿por qué no hacer del amor el resorte esencial de la intriga? ¿No había demostrado Eurípides todo lo que el teatro podía ganar poniendo en escena caracteres femeninos y los problemas de la vida amorosa? Así, la comedia «nueva» es la comedia del amor por excelencia, lo que tuvo consecuencias incalculables para la historia de la literatura hasta nuestros días. Del teatro amoroso (tragedia y comedia) nacerían muchos géneros, como la novela, que haría gran fortuna, y cuyos primeros balbuceos deben de datar precisamente del siglo III a.C.[81], pero también en Roma la elegía amorosa, que tiene en él uno de sus orígenes. La comedia «nueva» daba dignidad literaria a un sentimiento y a unas situaciones que hasta entonces no habían sido considerados merecedores de atención. Así tuvo por efecto el de proponer como ejemplos unas emociones que se creían justificadas en el caso de las profesionales del amor, pero que se disimulaban con el mayor cuidado (o, más probablemente, que no se confesaban) cuando se trataba de otros «objetos».

La comedia, sobre el tema –bastante tenue– de una intriga amorosa, ponía entonces en escena a tipos variados que el poeta encontraba a su alrededor. Y era la sociedad «helenística» la que así resultaba descrita en el momento mismo en que estaba a punto de nacer, pues el *Díscolo* (una de las pocas piezas de Menandro que poseemos entera, y eso desde hace poco tiempo) fue representado en el 316, y la carrera del poeta, el más grande de todos los autores de la comedia «nueva», terminó en el 292, once años antes de la batalla de Cirupedio. Pero en sus comedias se encuentran ya (lo que

---

[81] Por lo menos, esta fecha es, aproximadamente, la que parecen indicarnos ciertos datos, como el interés tan especial prestado al mundo oriental, en Babilonia, en Egipto y en Siria por las novelas que nosotros poseemos, y que son, sin duda, adaptaciones de modelos más antiguos. Las novelas griegas conocidas datan, a lo sumo, del siglo II d.C.

se adivina sobre todo a través de sus imitadores romanos, Plauto y Terencio) los tipos esenciales del mundo contemporáneo: el mercenario fanfarrón, rico y grosero, cortejador de muchachas, aficionado a las francachelas y víctima de los individuos parásitos; los jóvenes siempre enamorados y mantenidos bajo la estrecha tutela de sus padres; los padres avaros, ricos burgueses que deben su fortuna al comercio lejano, a la banca o al trabajo de los esclavos que cultivan alguna parcela de sus tierras; las cortesanas, tan pronto ingenuas, cuando son inexpertas y dependen de una entrometida o de un mercader de esclavos, tan pronto coquetas y codiciosas, «ruinas de nuestros jóvenes», secas de corazón y sin esperar del amor más que el beneficio –a no ser que Menandro a veces se detenga a descubrir en ellas un sentimiento humano, la sombra de una naciente ternura por el ingenuo enamorado al que despojan de su dinero, pero al que a pesar de todo hacen feliz permitiéndole casarse a la manera burguesa–. Hay también las «jóvenes principales», siluetas borrosas bastante indistintas destinadas a ser las esposas legítimas, siempre encerradas en la intimidad y en la penumbra del gineceo. En las intrigas que agitan los destinos de estos seres se encuentra el retablo de la vida contemporánea; la inseguridad general, la guerra que amenaza por doquier (tal vez menos en Menandro que en Filemón) y sobre todo los episodios novelescos de los raptos en el mar o en la tierra, la intervención de los piratas que separan a los hijos (sobre todo a las hijas) de su padre y permiten emocionantes reencuentros quince años después. Todo esto, a través de la comedia latina, pasará al teatro de la Europa clásica y se encuentra casi intacto en Molière.

La poesía «alejandrina»

La fama de Menandro fue en vida tan grande que Ptolomeo Sóter le pidió, según se dice, que se trasladase a vivir cerca de él en Alejandría. Así la gloria del teatro fue la única que faltó a la ciudad de los Lágidas, al menos en el campo de la poesía. Porque la poesía griega está entonces en manos de un pequeño grupo de escritores, reunidos por Ptolomeo Filadelfo en el Museo de Alejandría. Los otros géneros literarios –la elocuencia, la filosofía, la historia– no florecieron en Alejandría, tal vez porque tenían necesidad de libertad y no podían desarrollarse en la atmósfera asfixiante del reino de los Lágidas. Al lado de los poetas no se encuentran allí más que sabios, geógrafos, médicos, filólogos, cuyo campo de acción está lejos de la política.

Como los sabios, los poetas tenían necesidad de un mecenazgo y los Ptolomeos, por las razones a que ya hemos aludido[82], estaban totalmente dispuestos a convertirse en los protectores de todos los escritores que aceptasen vivir en su corte. Fue probablemente Ptolomeo Sóter, fundador de la dinastía, el primero que organizó un Museo por consejo de su amigo Demetrio de Falero. Era una empresa singular, pero capaz de seducir a un espíritu filosófico, la de ofrecer a sabios y escritores de todas clases los medios de practicar su arte sin tener que preocuparse de la subsistencia. Y correspondió, de un modo perfectamente natural, a Demetrio que, como peripatético, recordaba el ejemplo que había dado Alejandro, protector y «colaborador» de Aristóteles. En un aspecto más profundo todavía, era una tentativa original para resolver el problema de las relaciones entre el poder y los «intelectuales», planteado por todos los filósofos, pero más especialmente por los peripatéticos y los platónicos. Todos sentían la inmensa fuerza que encerraban la literatura y el conocimiento en general. Algunos desconfiaban de ellos. Los Ptolomeos prefirieron tratar de esclavizarlos, y, si los filósofos rechazaron sus insinuaciones, los poetas las aceptaron de buen grado.

La institución del Museo tuvo dos importantes consecuencias: permitió, el desarrollo de talentos jóvenes y originales. En él surgieron Teócrito, Calímaco y Apolonio de Rodas, por citar solamente los más grandes. Pero aquellos poetas, separados de la vida real, se contentaban con una estética «gratuita» fundada en el gusto del arte por el arte; les era difícil «hacerse creer», porque resultaban muy sospechosos de espíritu cortesano, y su verdadera fama, su más profunda influencia no comenzaron hasta más de un siglo después de su muerte, en el mundo romano. Por otra parte, el Museo de Alejandría estaba en gran medida vuelto hacia el pasado. Comprendía como anexo la gran biblioteca (fundada también por Sóter), cuya finalidad no era solo (ni sobre todo) la conservación de las obras, sino también su edición. Entonces comenzó un inmenso trabajo cla-

---

[82] Si es verdad que uno de los principios esenciales de su política es la búsqueda de la gloria; *supra*, pp. 151 y ss.

sificatorio. En las ciudades y por todas partes se buscaron las obras olvidadas, se repartieron en géneros, como hay que hacer en una biblioteca cuyo catálogo quiere ser «razonado». Pero lo grave era que los mismos espíritus estaban encargados de aquel trabajo de clasificación y de producir obras originales y, naturalmente, en su producción propia tuvieron en cuenta los resultados de sus análisis del pasado. Es entonces cuando la noción de «género literario» se hace predominante y vicia las fuentes mismas de la inspiración.

Los bibliotecarios de Alejandría tenían, además, la misión de instruir a los príncipes de la casa real y, en líneas generales, parece que también daban conferencias públicas. La atmósfera del Museo es la de una Universidad bajo tutela cuyos miembros se entregan más al análisis y a la crítica de los clásicos que a la composición de sus poemas. El espíritu de libertad de los poetas de otro tiempo deja paso a un espíritu de escuela, no exento de mezquindades –buena prueba de ello son las polémicas violentas en que se complacía Calímaco.

Hay que agradecer a los «alejandrinos» la creación de nuevas disciplinas, como la crítica textual, la gramática y la dialectología, la biografía histórica y literaria, la mitografía y la continuación de géneros ya existentes, como la retórica teórica, la poética –géneros de los que se apoderaron sobre todo los filósofos, pero que los técnicos del Museo contribuyeron a perfeccionar recogiendo hechos poco conocidos.

En otro tiempo, la poesía griega había estado destinada a un público muy amplio. Ahora se convertía en asunto de iniciados, de hombres del oficio. Antes las obras se recitaban en las panegirias. Ahora se leían a algunos amigos y se publicaban en volúmenes, lo que restringía su difusión. La principal preocupación de los poetas es la originalidad. Están cansados de los imitadores de Homero, que recogen y reelaboran en todos los sentidos los mismos temas que su maestro sin tener su talento o su prestigio–. En lugar de escribir poemas interminables, buscaron una elegante brevedad y, por consiguiente, una densidad de expresión que era incompatible antes con los recitados públicos ante una gran muchedumbre. Y como las tiranías del «género» se imponían, a pesar de todo, a aquellos poetas sabios, conocedores de las obras del pasado, era, de todos modos, al campo épico tradicional a donde ellos acudían a buscar sus temas.

El maestro de la epopeya alejandrina es Calímaco. Había nacido en el Imperio de los Lágidas, puesto que era originario de Cirene.

Nacido durante el reinado de Sóter, hacia el 310, había emigrado a Alejandría para ganarse la vida. Era maestro de escuela cuando Filadelfo reparó en él y le llamó al Museo, donde se le encargó la misión de redactar el catálogo de la Biblioteca. Su obra poética, que no ha llegado hasta nosotros más que en una pequeña parte, se compone de piezas breves, unas en forma de *Himnos* dirigidos a las divinidades y otras que, agrupadas con el título de *Causas (Aitiai)*, narraban leyendas míticas, en general poco conocidas y muy curiosas. Uno de los rasgos más nuevos, aparentemente, de esta poesía es el tono de familiaridad con que Calímaco habla de los dioses y cuenta sus aventuras. Este rasgo se acerca frecuentemente al estilo de la escultura «alejandrina», que da a las divinidades formas apenas idealizadas. Pero convendría saber por qué ese mismo espíritu se encuentra en la poesía y en el arte. Es inútil alegar la «franqueza» popular del país egipcio. Ni Calímaco ni la escultura contemporánea tienen nada de egipcio. El fenómeno es demasiado general y demasiado griego para haber tenido su origen en las orillas del Nilo. Más que a una estética responde a una forma nueva y dominante de sensibilidad religiosa en reacción contra el idealismo del periodo clásico por razones que trataremos de determinar.

Teócrito es siciliano. Había comenzado por pedir protección a Hierón, el tirano de Siracusa, pero su demanda no fue atendida y se dirigió a Alejandría, donde durante algún tiempo formó parte del Museo. Sin embargo, en realidad Teócrito no era de Siracusa ni de Alejandría: su verdadera patria espiritual es la isla de Cos, de donde su familia era originaria antes de establecerse en Sicilia, y adonde él mismo fue en varias ocasiones en su adolescencia y después, cuando se cansó de la vida en la corte de Filadelfo. Como Calímaco, Teócrito prefiere los poemas cortos a las composiciones largas e inventó un género nuevo, el Idilio (es decir, «el pequeño cuadro»), que debe mucho a un género muy en boga en Sicilia, el Mimo, especie popular de comedia. Sus idilios contienen mimos de todas clases, siendo el más célebre la conversación de las dos siracusanas residentes en Alejandría y que van juntas a la fiesta de Adonis. En estas obras se expresa la poesía de la existencia cotidiana. Las grandes emociones colectivas dejan paso a la observación atenta de los gestos menudos y de los sentimientos que animan a las almas corrientes, como en *Las Magas* aquellas enamoradas que intentan atraer de nuevo a un amante infiel. Entre estos mimos de la vida familiar, algunos tienen como personajes a pastores, que pueden ser sicilianos o de cualquier otra isla griega quemada por el sol y, de este modo, Teócrito anticipa las «pastorales», que habían de tener tanta fortuna. Pero en sus obras el género no se ha convertido todavía en simple pretexto para alegorías dulzarronas. En ellas se expresa un verdadero sentimiento de la Naturaleza y, como en las *Talisias,* una especie de embriaguez ante el espectáculo de un final de verano. Y ahí radica también una de las más preciosas conquistas de la poesía helenística.

La poesía amorosa estaba bien representada en Alejandría. Desgraciadamente ya no poseemos las obras de Filetes de Cos, que fue el maestro de Filadelfo y a quien se deben tal vez lejanos modelos en que se inspiraron los elegíacos latinos. No tenemos tampoco la obra de Hermesianacte de Colofón, que había cantado la omnipotencia del amor.

Como era natural, en el seno del Museo estallaron rivalidades y querellas. Apolonio de Rodas, antes protegido de Calímaco, que era mayor en edad, se apartó de él, declaró abiertamente su gusto por las epopeyas de gran extensión y tuvo que abandonar Alejandría. Se refugió en Rodas, donde compuso los cuatro cantos de sus *Argonautas,* que es a la vez una epopeya y una novela de amor, formando una parte importante del tema, tal como Apolonio lo concibe, la pasión de Jasón y de Medea. Después de la edad épica se percibe la intervención de la tragedia ática, sobre todo con la influencia de Eurípides, predominante durante todo el alejandrinismo. Los *Argonautas* no son –hay que decirlo– una epopeya excelente; está mal compuesta y a veces resulta prolija, pero Virgilio la consideró bastante buena para hacer de ella uno de los modelos que utilizó para la *Eneida.* Revela un sentido agudo de la Naturaleza y ofrece al lector cuadros de «género», auroras, puestas de sol, de los que en vano se buscaría equivalentes en la poesía anterior. El espectáculo del mundo comienza a ser, para aquellos espíritus liberados de la ciudad, un motivo de asombro.

La filosofía

Como es sabido, la filosofía griega está dominada desde finales del siglo V por la influencia de Sócrates. Tal vez aquí el hombre tuvo menos importancia por sí mismo que por su facultad de revelar al pensamiento griego una de sus más esenciales aspiraciones, la conquista de la sabiduría, a la que se espera llegar al término de un análisis lo más preciso posible del contenido del pensamiento humano. Es en el interior de este donde Platón se esfuerza por descubrir las leyes más secretas del Ser, y su esfuerzo es, en parte al menos, continuado por Aristóteles, para quien las categorías del conocimiento están presupuestas en lo real. No puede extrañar, pues, que el socratismo haya dado origen al nacimiento de varias escuelas cuya preocupación dominante era la de llegar a un dominio suficiente del pensamiento humano, que permitiese a sus discípulos el equilibrio interior y la paz.

Sería erróneo, sin embargo, creer que las distintas escuelas que entonces surgen –siendo las dos más importantes, con gran diferencia, el epicureísmo y el estoicismo– no se preocupan más que del hombre, y en absoluto del resto del universo. Para un estoico, el alma humana es un verdadero microcosmos, la razón que en ella se manifiesta es idéntica a la que anima a toda la creación, y el esfuerzo del sabio consistirá en liberar esa razón que la habita de todo lo que puede ocultarla o entorpecer su ejercicio. Existe, pues, en la doctrina una física y una lógica cuyo didactismo es totalmente extraño al socratismo puro. De igual modo, un epicúreo hace descansar su concepción de la sabiduría sobre una física, de la que tanto el principio como el detalle han sido tomados de Demócrito por el fundador de la secta, mientras que la física estoica recoge, en sus grandes líneas, la de Heráclito. Epicuro admite, siguiendo a Demócrito, que el ser es un compuesto material formado de átomos muy pequeños, que se combinan entre sí para formar todo lo que existe. Las cualidades «secundarias» (color, calor, olor, etc.) no son más que el resultado de la actividad inherente a los átomos, que implica eternamente una agitación incesante –son sensaciones propias de la conciencia humana, pues la verdadera realidad consiste solo en extensión y movimiento–. Los dioses mismos son materiales, viven perpetuamente jóvenes y bellos en los inmensos espacios que separan los diferentes mundos creados en la infinidad del tiempo por el movimiento de los átomos. Todo el secreto de la sabiduría –y por consiguiente de la felicidad– consiste en aceptar estos principios y en sacar de ellos todas sus consecuencias lógicas: no temer ya a la muerte, porque el alma, también material y compuesta de átomos, no sobrevive a la disolución del cuerpo. Ya no hay por qué temer al más allá y a sus suplicios ni el castigo de los dioses, porque ya no solo el alma no existe para ser castigada, sino que las divinidades no se preocupan de nada más que de sí mismas y de su propia felicidad. El hombre se liberará de las pasiones porque todo lo que es objeto de ellas constituye un valor imaginario: el dinero, el ser amado, el poder, nada da la felicidad que prometen un claro amanecer de verano, el agua de una fuente, un poco de pan y el placer del conocimiento.

Estoicismo y epicureísmo, dos sectas, desde luego, rivales, si no enemigas siempre, se asemejan en un punto: las dos proponen como máxima la de «vivir según la Naturaleza», aunque no dan el mismo significado a la noción de Naturaleza, pues los discípulos de Zenón ven en ella, esencialmente, la Razón, que es propia de la naturaleza del hombre (por oposición a los animales y por analogía con la naturaleza divina), mientras que para los de Epicuro es la potencia de donde surge toda la vida, ese fecundo mecanismo que «fabrica» a cada instante lo que es.

Antes de la revolución socrática, la virtud no era esta sumisión o este acuerdo con la Naturaleza, pues la «sabiduría» radicaba, para la mayoría de los griegos, en unos valores tradicionales y sociales. Como Melión decía a Sócrates en el diálogo que lleva su nombre, hay una infinidad de virtudes: la de la mujer, la del ciudadano, la del juez, la del soldado, la del esclavo. Y esta idea de la felicidad era menos sutil: vivir feliz consistía en pertenecer a una patria (una ciudad) próspera y libre, en cumplir sus deberes de ciudadano, en tener hijos para continuar su raza y ser honrado por sus iguales. Y la ciudad había matado a Sócrates porque este no se hallaba de acuerdo, sino que sugería a Menón que existía una «idea» de la Virtud, independiente de las contingencias sociales, y que un hombre feo y viejo, pobre e incluso despreciado, podía encontrar en sí mismo una inagotable fuente de felicidad. Después de Sócrates, ya no es necesario intercalar una ciudad entre el hombre y su felicidad, y su sabiduría. Estoicos y epicúreos rivalizan acerca de quién despojará al sabio de modo más perfecto, a fin de asegurarle la más total autonomía y, por consiguiente, la más total protección contra la Fortuna. Tal vez nunca la influencia de las condiciones históricas se ha ejercido más evidentemente sobre el pensamiento de los filósofos. La enumeración de las guerras, de las revueltas, de las catástrofes políticas que se sucedieron en el curso de los años siguientes a la muerte de Alejandro y que no cesarían durante todo el siglo III, permite imaginar la inseguridad en que cada hombre se veía obligado a vivir entonces. Los diferentes partidos, en el interior de las ciudades, al sucederse en el poder, condenaban al destierro, en cada ocasión, a los más influyentes de sus adversarios. Cuando era un rey el que se adueñaba por la fuerza de una ciudad rebelde, o una ciudad rival la que alcanzaba, por las armas, la victoria, las leyes de la guerra autorizaban al vencedor a matar a los hombres o a venderlos como esclavos; las mujeres y los muchachos sufrían una suerte todavía peor. La muerte iba acompañada de bárbaros suplicios. Un viaje por mar ofrecía el peligro de caer en manos de los piratas, y se corría el riesgo de ser vendido lejos, en cualquier ciudad o aldea bárbara donde el viajero se quedase sin recursos. En medio de esta inseguridad de todo lo que, hasta entonces, rodeaba al hombre, era indispensable facilitarle un apoyo y un refugio. Ni la razón ni la naturaleza material dependen de la Fortuna: por el contrario, ofrecen esa base sólida a que todos aspiran y sin la que toda vida se hace intolerable.

Epicuro, a la edad de 21 años (en el 322), había sido expulsado de Samos, su patria, por Pérdicas, que había arrojado de la isla a los ciudadanos atenientes. Y habla andado errante, durante quince años, antes de instalarse, como filósofo, en Mitilena (en la isla de Lesbos), después en Lámpsaco y, por último, en Atenas[83], a donde llegó, sin duda, en el 304, y donde permaneció hasta su muerte, en el 270. Zenón, el fundador del estoicismo, había nacido en Citio, en la isla de Chipre. El azar de un naufragio, cerca del Pireo, a donde llevaba un cargamento de púrpura (porque era mercader), le hizo abrazar la carrera de filósofo. Estimulado por las *Memorables* de Jenofonte, que acababa de leer, se acercó al cínico Crates, porque en él esperaba encontrar los ecos de la enseñanza socrática. Esto ocurría hacia el 314. Unos quince años después, Zenón abría, a su vez, una escuela en Atenas, en el Pórtico llamado Pecile (es decir, el Pórtico Pintado, porque en él había unos frescos obra de Polignoto). Estaba considerado como fenicio por las gentes de Atenas, que le estimaban mucho y dictaron en su honor un decreto honorífico, diciendo que Zenón había pasado su vida como «hombre de bien» y

---

[83] Diog. Laerc., X, da la siguiente cronología: nacimiento en el 341, fundación de la escuela en Mitilena, a la edad de 32 años (por tanto, en el 309), e instalación, 5 años después (por tanto, en el 304), en Atenas.

no había dado más que buenas enseñanzas a la juventud. Habían cambiado mucho los tiempos, desde el comienzo del siglo IV y el proceso de Sócrates. Al lado de los estoicos y de los epicúreos, vivían las escuelas tradicionales. La Academia de Platón y el Liceo de Aristóteles tenían sus discípulos, y el segundo, en la época de Teofrasto y de Demetrio de Falero, desempeñaba incluso la función de escuela «gubernamental»[84]. Pero, durante el reinado de Antígono Gonatas, era el estoicismo el que contaba con el favor real. La doctrina de Epicuro (llamada «del Jardín», porque el Maestro había enseñado en un pequeño jardín que poseía cerca de Atenas y en el cual vivía) no parece haber sido muy grata a los reyes, al menos en la propia Grecia, pero no sucedió lo mismo en Siria, donde sabemos que por lo menos dos príncipes seléucidas, Antíoco Epífanes (175-164) y Demetrio Sóter (161-150), fueron adeptos del epicureísmo. Según la tradición, también Lisímaco tuvo en gran estimación a Epicuro, y Crátero, el medio hermano de Antígono Gonatas, frecuentó el «Jardín»[85]. Es cierto que los Seléucidas tuvieron fama de entregarse a las borracheras y que la doctrina del «placer» (considerado este como el bien supremo según la Naturaleza por los epicúreos) tenía también muy mala reputación entre quienes no la conocían bien. Si los reyes se sentían poco inclinados al epicureísmo, era porque este no pedía al poder más que seguridad y paz. Las otras doctrinas, por el contrario, se preocupaban mucho de política, y sus filósofos rivalizaban por convertirse en los teóricos de la realeza. Y los reyes, conscientemente o no, se sentían tributarios del ideal que los filósofos les proponían. Y, sobre todo, la filosofía daba una justificación «de razón» al concepto, totalmente religioso y popular de «basileus». El estoicismo, en especial, con su concepción providencialista del mundo[86], se consideraba como la filosofía por excelencia de la monarquía. Ptolomeo Filopátor pidió un día a Crisipo que fuese a instruirle, pero Crisipo se limitó a enviarle a Estero, uno de sus discípulos[87]. Entre los grandes, se estableció la costumbre de tener

---

[84] *Supra,* p. 175.
[85] Cfr. W. Cronert, «Die Epikureer in Syrien», en *Jahrb. d. arch. Inst. en Wien,* X (1907), p. 146.
[86] Cfr. *supra,* p. 161, a propósito de Arato de Solos.
[87] Diog. Laerc., VII, *Crisipo.*

cerca de ellos a filósofos que eran como sus guías y sus directores de conciencia, costumbre que, en el siglo II a.c., adoptarán también los nobles romanos y que contribuirá en gran medida a la supervivencia y el desarrollo del pensamiento filosófico, aunque tendrá como consecuencia el apartarlo hacia la moral y las aplicaciones prácticas.

Mientras Alejandría era la patria por excelencia de la poesía y también, gracias al Museo, de la ciencia pura y aplicada (había en Alejandría una escuela de medicina, y astrónomos célebres, como Eratóstenes, que llegó a medir, con una gran precisión, las dimensiones de la Tierra), la patria de la filosofía era Atenas. Había varias razones para ello: en primer lugar, la tradición, que hacía que en Atenas se perpetuaran las escuelas antiguas. Sócrates había vivido y enseñado en Atenas, y los sucesores de Platón y de Aristóteles, y luego de Zenón y de Epicuro, tenían allí una enseñanza regular, en el seno de un verdadero «tiaso», una asociación constituida legalmente, a la cabeza de la cual se sucedían los jefes de la escuela, a veces no sin querellas ni escisiones, pero que mantenía, por lo menos, sin desfallecimiento, la tradición de los fundadores. Y, además, a pesar de las simpatías que un rey u otro podía mostrar por la especulación filosófica, los más grandes de los sabios de aquel tiempo parecen haber manifestado, acerca de ellos, cierta desconfianza. No aceptaban de buen grado sus invitaciones. El recuerdo de los disgustos de Platón era una lección que todos tenían presente aún. Atenas fue la ciudad de los filósofos o, más bien, siguió siéndolo; pues, respetada e incluso amada por los otros pueblos de Grecia, se había convertido en un asilo de paz y como en un vasto «Museo», sin tener necesidad de la sospechosa protección de un rey, porque Atenas renunció bastante pronto a toda ambición política (obligada y forzada, según hemos visto).

La filosofía helenística aparece, después del socratismo, como la conciliación y casi la reconciliación de este y del antiguo espíritu cosmogónico de los Heráclito y los Empédocles y, al mismo tiempo, el papel que desempeñan los propios filósofos en la vida política les obliga a hacerse semejantes a los sofistas del siglo V, a ir, a veces, de ciudad en ciudad para predicar la sabiduría y enseñar a los hombres. La filosofía, uno de los productos más puros del espíritu griego, empieza a conquistar el mundo, pacíficamente, y contribuye a crear, entre la «elite» de la *oikumene* entera, una comunidad de pensamiento y de sentimientos que sobrepasa eficazmente las fronteras políticas.

El arte helenístico

El segundo gran factor de unidad, para el mundo helenístico, es el desarrollo del arte –de todas las artes que, según se creía, habían alcanzado su apogeo en la Grecia clásica–. En realidad, la fabricación de las obras de arte es una industria: las estatuas son objetos de uso corriente, puesto que sirven tanto para las necesidades del culto como para los honores que se rinden en las ciudades a los ciudadanos distinguidos o a los soberanos. La obra de arte no es, en absoluto, el producto libremente creado por algunos artistas, gracias a una inspiración tal vez caprichosa. Los artistas creadores son muy raros, entre una infinidad de artistas que reproducen tipos determinados. Las ciudades nuevas, el enriquecimiento de algunas de las antiguas, crean un mercado nuevo más amplio, menos exigente también, de modo que una de las tendencias, si no uno de los caracteres del arte helenístico, será la industrialización. No se olvide, por ejemplo, que los talleres atenienses producirán copias de obras clásicas o continuarán haciendo sobrevivir un estilo arcaizante, cuya difusión no responde, realmente, a una estética, sino al mantenimiento artificial de unas costumbres que, sin eso, desaparecerían inmediatamente.

Las verdaderas tendencias helenísticas del arte son otras: se orientan hacia el realismo, hacia la expresión de las semejanzas y de los sentimientos violentos o íntimos. Esto se intuye, cuando se examinan las efigies reales que las monedas multiplican, a imitación de las de Alejandro. Lágidas, reyes seléucidas, reyes de Pérgamo, príncipes del Ponto o de Bactriana, todos están representados con sus rasgos de hombres, en los que se expresan caracteres, pasiones dominantes, a veces debilidades o vicios. Y este arte del grabado debe de estar relacionado, evidentemente, con los innumerables bustos, retratos oficiales de los reyes, que se difunden por las ciudades y sirven tanto de ornamento en los edificios públicos como de «estatuas de culto» en los santuarios que se levantan en honor de los soberanos. De todos modos, es un realismo sin torpeza, y bastante diferente del que triunfará en el arte romano de la República y de comienzos del Imperio. La mayoría de estos príncipes están representados en su juventud, y los rasgos de su rostro, por precisos que sean, están iluminados por una especie de gracia, que expresa tal vez el carácter divino o casi divino del rey. La severidad, a veces real, de estos rostros no los hace nunca melancólicos; todos dan la impresión de ocultar un pensamiento –el pensamiento del rey providencial, su «pronoia», reflexiva, pero jamás triste–. Un rey triste ya no es un buen rey.

Así como la comedia y, de un modo general, el teatro helenístico experimentaron la profunda influencia de Eurípides, así esta escultura expresiva y «joven» debe mucho a Lisipo, el escultor oficial de Alejandro. El mundo helenístico, que ama las flores, las guirnaldas y la alegría, se entusiasma ante la representación de los seres jóvenes; los dioses cuyas imágenes repite más gustosamente son Hermes, Apolo, los dos efebos de edad desigual, el primero entrando en la adolescencia, y el segundo a punto de llegar a la madurez viril. Y a estos añade frecuentemente a Dioniso, el joven triunfador de la India, el dios apasionado, incluso anárquico, cuya sola presencia trastorna los espíritus. Entre las diosas, son las Artemisa y las Afrodita las que atraen a los artistas, representadas como «verdaderas» mujeres, y personificándose, evidentemente, dos aspectos de la femineidad: uno, la muchacha vigorosa y esquiva, y la otra, la mujer voluptuosa, cuya mirada y actitud prometen el amor. Otros siglos han querido ver en este arte la expresión de una búsqueda cada vez más consciente del placer. Pero no hay en esas imágenes de bellos cuerpos ninguna huella de esa insatisfacción, que los artistas de aquel tiempo, como buenos platónicos, sabían perfectamente que es inseparable del deseo. Epicuro, por muy asceta que fuese, gustaba de la compañía de la cortesana Leoncio, y, en el Jardín, había mujeres que habían aprendido también a separar el placer de los encantos de la imaginación. Y si los estoicos desconfiaban (con razón) de las pasiones del amor, no por eso dejaban de reconocer la función divina de la femineidad. Pero los escultores no trabajaban para los filósofos; tenían que satisfacer a un público más amplio, menos ilustrado y animado de unos sentimientos religiosos que le acostumbraban a distinguir lo divino en los actos más cotidianos, y a sospechar la acción de un «demonio» *(daimon)* en todos los impulsos de su sensibilidad. Y, cuanto más agitados eran los tiempos, perturbados por las guerras y la incertidumbre del mañana, más se experimentaba la necesidad de penetrarse de la felicidad de cada instante.

A este arte helenístico se le da, frecuentemente, el calificativo de «alejandrino», y hubo un tiempo en que con ello se hacía honor solo a Alejandría. En realidad, los datos arqueológicos no permiten atribuir esta supremacía a la ciudad de los Lágidas. Sabemos, desde luego, que era rica en artistas y en talleres de escultura y de pintura, y también (tal vez, sobre todo) de grabadores, de orfebres y de fabricantes de estatuillas, siluetas pintorescas (un viejo pescador, una mujer que, bebiendo más de lo razonable, se consuela de haber llegado a ser repulsiva en su vejez, un niño que juega con un ganso...) sacadas del espectáculo de la calle o del puerto, pero cuyo patetismo no es borrado del todo por la intención festiva. También ahí reconocemos aquel espíritu del «mimo» que nos ha parecido tan característico de la poesía. Es quizá también en Alejandría donde se multiplicaron las decoraciones vegetales y florales, salidas, al parecer, de la toréutica (en vasos para beber, de metal, se representaban en relieve las guirnaldas de flores con que la costumbre ordenaba que se rodeasen en los banquetes), pero que se prodigaron en toda clase de conjuntos. Además de los vasos floridos, había altares adornados también con guirnaldas, aquellos altarcitos domésticos ante los que se celebraban las fiestas familiares, los banquetes después del sacrificio, con los parloteos y las libaciones. Había también los relieves pintorescos, donde se veían escenas rústicas –las mismas que trataban los poetas del idilio–, paisajes compuestos de un santuario y de un árbol, animados por la presencia de un personaje en actitud de ofrecer un sacrificio a la divinidad o al muerto a quien el monumento pertenecía. Siempre es un gesto fijado en la piedra, un momento emotivo o, simplemente, agradable, cuya atmósfera está sugerida por este arte del instante. Pero nunca faltan dioses. Nada menos «laico» que este arte aparentemente destinado a satisfacer los gustos de los mortales. Es, más bien, como si el gesto familiar fuese sorprendido en sus resonancias sacras y como si la apariencia cotidiana se revelase, de pronto, cual símbolo de un más allá de sí misma.

Naturalmente, es así como hay que interpretar uno de los temas preferidos por el arte «alejandrino» (y podría ser que, esta vez al menos, el calificativo encerrase alguna verdad), el de los Amores, representados como niños alados, turbulentos, totalmente desnudos, y ocupados, sin cesar, en mil actividades diversas. ¿Quiénes son esos «putti», de dónde vienen, qué simbolizan? Las respuestas a tales preguntas son muy inciertas, a pesar de que nos importarían mucho. El Amor-niño no es un dios del helenismo clásico. Por el contrario, desempeña un gran papel en los «epigramas» amorosos, aquellas piezas ligeras en las que se encerraba un pensamiento, una escena, una breve anécdota, y que proceden de las inscripciones (dedicatorias, epitafios, etc.) en otro tiempo grabadas en la piedra. El Amor-niño, díscolo, es, seguramente, el símbolo de todo lo que hay de irracional y de fantástico en la pasión. Puede ser que se haya pensado en este símbolo bajo la influencia de un acercamiento religioso –entre el Eros griego y el Harpocrate egipcio–, y que los artistas hayan utilizado libremente el tema así creado, con la misma libertad empleada por los poetas. Pero, de este modo, el arte se cargaba de simbolismo y es indudable que, poco a poco, aquellas imágenes se convirtieron en verdaderos símbolos morales, creando mitos o expresando concepciones más profundas. Siempre dudaremos en calificar de simple «manierismo» una imagen, un motivo. Antes de llegar a tal conclusión, deberemos preguntarnos si, tras esas formas aparentemente destinadas a no ser más que graciosas, no se oculta un pensamiento religioso o moral, o una verdad de orden poético.

La pintura, que durante mucho tiempo no había sido más que la sierva de la arquitectura, conquista un lugar de primer plano y rivaliza con la misma escultura. A las grandes composiciones de la época clásica, inspiradas directamente en la epopeya o en la tragedia, suceden escenas más ligeras, donde los personajes no ocupan la totalidad o casi totalidad de la superficie pintada, sino que se reducen al nivel de un paisaje que forma el decorado del drama o de la anécdota. Paisajes de montaña o marinos para representar «al natural» el vuelo de Ícaro, el abandono de Ariadna en la costa rocosa de Naxos, o los amores de Heracles con alguna ninfa. El espíritu de Apolonio de Rodas anima a los pintores, a los que debemos los originales en que se inspiraron los decoradores pompeyanos. También para ellos, los dramas de la leyenda se convierten en escenas reales, que se desarrollan en una naturaleza verdadera.

Otra tendencia del arte helenístico o, si se prefiere, otra escuela, se manifiesta en lo que subsiste de la escultura de Pérgamo. En realidad, esta escuela es un «vástago» de la escuela antigua, puesto que fue fundada por dos atenienses, los escultores Nicérato y Firómaco, que llegaron a la corte en tiempos de Éumenes I, llamados por el nuevo rey, deseoso de hacer grabar en bronce su gloria de vencedor de los gálatas[88]. Pero en este territorio asiático no tardó en formarse un estilo original, muy distinto del de la escuela antigua. Los dramas que habían acompañado la invasión de los gálatas, la crueldad de una lucha continua durante años, el «desorden» de los bárbaros, todo esto requería un estilo patético, animado. El gusto helenístico por el realismo y el retrato se satisfacía aquí, estudiando los caracteres étnicos de los celtas y representándolos de un modo que acentuaba más su condición de extranjeros. Los monumentos levantados por Átalo en la Acrópolis de Atenas contribuyeron, ciertamente, a una gran expansión de la estética de aquella escultura. Los monumentos de Pérgamo, el Gran Altar y el templo de Atenea recibían, sin duda, menos visitantes que la Acrópolis de Atenas.

En el arte de Pérgamo, los motivos dionisíacos se repiten con una especial insistencia. En ellos se ve, además del célebre Marsias en el suplicio (Marsias era un sátiro que, habiéndose atrevido a desafiar a Apolo, fue desollado vivo), a muchas ménades y sátiros, demonios de la tierra, de la vegetación y de la fecundidad. Mientras las bacantes representadas por los escultores de la edad clásica conservaban una cierta armonía en sus movimientos, aquí aparecen arrebatadas por el delirio dionisíaco más desenfrenado. Estamos en el país de Cibeles, de los coribantes, de las religiones orgiásticas y, sin duda alguna, la influencia del misticismo local se hace sentir en estos temas. La presencia, en el friso del gran altar, de un león combatiendo al lado de los dioses contra los Gigantes, y también la de un águila, no nos permiten olvidar que, si el león y el águila son, respectivamente, en la mitología clásica, los animales heráldicos de Cibeles y de Zeus, pertenecen no menos al más viejo repertorio de la imaginería sacra sumeria e hitita.

Por último, en Pérgamo es donde se encuentra uno de los primeros ejemplos –o, al menos, de los más significativos– de un friso continuo representando un relato que se desarrolla en el tiempo. Se trata de la historia de Telefo, uno de los mitos oficiales de la dinastía de los Atálidas. El arte romano empleará más adelante este procedimiento y lo aplicará a la celebración de las grandes gestas de la historia nacional. En él se observan ya elementos pintorescos, figurando decoraciones y paisajes, como en los otros relieves hele-

---

[88] *Supra*, p. 174.

nísticos. El relieve de Pérgamo tampoco ignora las representaciones de plantas, frutos y guirnaldas. Sin embargo, se deja apreciar una diferencia de los motivos análogos tratados por el arte «alejandrino»: aquí, se trata de una naturaleza más florida, en su verano más bien que en su primavera. Las rosas están abiertas, no en capullo, y se prefieren los frutos a las flores. Es otra naturaleza, una tierra más fecunda. Los relieves representan aquí ofrendas a las divinidades, y, al lado de los frutos y de las frondas, aparecen cabezas de víctimas animales, adornadas con las cintas de la consagración.

La religión en la época helenística

Si así se llegan a distinguir, bajo las estéticas diferentes de que son testimonio las «escuelas» del arte helenístico, intenciones diversamente orientadas, parece que esto se explica, en último término, por los múltiples matices que entonces adopta el sentimiento religioso.

La conquista griega no había cambiado ni querido cambiar nada en las creencias y en los cultos de los países conquistados. La religión de los griegos está exenta de todo proselitismo, no por escepticismo, desde luego, sino porque lo divino no está ligado en ella necesariamente a tal o cual forma de ritos, a una o a otra fe. La tendencia espontánea de un griego le induce a tratar de identificar, ante una religión extraña, lo que tiene de parecido a su propia creencia. La religión griega clásica es ya, en sí misma, una síntesis de los diferentes cultos locales, y se sabe, por ejemplo, que el Zeus panhelénico, el que presidía los Juegos de Olimpia, es un dios compuesto, en el que confluían personalidades divinas tan diferentes como el Zeus cretense, el Zeus aqueo, el Zeus arcadio, sin contar otras formas menos claramente perfiladas y que solo se revelan en la diversidad de los mitos. La división de Grecia en ciudades había detenido, por algún tiempo, aquel proceso sincrético, fijando las divinidades ciudadanas en el marco de cada ciudad e imponiendo para cada una de ellas una imagen bien definida. El predominio de Atenas dio, por ejemplo, origen a la difusión de una Atenea particular, la *Párthenos* «*prómachos*» de la Acrópolis. Pero el culto del Estado no agota el sentimiento religioso propio de cada ciudadano. No es más que el motivo de las «fiestas» en que se expresa la cohesión de la ciudad, y la protección que la divinidad ciudadana concede se aplica a esta.

Hay sitio para otra religión, más humilde, menos solemne, pero más próxima a cada uno.

La religión «oficial» en la propia Grecia sobrevive a la decadencia política de las ciudades. Porque esta decadencia, por real que sea, solo es consciente a medias. El marco municipal, según hemos dicho, subsiste y, con él, las tradiciones locales, entre las que figura la religión «de otro tiempo». Además, los grandes santuarios panhelénicos siguen ejerciendo una gran atracción sobre las multitudes. Más aún: se hacen esfuerzos por crear en otras ciudades fiestas rivales con un pretexto u otro. La religión continúa siendo una de las formas de rivalidad entre las ciudades tratando cada una de dar más brillo, más esplendor y también más eficacia en el campo temporal a su divinidad protectora. En medio de guerras perpetuas, solo los grandes santuarios tienen alguna posibilidad de ser respetados por los beligerantes. Poseen lo que se llama el «derecho de asilo», todo su territorio está considerado como perteneciente al dios y colocado bajo su protección. Así se ven multiplicar las ciudades «santas e inviolables», reclamando ese título con cualquier pretexto. A veces, en nombre de una antigua tradición; a veces, en virtud de una «aparición» de la divinidad ciudadana (una «epifanía»), que ha expresado su voluntad de obtener fiestas panhelénicas y, en consecuencia, la inviolabilidad de su ciudad[89]. Es verdad que se puede hablar de hipocresía política y creer que se trata de una ficción que no engañaba a nadie. Y, sin embargo, ¿se habría recurrido a un subterfugio que a nadie hubiera engañado? Nosotros vemos en algunas novelas, aunque mucho más tardías[90], que unos campesinos se apresuran a reconocer y proclamar una «epifanía» de Afrodita, y si todavía hoy algunos espíritus dudan de las «apariciones», son muchos más los que fácilmente se convencen de su realidad.

En un nivel distinto de la religión oficial de las ciudades con sus prolongaciones «panhelénicas», Delos, Olimpia, Delfos y los otros santuarios que aspiran a una posición análoga (Mileto, Éfeso, Magnesia del Meandro, con su Artemisa Leucofriena), se sitúa la religión

---

[89] Véanse los hechos reunidos por M. P. Nilsson, *Geschichte der Griechischen Religion*, II, pp. 83-85. Cfr. E. Bikermann, *Institutions des Séleucides*, pp. 151 y ss.
[90] La de Cantón de Afrodisia, *Quéreas y Calírroe*, II, 1, «epifanía» de Calírroe a Dionisos. Cfr. *infra*, las *epifanías* (en sueño) de Sarapis al sacerdote Apolonio, sobre una inscripción de Delos.

personal, la que elige sus dioses y a veces les da forma según sus deseos. La época helenística es, por excelencia, el tiempo de las «religiones de misterios». Eleusis sigue estando muy en boga. Los iniciados adquieren allí la esperanza de triunfar de la muerte y, como Perséfone, de elevarse desde el reino de Plutón hasta el país de los Bienaventurados. Parece, desde luego, que los misterios de Deméter en Eleusis ejercieron su influencia sobre las otras religiones de misterios, por ejemplo la de Isis, tal como nos lo permite suponer el último libro de las *Metamorfosis* de Apuleyo. En todo caso, la iniciación, por lo que nosotros podemos conjeturar, debía implicar una peregrinación al mundo subterráneo, una «revelación» del Hades, seguida de una ascensión hacia la luz. Indudablemente esta influencia no fue ejercida por vía popular ni al azar. Es muy probable que la constitución misma de una iniciación y de misterios en torno a Isis fuese el resultado de una política religiosa consciente, cuyo iniciador fue, sin duda, Ptolomeo Sóter[91].

El culto misterioso de los Cabiros, originario de Samotracia, parece haber tenido también en la época helenística un gran poder de seducción sobre las masas. Es posible que el reconocimiento de Arsínoe, que había encontrado en la isla un refugio después de la traición de que había sido víctima[92], contribuyese a la popularidad del santuario. La verdadera naturaleza de los Cabiros es insegura: no se sabe si son dioses de la mina o demonios del mar. Lo único cierto es que a su poder se atribuía el don de la salvación y que el juramento prestado sobre sus nombres era especialmente sagrado.

La misma esperanza de salvación es ofrecida por los cultos orgiásticos (el de los Cabiros es probablemente uno de ellos), resumidos para los griegos en el de Dioniso. El «dionisismo» es una de las grandes religiones del mundo helenístico, quizá la más grande. En efecto, el dios no solo pertenece a los más antiguos órdenes de la religión griega[93], sino que los caracteres de su culto le permiten acoger toda clase de elementos tomados de otras divinidades asiáticas, tracias o egipcias. Además, Dioniso es el dios del teatro y toda repre-

---

[91] Cfr. el célebre relato de Tácito. *Hist.,* IV, 83, sobre el origen de Sarapis y el papel desempeñado por Timoteo, un Eumolpida, sacerdote de Deméter en Eleusis.
[92] *Supra,* pp. 155-156.
[93] Se sabe que, sobre este punto, al descifrar el lineal B, se ha hecho necesaria una revisión de las concepciones anteriores, que consideraban a Dioniso un dios introducido recientemente en el panteón griego.

sentación, trágica o cómica, le está dedicada. Las gentes de teatro, los «technitai», forman corporaciones dedicadas a Dioniso. Este, desde hacía mucho tiempo identificado con el dios Iaco de la tríada eleusina, es también un triunfador de la muerte, puesto que ha bajado a los Infiernos a buscar a su propia madre, Semele. En la tradición órfica este carácter está más acentuado aún, pues se consideraba que Dioniso había sido en su infancia desgarrado por los Titanes y que su cuerpo había sido reconstituido por la voluntad de Zeus. Podía, pues, centrar en él todas las creencias que se habían formado alrededor de otros dioses muertos, como él, jóvenes y, como él, resucitados, ofrecidos primero en holocausto por la salvación de los hombres y después triunfantes y alcanzando la eternidad.

El culto de Dioniso está bastante generalizado en el mundo helenístico, hasta el punto de preocupar a veces a los gobernantes. Tenemos un decreto de Ptolomeo Filopátor que a finales del siglo III prescribe a todos los fieles del dios que se inscriban en Alejandría detallando hasta la tercera generación los nombres de quienes les han iniciado[94]. Es verosímil que la finalidad de este extraño decreto fuese la de preservar lo más pura posible la religión de Dioniso e impedir las desviaciones y la tentación, siempre muy fuerte cuando se trata de semejantes cultos, de formar sectas en las que el misticismo, llevado a sus últimas consecuencias, podía llegar a amenazar el orden público. Pero el propio Filopátor era un fiel de Dioniso y celebraba los misterios en el palacio de Alejandría[95].

Ya hemos dicho brevemente[96] que Dioniso había sido utilizado por Ptolomeo Sóter (o por Filadelfo) para la creación del dios Serapis, que era no una pura y simple invención, sino el rejuvenecimiento de una forma local de Osiris mediante algunos caracteres dionisíacos y también ciertos rasgos de la personalidad helénica encarnada en Plutón, el dios de los Infiernos. Serapis, señor de la fecundidad, como Dioniso y Osiris (a cuya religión pertenece también el *phallos*), es al mismo tiempo, como Plutón, el que acoge a las almas después de la muerte y les promete la vida eterna. Esta divini-

---

[94] Schubart, en *Amtliche Berichte der Königl. Kunstsammlungen*, XXXVIII (1916-1917), pp. 189 y ss.; P. Roussel, «Un édit de Ptolémée Philopator relatif au culte de Dionysos», *C. R. A. I.*, 1919, pp. 237 y ss.
[95] Cfr. Plutarco, *Cleomene*, 33.
[96] *Supra*, p. 155.

dad sincrética, que contribuyó grandemente a difundir la religión y los misterios de Isis, desempeñaba una doble función: atraer fieles del mundo griego a las creencias egipcias y, por otra parte, helenizar algunas de estas creencias. ¿Obedecían los primeros Ptolomeos a un pensamiento puramente político o tenían realmente la impresión de descubrir así más ricas y más eficaces formas de lo sagrado? Lo que Tácito cuenta acerca de las visiones y de los milagros que se aseguraba que habían acompañado a la formación del culto de Serapis permite suponer que Ptolomeo Sóter tuvo, por lo menos, ¡la impresión de obedecer a una inspiración divina! En todo caso, como ha quedado demostrado, la difusión de los cultos egipcios en el Egeo y en la propia Delos no se vio favorecida por ninguna acción política de los Lágidas[97]. Al contrario de lo que ocurría con las divinidades ciudadanas, las nuevas divinidades no están ligadas a ninguna patria; adquieren inmediatamente un valor universal porque se dirigen a cada uno dentro de su alma y no a una ciudad o a un cuerpo social.

Una preciosa inscripción procedente de uno de los *Serapeia* de Delos nos informa de que el culto del dios fue introducido en la isla a comienzos del siglo III. Un egipcio llamado Apolonio, venido de Menfis y perteneciente a la clase de los sacerdotes, fue inmigrante en Delos y celebró el culto del dios en su casa privada. Su hijo Demetrio continuó aquel ministerio. Pero la inscripción está dedicada a un nieto de Apolonio, que llevaba el mismo nombre que él, y el cual tuvo un sueño. El dios se le apareció y le ordenó que comprase un terreno para levantar un santuario. Era un terreno de poco valor. Apolonio ganó su proceso, y el dios tuvo su templo. Parece, pues, que la fundación del santuario es una cuestión privada[98].

Aquellas religiones de iniciados presentaban un carácter original: a diferencia de los cultos oficiales, agrupaban a sus adeptos en cofradías y celebraban ágapes frecuentemente en una sala contigua al santuario. Los fieles estaban así agrupados bajo la protección del dios y formaban verdaderas «iglesias», que se comunicaban entre

---

[97] P. Roussel, *Les cuités égyptiens à Délos, du III au I siècle av. J. C.*, París, 1916, pp. 240 y ss.

[98] *Ibid.*, pp. 71 y ss. Después, en la época «ateniense» (cuando Delos se transformó en puerto franco por los romanos, en el 166; y fue «restituida» a los atenienses), los cultos egipcios se hicieron oficiales y entraron en la administración general de la isla. Roussel, *ibid.*, pp. 261 y ss.

sí de ciudad a ciudad, y de este modo se sembraban, a través del mundo mediterráneo, los gérmenes de una fraternidad humana que no conocía fronteras ni razas ni condiciones.

Siria y el mundo sometido a los Seléucidas contribuyeron también a dar a la piedad humana objetos de adoración y motivos de esperanza. Hadad y Atargatis, las divinidades de Hierápolis (Bambyce), aparecen también en Delos –claro que bastante tardíamente, sí nos atenemos a las inscripciones conservadas, pero es improbable que los comerciantes sirios no llevaran consigo desde muy temprano a su gran diosa–. Hadad, dios del cielo tormentoso, podía asimilarse a Zeus en las especulaciones de los teólogos sin dejar por eso de ser uno de los más auténticos representantes del viejo panteón arameo. Una fórmula bastante frecuente en los epítafios sirios nos informa de que Hadad convidaba después de la muerte a los difuntos a un banquete de inmortalidad[99]. La diosa siria puede también conceder la inmortalidad. En todo caso, es la señora de la generación y de los placeres y una tradición la representa en forma de pez sagrado, mientras otra la acerca a Astarté, la «señora de las palomas».

A la influencia siria hay que atribuir también la difusión del culto de Adonis, que enmarca su mito en el ciclo de Afrodita. Adonis, amante de la diosa, es muerto por un jabalí, lanzado contra él por Ares. Después el joven dios desciende al Hades, donde Perséfone se enamora de él. Y cuando Afrodita consigue que su amante le sea devuelto, Perséfone alega que ella también tiene derecho a su presencia, de modo que Adonis resucita cada año y muere para volver a renacer. Esta helenización novelada oculta uno o varios mitos propiamente sirios. Es la historia que narraban los griegos para explicar el rito tan curioso que practicaban las mujeres en primavera: en una vasija de tierra sembraban granos y los regaban con agua caliente; los granos brotaban y producían enseguida tallos verdes o flores que no tardaban en secarse. Y las mujeres, ante su «jardín» marchito, lloraban la muerte del bello Adonis. Este culto se practicaba tanto en Alejandría como en las ciudades asiáticas y aún subsistirá muy vivo durante el Imperio romano.

Cada ciudad de Asia contribuye, por su parte, a la constitución de esta inmensa comunidad religiosa. Frigia aporta a Cibeles, la Gran Madre de los Dioses, y a su compañero Atis; Lámpsaco, a su

---

[99] Cfr. G. Contenau, *Manuel d'Archéologie orientale*, IV, p. 2045.

dios Príapo, que figura muy pronto en el cortejo de Baco, y, hasta el Yahveh judío, ninguno de los dioses dejaba de transformarse a veces en «Sabazios», hipóstasis de Dioniso.

Indudablemente, el helenismo deja en paz a las religiones tradicionales, pero les da, para su propio uso, una *inierpretatio graeca,* que acaba por crear, al margen de la religión oficial, otra religión más intensa que lleva la devoción en algunas ocasiones hasta el misticismo, y destinada a satisfacer los impulsos del corazón tanto como las aspiraciones de la carne. Los filósofos –a excepción de los epicúreos, que colocan a los dioses lejos de los asuntos humanos– no se dejan engañar por aquella multiplicidad de dioses; saben distinguir en ella los perfiles de un dios único, providencia universal, señor soberano, presente en todos los instantes de la vida, en todos los actos, en todos los accidentes del Ser. Y esta inmensa efervescencia religiosa, mantenida por los cultos ofrecidos a las divinidades orientales, es quizá la causa más profunda de la renovación de las artes, de la literatura y de todas las formas de la existencia humana que caracteriza la época helenística.

IV. LOS PAÍSES DE ORIENTE AL MARGEN DEL HELENISMO

El establecimiento de los reinos salidos de la conquista de Alejandro y su evolución política en el seno del mundo mediterráneo no deben ocultarnos que, bajo el barniz helénico, los países de Oriente prosiguen una historia nacional y conservan lo esencial de su tradicional civilización. Así, al margen de la evolución que lleva al mundo en su conjunto hacia la realización de una unidad política cada vez más estrecha, es necesario dedicar un espacio a las tendencias contrarias, a las diversas resistencias, inconscientes o voluntarias, a todas las fuerzas que, llegado el momento, se revelarán tan poderosas que acelerarán la disociación del Imperio romano. Entre estos islotes de particularismo nacional, cinco países merecen una especial atención: Egipto, Siria, Israel, Mesopotamia y las regiones ocupadas por las tribus árabes. Son cinco conjuntos de vieja civilización que continúan su existencia al lado del helenismo y que se encontrarán casi invariables cuando el poder político pase de los sucesores de Alejandro a los conquistadores romanos.

I. El mundo egipcio en tiempos de los Ptolomeos y de los Césares

De acuerdo con un antiguo biógrafo que, a pesar de la crítica del siglo XIX, podría ser incluso el propio Calístenes, Alejandro Magno no era hijo de Filipo de Macedonia, sino de Nectanebo, el último faraón indígena. Este, refugiado en la corte de Pela tras la conquista de Egipto por Persia, ejercía allí las artes mágicas, en las que era ya muy versado, y un día infundió a la reina Olimpíade un sueño profético anunciándole que ella iba a concebir un hijo por obra del dios Amón, del oasis de Siwa, el más conocido de los griegos entre los dioses egipcios. Al día siguiente, vestido con una piel de carnero y provisto de un cetro para darse el aspecto de un dios, Nectanebo se acercó a la reina y de su unión nació Alejandro, a quien el oráculo divino interpretado por Nectanebo atribuía un destino excepcionalmente glorioso[1].

Se trata, naturalmente, de una fábula que no tiene en cuenta la cronología. Pero cabe preguntarse por qué fue inventada. Como contiene muchos detalles que corresponden muy exactamente a la tradición egipcia, hay que admitir que se funda en un enredo que los primeros soberanos griegos de Alejandría debieron de tratar de que circulase por Egipto a fin de crear una legitimidad dinástica, ligando definitivamente a Egipto con Alejandro –cuya leyenda se habían adjudicado en beneficio propio–, y de mostrar su voluntad de integrarse en el orden egipcio. No pueden haber encargado tal versión más que a un hombre que conociese perfectamente la teoría faraónica de la realeza y las prácticas de la magia egipcia. En efecto, el enredo está inspirado en las teogamias conocidas desde el Nuevo Imperio mediante las cuales algunos faraones probaban que ellos eran hijos directos de un dios, y describe los procedimientos mágicos para infundir un sueño a la reina, que se encuentran también en los manuscritos egipcios.

Por otra parte, sabemos que el propio Alejandro se había hecho reconocer como hijo del dios por el mismo Amón de Siwa[2], es decir, que buscó entre los sacerdotes de un clero que gozaba de gran prestigio ante griegos y egipcios una especie de legitimación de su conquista de Egipto.

Desde luego, tales relatos ponen de manifiesto un afán de propaganda, y la propia clase cultivada –la de los sacerdotes y de los funcionarios– fue sensible a ellos, pues encontramos en su seno, desde antes de la conquista macedónica, pruebas indudables de filohelenismo. Sabemos, por ejemplo, que la corte de los reyes saítas era generalmente filohelena. Psamético I ordenó que se enseñase el griego a los egipcios, porque había comprendido la necesidad de formar intérpretes que facilitasen las relaciones entre los dos pueblos. Se

---

[1] Las diferentes representaciones teogámicas han sido ahora reelaboradas por H. Brunner, que sobre ellas ha logrado reconstruir un mito. Cfr. H. Brunner, «Die Geburt des Gottkönigs», en *Eegyptol Abhandl*, 10, Wiesbaden, 1964.

[2] El viaje de Alejandro es mencionado por muchos autores antiguos. Cfr. U. Wilcken, «Alexanders Zug in die Aase Siwa», en *Sitzungsberichte der Preuss. Akad. Phil. Hist. Kl.*, 1928, p. 576, y 1930, p. 159.

autorizó a los griegos a establecer factorías en el Nilo inferior, al principio muy liberalmente, pero después se aplicaron medidas de orden ante todo fiscal, que no autorizaron ya más que un solo puerto griego, Naucratis. El ejército egipcio contaba también mucho con sus contingentes de mercenarios griegos. En especial, hay un grupo de ellos que, bajo el reinado de Psamético II, llevó a cabo la más profunda exploración del Sudán que conocemos y dejó testimonio de ella en un grafito, sobre uno de los colosos de Abusimbel[3].

Otro ejemplo de filohelenismo egipcio, anterior a la conquista macedónica, nos lo ofrece a finales de la época persa Petosiris, gran sacerdote de Thoth en Hermópolis, en el Medio Egipto. Es una de las más atractivas figuras del Egipto tardío, enteramente ligada a sus tradiciones nacionales en su manera de vivir y de una absoluta confianza en su fe que, de todos modos, acogió bastante abiertamente las influencias griegas, hasta el punto de admitir entre los decoradores de su tumba –un terreno en el que, sin embargo, la tradición es más fuerte que en ningún otro– a artistas formados en el gusto helenístico[4]. Un poco después, bajo Ptolomeo Sóter, en aquella misma Hermópolis, reina una gran actividad arquitectónica. Se construyen muchas capillas en la necrópolis de los ibis sagrados, que prueban las buenas relaciones que el clero local mantenía con los nuevos dueños del país[5].

Por otra parte, aquella actitud filohelena se comprende fácilmente como una reacción antipersa, porque los griegos se presentan primero como aliados y después como libertadores. Además, los macedonios nunca tuvieron respecto a los dioses egipcios el odioso comportamiento de los persas, que mataron los animales sagrados y deportaron las estatuas divinas. Al contrario[6].

A favor de la amistad greco-egipcia podemos registrar también los hechos siguientes. En la época ptolemaica sabemos que en el campo se fundaron colonias de soldados-campesinos, que recibieron naturalmente las mejores tierras y ciudades griegas que gozaban de estatutos diferentes de los que correspondían a las aglome-

---

[3] A. Rowe, «New lights on objects belonging to the generals Potasimto and Amasis», en *Anuales du Service des Antiquités de l'Égypte,* 38 (1938), pp. 171-173.
[4] G. Lefebvre, *Le tombeau de Pétosiris, vol. III,* El Cairo, 1923-1924.
[5] Ph. Derchain, *Zwei Kapellen des Ptolemäus Soter in Hildesheim,* 1961, pp. 3-4.
[6] E. Drioton y J. Vandier, *L'Égipte,* 1952, pp. 600 y ss. [ed. cast.: pp. 496 y ss.].

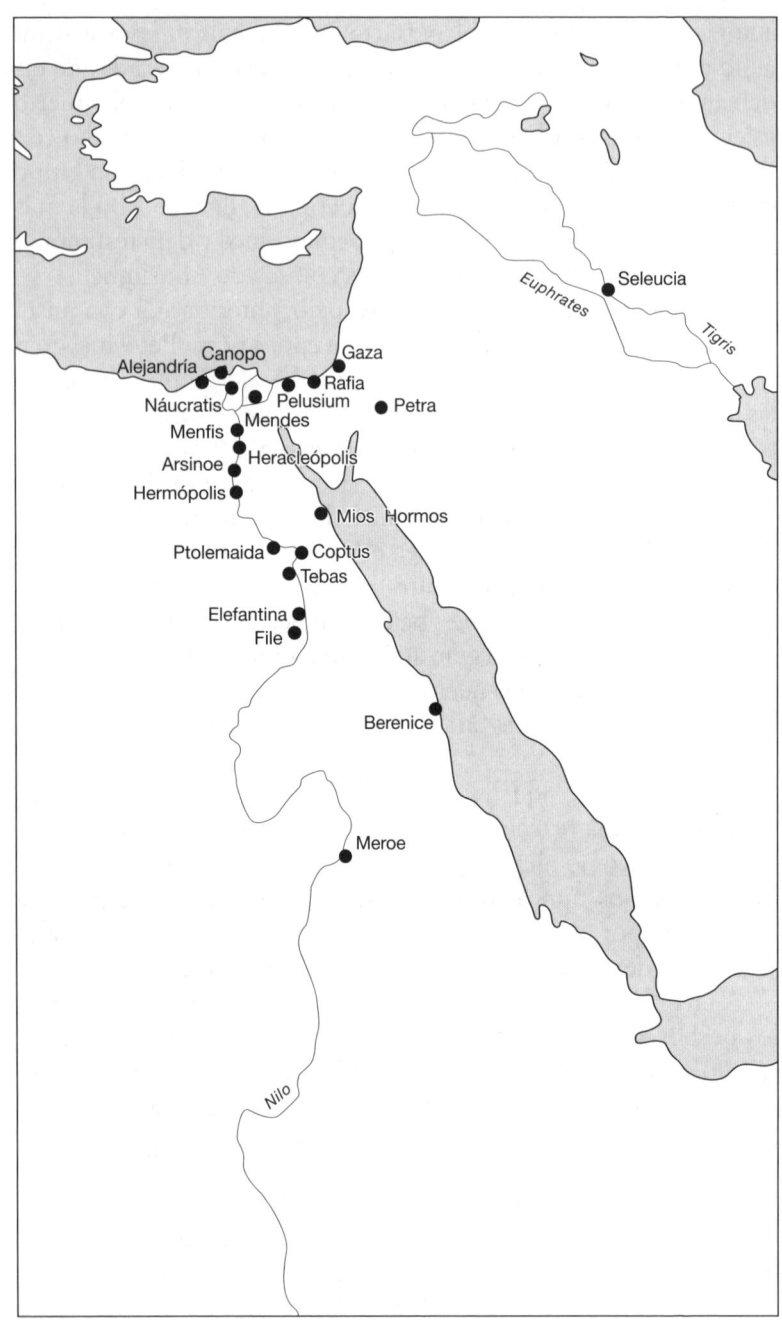

Mapa 3. Egipto.

raciones indígenas. A pesar de esto, se establecieron contactos entre griegos y egipcios y se fundaron familias mixtas, en las que rápidamente predomina el elemento indígena[7].

Si los egipcios se mostraron a veces acogedores, los griegos también hicieron esfuerzos por ir a su encuentro. En las más griegas de las ciudades del Alto Egipto se practicaron los cultos egipcios tradicionales y los griegos se esforzaban por aprender la lengua egipcia a veces con la esperanza de convertirse en maestros de griego en las familias indígenas[8]. Por lo demás, él número de textos bilingües, decretos oficiales de interés religioso o contratos privados, es suficiente para demostrar que entre las dos comunidades había relaciones y, por otra parte, no faltaron escritores egipcios que se expresaban en griego para hacer conocer a los nuevos conciudadanos su antigua civilización. Es verdad que en esto obedecían a un interés positivo, muy anterior a la conquista macedónica.

En compensación, también datan de la época saíta las primeras fricciones entre griegos y egipcios y los faraones más filohelenos se vieron a veces obligados a tomar contra los griegos ciertas medidas tendentes a reducir sus contactos con los propios súbditos. Así Amasis tuvo que concentrar sus guarniciones griegas solo en Menfis para dar satisfacción a sus tropas egipcias[9].

No será la menor dificultad de nuestro trabajo la de tratar de hacer comprender este permanente contraste de dos tendencias contradictorias –acercamiento de los pueblos y hostilidad recíproca– que dominan toda vida en el valle del Nilo durante los siglos que aquí estudiamos.

En efecto, frente a las diversas poblaciones que se asentaron en su territorio, Egipto no renunció jamás a su cultura tradicional. Por el contrario, esta acabó de desarrollarse siguiendo las vías que le ofrecía su pasado y, aun haciéndose arcaizante y cerrándose aparentemente a la novedad, acertó a crear síntesis que demuestran su vitalidad hasta en plena época romana como se observa al estudiar

---

[7] P. Jouguet, *L'impérialisme macédonien et l'hellénisation de l'orient*, París, 1937, p. 391.
[8] S. Morenz, «Die ägyptische Literatur und die Umwelt», en B. Spuler, *Handbuch der Orientalistik*, I, 2, *Agyptologie, Literatur*, 1952, p. 196.
[9] Drioton y Vandier, *op. cit.*, p. 583 [ed. cast.: p. 497].

las inscripciones del templo de Esna, el último de los grandes templos paganos edificados en Egipto[10].

Sin embargo, no nos engañemos. Aunque este pensamiento sacerdotal no debe, en general, nada al extranjero, los ambientes más tradicionalistas del Egipto ptolemaico experimentaron influencias exteriores. Expresan su odio a los griegos, pero recurren a su lengua y, *volens nolens,* asimilan en mayor o menor medida sus sistemas de pensamiento. Esta situación aparentemente paradójica hace muy útil el estudio del Egipto tardío, porque es uno de los lugares donde los problemas planteados por la confluencia de dos culturas se dejan percibir más fácilmente.

En las páginas que siguen trataremos, pues, de mostrar cómo se expresan las tendencias contradictorias en cuestión, cómo se manifiesta la hostilidad indígena a los extranjeros –griegos y judíos– y también de precisar algunos casos de elementos tomados de esos dos grupos étnicos. Asimismo, intentaremos evocar el ambiente intelectual egipcio a través de las inscripciones de los templos, de la literatura y de la filosofía, y su desgarramiento entre las preocupaciones tradicionales y las que, nacidas quizá bajo la presión del extranjero, ayudaron a los mejores de los egipcios a tomar conciencia de la originalidad de su cultura. Entre estos, los más clarividentes se atrevieron a intentar síntesis de los diversos pensamientos, que habrían sido grandiosas si no hubieran resultado imposibles. En nuestro propósito no podremos limitar nuestra información estrictamente a la época ptolemaica y al comienzo del Imperio romano. La mayoría de los rasgos de esta época, en efecto, están a punto de fijarse desde el segundo cuarto del primer milenio, cuando se realizan las mezclas de pueblos, como decía Maspéro, iniciadas diez siglos antes, mientras otros rasgos, que aparecen en el curso de la época estudiada aquí principalmente, no florecerán hasta los siglos siguientes. Además, los documentos literarios que utilizaremos no son conocidos más que por manuscritos muy tardíos, copias de textos compuestos siglos antes, de los que, teniendo en cuenta la fragilidad del papiro, hay que admitir que han sido recopilados –y, por lo tanto,

---

[10] S. Sauneron, «Le temple d'Esna, perspectives nouvelles sur la réligion égyptienne au second siècle de notre ère», en *Comptes-rendus de l'Académie des Inscriptions,* París, 1957, pp. 12-14.

leídos– todo a lo largo del periodo helenístico y que, por consiguiente, revelan la mentalidad de esta época.

Bajo la influencia de las ocupaciones extranjeras, frecuentemente brutales, que se sucedieron desde la invasión asiria del 663, Egipto ha desarrollado poco a poco un nacionalismo que se manifiesta a veces en forma de motines o de rebeliones[11], pero que penetra muy profundamente la literatura y la religión. El periodo saíta, durante el cual el país desempeña todavía un papel internacional de primer rango en el próximo Oriente, ha sido sobre todo arcaizante, pues buscaba sus modelos en los monumentos del antiguo Imperio aún accesibles, que los sabios de la época iban a explotar en las viejas necrópolis. Pero muy pronto se desarrolla según formas originales, especialmente en las artes plásticas, que demuestran que la civilización egipcia, en su afán de oponerse y de distinguirse de lo extranjero, era todavía capaz de crear –a veces inspirándose en él.

El sistema religioso egipcio constituía un todo coherente y típico. Tal vez es, sobre todo en esta época que nos interesa, cuando encuentra la conciencia de su originalidad. Toda una serie de tabúes, por ejemplo, que debía de existir anteriormente, aunque sin ser la causa de ningún fanatismo, parece tomar; de pronto, una importancia considerable. Así, Heródoto (II, 41) cuenta que un egipcio «no quería besar a un griego en la boca ni servirse del cuchillo de un griego ni de sus utensilios de cocina ni de su caldero ni comer la carne de un buey... cortada con el cuchillo de un griego». Estas prescripciones, así como muchas otras relativas a las costumbres alimenticias y del vestido, no alcanzan naturalmente a todos los egipcios, sino solo a los más ortodoxos, es decir, a la clase sacerdotal. Ni siquiera es tampoco seguro que todos los sacerdotes fuesen tan escrupulosos. La existencia de familias mixtas a lo largo de toda la época ptolemaica demuestra que tales obstáculos no eran, en cualquier caso, insuperables para todo el mundo.

Los templos fueron a veces centros de resistencia contra los dueños del país y sirvieron de fortaleza a los rebeldes. Pero, más seguramente aún, fueron los lugares privilegiados de la cultura indígena, sistemáticamente cerrados a los extranjeros. Es en Denderah, en un templo construido a comienzos de la época romana, donde se encuentran las inscripciones más elocuentes a este respecto. A la entra-

---

[11] P. Jouguet, *op. cit.*, pp. 386 y ss.

da de algunos locales puede leerse, por ejemplo: «Es un lugar misterioso y secreto. Prohibida la entrada a los asiáticos. Que el fenicio no se acerque y que no entre el griego ni el beduino...». En Esna, a mediados de la época romana, se encuentra también la exclusión de los beduinos, mientras que en Filas se nombra al asiático entre toda una serie de personas a las que se prohíbe la entrada por razones de impureza ritual[12]. Por lo demás, la noción de impureza desempeña un papel importante en la xenofobia egipcia, sobre la que más adelante volveremos.

Sin embargo, esta exclusión debía estar garantizada por algo más que por simples advertencias de prohibición En caso de conflicto armado, era imposible naturalmente prohibir a los vencedores que entrasen en los templos. Por eso, y con el fin de evitar el peligro de verse arrebatar las estatuas divinas, tal como habían hecho los persas, se construyeron escondrijos especiales. Conocemos algunos de ellos en Denderah, cuyas inscripciones, grabadas en tiempo de los Césares, hablan todavía de los medos, ignorando a los griegos y a los romanos que habían invadido el país después de ellos. Sería interesante saber si se trata de una copia literal de una Inscripción antigua o si el recuerdo de la conquista persa y de sus profanaciones estaba aún vivo, cinco siglos después, en un santuario del Alto Egipto.

Además de estos medios materiales, los sacerdotes egipcios que confiaban en el sistema en que vivían desde hacía miles de años desplegaron alrededor de los templos verdaderas defensas mágicas para protegerlos contra todos los posibles «enemigos». Entre estas hay, desde luego, muchas fuerzas cósmicas, como el dragón que amenaza con cerrar el camino al sol naciente o la tortuga que pone en peligro de hacer naufragar la barca que lleva a sus espaldas al emerger del río celeste. Pero existen también muchas ceremonias que tienen por objeto reducir a la impotencia al «asiático», al que se asimila con el dios Seth, que se había convertido, al final de la historia egipcia, en el símbolo del mal. Sin embargo, esto no basta para resolver el problema, porque los egipcios sabían que a todo mago se puede oponer un contramago, tal como vemos ya en los cuentos populares del Nuevo Imperio y como lo representa un célebre episodio del Éxo-

---

[12] Ph. Derchain, *Le papyrus Salt 825, rituel pour la conservation de la vie en Égypte*, n. 83.

do (VII, 10-13), en la corte de un faraón. Era, pues, indispensable poner al abrigo de las empresas de los extranjeros malvados —que habrían podido servirse de sus propias fórmulas— las doctrinas que, sin embargo, se tenía la obligación de grabar en los muros de los templos. Obligación, en efecto, porque el templo egipcio es una figura del universo cuyos diversos mecanismos están representados por los ritos que en ellos se ejecutan. Pero como la doctrina egipcia admite que el nombre equivale a la cosa y que la escritura equivale al nombre —en el plano de las representaciones—, el mejor medio de asegurar la permanencia de los rituales, a fin de cuentas, es el de escribirlos en un material lo más sólido posible. Para proteger las inscripciones litúrgicas contra los extranjeros que eventualmente penetrasen en el templo a pesar de las prohibiciones, la escritura ptolemaica se hizo cada vez más complicada. Los más difíciles de descifrar son los textos clave: las bandas que contienen las prescripciones esenciales y justifican la función del rito descrito en la sala en que están grabadas. Sin llegar a ser, en absoluto, criptográfico, el sistema jeroglífico se complica, ve multiplicarse los signos y los valores que cada signo puede tomar, refinarse a cada instante las astucias que pueden desconcertar a un lector no advertido, de modo que nadie pueda destruir la eficacia de unas inscripciones que resultan ilegibles para todos, excepto para unos pocos iniciados. Sobre todo, los extranjeros en ningún caso podrían descubrir su significado, aunque dispusiesen de muchos tratados del sistema jeroglífico, como los de Queremón y de Horapolón, en los que no podían encontrar más que interpretaciones de signos aislados, a partir de los cuales habría sido ilusorio intentar la lectura de una inscripción sagrada, a pesar de la exactitud de la mayoría de ellas —exactitud demostrada por las más recientes investigaciones, en contra de la opinión difundida entre los sabios del siglo pasado[13].

Al evocar una de las concepciones fundamentales de la religión egipcia, ya hemos dicho que el templo era el lugar donde, mediante la celebración de los ritos, se garantizaba el buen funcionamiento del universo. El único responsable de los rituales era, en principio, el rey, que ejercía su poder por delegación en un cuerpo de sacer-

[13] Cfr. Van de Walle, Vergote, Janssen, «Traduction des Hieroglyphica d'Horapollon», en *Chronique d'Égypte,* 18 (1943).

dotes competentes, reclutados en ciertas condiciones[14] y respondiendo a ciertos criterios de pureza. Ahora bien, aunque las exigencias del sistema hiciesen de los dueños extranjeros –persas, macedonios o romanos– los faraones ritualistas necesarios e ignorantes del papel que desempeñaban, esta concepción del templo sería explotada admirablemente para dar a la xenofobia egipcia un fundamento metafísico. En el tratado hermético conocido con el nombre de *Asclepius,* en una traducción latina de un original griego, leemos que Egipto es «la copia del cielo o, mejor dicho, el lugar a donde se transfieren y se proyectan aquí abajo todas las operaciones regidas y puestas en obra por las fuerzas celestes».

Más aún –añade el autor–, «Egipto es el templo del mundo entero». Esta última afirmación es una hábil pirueta que confunde lógica formal y matemática, porque está deducida de la noción egipcia común de que el templo es la representación de Egipto, de que es Egipto en representación. Sin embargo, una vez admitida, lo que no presenta dificultad alguna para la lógica egipcia, el autor puede explicar la desastrosa situación que tiene ante sus ojos en el Egipto romano como el efecto de una profanación por los extranjeros que ocupan su suelo; presenta sus revelaciones como una profecía para darles más fuerza persuasiva:

> Los extranjeros llenarán este país y no solo se descuidarán las observaciones, sino que, cosa más penosa aún, se dictarán unas pretendidas leyes, bajo pena de castigos establecidos, que ordenarán la abstención de toda práctica religiosa, de todo acto de piedad para con los dioses. Entonces esta tierra santísima, patria de los santuarios y de los templos, será cubierta de sepulcros y de muertos... El escita o el indio o cualquier otro igual, quiero decir un vecino bárbaro, se establecerá sobre su suelo..., porque he aquí que la divinidad vuelve a subir al cielo. Los hombres abandonados morirán todos y entonces, sin dioses y sin hombres, Egipto no será más que un desierto...[15].

---

[14] S. Sauneron, *Les prêtres de l'Égypte ancienne,* París, 1957, pp. 41 y ss.; del mismo, «Les conditions d'accés à la fonction sacerdotale à l'époque gréco-romaine», en *Bull. Inst. Fr. Archéol. Or.,* 61 (1962), pp. 55-58.
[15] Asclepio, 24. Festugiere-Nock, *Hermès Trismégiste,* vol. II, París, 1960, pp. 326 y ss.

El mundo entero –anuncia el profeta– será aniquilado a causa de la presencia de los extranjeros en Egipto, porque estos introducen en el país una impureza, una suciedad tan perniciosa como la que se teme para los templos. La impureza de los extranjeros es, por lo demás, un tema frecuente en los textos griegos de origen egipcio, y especialmente en los escritos antijudíos. En efecto, como Yoyotte ha demostrado[16], en Egipto existieron numerosos relatos acerca de los Impuros –es decir, de los invasores de todas las épocas–, que fueron identificados con los soldados judíos de los ejércitos del Gran Rey en la época de la conquista persa. De modo que el antijudaísmo alejandrino no tuvo más que apropiarse aquella literatura que había cristalizado ya su xenofobia alrededor de los mismos enemigos.

Los textos a que nos hemos referido más arriba se reparten a lo largo de unos mil años, desde el siglo V a.C. hasta el IV d.C. Prueban así la permanencia de un estado de espíritu en Egipto, que, por lo demás, corresponde a la permanencia de las condiciones políticas. Nos hemos esforzado en demostrar la existencia de dos movimientos contradictorios, de acercamiento de las personas que pertenecen a grupos distintos y de xenofobia entre esos grupos, y en subrayar que la oposición política de los egipcios a los invasores había estado acompañada de una toma de conciencia, es decir, que se habían dado cuenta de su originalidad cultural. Más aún: algunos pasajes herméticos invitan a creer que es la defensa misma de esta originalidad la que justificó la xenofobia, porque vemos a Egipto convertirse poco a poco en un mito. En efecto, aquí puede hablarse de mito porque este Egipto de los herméticos no tiene nada de real. Al ser el *templo del mundo entero,* como dice el texto citado, Egipto es, por consiguiente, espacio sagrado y, por lo tanto, absoluto. Se hace, al mismo tiempo, ejemplar, porque la piedad de sus habitantes –piedad ideal, desde luego– se propone a los hombres de todas partes, egipcios o no, como garantía del mantenimiento de un orden universal que todos necesitan considerado, no como el mejor, sino como el único posible. Es esa una clara manifestación de una corriente universalista en el hermetismo –continuando así, por lo demás, la tradición egipcia más estricta, según la cual el or-

---

[16] J. Yoyotte, «L'Égypte ancienne et les origines de l'antijudaisme», en *Bulletin de la societé Ernest Renan,* N. S. 11. París, 1962, pp. 133-144.

den egipcio debía extenderse a todos los pueblos sometidos al faraón y a los dioses de Egipto–. De todos modos, el hermetismo siente la necesidad de emplear la lengua griega para dirigirse a nuevos adeptos, a pesar del sentimiento de desprecio que anima a los autores respecto a los griegos y a su lengua:

> Los que lean mis libros –dice uno de ellos– encontrarán su composición muy sencilla y clara, cuando, por el contrario, es oscura y mantiene oculto el significado de las palabras, y se convertirá incluso en absolutamente oscura cuando los griegos más adelante se obstinen en traducirla de nuestra lengua a la suya, lo que acabará en una completa distorsión y en una total oscuridad. Por el contrario, expresado en la lengua original, este discurso conserva en toda su claridad el sentido de las palabras. En efecto, la particularidad del sonido y la propia entonación de los vocablos egipcios encierran en sí misma la energía de las cosas que se dicen (XVI, 1).

Se trata, sin duda, de un mito aristocrático porque el hermético se vanagloria de no haber compuesto sus escritos según las ideas de la multitud, que frecuentemente rechaza. Pero se trata, desde luego, de una tendencia orientada a despertar el interés por la doctrina egipcia tradicional, adaptada a nuevas aspiraciones en ambientes no egipcios donde no era difícil prever, en la época en que fue compuesto el *Corpus Hermeticum,* que el prestigio de Egipto no se había debilitado. En efecto, a través de las edades clásica y helenística, Grecia y todo lo que depende espiritualmente de ella han reconocido la excelencia de Egipto, madre de toda sabiduría, a donde habían ido a instruirse los más ilustres filósofos. ¿No era tentador entonces para los egipcios nacionalistas, deseosos de crearse simpatías en el extranjero, recordar aquella excelencia y adoptar la actitud de quien condesciende a revelar una profunda sabiduría a unos ambientes con cuyo favor ya contaban?

Siguiendo aún la búsqueda de los contrastes en el mundo egipcio, vamos ahora a ver cómo este inmenso orgullo de sus espíritus más elevados no impidió que las influencias extranjeras se hicieran sentir precisamente en las clases cultivadas, incluso en el ambiente sacerdotal, que aparece así, a la vez, como el más hostil y el más receptivo ante la novedad. Especialmente, los egipcios no son refractarios a las técnicas nuevas que aparecen en la época helenística.

De los griegos toman su lengua y su estilo cuando los necesitan, y de los caldeos, los más modernos métodos de cálculo astronómico y se apropian de sus procedimientos de investigación del porvenir, como más adelante diremos. La lengua griega debió de parecer, en efecto, a algunos egipcios un instrumento infinitamente más perfeccionado que la suya. A lo largo de tres mil años de historia puede advertirse que los sacerdotes buscaron en vano la lengua abstracta. No supieron crear más que unas pocas palabras de significado abstracto, cuya definición rigurosa, por lo demás, nosotros no hemos captado aún, y que traducimos difícilmente por forma, apariencia, potencia, etc. Esta dificultad se deriva de que se encuentran siempre implicadas en contextos que siguen siendo mitológicos. Por otra parte, las ideas expresadas por las palabras «dieu», Verklärung, devenir, por ejemplo, se hallan también en vías de abstracción, mientras que las palabras en sí mismas encierran frecuentemente un contenido más concreto. El egipcio no alcanzó jamás las posibilidades expresivas que había alcanzado el griego, aunque experimentó, sin duda, la necesidad de ello: cuando el egipcio se escriba en letras griegas –aumentadas con algunos caracteres nuevos– bajo el nombre de copto, más que crear términos por sus propios medios, se limitará a utilizar las palabras griegas mismas, que se encuentran tanto más abundantes en un texto cuanto más próximo se halla este de la filosofía. De todos modos, esto no impide que el egipcio tardío nos ofrezca algunos ejemplos de embarazosas tentativas de expresión abstracta. Vale la pena citar aquí un pasaje curioso de un papiro, que data precisamente del 312 a.C., en el exacto comienzo de la conquista macedónica, cuyo modelo no puede haber sido muy antiguo. Mediante una serie de juegos de palabras sobre la raíz del verbo *hpr,* devenir, el autor ha tratado de dar cuenta de la génesis del universo: «El señor del universo dijo: "Cuando yo vine a existencia, las formas vinieron a existencia. Yo he venido a existencia en mi forma de Chepri = el que deviene, que existió por primera vez. Yo he venido a existencia en forma de Chepri existente, etcétera"».

Ante la torpeza de esta expresión tan rebuscada, más preocupada todavía de las relaciones de los sonidos que de cualquier otra cosa, según la tradición egipcia, conocida por el tratado citado más arriba, se comprende que la ausencia de un instrumento adecuado no había permitido aún a los egipcios tomar realmente conciencia de lo que era una abstracción, cuya necesidad, sin embargo, sentían. De todos modos, aunque la teología egipcia tardía incluso en plena época romana[17] creaba nuevas síntesis, a veces muy audaces, en el seno de sus sistemas teológicos, sobre los que luego volveremos, solo en los tratados griegos –o en la traducción latina que es la única que a veces subsiste (Asclepius)– encontraremos las exposiciones casi teóricas de los principios y de la esencia de la religión egipcia. Es decir, que los fundadores del hermetismo, pertenecientes sin duda alguna a la fracción conservadora de la clase sacerdotal, no titubearon siquiera en recurrir no solo a una lengua extranjera, sino a todo un modo de pensar en el que tratan de integrar el suyo para expresarse. Es también en griego como un Queremón redacta, entre otras cosas, las reglas de vida de un ascetismo teñido de misticismo a las que deben someterse los sacerdotes; esperando sin duda aumentar así entre los extranjeros el respeto hacia el clero egipcio. Sin embargo, si hubo adopción de la lengua del vencedor y si, como vamos a ver enseguida, se utilizaron a veces su estilo y sus técnicas, parece que jamás se adoptaron sus ideas. Al final de nuestra exposición veremos cómo el contacto fue incluso fatal para el racionalismo científico de los griegos, que se vio absorbido.

Para poder situar la segunda clase de «préstamos», a los cuales queremos referirnos –literario, estilístico o temático–, vamos ahora a pasar revista rápidamente a los diversos géneros literarios cultivados en Egipto en lengua demótica, forma final del antiguo egipcio usado a partir del primer milenio como lengua administrativa y solo en la segunda mitad de este como lengua literaria. Señalemos que algunas obras no nos son conocidas más que por traducciones griegas, lo que demuestra la existencia de intereses comunes en los dos grupos lingüísticos que vivían en Egipto después de la conquista macedónica.

Esta literatura está representada por algunos relatos de carácter histórico o épico de proverbios y de profecías, a los que hay que añadir una colección de fábulas de animales bastante pueriles y un mito[18].

En el país dominado por el extranjero, los raros moralistas que se expresaron tienen una visión pesimista de las cosas, y, por lo de-

---

[17] S. Sauneron, *op. cit.*, n. 278.
[18] W. Spiegelberg, «Die demotische Literatur», en *Zeitschrift der deutschen Morgennindischen Geselleschaft*, 85 (1931), pp. 147 y ss.

más, no revelan una muy grande elevación de pensamiento. Uno de ellos, Anch Scheschonq, que vivía, según se cree, en el siglo V o en el IV, pero cuya obra se copiaba todavía varios siglos después, era un campesino que daba consejos a los suyos, mientras él permanecía en prisión no sabemos por qué. De todos modos, lo cierto es que no tenía muy buen concepto de la sociedad, que no era muy conformista y que no creía en los «valores» recibidos. Su libro está lleno de consejos cínicos, como «pide dinero prestado y celebra tu cumpleaños», y de agudas observaciones, como: «Hay mil esclavos en la casa del mercader. ¡Y él es uno de ellos!»[19].

El otro moralista, cuya obra conocemos por varios manuscritos, principalmente el papiro Insinger[20], es también de un escepticismo total. Pefo se muestra más inteligente. Se interroga, examina fríamente los fundamentos tradicionales de la moral, sus principios, y concluye que el respetarlos nunca ha significado gran cosa. Por el contrario:

> Hay gentes que consagran su vida a honrar a su padre y que, sin embargo, no tienen verdadera misericordia en el corazón. Hay gentes que caen en la deshonra por la maldición de su madre y que, sin embargo, tienen buen carácter. El que es bueno para su hijo no es, por eso, un hombre misericordioso. El que deja pasar hambre a su padre, que le ha alimentado, no es, por eso, un malvado. Porque el premio o el castigo del insensato proceden de sus propias consideraciones, y el buen destino del justo le es procurado por su propio corazón. *La felicidad y el destino que llegan son determinados por Dios*[21].

La frecuente mención de Dios —entidad una bajo múltiples formas— haría creer en el origen sacerdotal de esta sabiduría; su tono, sin embargo, difiere del de otro sacerdote moralista, Petosiris, al que ya nos hemos referido, que expresa una completa resignación y una serena confianza en la divinidad.

---

[19] S. Glanville, *The Instructions of Anschsheshonqy,* Londres, 1955.
[20] A. Volten, *Das demotische Weisheitsbuch,* Copenhague, 1941.
[21] Traducción según J. Capart, «Une sagesse égyptienne d'aprés le livre récent d'Aksel Volten», en *Bulletin de l'Académie royale de Belgique,* 1942, pp. 50-82. Texto citado: Papiro Insinger, II, 14-20.

El último moralista es un funcionario administrativo anónimo[22], que no se preocupa de la ética ni de la metafísica. Los consejos que da son los que conviene seguir si se quiere asegurar una existencia sin historia, en una honesta mediocridad. Citemos: «No dejes ver que tu mujer te ha irritado. Apaléala y deja que se lleve sus bienes... No construyas tu casa de modo que esté demasiado cerca del templo...».

Anch Scheschonq y este último autor pertenecen claramente al mismo ambiente de la pequeña burguesía campesina, para la que los grandes conflictos en que Egipto se ha visto envuelto no han significado más que dificultades sin número, con la consecuencia de un gran desaliento, cuyo resultado es esa serie de reglas útiles para todo el mundo y que no revelan más que unas aspiraciones individuales reducidas a una mejora estrictamente material, limitada a evitar lo peor.

Sin embargo, en esta misma escritura demótica, que sirvió para propagar los proverbios, y en el mismo ambiente se compusieron otras obras de naturaleza distinta, que revelan, como ya hemos dicho, las influencias extranjeras, y que, por consiguiente, las han aportado a los lectores, incluida aquella burguesía campesina de que acabamos de hablar, la cual se irritaba, según hemos indicado, al ver que los «Clerucos» poseían las mejores tierras, pero, de todos modos, daba sus hijas a los hijos de aquellos importunos griegos.

Así como los griegos de Egipto gustaban de leer a Homero, parece que los egipcios eran aficionados también a los relatos épicos. De estos poseemos todo un ciclo, del que varias partes no han sido todavía publicadas, y cuyos héroes son el faraón Petubastis, Inato y Petuchons que lucharon contra los asirios y los persas, y que mantuvieron entre sí disputas que se narran en los relatos que nos ocupan[23]. En realidad, hay muy poca verdad histórica en esta literatura, y los conflictos que enfrentan a los personajes parecen, a veces, muy mezquinos. Sin embargo, se da en ella un estilo épico desconocido para el Egipto tradicional, necesariamente inspirado en Homero, que revela, pues, otra apertura a las influencias extranjeras en un medio aparentemente muy cerrado. Corresponde a Stricker y a Vol-

---

[22] A. Voeten, «Die moralische Lehre des demotischen Papyrus Louvre 2414», en *Studi in onore di I. Rosellini,* vol. II, Pisa, 1955, pp. 269-280.

[23] W. Spiegelberg, *Der Sagenkreis des Königs Petubastis,* Leipzig, 1910.

ten[24] el mérito de haber llamado la atención sobre las analogías de la composición de las obras del ciclo de Petubastis con la epopeya. Por unas hojas recientemente descubiertas del comienzo de una de esas obras, aprendemos que el conflicto que va a oponer a los hombres ha sido decidido por los dioses, en términos que recuerdan los preliminares divinos de los conflictos contados por Homero. Además, también como en la *Ilíada* y según un esquema anteriormente desconocido en Egipto, los combates singulares que enfrentan en campo cerrado a los campeones de los dos ejércitos se desarrollan de acuerdo con el plan clásico: conformidad de los jefes, invectivas: «Negro, etíope, comedor de goma –grita un héroe– ¿es tu destino, por confianza en tu fuerza, batirte conmigo ante el Faraón?... Por Atón, el señor de Heliópolis, el gran dios, mi dios, si no fuera por la orden dada y por el respeto debido al rey que te protege, te impondría al punto el color de la muerte» (según la versión de Maspéro). Minuciosamente son descritas también las armas de los combatientes. En el relato llamado «la lucha por la coraza del rey Inaro», la descripción del equipo del héroe que se dispone al duelo ocupa una larga página, desgraciadamente muy mutilada, por la que se ve, de todos modos, que las armas, la indumentaria y el escudo eran todos objetos especialmente preciosos y dignos de atención.

Pero el relato más curioso del ciclo entero es, sin duda, el que Volten acaba de descubrir en la colección de papiros de Viena[25], muy mutilado también, donde se cuentan diversos episodios de una expedición emprendida por un tal Petuchons, hijo de un compañero de Inaro, al país de las amazonas. Por lo que el editor ha podido reconstituir de la trama del relato, este debía de presentar una clara semejanza con el episodio homérico del combate de Aquiles y de Pentesilea. Pero el gusto egipcio no se adapta a lo trágico, y el duelo se detiene en determinado momento por sugestión de la reina Serpot, que Petuchons acepta con alegría. Acordado un armisticio, los dos combatientes se reconcilian y acaban apreciándose el uno al otro, mientras los dos ejércitos se hacen aliados. Se adivina que

---

[24] B. Stricker, «De stridj om de praebende van Amon», en *Oudheidkundige (Medelingen) van het Rijksmuseum Von Oudheden,* Leiden, 29 (1948), pp. 71-83, y 35 (1954), pp. 47-64. A. Volten, «Der demotische Petubastis-Roman und seine Beziehungen zur griechischen Literatur», en *Akten d. 8 Kongresses f. Papyrologie,* Viena, 1955, pp. 147-152.

[25] A. Volten, *Agypter und Amazonen,* Viena, 1962.

Petuchons había ido al país de las amazonas para tratar de recuperar el cadáver de Inaro, que había muerto luchando contra ellas. A continuación de los episodios que acabamos de resumir, Serpot devuelve el cadáver de Inaro, y desea incluso contribuir a sus funerales, que se celebrarán a la manera egipcia. La reina hace, mientras tanto, el elogio de los ritos egipcios: esta aprobación extranjera debía de agradar, sin duda, a los nacionalistas que leyesen o escuchasen la lectura de la historia.

Cualquiera que haya sido la fecha de composición de estos relatos, que tuvieron éxito incluso en la época romana, y que, al parecer, versaban sobre acontecimientos de varios siglos antes, su popularidad se debía, seguramente, al hecho de que representaban los últimos recuerdos gloriosos, verdaderos o embellecidos, de un pueblo que así se consuela de haber sido vencido.

Al lado de estos la baja época gustó de evocar los tiempos en que sus magos eran los más poderosos del mundo. Se conservan dos relatos en papiros de la época romana, que cuentan aún las vicisitudes de un tal Satni Khamuas[26], que vivía en el reinado de Ramsés II. Gran amigo de los escritos viejos, siempre andaba a la busca de conjuros desconocidos. Así consiguió apoderarse de un antiguo rollo de papiros que pertenecía a una momia, cuyo conocimiento le permitió comprender el universo entero: «Recitó una fórmula –leemos–, y encantó al cielo, a la tierra, al mundo de la noche, a las montañas, a las aguas, comprendió todo lo que decían los pájaros del cielo, los peces del agua, los cuadrúpedos del desierto, Recitó otra fórmula, y vio el sol con su ciclo de dioses, la luna naciente y las estrellas en su forma; vio los peces del abismo, porque una fuerza divina pasaba sobre el agua, por encima de ellos...». Desgraciadamente, la posesión de aquel libro supuso para él espantosas catástrofes, y acabó viéndose obligado a devolverlo a la tumba de donde lo había cogido.

El segundo relato conservado narra las hazañas del hijo de Satni, Senosiris, que, aún niño, sorprende a su padre con una extraordinaria sabiduría. Sobre todo, es este joven el único de todos los magos de Egipto que logra romper el maleficio de que era víctima el faraón. Después organizó a su padre un descenso a los infiernos para revelarle la verdadera doctrina de la retribución de los actos humanos tras el juicio del tribunal de Osiris, mostrándole, en el curso

---

[26] P. Griffith, *Stories of the High Priests of Memphis,* Oxford, 1960.

del viaje, una sucesión de escenas que constituyen la versión egipcia de la parábola de Lázaro y el rico epulón. El pobre justo recibe así, en el más allá, el suntuoso ajuar del rico malvado, entregado a terribles tormentos en castigo de sus pecados.

Los críticos están de acuerdo en admitir que el tema no es egipcio, y que ha debido de ser tomado del extranjero, probablemente de los judíos, de quienes pasó también al Evangelio. Por otra parte, no puede menos de reconocerse un cierto parentesco entre el joven Senosiris, tan lleno de sabiduría, y Jesús discutiendo con los rabinos[27].

De este modo, mientras los relatos de hazañas guerreras nos han revelado en sus autores el conocimiento de la literatura épica griega, los últimos de que hemos hablado, pertenecientes a una tradición menfita, parecen haber experimentado más bien la influencia judía, a pesar de la hostilidad de que los judíos fueron objeto siempre[28].

La última corriente literaria es la de las profecías. Las conocemos en demótico y en griego, estas traducidas, sin duda, del egipcio. Aparentemente, debían alentar a la independencia en el campo. Es interesante advertir que esta literatura de la esperanza está dirigida a las dos comunidades lingüísticas, una de las cuales, sin embargo, no parecía tener razón alguna para desear que Egipto recobrase la independencia, a no ser que, a pesar de las diferencias de lengua, todos los habitantes del valle del Nilo se sintiesen, ante todo, campesinos y víctimas de las mismas contrariedades.

Se ha discutido mucho acerca de si aquella corriente profética estaba influida por el profetismo judío. Parece que no, porque el género existe en Egipto mucho antes de que Israel anduviese errante por el desierto palestino.

El más antiguo ejemplo de profecía egipcia es el cuento conocido con el nombre de «profecía de Nefertiti»[29], que data de los primeros años de la XII dinastía y que, en realidad, es una pseudoprofecía, porque fue escrita, evidentemente, después de los acontecimientos. Se trata de una obra de propaganda política anunciando el reinado

---

[27] S. Morenz, *op. cit.,* p. 203.
[28] R. Remondon, «Les antisémites de Mernphis», en *Chronique d'Égypte* 35 (1960), pp. 244-261.
[29] Sobre la profecía de Nefertiti, cfr. G. Roeder, *Altägyptische Marchen,* Jena, 1926, pp. 133 y ss.

de un faraón que no es otro que Amenemhat I (2000-1970 a.c.), como el regreso a la prosperidad después de un periodo de larga anarquía y de debilidad relativa del gobierno real. Pero Amenemhat es, en cierto modo, un usurpador, que liquidó la dinastía precedente para implantar su poder sobre Egipto.

En cambio, en la colección de oráculos conocida con el nombre de «Crónica Demótica», aparecen ciertas intenciones propagandísticas en favor de un heracleopolitano, aunque debe tenerse en cuenta el hecho de que la alusión a este heracleopolitano no figura en el texto propio de los oráculos –rigurosamente oscuros–, sino en los comentarios que lo acompañan en el manuscrito que poseemos. Puede suponerse, pues, que en Egipto habían circulado, desde la época persa, sin duda, colecciones de oráculos de ese género, como circularon en Europa, en los tiempos difíciles y hasta estos últimos años, profecías del libro de las *Centurias* de Nostradamus o la lista de los papas de san Malaquías. Una breve muestra de esta literatura bastará para permitirnos conocer su carácter:

> La primera tribu sacerdotal cierra el candado. Esto significa: El Señor, que estará en Egipto, cerrará los candados. El Faraón los abrirá de nuevo. La segunda tribu sacerdotal ha abierto. La tercera tribu sacerdotal ha abierto ante la serpiente Ureo. Esto significa: El tercer Señor que vendrá, de cuya Señoría nos regocijaremos; mientras permanezca el tercero, que estará bajo los pueblos extranjeros, los dioses se regocijarán de su Señorío. La diosa que viene trae bajo su protección al de Heracleópolis, porque está contenta de él bajo su protección al palacio real. Él es Arsafe, que manda al Señor que será. Suele decirse: Es un Hombre de Heracleópolis el que reinará después de los extranjeros y de los Jonios[30].

Esto significa, probablemente, que, al fin, bajo un soberano indígena, se podrán abrir de nuevo los escondites de los templos, de que hemos hablado.

Sin duda, estos escritos se leían durante las veladas, en las aldeas, para darse ánimos, cuando se había terminado de dar un repaso a las dificultades del momento, que fueron, por lo demás, muy pron-

---

[30] W. Spiegelberg, *Die sogenannte demotische Chronik*, Leipzig, 1914. Texto citado: II, 18 y ss.

to las mismas para los egipcios y los griegos campesinos, lo que explica que aquellas profecías circulasen en las dos lenguas[31] que se empleaban ordinariamente en el Egipto tardío. Poco importa, pues, que el helenismo del campo egipcio se alimentase también de las fuentes clásicas, que Homero y los trágicos fuesen leídos y copiados en las escuelas. Las dos comunidades tuvieron que acercarse en ciertos planos, tuvieron que experimentar su solidaridad frente a un adversario común, el ciudadano de Alejandría o de Roma. Esta unidad de poblaciones de Egipto, que se prepara en el tiempo en que se traducían al griego las profecías nacionalistas, será, al fin, una realidad, durante las breves décadas de la época puramente copta, cuando ya no habrá paganos y todavía no existirán musulmanes.

Las dos comunidades estuvieron de acuerdo también en su adopción de la astrología. En efecto, las técnicas astronómicas y astrológicas aprendidas de los babilonios, tanto a continuación de la conquista persa como en el siglo II a.c., en la época de los más intensos contactos entre los caldeos y los griegos, se difundieron en el Egipto helenizado tanto como en el Egipto tradicional. Al comienzo de la época ptolemaica, se introdujeron nuevos métodos de cálculo de las tablas planetarias. Estas tablas, griegas o demóticas, revelan preocupaciones muy nuevas en Egipto[32]. En efecto, las posiciones de los astros vienen dadas en relación con los signos del zodíaco, desconocidos para el Egipto prehelenístico, que había ignorado la división del cielo en doce «mansiones», y para el que no existían más que los 36 «decanes» integrados después en la astronomía zodiacal[33], cuyos nacimientos o culminaciones, según las épocas[34], servían para indicar la hora por la noche, según unas tablas de doble entrada, cuyos ejemplares más antiguos se remontan al primer periodo intermedio, es decir, antes del año 2000 a.C.. Son admirables los estudios realizados por O. Neugebauer sobre estas tablas planetarias, que consis-

---

[31] Sobre el oráculo del vasar, Lobel-Roberts, *The Oxyrhynchus papyri,* XXII, Londres, 1954, pp. 89-99. L. Koenen (Colonia) anuncia un nuevo análisis de este documento.
[32] Documentos publicados al cuidado de O. Neugebauer, «Egyptian planetary texts», en *Transactions of the Amer. Philos. Society,* N. S. 32/2 (1942), 209-250, p. 11, y Hugues, «A Demotic astrological Text», en *Journal of Near Eastern Studies,* 10 (1951), pp. 256 y ss.
[33] Gundel, *Dekane und Dekansternbilder,* Glückstaldt, 1936.
[34] O. Neugebauer-R, Parker, *Egyptian astronomical Texts,* vol. I: *The early Decans,* Providence, 1960.

ten en columnas de cifras cuyo sentido hay que deducir, y a partir de las cuales hay que intentar reconstruir las teorías y los métodos mediante los cuales han sido obtenidas. Aparentemente, estas tablas no han podido servir más que para establecer horóscopos. También estas son preocupaciones ajenas al Egipto prehelenístico, que no atribuía influencia a las figuras astrales sobre los destinos terrestres. En todo caso, antiguamente, un eclipse podía ser interpretado como un presagio, y algún autor se asombra de que un cataclismo se haya abatido sobre el país, «cuando el cielo no había comido la luna...»[35]. Pero donde encontramos las primeras verdaderas predicciones lunares conocidas en Egipto es en un papiro demótico de la época romana, heredero, una vez más, de una tradición babilónica[36]. Aquí, el color y el aspecto del astro tienen su importancia, y son finamente analizados, para establecer predicciones relativas al país entero y a sus vecinos. Es interesante advertir que otros documentos astrológicos demóticos contienen predicciones para uso del estado o, más exactamente, de los que querían conocer con antelación la situación probable de este, probablemente, también difundidas en los medios campesinos, ávidos de las profecías, de que más arriba se hace mención.

En cambio, solo un documento nos ha llegado que nos permite conocer una verdadera astrología para uso de las personas, que responde a las necesidades individualistas nacidas de una tendencia de la que más adelante tendremos ocasión de hablar. Según toda probabilidad, la astrología penetra en el campo por Alejandría, lo que permite creer que, a pesar de la oposición antes señalada, ciertas preocupaciones eran comunes a todos –y sabemos que en esto se halla implicado todo el mundo antiguo–. Aquí solo es necesario señalar su existencia en Egipto.

El prestigio de Alejandría en materia astrológica fue tan grande que se extiende sobre todo el conjunto del país, de modo que la tradición asigna a los egipcios un papel considerable, y los tratados tardíos están llenos de los nombres de Nechepso y de Petosiris, auténticos egipcios, a quienes se atribuían las doctrinas más importantes. En la propia Roma, los astrólogos egipcios gozaban del mis-

---

[35] Ph. Derchain, «Mythes et dieux lunaires en Égypte», en *La Lune, Mythes et rites, Sources Orientales*, 5, París, 1962, pp. 31 y ss.
[36] R. Parker, *A Vienna Demotic Papyrus on Eclipse and Lunar Omina*, Providence, 1959.

mo prestigio, y es Horos, por ejemplo, un egipcio, quien revela su destino a Propercio (IV, I, 78). Ya hemos dicho que el zodíaco no pertenecía a la tradición egipcia. Sin embargo, mientras las tablas planetarias, redactadas en demótico y en griego, no tenían, aparentemente, más que usos profanos, el zodíaco fue aceptado en los templos. Así, en el famoso techo astronómico de Denderah, de comienzos de la época romana, falsamente llamado zodíaco por otra parte, en medio de las constelaciones egipcias ordinarias, se encuentran los tres signos de Sagitario, Libra y Capricornio, los tres de origen mesopotámico. Hubo también intentos egipcios de crear un auténtico zodíaco egipcio, cuyos signos tuvieron figuras diferentes de las que nosotros conocemos y cuya tradición se mantuvo, esporádicamente, hasta el siglo XVIII[37].

A pesar de algunas aperturas de esta clase, el rasgo característico de los templos sigue siendo, de todos modos, su estricta fidelidad a la tradición. Pero fidelidad sin servilismo, porque la época ptolemaica se mostró asombrosamente creadora en todos los órdenes —arquitectura, decoración, escritura y teología—. Tiene su estilo propio, que permite reconocer sus monumentos al instante. Ese estilo es el resultado de una evolución interna, que transformó, por ejemplo, el arte del bajorrelieve, sin arcaísmo —al contrario de la época inmediatamente anterior— y sin tomar nada del extranjero. La arquitectura también se renovó. A los arquitectos ptolemaicos se deben concepciones grandiosas, planos rigurosos, así como una serie de detalles que revelan una gran riqueza de imaginación, como los capiteles de las columnas de los que ahora existen innumerables variedades.

Esta facultad creadora del arte coincide con el vigor del pensamiento religioso contemporáneo. Ya hemos hecho alusión a sus esfuerzos por descubrir el lenguaje abstracto y a los intentos de formular los principios fundamentales del sistema, encontrados en el *Corpus Hermeticum*. Al lado de esto, y utilizando simplemente los recursos de la mitología y de la teología heredadas del más remoto pasado, los cleros ptolemaicos realizaron magníficas «sumas teoló-

---

[37] G. Daressy ha descrito un monumento de esta clase en *Recueil de Travaux relatifs à la Philologie et d l'archéologie égyptiennes et assyriennes,* 23 (1901), pp. 126-127. El origen egipcio de este círculo, que es idéntico al Dodekeoros descrito por Marziano Capella, ha sido demostrado por Boa, *(Der ostasiatische Tierzyklus im Hellenismus,* 1912 = *Kleine Schrif ten zur Sternkunde des Altertunts,* Leipzig, 1950, pp. 99 y ss.).

gicas», de las que son expresión los propios templos. Todo está allí rigurosamente codificado y, al estudiar los más grandes de estos monumentos, cuya construcción, a veces, duró siglos, se comprende que, antes de poner la primera piedra, en los dibujos del arquitecto y de los decoradores había planos detallados, en los que estaba prevista hasta la menor inscripción. Además, en las bibliotecas de las Casas de la Vida anexas a los grandes santuarios, había manuales especiales para la decoración religiosa. Estos manuales debían de contener, sin duda, el enunciado de las reglas precisas que era necesario observar pata disponer las escenas sobre las paredes, y su pérdida es tanto más lamentable cuanto que del conocimiento de esas reglas depende, en gran parte, la comprensión del templo entero[38]. Sutiles alusiones y correspondencias unen los cuadros situados frente a frente, en paredes opuestas, tanto en un estrecho corredor como en un amplio salón, y se advierte frecuentemente que los cuadros simétricos se completan, que no son plenamente inteligibles el uno sin el otro, que a veces son el simple desdoblamiento de una escena única en el ritual, y cuyos elementos han sido así repartidos alrededor de un eje central, por un afán de paralelismo que no es exclusivamente estético, sino, sobre todo, teológico. Se tiende también a hacer corresponder cuadros que representan ritos aparentemente extraños el uno al otro, pero que, en el fondo, coinciden en sus intenciones. Así vemos que, de una parte, se ofrece el emblema de la eternidad a Ra y a Osiris en su calidad de dios luna, mientras que, en la pared de enfrente, otra forma de Osiris –esta vez, el sol en su viaje nocturno para volver a Oriente– recibe los emblemas del vigor, de la duración y de la vida. Las intenciones de los ritos son idénticas: asegurar la ininterrumpida renovación de los ciclos de las luminarias celestes. Es la suma de los dos la única que asegura la representación completa, pues hay que leer juntamente los cuadros en cuestión para saber cómo funciona el mecanismo de la iluminación de la Tierra gracias al Sol y a la Luna, y cuya marcha no se concebiría sin la fase hipotética del viaje por debajo de nuestro planeta.

Se representaron también largos complejos rituales, a los que pertenecen varias docenas de cuadros, entre los que no aparece indicada ninguna clara relación. Sin embargo, el observador atento

---

[38] Ph. Derchain, «Un manuel de géographie liturgique à Edfou», en *Chronique d'Égypte,* 37 (1962, pp. 31-65).

percibirá ciertos sutiles indicios, tales como el desplazamiento, de un cuadro al próximo, de un epíteto o de un atributo divinos, cuya situación anormal bastará para señalar el orden de lectura a quien lo sabe. En realidad, estos cuadros, de los que una parte importante está colocada demasiado alta o en lugares demasiado sombríos para que realmente pueda leerse, no han desempeñado nunca el papel de un compendio para los ritualistas, sino que están allí para asegurar la permanencia del ritual en el templo, incluso en ausencia de los sacerdotes, que lo ejecutan realmente.

Explotando el viejo principio de la magia, según el cual el nombre puede ser equivalente de la cosa y la palabra escrita equivalente del nombre pronunciado, se diría que los sacerdotes de Edfu, de Filas y de Esna quisieron asegurar a todo trance la perennidad de los ritos que ellos creían necesarios, fijándolos en la piedra, para que, incluso después de su desaparición, cuando nadie los ejecutase ya, el mundo pudiera seguir funcionando según el orden egipcio. Para ilustrar su preocupación, citaremos un pasaje de Jámblico[39] que afirma que «todo permanece estable y eterno, porque el curso del sol nunca se detiene; todo subsiste intacto y perfecto porque las cosas inefables de Abydos jamás son reveladas...». Pero nosotros sabemos lo que son esas inefables cosas de Abydos. Era un ritual celebrado, con el mayor secreto, en la Casa de la Vida, sobre una estatuilla de Osiris, cuyo renacimiento se celebraba, «para que el cielo no se derrumbe, para que la tierra no zozobre y para que Ra no reduzca a cenizas a los dioses y a las diosas»[40].

Los sacerdotes seguramente tenían la profunda convicción de lo que Jámblico expresa, y construyeron templos sólidos y grandiosos, pensando en el futuro del mundo, porque los construían –dicen ellos– para durar eternamente. Más aún: lograron hacer compartir aquella convicción incluso a los soberanos macedonios, que jamás consideraron indigno el ayudarles financieramente, participando mediante donativos suntuosos en ciertas ceremonias y concediendo las inmunidades necesarias para la acumulación de las ganancias imprescindibles a fin de edificar y hacer funcionar aquellos templos. Naturalmente, se objetará que los móviles de los Ptolomeos en su generosidad respecto a los templos eran políticos, que trataban

---

[39] *De Mysteriis,* VI, 7.
[40] P. Salt, 825, XVII, 8 y ss.

de conciliarse a una potencia. Pero así la reconocieron al mismo tiempo, y bastantes autores griegos nos hablan de su admiración por la religión egipcia, lo que nos permite suponer que la maniobra de los «Faraones» alejandrinos consiguió mucho más de lo que se proponían sus promotores, que se trataba de algo más que de un reconocimiento formal y que debían de existir en Alejandría y en la proximidad de los propios reyes gentes que se apasionaban por la religión egipcia. Y poco a poco el pensamiento mítico empezó a invadir a su vez el pensamiento racionalista, como tendremos ocasión de observar más adelante.

Aquella religión aristocrática, solo accesible a un pequeño número de sacerdotes eruditos, dedicados enteramente a la conservación de un orden ya caducado, se hunde cada vez más en refinamientos intelectuales cuya ingeniosidad produce asombro y que logran incluso dar la impresión de que el sistema está lleno de vitalidad todavía. Sin embargo, parece, desde luego, que preocupaciones puramente formales a investigaciones relativas solo a la expresión absorbieron la casi totalidad de las fuerzas de los teólogos en perjuicio de un pensamiento verdaderamente creador, y que la perfección del sistema de los templos constituye también una prueba de su definitiva incapacidad para seguir evolucionando, para adaptarse. Alguno, sin embargo, continuará existiendo aún cerca de seis siglos después de la conquista macedónica, respetado y admirado, viviendo en cierto modo su edad barroca, y todo el pueblo de Egipto adorará a sus dioses y creerá todavía que es necesario que los ritos se celebren en el secreto de los santuarios. Pero el pueblo no encuentra en ellos la satisfacción de todas sus necesidades religiosas. Al lado de los templos, en Egipto ha existido siempre lo que se llama la religión popular, que nosotros comenzamos a conocer bien en época tardía. En las creencias de las masas no hay nada muy elevado, nada complejo, sino, por el contrario, algunas preocupaciones elementales cuyo análisis nos ayudará a comprender mejor los problemas cotidianos de la época. Es un signo del marasmo del pueblo que se espere de los dioses ante todo la salvación y la protección, que se desee conocer de antemano su voluntad por medio de oráculos o de sueños. Es también un signo de la absorción de los extranjeros por Egipto que los griegos y los judíos no desdeñen recurrir en su miseria a los dioses y a los oráculos egipcios, y que no se les rechace a pesar de toda la xenofobia propagada en los templos y en la literatura que a veces provocó incluso movimientos violentos, como hemos dicho. Chnum cuenta con la devoción de la colonia judía de Elefantina, a pesar del antisemitismo sacerdotal, y Osiris-Apis, con la de los griegos de Menfis.

El oráculo de Zeus-Amón, en el oasis de Siwa, a 500 kilómetros al oeste del valle del Nilo, recibe tantos visitantes de Cirene como de Egipto. Además, como estaba reconocido a la vez por los griegos y por los egipcios, Alejandro consideró indispensable hacer una peregrinación hasta él, y en ella fue saludado con el título de «Hijo de Zeus» por el sacerdote que le recibió. Por último, los grafitos dejados en torno al oráculo de Bes, en el templo de Seti I, en Abydos, hablan todos los idiomas del Mediterráneo oriental... Soldados, gentes sencillas de todas clases no se preocupaban de nacionalismo ni de racismo en la elección de los remedios que esperaban de los dioses, porque sus inquietudes y sus miserias no se detenían en distinciones de raza o de pueblo.

A veces algún oráculo adopta una actitud claramente nacionalista, pero por regla general su éxito se debe, ante todo, a su comprensión universalmente humana.

La práctica de la consulta a los dioses no es nueva en Egipto, ciertamente. Se conocen ejemplos de ella desde épocas antiguas[41]. Pero su proliferación y sobre todo su democratización son un signo de los tiempos. Además, no permanecieron cerradas a las influencias extranjeras. En efecto, puede caerse en la tentación de creer que fue por imitación de los griegos como se introdujo la práctica de la incubación en algunos santuarios, y que en Deir el Bahari, frente a Luxor, en el antiguo templo funerario de la reina Hatschepsut, los peregrinos iban a esperar los sueños proféticos que les enviarían los dos héroes curanderos de Egipto, Imhotep y Amenhotep, hijos de Hapu –Imothes y Amenothes en griego–, para los que se había cavado en el fondo del santuario de la costa una capilla más profunda en la época ptolemaica.

A comienzos de la época que nos interesa, en Denderah había un edificio especial de extraña planta[42], que se ha podido demos-

---

[41] Sobre los sueños: S. Sauneron, «Les *songes* et leur interprétation dans l'Égypte ancienne», en *Les songes et leur interprétation, Sources orientales,* 2, París, 1959, pp. 16-61. Sobre los oráculos: J. Cerny, «Egyptian Oracles», en R. Parker, *A Saïte Oracle Papyrus from Thèbes,* Providence, 1962, pp. 35 y ss.

[42] F. Daumas, «Le sanatorium de Dendara», en *Bulletin de l'Institut Francais d'Archéologie Orientale,* 56 (1957), pp. 35 y ss.

trar haber sido un sanatorio. Se componía esencialmente de una pieza central en la que se encontraba una estatua divina sobre un alto pedestal cubierto de inscripciones religiosas y mágicas. Mediante canalizaciones podía recogerse en las bañeras el agua, vertida antes sobre la estatua y las inscripciones. El contacto con estas últimas daba a las aguas el poder divino y la virtud sobrenatural de los textos que había rozado y era, pues, perfectamente adecuada para transmitir sus efectos a los que se bañasen en ella. La excesiva plenitud de las bañeras desaparecía por un agujero en relación mítica directa con el «Agua original», a la que las aguas santificadas volvían así sin peligro de profanación.

Todo esto no era más que la aplicación en grande de técnicas conocidas desde hacía algún tiempo en Egipto, donde se bebía el agua que había discurrido sobre inscripciones mágicas o en la que se había disuelto la tinta de un texto con virtudes curativas[43]. El sanatorio de Denderah comprendía alrededor de esta pieza central once celdas que no han podido servir más que para la incubación. Así pues, parecen haber sido utilizados conjuntamente distintos métodos de curación sin contar con que a un templo como el de Denderah han podido estar adscritos auténticos médicos, porque la medicina era una de las actividades de la Casa de la Vida dependiente de cada gran templo[44]. Además, aquellos médicos, por lo que nosotros sabemos de la medicina egipcia[45], debían de prescribir remedios racionales y practicar operaciones quirúrgicas y recurrir a los milagros de la magia, según nos informan los numerosos papiros médicos antiguos que poseemos. Al margen de esos santuarios «médico» de que hemos hablado, había en Egipto auténticos oráculos a los que se podía consultar sobre todas las materias. Entre otros, el del toro Buchis de Medamud, cerca de Luxor. No sabemos cómo respondía a las preguntas el animal sagrado. Sin duda, sacerdotes especializados interpretaban para el consultante los movimientos del animal. En efecto, un emperador romano, cuyo nombre desgraciadamente se ha perdido, no desdeñó el inte-

---

[43] P. Lacau, «Les statues guérisseuses», en *Mémoires Acad. Inscriptions,* 25, París, 1922, pp. 189.209.
[44] A. Gardiner, «The House of Life», en *Journal of Egyptian Archeology,* 1938, pp. 157 y ss. A. Volten, *Demotische Traumdeutung,* Copenhague, 1942.
[45] Sobre la medicina egipcia: H. Grapow, H. von Dones, W. Westendorff, *Grundriss der* ägyptischen *Medizin,* 7 vols., Berlín.

rrogarlo, y la inscripción que acompaña al bajorrelieve conmemorativo que levantó en el templo nos dice que «el gran toro adapta su posición a la voz del emperador, evoluciona según sus palabras y se regocija cuando se acerca a él»[46]. La dignidad del consultante explica esta autoridad sobre el animal sagrado porque el emperador faraón es él mismo un dios. El toro le responde de igual a igual: «Mi oráculo respecto a ti es que yo decidiré lo que tú quieras, que mi corazón estará a tu servicio desde lo alto de la región luminosa». De esto se puede deducir que los «clientes» ordinarios tendrían que contentarse con observar los movimientos de la bestia, por los que ellos descubrirían su destino.

En Menfis también existía, alrededor del *Serapeum,* toda una industria de la divulgación del porvenir. El dios daba oráculos cuya interpretación correspondía a diversas personas, entre otras a aquellos famosos recluidos *(katochoi),* conocidos únicamente por los documentos griegos, que servían a veces de intermediarios al dios para manifestar un deseo que él les indicaba por medio de sueños.

Todo esto implica una creencia en el destino que siempre existió en Egipto, aunque sin alcanzar la importancia que tenía en Grecia[47]. Egipto no conoció la fuerza trágica de una Moira contra la que los mismos dioses eran impotentes. Por el contrario, estos tienen el destino en sus manos, son sus dueños. Y sobre ellos, por medio de los ritos, el hombre dispone de un cierto poder. Hacia el final de la historia egipcia, sin embargo las dificultades en que cada uno se debatía acabaron por hacer dudar de la excelencia del sistema y del poder real del hombre sobre la naturaleza, y un escepticismo que ya se había manifestado en otros tiempos inquietos reaparece y se extiende de un modo bastante general. Pero el escepticismo implica una abdicación del hombre ante sus responsabilidades, es decir, un reforzamiento de la fe en un destino todopoderoso. Debemos admitir que esta abdicación fue más total que nunca durante los últimos siglos egipcios, porque la creencia en el destino cobró importancia, y no podemos menos de subrayar la especie de heroísmo que debía de animar a los defensores de la religión tradicional y de su

---

[46] E. Drioton, «Rapport sur les Fouilles de Médamoud», en *Les Inscriptions, Fouilles de l'Institut Français d'Archéologie Orientale,* 1925 (1926), pp. 42-44.
[47] S. Morenz-D. Muller, «Untersuchungen zur Rolle des Schicksals in de ägyptischen Religion», en *Abhandl. Säch. Akad.* 52, 1 (1960).

epílogo, el hermetismo, para mantener, a pesar de todo, aquel sentimiento de la responsabilidad intelectual del hombre ante el mundo.

El pueblo, por su parte, estaba desengañado: veía el desorden que los otros se esforzaban en negar al continuar ofreciendo *Maât* a los dioses en los templos, asistía a las ocupaciones extranjeras, a la fiscalización creciente, a conflictos de todas clases. Así, aunque continuaba creyendo en la utilidad de los templos y de los ritos que en ellos se celebraban, pensó en dirigirse a los dioses sin intermediarios. Conservando del pasado la noción de su soberanía sobre el destino, se los representa más humanos, más accesibles a las plegarías[48]. Los dioses egipcios se convirtieron en los dueños del destino de cada uno –el hombre no es más que barro y paja, y Dios, el modelo siempre a su medida, dice un moralista–, de modo que los más populares fueron enseguida los que pueden remodelar el destino, como Serapis e Isis, «la que ha vencido a los Hamarmenos, aquella a la que los Hamarmenos obedecen»[49]. Es, sin duda, esta cualidad la que le valió a la diosa su inmenso éxito en el extranjero[50], éxito que compensaba el del cristianismo, en los siglos en que la Antigüedad declinante buscaba una forma de escapar al ineluctable encadenamiento que pesaba sobre ella como no ha pesado sobre ninguna otra época.

Egipto había reaccionado a su manera. Había buscado el apoyo de los dioses más próximos a los hombres, de los animales sagrados y de los seres sobrenaturales que no se ocultaban en el fondo de los santuarios, sino que podía encontrárselos todos los días. Así conoció el éxito un dios que no tiene más nombre que «el Salvador», que, como resultado de una homofonía, puede ser también el «Conjurador». Por medio de la magia de sus fórmulas apartaba de sus fieles a los seres maléficos, escorpiones y serpientes que pululaban en Egipto, y también los males invisibles simbolizados por esos animales[51].

Los dioses egipcios de la época tardía se convirtieron en «omniscientes» y «previsores»[52], escuchan las plegarias y ayudan, bené-

---

[48] E. Otto, «Zum Gottesbegriff der äg. Spätzen», en *Forchungen und Fortschritte*, 39/9 (1961), pp. 277-280.
[49] S. Morenz-D. Muller, *op. cit.*, pp. 30-31.
[50] D. Muller, «Agypten und die griechische Isisaretalogien», en *Ab handl. Sächs. Akad.*, 53, 1 (1961), pp. 74 y ss.
[51] Sobre el dios Shed, cfr. H. Bonnet, *Reallexikon d. dg. Religions-geschichte*, Berlín, 1952, pp. 676 y ss.
[52] E. Otto, *op. cit.*, n. 316.

volos, a sus adoradores. Aunque el dios que escucha las plegarias sea conocido desde el Nuevo Imperio por documentos generalmente procedentes de ambientes humildes, no puede descuidarse el hecho de la difusión de esta noción en la época tardía: es un indicio de que las necesidades de las clases populares de los tiempos clásicos se han convertido en las de todos.

Esta última observación es tan cierta que incluso en la religión de los templos se encuentran huellas de esta concepción de la divinidad, que antes ni siquiera podría soñarse buscar en ella[53].

Sin embargo, aunque los diversos pueblos de Egipto se reunieron alrededor de ciertos santuarios, aunque parece haber existido una cierta comunidad religiosa, aunque todos impetraron la ayuda de los dioses egipcios en sus comunes miserias, no puede afirmarse que existiese una verdadera comunidad religiosa entre ellos. En efecto, en las ciudades helenísticas funcionaron templos griegos para los dioses griegos y en las comunidades judías se practicó el culto judío, mientras que los egipcios jamás practicaron los cultos extranjeros, si bien se habían mostrado muy receptivos, en el Nuevo Imperio, respecto a los dioses palestinos y fenicios Reschef, Hurun, Anat, etc. Apenas si pueden citarse algunos ejemplos del culto de los Dióscuros –¡unos dioses salvadores!– en el campo, fuera de las ciudades griegas[54].

Se adivinan a veces oposiciones, querellas o discusiones populares sobre la oportunidad de tal o tal empleo de los cultos que cada uno practicaba. Así, una tumba de Tuna el Gebel, necrópolis de Hermópolis, nos permite conocer un epigrama compuesto por un hombre que se *imagina* ser un muerto que huele bien[55], es decir, que ha sido incinerado a la moda helénica y que quiere distinguirse así de sus vecinos egipcios, que se hacen momificar. Hermópolis, a la vez viejo centro religioso egipcio y ciudad helenizada, debía de ser propicia a discusiones sobre tales temas, aunque las diversas comunidades viviesen allí en relación amistosa a pesar de las divergencias de opinión.

---

[53] *Ibid.*
[54] F. von Bissing, «Il culto dei Dioscuri in Egitto», en *Aegyptus,* 33, Milán, 1953, pp. 347 y ss., y Ph. Derchain, «Présence romaine dans l'oasis de Thèbes», en *Bulletin de l'association des classiques de l'Université de Liége,* 1955, p. 5.
[55] P. Perdizizet, «Le mort qui sentad bon», en *Mélanges Bidez,* II, Bruselas, 1934, pp. 719-727.

En otro nivel, algunos grandes espíritus pudieron concebir el deseo de fundir en una sola las diversas comunidades étnicas que vivían en Egipto. Los soberanos lo desearon en el plano político y se sabe que fracasaron. Nuestro propósito será aquí, al continuar describiendo la vida espiritual del Egipto ptolemaico, recordar qué tentativas de síntesis de creencias se hicieron. Ptolomeo Sóter, el fundador de la dinastía, había concebido un plan grandioso, el de unir a sus súbditos en el culto de un mismo dios. Confió la misión de organizarlo a dos personajes principales, Timoteo el Eumólpida, de la ilustre familia sacerdotal de Eleusis, y Maletón de Sebenito, sacerdote helenizado del clero de Heliópolis. Así nació, a partir de un culto que merecía los favores de los griegos y de los egipcios en Menfis, el de Osiris-Apis, la figura muy helenizada de Serapis, incluso tal vez demasiado helenizada, porque nunca se difundió verdaderamente en Egipto, pero en cambio conquistó a todo el mundo antiguo. Serapis se convirtió muy pronto en el dios omnipotente que reinaba sobre todos los mundos, al mismo tiempo que era el piadoso protector de los pobres[56].

Manetón, de quien acabamos de hablar, compuso en griego varias obras destinadas a facilitar un mejor conocimiento de su país. Además de una historia de Egipto, se le debe un tratado de doctrinas naturales *(physica)*, en el que, según los raros fragmentos llegados hasta nosotros, intentaba hacer comprender las funciones cósmicas de los dioses egipcios e interpretar sus diversas manifestaciones como un sistema de símbolos. En su libro *Del antiguo ritual y de la piedad* parece haberse propuesto una descripción de los ritos y de los mitos que él trataba de identificar con los que los griegos conocían en su patria.

En este caso, todavía no se puede hablar de una tentativa de síntesis. En Manetón no hay más que el deseo de despertar el interés por unas cuestiones que dejarían de ser extrañas a sus lectores griegos, si él afirmaba que sus dioses eran los mismos de ellos, tal cual habían hecho ya, por otra parte, algunos griegos, como Heródoto.

Pero existieron tendencias más profundas y verdaderamente sintéticas, cuyos débiles ecos han llegado hasta nosotros. El famoso tratado de Isis y de Osiris, de Plutarco, por ejemplo, nos propone la interpretación del mito osiriano según las diversas escuelas filosó-

---

[56] U. Wilcken, *Urkunden der Ptolemäerzeite*, vol. I, 1927, pp. 25 y ss.

ficas griegas⁵⁷. Sabemos que Plutarco dispuso de numerosas obras para componer la suya y que frecuentemente se limitó a recoger lo que sus antecesores habían dicho. Entre estos había egipcios.

Por difícil que sea establecer si aquellos esfuerzos por conciliar dos modos de pensar inconciliables interesaron a un público amplio, lo cierto es que en Alejandría existió un ambiente apasionadamente deseoso de crear la síntesis de dos tradiciones opuestas: de la mitología y de la filosofía. La imposible empresa no tuvo éxito. Sin embargo, se conoce un poco la obra de Bolo de Mendes[58], de la que no nos quedan más que raras citas, y que se propuso fundir en un todo, que él esperaba coherente, el pensamiento de los «magos» y la física de Demócrito.

Otra corriente sintética está representada por el hermetismo, del que ya hemos hablado, que aparece más tardíamente. De origen egipcio –recordémoslo– y auténticamente egipcio en sus principios[59], tomó ideas religiosas de aquí y de allá, y se expresa en un griego enteramente sacado de la lengua filosófica[60]. Pero se muestra despectivo para con los griegos, a los que, según hemos dicho, declara incapaces de comprender jamás la profundidad de la doctrina egipcia.

Si de la tendencia conciliadora de Manetón y de sus similares no salieron más que libros de historia y de arqueología de Egipto, y si del hermetismo no surgió más que un rechazo altivo de la tendencia sintética, en cambio nació toda una literatura extraña, esotérica, en la que al fin se impone el elemento irracional y cuyas últimas consecuencias son la alquimia y la magia... y, más cerca de nosotros, las extravagantes doctrinas de la antroposofía y las otras mixtificaciones que creyeron reconocer en la mitología egipcia la expresión de verdaderos conocimientos modernos.

En efecto, Bolo, según sugiere Festugière, puede ser considerado como el fundador de la alquimia –por lo demás, involuntariamente,

---

[57] Th. Hopfner, *Plutarch über Isis und Osiris,* vol. II, Praga, 1940-1941.
[58] La bibliografía sobre Bolo se encontrará en C. Préaux, «Pour-quoi n'y eut-il pas de grandes codifications hellénistiques», en *Revue internationale des Droits de l'Antiquité,* 3.ª serie, 5 (1958), p. 379, n. 47. Sobre todo, J. Bidez y F. Cumont, *Les Mages Hellénisés,* vol. I, París, 1938, pp. 198 y ss., e Índice bajo la palabra «Bolos», que insisten más sobre las posibles fuentes iranias de Bolo que sobre las influencias egipcias que pudo experimentar.
[59] Ph. Derchain, «L'authenticité de l'inspiration égyptienne du Corpus Hermeticum», en *Revue d'Histoire des Religions,* París, 1962, pp. 175-198.
[60] Festugiere, *La révélation d'Hermès Trismégiste,* vol. I, 1950, pp. 224-238.

al parecer– porque compuso un tratado de tinturas. Se dice que, todavía preocupado simplemente de la técnica, en él enseñaba los métodos egipcios mediante los cuales puede cambiarse el color de las cosas, como puede cambiarse cualquier piedra en oro... pintándola. Eran los viejos métodos egipcios del chapado utilizados desde hacía miles de años en la decoración de los templos. Lo malo es que aquel arte de la ilusión fue tomado en serio muy pronto por lectores ávidos de cosas sensacionales, y quedó abierto el camino a la vana búsqueda de la piedra filosofal...

Y aún se llevó a cabo en Egipto un último esfuerzo de conciliación. Por razones simplemente materialistas, desde luego, los magos se lanzaron a una síntesis de las diversas creencias que conocían. La magia es, sin duda, una actividad muy antigua en Egipto y puede afirmarse que la religión es magia en la medida en que descansa sobre la creencia de que se puede influir cerca de los dioses mediante ritos para obligarles a disponer las fuerzas naturales en el sentido deseado por el hombre. Pero lo que en la época grecorromana se llama de un modo más preciso magia es un sistema pragmático que se apoya en los mismos principios, pero cuya aplicación es diferente: beneficia a los individuos y se emplea para conseguir ventajas limitadas, no ya para mantener en pie una representación de la totalidad de la que depende la del mundo real, mientras que la magia se contenta con utilizar esta representación como podría servirse de cualquier otra, sin tomar nunca conciencia de ella.

Esta magia de finales de la Antigüedad greco-egipcia es ya la magia moderna, porque las teorías y técnicas que en esta se encuentran a lo largo de toda la Edad Media y hasta nuestros días se formaron entonces en aquel Egipto helenístico lleno de extranjeros, que intercambiaban sus ideas y modos de pensar.

Nuestra información depende aquí de algunos papiros redactados en demótico, en griego o en copto, indistintamente, y a veces en dos lenguas al mismo tiempo[61]. La variedad de lenguas es una prueba de la unidad de la creencia por encima de las diferencias de los pueblos y la de una comunidad de preocupaciones a un cierto nivel, como ya hemos observado en la religión popular. Parece, desde lue-

---

[61] K. Preisendanz, *Papyri Graecae Magicae*, Leipzig, 1928-1939. F. Griffith-B. Tompson, *The demotic magical papyrus of London and Leiden*, Londres, 1904-1909, 3 vol., etcétera.

go, que Alejandría fue el centro donde se elaboró aquel sistema mágico, porque es aparentemente el único lugar de posible reunión de los sabios egipcios, griegos y judíos, cada uno de los cuales aportó su contribución al conjunto. El cosmopolitismo es uno de los rasgos característicos de esta magia. En efecto, los magos saben exactamente lo que deben a Egipto, a los griegos y a los judíos, pero, a pesar de todas las incompatibilidades que hemos señalado entre las distintas razas, parecen haber admitido implícitamente una más profunda comunidad de los hombres considerando que lo que ayuda a los unos puede también ayudar a los otros. Lo único que importa es socorrer al individuo en el mundo real, gracias a una técnica que nadie tiene el orgullo de creer conocer por sus solos medios.

La magia helenística sugiere, pues, frente al desarrollo de los pueblos que han perdido la fe en los «valores tradicionales» de sus diversas culturas, un sentimiento de comunidad cuya existencia hemos mencionado ya a propósito de la religión popular. Nada tiene de extraño, por lo tanto, verla nacer y desarrollarse paralelamente al cristianismo, cuyas aspiraciones últimas no tienen, sin embargo, nada de común con las suyas[62].

Para el mago helenístico, toda potencia reconocida o simplemente conocida merece ser invocada. En consecuencia, apela tanto a los viejos dioses egipcios como a los salvadores griegos; Yahveh reina al lado de Seth o de Hermes-Thoth, rodeado de arcángeles y de Eones procedentes de la gnosis. También está Cristo, que reúne en sí los poderes de un dios y de un muerto maléfico, porque murió de muerte violenta[63]. Sin ningún fanatismo, los magos helenísticos aceptaron todas las representaciones de lo divino que podían conocer, convencidos como estaban de la unidad fundamental de Dios[64]. Abundan las declaraciones henoteístas, como: «Uno es Dios… cualquiera que sea». Lo importante para el mago será, por consiguiente, encontrar la representación divina en la que la potencia de que él quiere servirse se reconozca y se vea obligada a dejarse manejar. De ahí esas series de nombres complejos de aspecto bárbaro, inter-

---

[62] A. A. Barb, «The survival of Magic Arts», en Momigliano, *Paganism and Christianity in the fourth century,* 1962, pp. 100-125.
[63] Ph. Derchain, «Die älteste Darstellung des Gekreuzigten auf einer magischen Gemme des 3. Jahrhunderts», *Christentum con Nil, Akten der Arbeitstagung zur Ausstellung 'Koptische Kunst,* Essen, 1962', pp. 108-111.
[64] S. Eitrem, *Orakel und Mysterien* am Ausgang *der Antike,* Zúrich, 1947, pp. 31.47.

minables por el miedo de olvidar algo o compuestos según las reglas de una abstrusa mística de los nombres y del alfabeto, y de ahí esas figuras compuestas que acumulan partes de imágenes divinas tradicionales. De ahí también, a costa de enormes esfuerzos de reflexión, esos dioses sintéticos en los que se ha tratado de unir a los contrarios, como aquellos cuya existencia ha revelado Stricker[65] y que es imposible pintar o nombrar, pero que pueden representarse mediante símbolos inefables, en los que se unen, bajo la forma de un buitre y de un cocodrilo, el cielo y el infierno, mientras que los extremos están unidos por un león, imagen de los poderes terrestres. Más perfecta aún fue la síntesis realizada en el dios acéfalo[66]. Esta figura monstruosa de un decapitado, dotado de toda la potencia del muerto de muerte violenta, une en sí a Seth y a Osiris bajo el nombre de Jaô, que no es otro que Yahveh «revelado a los profetas de Israel». Según un papiro mágico, en efecto, este dios se presenta con caracteres opuestos. Su sudor es la lluvia fecundante −como el sudor de Osiris−, pero él es también el fuego eterno, el relámpago y el trueno, como Seth. Estos esfuerzos por expresar la unidad de la potencia que domina el mundo −conocemos una asombrosa representación del dios acéfalo erguido sobre el mundo que, a su vez, descansa sobre el infierno[67]− pueden parecer extraños, pero no por eso son menos patéticos y reveladores de un estado de espíritu en los siglos helenísticos y romanos, que nuestra época mirará, sin duda alguna, con simpatía, sometida como está ella también a la necesidad de síntesis nuevas. En las condiciones de entonces, en aquel mundo desmoralizado que nos revela algún pasaje del *Asclepius*[68], la magia, por extraño que parezca a nuestros espíritus modernos, representa una corriente optimista. Si los partidarios de la fe tradicional prevén el hundimiento en que viven y con él también el del universo entero, los magos, por el contrario, creen en la potencia del verbo y del rito sobre la cual estaba fundado el mundo antiguo,

---

[65] Stricker, αὐγοειδές Σῶμα, en *Oudheidekundige Mededeelingen...*, 43, Leiden, 1962, pp. 13-14.

[66] A. Delatte, Ἀκέφαλος θεός, en *Bulletin de Correspondence Hellénique*, 38 (1914), 189 y ss., y K. Kreisendanz, «Akephalos, der kopflose Gott», en *Beihefte zum «Alten Orient»*, 8 (1926). Cfr. también Delattederchain, *Les cent intailles magiques*, París, 1964, cap. I, pár. 2.

[67] Delatte-Derchain, *op, cit.,* n. 47.

[68] Asclepio, 23-24. Cfr. n. 15.

y saben crear ritos nuevos adaptados a sus nuevas necesidades, basados en una nueva noción del hombre. Mientras el egipcio antiguo se sentía a sí mismo como miembro de Egipto, el judío era una parcela de la vida de su tribu y el griego era ciudadano de una ciudad, en el mundo helenístico, Egipto, la tribu y la ciudad mueren cuando la noción de Estado no existe aún más que para una minoría intelectual, y ni el fellah ni el griego del campo se han integrado en ella. Todo lo que quedaba era una fe heredada de los antepasados egipcios en la potencia total del espíritu, capaz de plegar la naturaleza a la voluntad humana. En aquel tiempo no se piensa más que en plegar la naturaleza a la voluntad de cada uno, porque se trata ante todo de salvarse a sí mismo.

Todo lo que hemos podido descubrir estudiando los testimonios de la magia tardía induce a creer que los egipcios que contribuyeron a fijar su doctrina debían de ser sacerdotes, pues eran los únicos que podían tener el conocimiento de los ritos y mitos que encontramos en las recetas y sobre todo debían de ser capaces de comprender los mecanismos según los cuales funcionaba el pensamiento mágico. Eran, sin duda, de aquellos «ritualistas en jefe» que la Biblia ha conocido con el nombre de Chartummim, versados a la vez en los ritos de la religión y capaces de verdaderos juegos de prestidigitación que podían, al menos, dar la ilusión del poder. Es tentador atribuir a estos los orígenes de la magia greco-egipcia, mientras que el hermetismo –de una elevación moral mucho más alta, pero también más extraño a la vida cotidiana– sería obra de un clero de alto rango, fuertemente helenizado, aislado de los problemas inmediatos, pero, en cambio, capaz de captar el conjunto de la doctrina y de reelaborarla gracias a los nuevos medios que el extranjero había puesto a su disposición.

Tal fue en su diversidad y sus contradicciones la vida espiritual e intelectual del Egipto tardío. Universo de la piedra y del bronce cuando el resto del mundo usaba ya el hierro, cuyo pensamiento también seguía siendo el mismo que había sido fiel a sus principios de otro tiempo y a sus métodos experimentados, empleó sus últimas fuerzas en llevar aquel pensamiento hasta sus límites extremos. Esta fue la fuente de su inmenso prestigio a los ojos de los pueblos jóvenes que lo conocieron.

Su teología de juego de palabras produjo entonces sus más perfectas obras maestras en los templos de Edfu, de Filas, de Esna, donde su mitocosmología daba cuenta de los menores detalles del mundo.

Pero no parece que fuese consciente de consagrar todos sus esfuerzos a perfeccionar una representación que se había apartado poco a poco de lo real y con la cual no podría ya dominarlo como en el pasado.

Mientras, los últimos hierogramáticos construyen el templo de Edfu y, grabando en él todos los refinamientos de su saber, intentaban poner nuevamente de manifiesto el orden del universo que en él se materializa espléndidamente en el mismo suelo de Egipto, en Alejandría, los griegos edificaban el Museo donde Eratóstenes, Euclides y tantos otros dibujaban los primeros esquemas de un mundo totalmente nuevo. Gracias a ellos, la palabra iba a dejar paso al número.

II. Siria en la época helenística

Bajo la dominación persa, desde el 534 hasta el 332 a.C., Siria fue una provincia unitaria gobernada por un sátrapa persa, situación en la que permaneció también bajo Alejandro y que no modificó radicalmente hasta el 301. Desde que Ptolomeo I, rey de Egipto, en la guerra de los Diádocos contra Antígono el Cíclope ocupó la parte meridional de Siria, esta permaneció bajo el dominio de los Ptolomeos y precisamente durante casi un siglo, hasta la batalla cerca de el Panion, en las fuentes del Jordán (200 a.C.). En aquel año también la parte meridional de Siria pasa a manos de los Seléucidas, es decir, del rey Antíoco III (223-187). La parte septentrional, por el contrario, denominada oficialmente «Seléucida» desde la partición de los reinos del Triparadiso (321), pertenecía a Antígono I, y, tras su muerte en el campo de batalla de Ipso (301), se encontraba bajo el dominio de Seleuco I. El límite entre la Siria ptolemaica y la seléucida pasaba con toda probabilidad, desde el 301, a lo largo del recorrido del río Eléutero (Litani). El Eléutero desemboca en el Mediterráneo, entre Simira y Ortosia, y esto significa que, en la costa, el límite se encontraba al sur de la ciudad de Marato. El trazado de la frontera en el interior del país no puede establecerse con seguridad; limitémonos, pues, a decir que Damasco y sus contornos formaban parte del reino de Ptolomeo. En realidad, durante la Primera Guerra Siria (y probablemente en el 274) Damasco cayó en manos de los seléucidas, por lo que el territorio seléucida se extendía en el interior mucho más al sur que sobre la costa. Es probable que el Antilíbano hasta las fuentes del Jordán, en dirección aproximada norte-sur, constituyese el límite entre los dos reinos helenísticos[69]. Para el Egipto ptolemaico, la Siria meridional, con las metrópolis fenicias, representaba una posesión de valor inestimable: Egipto era un país sin bosques, tenía necesidad de los cedros del Líbano y no puede sorprender que ya los faraones hubieran emprendido en varias ocasiones expediciones militares contra Siria, como el gran Tutmosis III, que en el siglo XV a.C. había incluso alcanzado y cruzado el Éufrates («el agua que corre en dirección inversa»). La flota de los Ptolomeos estaba formada esencialmente por naves de las grandes ciudades fenicias, y no es casual que entre los almirantes del primero y del segundo Ptolomeo figurase el rey de Sidón, Filocles.

Los Ptolomeos administraron la Siria meridional como un único gran territorio de gobierno general, que oficialmente llevaba el nombre de «Siria y Fenicia», aunque los historiadores –y entre ellos también Polibio– solían darle el nombre de Celesiria. El país estaba sometido a un gobernador (estratego), al lado del cual operaba un «encargado de las rentas de Siria y Fenicia». Además, la región estaba dividida en un cierto número de hiparquías, probablemente herencia del tiempo de Alejandro. Había también una serie de territorios que estaban exentos de la administración directa, especialmente las ciudades marítimas fenicias, así como los territorios de los soberanos indígenas, como la región del jeque Tubias de los Amonitas, que acertaba a congraciarse con los Ptolomeos mediante el envío de animales raros para el jardín zoológico de Alejandría. Los Seléucidas, tras la definitiva conquista del país en el 200 a.C., adoptaron sin modificarla sustancialmente la administración ptolemaica en la Siria meridional. Antíoco III supo mantener buenas relaciones especialmente con los hebreos; si hemos de atenernos a Josefo (*Ant. Jud.*, XII, 138-144), este rey, tras el paso de Jerusalén a su soberanía, confirmó a los hebreos en sus privilegios solemnemente. En la Siria septentrional, por el contrario, las cosas sucedieron de modo muy distinto, pues el fundador de la dinastía, Seleuco I (muerto en

---

[69] *Grosser Historischer Weltatlas*, ed. por el Bayerischen Schulbuchverlag, vol. I, 3.ª ed., Múnich, 1958, mapa 21a.

el 281), había fundado allí un gran número de ciudades macedónicas. Seleuco I había emprendido la experiencia de hacer de la Siria septentrional (y de los territorios lindantes con la Mesopotamia del norte) una nueva Macedonia. El historiador Apiano (siglo II d.c.) nos da una relación altamente instructiva de las fundaciones macedónicas y griegas en la región de la Siria del norte (Apiano, *Guerra siriaca,* 57): de 16 nombres de ciudades, 10 son macedonios y, en cambio, solo 6 griegos. Las ciudades con nombre macedonio son las siguientes. Berea, Edesa, Perinto, Maronea, Calípolis, Pela, Amfípolis, Aretusa, Astaco y Apolonia. Además, se encuentran en la Siria septentrional también nombres de regiones macedónicas, como la Cirréstica (el nombre procede de la ciudad macedónica de Cirro) y la Pieria. Hace muchos años Ernest Kornemann ha interpretado esta circunstancia de acuerdo con la siguiente tesis: «Seleuco I no ha helenizado en sentido general ni ha querido amalgamar a los pueblos, sino más bien en clara reacción contra la política de Alejandro, lo que hizo desde el principio, para decirlo con una sola palabra, fue "macedonizar"»[70]. No cabe duda de que en este caso la visión de Kornemann es correcta, aunque su tesis ha ido más allá de lo conveniente. La Siria septentrional –de esto podemos estar seguros– era el corazón del reino de los Seléucidas, y en ella estaba también la fuerza principal de su ejército, distribuido, en parte, en guarniciones, como en la rica Antioquía, sobre el Orontes, la «capital del reino», fundada por Seleuco I en el lugar en que se levantaba Antigonea (que a su vez debía su origen a Antígono el Cíclope), y además en innumerables «katoikiai» («establecimientos militares»), en colonias militares, en las que vivían los «soldados con permiso», instalados según formaciones militares también. Estos se ocupaban en trabajos pacíficos hasta que, en caso de guerra, la orden de movilización (el *parangelma*) del rey les llamaba a las armas. Las ciudades más importantes de la Siria del norte eran, además de Antioquía, sobre todo Apamea, Laodicea y Seleucia, estas dos últimas a orillas del mar; por otra parte, Seleucia durante un periodo bastante largo (desde el 246 al 219 a.C.) formó parte del reino de los Ptolomeos, que así se habían procurado una importante base para su flota en la Siria septentrional. Sobre la administración seléucida de la Siria Meridional (la Seléucida) tenemos escasas noticias, pues solo sabe-

---

[70] E. Kornemann, en *Vergangenheit und Gegenwart,* 16 (1926), p. 334.

mos que Seleucia de Pieria, que era el nombre oficial de la ciudad, estaba regida por un gobernador *(epistates)* real, que ejercía la vigilancia sobre los asuntos de la ciudad, a juzgar por una carta de Seleuco IV, fechada en el 186 a.C., y conservada gracias a un epígrafe[71]. La Seléucida, en su conjunto, debía de estar sometida a un estratego, y quizá Baquidas, que en el 161-160 a.c. dirigió una acción con una parte del ejército del reino contra los Macabeos, fue un gobernador-estratego. En todo caso, lo cierto es que la Seléucida, hacia finales del siglo II, aparece dividida en cuatro satrapías autónomas, correspondientes a las cuatro grandes metrópolis de la región. Ya anteriormente, el territorio de la Comágene se había separado como satrapía independiente, cuyo soberano se había emancipado del reino de los Seléucidas antes de mediados del siglo II a.C.

En la Siria meridional seléucida las condiciones de gobierno llegaron a ser excepcionalmente difíciles a causa de la insurrección de los macabeos, que tuvo repercusiones también sobre la administración. Así, el gobierno general de la «Siria y Fenicia» fue sustituido por otro en el 162: este se extendió desde la Ptolemaida hasta el confín egipcio, y con esa extensión se mantuvo hasta el 137-136 a.C. En este cambio se refleja la influencia de la sublevación de los macabeos, que tuvo efectos revolucionarios en muchas zonas de Palestina. En el siglo II a.c. comenzaron los esfuerzos de emancipación de las grandes ciudades fenicias, y hacia finales del siglo casi no hay ya ciudad importante que no haya alcanzado su autonomía y ejercido el derecho de asilo, gracias, en la mayoría de los casos, a una concesión de los soberanos seléucidas. El ascenso de las metrópolis fenicias es más o menos paralelo al declinar de la potencia seléucida. Las fuerzas de los Seléucidas estaban desgastadas por el contraste con Roma y después con los partos; además, con el auge de las dinastías locales surgían siempre para el reino nuevos adversarios que no podían ser ya contenidos. Cuando en el 83 a.C. Tigranes de Armenia reunió bajo su soberanía los restos del reino de los Seléucidas, en otro tiempo tan soberbio, no quedaban más que algunas partes de Olida y de Siria. El golpe final se lo dio Pompeyo. Tras un breve interregno del último Seléucida, Filipo (69-63), Pompeyo transformó los territorios de la Siria septentrional y de las ciudades fenicias en la provincia romana de Siria (64-63 a.C.). Es el final de un reino

---

[71] M. Holleaux, en *Etudes d'épigraphie et d'histoire grecques,* III (1942), pp. 216 y ss.

glorioso y de una dinastía importante que durante siglos desempeñó un papel de primerísimo rango en la historia del Asia anterior.

No hay absolutamente indicio alguno del hecho de que las poblaciones de Siria considerasen como una especial desgracia la división del país, que duró alrededor de 100 años, entre Ptolomeos y Seléucidas (301-200 a.C.). Si los hombres de Siria sufrieron alguna angustia, fue la de las interminables guerras que se mantuvieron entre las dos dinastías por la posesión de la parte meridional de la región. No menos de seis veces Ptolomeos y Seléucidas cruzaron sus armas por la Siria meridional, en el periodo del 274 al 145 a.C., sin que los tratados de paz aportasen ningún cambio importante a favor de uno u otro de los contendientes. El problema sirio fue la materia inflamable que continuamente sometió a sangre y fuego el mundo de les estados helenísticos.

A pesar de la intensa helenización y «macedonización» de Siria se conservó por doquier y con especial tenacidad, sobre todo en la meseta, el elemento demográfico indígena. En las ciudades de los fenicios, pero también entre los hebreos de Jerusalén el helenismo hizo alguna conquista, la lengua de las personas cultas era el griego y la mayor parte de las ciudades tenía un gimnasio que representaba el centro de la formación helénica y de la vida social griega; muchas ciudades tenían también un teatro griego. La población indígena conservaba, sin embargo, en todas partes sus tradiciones hereditarias, sobre todo sus divinidades, y, gracias a las mujeres del país, las divinidades orientales entraron frecuentemente en el panteón de los griegos y de los macedonios con la única diferencia de que entre estos últimos, en lugar del nombre oriental, se introducía uno griego. Así es posible que bajo los numerosos nombres de divinidades griegas relacionados con las inscripciones se ocultasen figuras divinas sirias y fenicias. Por ejemplo, en Gerasa, en el territorio del Jordán oriental (en la época helenística, la ciudad se llamaba «Antioquía sobre el Crisorroa»), se encuentran un gran templo de Zeus Olímpico y un templo de Artemisa, que, aunque construidos ya en el siglo II d.C., se levantan en el lugar donde antes había santuarios más antiguos. Es, pues, posible que tras el nombre griego deban buscarse figuras de divinidades originariamente indígenas, como es posible ver también en muchas otras localidades de Siria, en el caso de Zeus Olímpico, podría pensarse que la divinidad precedente fuese Baal shamen, Baal, el señor del cielo, y en el de Artemisa, tal vez fuese Astarté o Atargatis. Por otra parte, estas dos divinidades se encuentran en muchas variantes locales en toda la región de Siria: una es un dios que manda en el sol y en la luna, así como en la vegetación, y la otra es una diosa del amor y de la fecundidad. Los nombres son a menudo solo apariencias, e incluso en un templo de la Némesis, en Gerasa, de época imperial tardía, no es seguro, en absoluto, que tras el nombre de divinidades griegas no se esconda una divinidad local.

Si nos dirigimos hacia la Siria septentrional, el visitante actual se siente especialmente atraído por las imponentes ruinas de Baalbek (el nombre procede, sin duda, de *ba'al biq'ab,* «Señor de la llanura»). Se ignora cuándo fue fundada Baalbek, pero debe pensarse que esto ocurrió en época helenística, tal vez gracias a un Ptolomeo o a algún soberano itureo (O. Eissfeldt). La ciudad de Baalbek domina la amplia y fértil llanura entre el Líbano y el Antilíbano; tiene una importante posición estratégica y parece muy difícil creer que esta circunstancia pasase inadvertida a los soberanos helenísticos. La divinidad principal de la ciudad, llamada por los griegos «Zeus de Heliópolis», tiene en el nombre la designación griega de Baalbek: Heliópolis, la «ciudad del dios del Sol». Divinidades solares se veneraron, por lo demás, en muchas localidades de Siria, y los griegos y los macedonios solían asimilarlas a Zeus, dios del cielo. En la época imperial romana, Heliópolis-Baalbek experimentó un rápido auge, hasta que los problemas de la guerra pusieron un brusco fin a tal desenvolvimiento, en la segunda mitad del siglo III d.C. Sin embargo, el Zeus de Heliópolis no es originariamente una divinidad solar, sino más bien un dios del tiempo y de la vegetación, y es divinidad indígena. Este dios, aunque con nombre latino *(Jupiter Heliopolitanus),* adquirió una gran consideración durante muchos siglos tanto en la patria como en el extranjero, sobre todo como divinidad oracular. Al Júpiter Heliopolitano está dedicado el gran templo de la Acrópolis de Baalbek, que se encuentra sobre la ciudadela árabe, mientras que aún se discute la asignación del pequeño templo de la Acrópolis a Baco, Venus u otra divinidad.

También la rica ciudad caravanera de Palmira ha tenido seguramente un importante papel en la época helenística; su era comienza en el año 312 a.C., es decir, según los documentos, con posterioridad a la época seléucida. En Palmira no se han encontrado hasta ahora ni inscripciones ni edificios de la época de los Seléucidas. No muy diferente es la situación en Dura, sobre el Éufrates medio (Salihijeh), que en los años veinte y treinta del siglo XX se hizo famosa en todo el mundo gracias a las excavaciones de la *Académie des Inscriptions et Belles Lettres* de París (bajo la dirección de Franz Cumont) y de la Yale University de New Haven (dirigidas por Mijail Rostovcev). Si también el nombre de Dura es una prueba de que el centro existía ya en la época babilónica (*duru* se interpreta como «localidad», «muro»), su verdadera importancia se inicia con la época helenística. Dura fue fundada, por segunda vez, por Nicanor, el gobernador general de la satrapía superior bajo Seleuco I[72]. La ciudad recibió el nuevo nombre de Europos, que recuerda el lugar de nacimiento de Seleuco I en Macedonia, y era, pues, un homenaje al soberano. Dura-Europos tuvo una guarnición macedónica, a la que correspondía, sobre todo, la tarea de vigilar las rutas de las caravanas hacia Berea (Alepo), Palmira-Emesa y, en el valle hacia Babilonia. Un relieve de época tardía nos demuestra que el recuerdo de los primeros Seléucidas permanecía muy vivo allí. En este relieve está representado Seleuco I en el momento de poner una corona sobre la cabeza del dios de la ciudad de Dura, Gad. Si todas las esperanzas que ligaban a Seleuco I con Dura-Europos se vieron satisfechas es otro problema. En todo caso, hacia el 140 a.C., los partos, al apoderarse de la Mesopotamia, se adueñaron también de esta base sobre el Éufrates medio, muy probablemente sin encontrar fuerte resistencia. El reino de los Seléucidas en aquella época estaba muy debilitado, y los habitantes de Siria se sentían felices por el hecho de que los partos se estableciesen sobre el Éufrates en lugar de inundar con sus ejércitos de caballería la región, todavía muy rica, entre el río y el Mediterráneo.

En Dura-Europos se encuentran innumerables dioses y cultos, dos de los cuales, por lo menos, deben atribuirse con toda seguridad a la época de los Seléucidas. Por ejemplo, el templo de Zeus Megisto, que fue fundado ya bajo Antíoco III (o bajo Antíoco IV). No faltan, como puede imaginarse, los nombres de divinidades orientales; al lado del dios de la ciudad, Gad, pueden recordarse también Atargatis, Bel, Aflad (que significa, sin duda, «hijo de Hadad»).

---

[72] Cfr., entre otros, H. Bengtson, *Die Strategie in der hellenistischen Zeit*, vol. I, 1937, p. 184.

Las excavaciones de Dura-Europos han demostrado, además, que la ciudad originalmente había sido proyectada como una verdadera fortaleza, pero no llegó nunca a tener tal condición. Algunas obras proyectadas por su fundador jamás fueron realizadas, tal vez a causa de las incidencias de la situación política y, en especial, del estallido de las guerras sirias. Estas obligaron a los Seléucidas a emplear sus fuerzas en otra dirección contra los Ptolomeos. Por lo demás, Dura-Europos fue fundada según el esquema de Hipodamo, es decir, en tablero, al igual, por ejemplo, que Rodas y, en Siria, que las ciudades helenísticas de Berea (Alepo) y Laodicea. En documentos, más tardíos de la época de los partos aparece demostrada la existencia de los *kleroi* (lotes de tierra), cuyos propietarios eran, sin duda, «clerucos», es decir, soldados que se habían establecido allí y a cada uno de los cuales se le había adjudicado un determinado territorio a orillas del Éufrates; este fue repartido en los llamados «hécades» («cien partes»), que recibieron nombres de personas, probablemente según los nombres de los jefes militares de la guarnición de Dura. Los «hécades» comprendían innumerables *kleroi* individuales. En época tardía, bajo los partos y los romanos, se sabe que en Dura-Europos había un gobernador de la ciudad, que era, al mismo tiempo, comandante de la guarnición. Bajo los partos, existían también magistrados reales, y no tenemos razón alguna para creer que bajo los Seléucidas las cosas fuesen de otro modo. Para la administración había un archivo y una oficina del registro. Los macedonios tenían en Dura-Europos una posición privilegiada; constituían una clase elevada, y en la época de los partos existen aún algunas familias macedonias; en una de estas, la de Seleuco, hijo de Lisia, se transmite hereditariamente el cargo de gobernador de la ciudad, de estratego y de «epístata», hasta la definitiva conquista de Dura por los romanos, bajo el emperador Lucio Vero, en el 164-165 d.C.[73]. Mientras tanto, y a pesar de todo, el ambiente se ha transformado mucho y en Dura, en este periodo, no queda ya ni un templo dedicado a una divinidad puramente griega.

Pero no sería justo subestimar la influencia del espíritu griego en Siria. En este pueblo de antigua cultura, el gimnasio tuvo una influencia altamente benéfica. Millares y millares de jóvenes recibieron allí su educación, y no solo griegos y macedonios, para los que

---

[73] H. Bengtson, *op. cit.,* vol. II, 1944, pp. 298 y ss.

frecuentar un gimnasio era cosa natural, sino también innumerables orientales, para quienes se abrió así el acceso a las fuentes de la cultura helenística. En consecuencia, muchos hombres de origen oriental se consagraron con gran éxito en el campo de la literatura y de la ciencia griegas. Citaremos aquí solo dos nombres: el gran erudito Posidonio (135-151 a.c.) y el poeta Meleagro de Gadara, aproximadamente contemporáneo de Posidonio. De la juventud de Posidonio, nacido en Apamea, en la Siria septentrional, poco o nada sabemos, pero seguramente recibió en su patria, en Siria, las bases de su amplia cultura. Pertenecía a una familia acomodada que gastó mucho en la educación del hijo. Recordando, sin duda, su juventud, escribe que los sirios usan los gimnasios para el ocio, como los romanos los baños públicos, y que en ellos se dan fricciones con ungüentos olorosos y con aceites –es una alusión a la agonística griega, que siempre resultó extraña a los orientales[74]–. No es este el lugar adecuado para hablar de la obra de Posidonio. Baste decir que fue historiador, geógrafo, filósofo y teólogo, y que toda su obra ha influido en la historia espiritual del Occidente por las más diversas vías, aunque algo de él sigue siendo enigmático para nosotros.

El otro sirio, Meleagro, se hizo famoso como poeta de epigramas y sátiras. Fue educado en el gimnasio de Tiro, la antigua ciudad fenicia. En su epitafio, Meleagro, como es costumbre, habla de su origen:

> *Ática patria la luz me dio en Gadara asiria,*
> pero mi maestra fue Tiro, la gran ciudad insular;
> de Éucrates he nacido yo, Meleagro, caro a las Musas,
> que primero por el poético laurel luché con Menipo.
> Si soy, pues, un sirio, ¿qué importa? Amigo, un solo caos
> nos ha sacado a todos a la luz, la patria de todos es el mundo.

En todo caso, es de señalar el hecho de que Meleagro designe como su patria ática a la cuidad siria de Gadara[75]. Sin embargo, Gadara, situada al sureste del lago de Genezareth como Gerasa, Filadelfia (Rabbath-Ammon) y Escitópolis (Beth-Sean), forma parte de las ciudades de la Decápolis, en el territorio del Jordán oriental. En ellas vivía, consciente de su propia cultura, una clase helénica que,

---

[74] Cfr. *I Mac.*, 11 y ss.
[75] «Asirio» es aquí sinónimo de «sirio».

aún en tiempos de Jesucristo, cultivaba los ideales del helenismo con especial constancia. No es, pues, sorprendente que en época tardía la palabra «heleno» en Palestina y en otras partes se convirtiese en sinónimo de «pagano». Pero «heleno» no tiene solo ese significado, pues designa a todos los hombres y mujeres que en las ciudades sirias y fenicias pertenecen a la clase superior constitucionalmente privilegiada, los «helenos», sin referencia a su nacimiento y origen nacional. Cuando en el Evangelio de Marcos (VII, 26) se habla de una «Griega, de origen sirofenicio», tal contradicción puede explicarse solo en el sentido de que la mujer pertenecía al grupo privilegiado de los «helenos», aunque por nacimiento fuese sirofenicia. En este caso, como frecuentemente ocurre, la posición jurídica y la nacionalidad son dos cosas diferentes. Por lo demás, es casi imposible imaginar la confusión de los pueblos de Siria en el periodo helenístico. Pero la cultura helénica sigue siendo siempre la levadura que hace fermentar la cultura del país y de sus habitantes.

Posidonio, que tampoco en otras ocasiones ve con buenos ojos a sus connacionales, ha esbozado un interesante cuadro de la vida de las ciudades sirias poco antes de su tiempo, refiriendo un episodio que, sin duda, le ha sido transmitido oralmente. Se trata de una guerra local entre las ciudades de Apamea, la patria de Posidonio, y Larisa, en la Siria septentrional. Lo que Posidonio cuenta del equipo de los ciudadanos que parten para la guerra es verdaderamente incluso grotesco. Estos ciudadanos, según Posidonio, llevaban espada y lanza cubiertos hasta de suciedad y de herrumbre, y se habían puesto en la cabeza sombreros de enormes dimensiones para protegerse contra los rayos del sol sin que, por otra parte, pudiesen impedir naturalmente que la gola fuese golpeada por las corrientes de aire. Además, llevaban consigo asnos como animales de carga, sobrecargados no solo de vino y de artículos alimenticios, sino también de las más diversas variedades de flautas, como si partiesen para un banquete y no para la guerra. Conocemos demasiado poco la historia local de Siria para poder decir cómo terminó aquella guerra singular. De todos modos, deberá situarse en el periodo inmediatamente siguiente al 145 a.C., cuando la potencia de los Seléucidas estaba declinando ya. Los ciudadanos debían de haberse olvidado, desde hacía mucho tiempo, de hacer la guerra por sí mismos, pues los conflictos entre los soberanos helenísticos se libraron siempre con soldados de profesión y con mercenarios.

A pesar de todo, Siria era un país rico. En los valles del Orontes, en las llanuras de la Fenicia y sobre los soleados declives del Líbano y del Antilíbano, se cultivaron plantas de todas clases. Posidonio habla de la gran riqueza de Siria y dice que sus habitantes vivían como en una eterna fiesta. A Siria y a Fenicia llegaban las grandes rutas caravaneras que traían de lejos las mercancías. Así, las ciudades de la costa de Fenicia eran los puertos de exportación de las telas de seda que llegaban importadas de China. Siria no carecía de manufacturas y, en conjunto, el país se las arreglaba con sus productos agrícolas e industriales del modo más feliz; había superabundancia de todo, de manera que en periodos normales podía exportarse mucho. Estrabón (que vivió en la época de Augusto y de Tiberio) describe a Siria con los más rosados colores; naturalmente, en aquella época era, desde hacía mucho tiempo, provincia romana, pero el cuadro de conjunto no puede haber sido muy distinto bajo la soberanía de los Seléucidas y de los Ptolomeos.

En la época helenística Siria fue en conjunto un país feliz, a pesar de las numerosas guerras que allí se libraron: una floreciente economía, un comercio rico, un gran número de famosos lugares de cultura, así como una vida religiosa muy intensa: estos son los signos de una de las épocas más espléndidas de la historia de aquella región.

III. El judaísmo palestino desde Alejandro hasta Pompeyo

Desde el 332 al 177 los judíos se sometieron resignadamente a todo poder griego que dominase la costa palestina. La versión de Josefo de que Alejandro vino a la ciudad carece de base[76]. Más digno de crédito es su relato de que Ptolomeo I pudo tomar, en cierta ocasión, Jerusalén, porque el pueblo se negó a combatir en sábado (Apión, I, 209, *Antigüedades*, XII, 4). Ptolomeo también llevó a muchos judíos a Egipto (Aristeas, 12, s.; *Ant.* XII, 7, ss.; Apión, I, 186). Esclavitud y emigración intensificaron las relaciones del país con el mundo circundante.

---

[76] Josefo, *Antigüedades*, XI, pp. 325 y ss. Esto puede reflejar una reunión de Antíoco III con Simón el Justo. Cfr. *Antigüedades*, XII, 138, y G. Moore, «Simeon the Righteous», en *Jewish Studies* in *Memory of I. Abrahams*, N. Y., 1927, 348 ss.

Alejandro o Pérdicas repoblaron Samaria con macedonios[77]. Desde entonces el centro de reunión en el norte, junto a Siquem, para el culto a Yahveh fue el monte Gerizim, donde inmediatamente se levantó o se estaba levantando ya un templo. Los adeptos de este culto («siquemitas») se diferencian de los nuevos «samaritanos» macedonios. La diferencia persistió hasta finales del 180 (Sirach 50, 25 s.), pero Josefo la ignora. Estos acontecimientos no quebrantaron la unión religiosa del norte de Israel con Judea. En Egipto, los siquemitas y los judíos formaron una sola comunidad religiosa; sus miembros disputaron sobre la distribución de su común reserva –¿cuánto correspondía a Jerusalén y cuánto a Gerizim (*Ant. XII*, 10 s.)?–. En Judea siguieron siendo oficialmente un solo pueblo hasta el siglo II. Jasón de Cirene escribió que Antíoco IV «dejó gobernadores para perseguir la (única) raza, a Filipo en Jerusalén... y a Andrónico en Gerizim... y no mucho tiempo después envió a Gerón, un ateniense, para obligar a los *Ioudaioi* a abandonar sus leyes ancestrales... y a dedicar el templo de Jerusalén a Zeus Olímpico y el de Gerizim... a Zeus Xenio»[78]. El empleo del término *Ioudaioi* («Judíos») aplicado a los siquemitas no es una excepción; el poema de un tal Teódoto (conocido en 202-175?) celebrando a «la ciudad santa», Siquem, llevaba el título «Acerca de los *Ioudaioi*»[79]. Probablemente la importancia del culto judío a Yahveh dio origen a que se llamase «judíos» a otros adoradores de la misma deidad. Un siglo después, tras la anexión de los idumeos a la unidad de culto de Jerusalén, también se les llamó *Ioudaioi* (Reinach, *Textes,* cfr. pp. 88 y 182).

Jerusalén, emplazada en una zona más fría que Samaria, no sufrió el asentamiento griego, pero fue tomada una docena de veces entre el 332 y el 177 por los ejércitos griegos y probablemente tuvo una guarnición griega durante todo este periodo. Los oficiales del gobierno y los hombres de negocios griegos penetraron en todos

---

[77] F. Cross, «The Discovery of the Samaria Papyrt», *Biblical Archaeologist,* 26 (1936), 118 s.
[78] *II Mac.,* 5.22-6.2. La glosa en 6.2, «como los habitantes del lugar requiriesen», procede del compilador, conocida también, con una forma ligeramente distinta (con Zeus Heleno), por Josefo, *Antigüedades,* XII.258 ss., pero desconocida, al parecer, por Jasón.
[79] J. Freudenthal, *Hellenistische Studien,* 2 vols., Breslau, 1874-1875, vol. I, p. 99.

los pueblos del país[80]. Con ellos llegó el conocimiento del griego, que era ya el lenguaje de la administración y de los grandes negocios y que fue convirtiéndose en el de las conversaciones cultas y de la literatura. Esto produjo un descenso en el uso del hebreo, que ahora se hace un idioma, sobre todo literario, legal y litúrgico. (Las clases inferiores hablaban, en su mayor parte, arameo.) Y dio también origen a la corrupción de varios pasajes del Antiguo Testamento, que revelan un periodo de copistas ignorantes. Pero la escritura del hebreo no cesó totalmente[81].

La autoridad griega se intensificó durante veinte años, en que Judea cambió de manos entre los Ptolomeos y sus adversarios (321-295 aproximadamente). Después el país permaneció bajo el firme dominio de los Ptolomeos hasta el 218. Este periodo de estabilidad asentó el prestigio del *Pentateuco,* la ley escrita del culto de Jerusalén y de Gerizim. Como la historia de su desarrollo había sido olvidada, surgió la leyenda de su perpetuidad. De aquí que en el periodo siguiente el intento de cambiar «la Ley» fuese el colmo de la perversidad (*I Macabeos,* 1, 49), la defensa de la Ley, la consigna de la resistencia (I Mac. 2, 27; cfr. 6, 59) y la destrucción de los textos escritos de la Ley, un objetivo de los reformadores (*I Macabeos,* 1, 56).

La estabilidad de los Ptolomeos también dio origen al prestigio de la heredabilidad del Sumo Sacerdocio[82]. Por esta razón varios grupos reclamaron luego su padrinazgo. Los macabeos, que usurparon el sacerdocio y mantuvieron en el exilio a sus legítimos herederos, fueron representados por sus seguidores como protegidos de la línea legítima (*II Mac,* 15, 12 ss.). Los Fariseos (a menudo enfrentados con los Macabeos) reivindicaron como autoridades suyas una relación de individuos que se remontaba hasta el Sumo

---

[80] Esto se demuestra especialmente por la correspondencia de Zenón, un agente del ministro de Hacienda de Ptolomeo II; cfr. M. Rostovtzeff, *The Social and Economic History of the Hellenistic World,* 3 vols., Oxford, 1941, vol. III, p. 1376, n. 77 e Índice en *Zenón* [ed. cast.: pp. 1208 y ss. y n.].
[81] Cfr. O. Eissfeldt, *Einleitung in das Alte Testament,* 2.ª ed., Tubinga, 1956, pp. 467, 553, 604, 651, 668 (interpolaciones en los *Profetas,* algunos salmos, el *Cantar de los Cantares,* historias milagrosas en *Daniel,* últimos elementos *en Crónicas*).
[82] *Seudo-Hecateo de Mileto* en T. Reinach, *Textes d'auteurs grecs et romains relatifs au Judaïsme,* París, 1895, 17 s., no puede ofrecerse aquí como evidencia. El sumo sacerdocio electivo, la tradición militar de los judíos y su gran número lo sitúan en el periodo macabeo.

Sacerdote Simón el Justo (*Mishnah,* Abot I, 1, s.). Sirac (que no figuraba en la relación de los Fariseos) terminaba su elogio de «nuestros padres» con Simón, que reparó el templo, fortificó la ciudad y fue glorioso en el santuario (50, 1 ss.). Fue probablemente este Simón[83] el que negoció con Antíoco III cuando este tomó la ciudad en el 201 y otra vez en el 198, poniendo fin al siglo de dominación ptolemaica. Además de hacer concesiones en favor del templo y de los ciudadanos, Antíoco garantizó que el pueblo podría vivir de acuerdo con su propia Ley, lo que luego confirmó con un decreto en que prohibía la violación de la pureza de los tabúes y de las ordenanzas de los sacrificios en el templo.

De todos modos, José, primo de Simón, de la familia de Tobías de Amón, había sido favorito en la corte ptolemaica y comía diariamente en la mesa del rey, que no era puro (*Ant.* XII, 173). Uno de los hijos de José, Hircano, construyó un templo en Transjordania[84]. Y uno de los hijos de Simón, Onías, que heredó el Sumo Sacerdocio, es elogiado por *II Macabeos* como observante de la Ley (3, 1); pero otro, Joshua-Jasón, convenció a Antíoco IV para que le nombrase Sumo Sacerdote en lugar de Onías, y consiguió la autorización real para introducir las costumbres griegas[85]. Pero fue Onías, y no Jasón, quien se unió con Hircano, enemigo de su padre, mientras los hermanos de Hircano, antes aliados de Simón, ahora se aliaron con un no sacerdote, Menelao, contra toda la familia de Simón[86].

Parecida variedad de actitudes se daba también entre el pueblo. Unos rechazaron la Ley y otros llevaban sus *exigencias* hasta declarar impuros los servicios en el templo y formar sectas propias. *Enoch* 89, 73 y quizás *Asunción de Moisés,* 5, 4 s. reflejan un sectarismo semejante, anterior a los macabeos. Una glosa en el prefacio al Documento Sadoquita data el comienzo del movimiento sadoquita (es

---

[83] *Supra,* nota 75.
[84] Josefo, *Antigüedades,* XII.229 ss.; cfr. P. Lapp, «The Second and Third Compaigns at '-Araq el-Emir», *Bulletin of the American Schools of Oriental Research,* 171 (1963), 8 ss., esp. 29 ss.
[85] *II Mac.,* 4.7 ss. versus Josefo, *Antigüedades,* XII, 237 ss.
[86] *II Mac.,* 3.11; Josefo, *Antigüedades,* XII.240, donde Josefo corrige *Guerra* 1.32 s. De todos modos, es posible que los hijos de Simón fuesen pro ptolemaicos, y Menelao y los Tobíadas (excepto Hircano) pueden haber sido pro seléucidas, según aseguraba la tradición posterior a *Guerra,* I. 12. Hircano se suicidó al acercarse Antíoco IV (*Ant.,* XII.236).

decir, esenio [?]) en el 197 a.C. (el año 390 de la era de la ira empezó con la conquista de Nabucodonosor). El origen del movimiento puede haber estado relacionado con la conquista seléucida del 198 y con el convenio entre Simón y Antíoco III. Una segunda glosa fija en veinte años (197-177) el periodo inicial de la existencia de la secta; transcurrido este tiempo, Israel se rebeló y surgió un impostor para extraviarles (confrontar *I Mac.* 1, 11). Cerca del 177, el Sumo Sacerdote, Onías, huyó de la ciudad (*II Mac.* 4, 5), siendo sustituido hacia el 175, tras la sucesión de Antíoco IV, por su hermano Jasón, iniciador del ataque abierto a la Ley. Desgraciadamente, estos datos no son concluyentes y el origen de la secta sigue siendo incierto.

Jasón contó con la adhesión del pueblo de Jerusalén. Tres años después Antíoco IV visitó la ciudad y fue recibido con vítores (*II Mac.* 4, 22). Pero Antíoco sustituyó a Jasón por Menelao, que no era de familia sacerdotal[87]. Menelao logró hacer asesinar a Onías (que se había refugiado en el templo de Apolo [!], en Dafne, *II Mac.*, 4, 33) y colaboró con el comandante de la guarnición de Jerusalén en el saqueo de los tesoros del templo. Esto dio lugar a un tumulto, en el que fue muerto el comandante, y Antíoco mandó ejecutar a los dirigentes de los amotinados (4, 39-50). Después, en el 169, un rumor según el cual Antíoco había muerto indujo a Jasón a atacar la ciudad matando a sus adversarios. Menelao se defendió en la ciudadela. Antíoco, entonces en Egipto, fue informado de que Jerusalén se había sublevado, volvió, mató a los habitantes saqueó el templo y regresó luego a Antioquía, dejando gobernadores en Jerusalén y en Gerizim. En el 168, envió a un comandante que llevó a cabo una nueva matanza en la ciudad, derribó las murallas y fortificó una sola área, «la ciudadela», como plaza fuerte para los seguidores de Menelao (*ib.* 5, 21-6; *I Mac.* 1, 29-35). Finalmente, en el 167, ordenó que los templos de Jerusalén y de Gerizim fuesen dedicados a Zeus Olímpico y a Zeus Xenio, que las ceremonias se celebrasen en ellos a la manera griega, y que se prohibiesen las ceremonias propias de la Ley judía, incluidas la circuncisión y la observancia del sábado.

Aquella década (177-167) acabó con el poder militar de la clase dominante de Jerusalén, que ya no contaba con hombres suficien-

---

[87] *II Mac.*, 3,4 y 4,23, versus Josefo, *Antigüedades*, XII.238 s. Cfr. F. Abel, *Les Livres des Maccabées,* París, 1949, en 4,23. Para siguiente referencia, véase especialmente E. Bickerman, *Der Gott der Makkabäer,* Berlín, 1937, 69 ss.

tes para controlar Judea. En efecto, cuando intentaron, empleando tropas de la guarnición, imponer al país la introducción de los ritos griegos y, lo que todavía era peor, la prohibición de las antiguas costumbres, estallaron revueltas y surgieron facciones.

Los siquemitas se separaron entonces de los judíos y pidieron que su templo fuese dedicado a Zeus Xenio (*Ant.* XII, 258 ss.; *II Mac.* 5, 22 ss.). Una petición similar –¿convenida de antemano?– llegó de Jerusalén distinguiendo a los helenizantes leales de la ciudadela de sus supersticiosos y desleales adversarios y solicitando la dedicación del templo de Jerusalén a Zeus Olímpico[88]. Estas dedicaciones suponen probablemente la identificación de Yahveh con Zeus y no la introducción de una nueva deidad[89], aunque se importaron también cultos de otros dioses (*II Mac.* 6, 7, etc.). Parece que los siquemitas no tomaron parte en la revuelta judía, aunque algunos fueron incluidos en las levas de Samaría. El culto en Gerizim terminó temporalmente hacia el 120, cuando el templo fue destruido por Juan Hircano (*Ant.* XIII, 256).

La línea sacerdotal legítima sobrevivió en Onías IV, hijo del Onías que abandonó la ciudad en el 177. Logró permiso de Ptolomeo Filométor para construir un templo en Leontópolis, en la Delta. La carta que le atribuyen las *Ant.* XIII, 65 ss. manifiesta al rey que el templo unirá a los adoradores de Yahveh («judíos») en Egipto, que hasta aquel momento habían estado enfrentados a causa de sus distintas prácticas en los sacrificios. Consiguiera esto o no, lo cierto es que el templo estuvo asistido por sacerdotes y levitas del partido legitimista y funcionó hasta que fue cerrado por los romanos, en el 73/74 d.C. (*Ant.* XIII, 72 ss.; *Guerra* VII, 421 ss.).

En Palestina el partido dominante era al principio el de los helenizantes, acaudillado por Menelao. En el aspecto religioso era un intento de encarar los hechos de la vida helenística, especialmente el hecho de que la religión griega no podría ser desechada como «idolatría». La creencia de que «Zeus» y «Yahveh» son nombres diferentes de un solo Dios encontraría hoy más defensores que las afirmaciones exclusivistas de los Macabeos. En la antigua Judea tuvo también seguidores. Jerusalén apoyó a los helenizantes y solo

---

[88] Por consiguiente, Menelao fue luego ejecutado como causa de la revuelta (*II Mac.*, 13,4; *Ant.*, XII, 384).
[89] Así E. Bickerman, *From Ezra to the Last of the Maccabees*, N. Y., 1962, p. 108.

cuando su poder fue quebrantado por sucesivos desastres comenzó la revuelta rural. El decreto del rey que autorizaba el cambio en las prácticas religiosas fue gustosamente recibido por muchos judíos que desde entonces sacrificaron a los ídolos y profanaron el sábado; llegó un tiempo en que ganaron muchos más adeptos y se levantaron altares en la mayor parte de las ciudades del país (*I Mac. 1*, 43-58). Aquel apoyo rural está probado por las campañas de terrorismo que los Macabeos llevaron a cabo en el país durante los diez años siguientes[90]. Cuando Judas murió, los helenizantes levantaron sus cabezas «en todo el país» (*I Mac.* 9, 23). La «ciudadela» de Jerusalén era no solo una fortaleza, sino una ciudad con una población judía (1, 34; 6, 21-5); sus territorios incluían varias ciudades[91]; resistió cercos de Judas (6, 18 ss.), Jonatás (12, 36) y Simón (13, 49 ss.); las últimas fuerzas seléucidas que se acercaron a ella se alejaron alrededor del 157 (9, 72); después la ciudadela resistió durante 16 años sin ayuda de los reyes seléucidas y tal vez incluso desafiando sus órdenes (*I Mac.* 11, 42), pero evidentemente con el apoyo del país; la única forma de que Jonatás pudiera cortar la ayuda era la de levantar una muralla alrededor de la ciudadela; una vez construida la muralla, resistió aún durante dos o tres años, y solo se rindió después de que muchos de sus habitantes habían muerto de hambre. Nunca hemos sabido su nombre. Probablemente los habitantes que tan desesperadamente la defendieron le llamarían «Jerusalén», y a sí mismos, «Israel»[92].

En el extremo opuesto de los helenizantes se hallaban los esenios, que quizá se retiraron al territorio de Damasco alrededor del 177[93]. Los esenios formaban comunidades cerradas, algunas de ellas de solteros, cuyos miembros eran admitidos solo después de una prueba. En su mayor parte, la propiedad era comunal. El gobierno se ejercía mediante «superintendentes» y un consejo común. Los miembros eran «sacerdotes», «levitas» o «israelitas», tal vez por rango más que por linaje[94]. Los documentos conservados

---

[90] *I Mac.*, 2,45; 7,24; 9,73. *II Mac.*, 8,6.
[91] F. Abel, *Les Livres des Maccabées*, p. 123.
[92] Jerusalén no fue la única plaza fuerte de los helenizantes; todavía después del año 150, conservaban fortalezas en el país: *I Mac.*, 10,14; 11,41 (tropas nativas, cfr. 10,12).
[93] *Zadokite Document*, VI-VIII y XX; cfr. *Rollo de la Guerra*, I.
[94] *Zadokite Document*,

por el grupo y las descripciones de la secta en los autores clásicos[95] difieren tanto unos de otros que nos permiten suponer que la secta experimentó grandes cambios durante los dos siglos anteriores a Cristo; distintos grupos pueden haber surgido de ella o tal vez se le unieron. Pero en todo caso sus características son claras. Lo esencial es una exégesis rigorista del *Pentateuco*, especialmente de las leyes sobre la pureza, el sábado, el calendario, la propiedad y las relaciones personales. Esta exégesis consta especialmente en los códigos legales de la secta y en los trabajos que elaboran las historias del *Pentateuco* (*Enoch, Jubileos,* el *Génesis Apócrifo, Testamentos de los Doce Patriarcas*). Después del *Pentateuco* vienen los *Profetas,* de cuyos trabajos los esenios pretendían entender más que los propios profetas (*Comentario de Habacuc* 2, 1 s.). Ellos «comprendieron» que las profecías se referían a su propio tiempo y en numerosos comentarios especificaron las naciones, personas y acontecimientos de que se trataba. Como los profetas del Antiguo Testamento, esperaban la intervención de Dios en la historia para recompensar al bueno (ellos mismos) y castigar al malo (especialmente el sacerdocio de Jerusalén, los fariseos, los griegos y los romanos). Pero fueron más allá que los profetas dando normas detalladas («apocalípticas») que habían de observarse en el Fin próximo (el *Rollo de la Guerra*). Estos trabajos procedían de la iluminación sobrenatural, que revelaba a sus autores los secretos de la Ley y les abría la compañía de los ángeles. Su consecuente sentido del pecado humano y de la salvación personal se expresaba en muchos himnos. Esta era la secta, a juzgar por una colonia establecida en Qumran, cerca del Mar Muerto, a finales del siglo II[96], y por los manuscritos encontrados cerca de Qumran. Pero en Palestina existían más colonias esenias (*Guerra* II, 124), y Josefo calcula su población en unos 4.000 (*Ant.* XVIII, 20), de modo que la secta quizá no se extinguió cuando Qumran fue tomada por los romanos en el 68 d.C.

Además de los esenios, sabemos de otros grupos rigoristas. Muchos individuos prefirieron morir antes de violar la Ley (*I Mac.* 1,

---

[95] Principalmente, Filón, *Apología,* 111 ss., y *Quod omnis,* 75 ss.; Josefo, *Bellum Judaicton,* II.119 ss., y *Antigüedades,* XVIII.18 ss.; Plinio, *Historia naturalis,* V.XVII.4, e Hipólito, *Refutatio,* IX.18.3 ss.

[96] Para la arqueología de la comunidad y literatura de Qumran, véase J. Milik, *Dix ans de découvertes dans le désert de Juda,* París, 1957, pp. 103 y ss.

62 s.). Unos mil huyeron a las montañas y se dejaron matar antes que pelear en sábado (2, 29 ss.). Otros, los «asideos» (es decir, los piadosos), se unieron inmediatamente a la revuelta de los Macabeos (*I Mac.* 2, 42). Su importancia fue grande: *II Mac.* 14, 6 habla de un informe según el cual «los asideos, cuyo caudillo es Judas Macabeo, son los que fomentan la guerra». Sin embargo, cuando el gobierno seléucida sustituyó a Menelao por Alcimo, un Sumo Sacerdote de la estirpe de Aarón, y permitió la práctica de la Ley, los asideos abandonaron a los macabeos e hicieron la paz con Alcimo (*I Mac.* 7, 13 ss.), el cual hizo después ejecutar a sesenta (7, 16). Después de esto, no sabemos nada de ellos[97].

De Alcimo y de sus seguidores no conocemos más que referencias hostiles en los *Libros de los Macabeos*. Parece que representaba a los helenizantes moderados. *II Macabeos* dice que él se marchó, es decir, que participó en ritos helenizados mientras se declaraban fuera de la Ley los ritos tradicionales (14, 3). Según *I y II Macabeos*, todos, los helenizantes se le unieron, pero también los asideos, y Alcimo convocó una asamblea de escribas para estudiar las interpretaciones de la Ley (*I Mac.* 7, 12). Sus seguidores ayudaron al general seléucida Nicanor contra Judas, pero se negaban a atacar en sábado (*II Mac.* 15, 2). Después de la muerte de Judas, Alcimo controlaba el país. La mayor parte de los judíos hicieron la paz con él. Murió en el 159, pero su partido se mantuvo en el poder durante los siete años siguientes (*I Mac.* 9, 54-10, 14). Cuando los Macabeos recuperaron el control del templo, después del 152, no lo purificaron ni lo consagraron de nuevo.

Los Macabeos reivindicaban, como fundador de su partido, a Matatías, un sacerdote de la familia de Joarib y residente en Jerusalén, que en el 167 se retiró a Modín, en las montañas del noroeste (*I Mac.* 2, 1). Pero la familia de Joarib aparece solo en las adiciones macabeas a las *Crónicas-Ezra-Nehemias*[98], y la residencia de Jerusalén puede haber sido inventada para dar mayor consistencia

---

[97] Que fuesen los «hombres piadosos *(hasidim)* de los antiguos» de la literatura rabínica es improbable, pues los dos grupos no tienen nada de común, excepto la piedad. Por eso no hay huellas de los asideos en la literatura rabínica, y por eso es improbable que fuesen antepasados de los fariseos.
[98] *I Crón.,* 9,10; 24,7; *Neh.* 11,10; 12,6, 19; G. Holscher, «Levi», en Pauly *Real-Encyclopädie,* 12 (1925), col. 2191. Cfr. R. de Vaux, *Les Institutions de l'Anden Testament,* 2.ª ed., 2 vols., París, 1960-1961, vol. II, p. 266.

a la reivindicación con un linaje sacerdotal. Los cinco hijos de Matatías, capitaneados por Judas, que recibió el sobrenombre de Macabeo («el martillo» [?]), huyeron a los montes en el 167/166 y organizaron una fuerza para defender la Ley (*I Mac.* 2, 28, 44; *II Mac.* 5, 27; 8,1 ss.); en dos años fueron capaces de derrotar sucesivamente al comandante de la guarnición de Jerusalén, al comandante del ejército sirio, a una fuerza enviada por el regente Lisias (Antíoco IV estaba entonces –165– combatiendo en el este) y, por último, según se dice, al propio Lisias[99]. Una vez adueñados del país, acabaron con los helenizantes de la ciudadela, purificaron el templo, restauraron los ritos judíos (25 Casleu, diciembre 164) y fortificaron el templo montaña («Monte Sión»). Fortificaron también Betsura, una ciudad que bloqueaba la ruta más cómoda desde la llanura costera a Jerusalén (*I Mac.* 4, 36-60).

Mientras tanto, los *Ioudaioi* de los territorios cercanos eran atacados por sus vecinos: *I Mac. 5; II Mac.* 10, 15 ss.; 12, 1 ss. *Ioudaioi*, en estos pasajes, probablemente significa «judíos», en el sentido de adeptos al culto monolátrico de Yaveh, al mismo tiempo separados y unidos por su repulsa a adorar a otros dioses, según antes hemos dicho. Es significativo que no surgieran ataques desde el territorio siquemita, donde el culto monolátrico empezaba a ser popular. En otras partes los helenizantes, expulsados de Judea (geográficamente *Ioudaioi*, es decir, judíos) por la persecución macabea, fueron bien recibidos y organizaron, a su vez, persecuciones contra los *Ioudaioi* de religión (*II Mac.* 10, 15 ss.). Que *I* y *II Macabeos* se refieran a las víctimas de estas últimas persecuciones como «los descendientes de Jacob», «los israelitas» y los miembros de «la raza»[100] probablemente no indica una relación biológica o territorial, sino una teología macabea –el prosélito se convertía en un «israelita»–. En efecto, los ataques fueron principalmente persecuciones religiosas, reacciones contra la intolerancia en Judea.

Los Macabeos respondieron contraatacando a los idumeos en el sur, a los ammonitas en Transjordania, a los habitantes de Jamnia y Jope al este, y llevaron a cabo expediciones sobre la Transjordania septentrional («Gilead») y Galilea, de donde trajeron a «todos»

---

[99] *I Mac.*, 3,10-4,35; cfr. *II Mac.*, 11,1-14, y E. Bickerman, *From Ezra to the Last of the Maccabees*, 116 y ss.
[100] *I Mac.*, 5,2, 6, 13, etc.; *II Mac.*, 12,31.

los judíos a Judea[101]. Esto indica el limitado éxito que el culto monolátrico a Yahveh había alcanzado en aquellas regiones.

Al año siguiente (163) de la muerte de Antíoco IV, Lisias, entonces regente de Antíoco V, volvió con nuevas fuerzas, derrotó a Judas, tomó Betsura y luego estableció un convenio con los Macabeos, garantizando la libertad de observar la Ley a cambio de la entrega del templo montaña y de una promesa de mantener la paz. Cuando obtuvo la montaña, derribó sus fortificaciones e inmediatamente se marchó (*I Mac.* 6; II *Mac.* 11 y 13). El Sumo Sacerdote, Menelao, fue ejecutado como causa de la revuelta (*II Mac. 13, 3* ss.). Inmediatamente después, Lisias y Antíoco V fueron derribados por Demetrio I, que nombró o volvió a nombrar Sumo Sacerdote a Alcimo, el descendiente de Aarón[102]. Así, la consigna de los Macabeos de luchar por la Ley perdió toda su fuerza. Ellos insistían en que Alcimo estaba contaminado y no podía ser Sumo Sacerdote (*II Mac.* 14, 3 ss.), pero su objeción rigorista despertó poco interés. *I Macabeos* ni siquiera hace mención de ella, sino que dice que Judas no hizo la paz porque Alcimo no era digno de confianza. Acaso los macabeos habían comenzado a soñar con la dominación de Judea. De todos modos incluso los asideos se pasaron a Alcimo (*I Mac.* 7, 13). Judas todavía luchó en el país y hasta mató a un general –Nicanor–, que trató de derrotar a sus guerrillas con levas locales (marzo de 161), pero el propio Judas fue muerto en el 160. Sus hermanos, acaudillados ahora por Jonatás, fueron arrojados hasta Transjordania, luego conquistaron un pequeño sector en Judea y finalmente hicieron la paz con los Seléucidas, cesando así la lucha (*I Mac.* 7-9).

Sin embargo, cuando estalló un conflicto por el trono seléucida, en el 153/152, entre Demetrio y Alejandro Balas, ambos contendientes buscaron el apoyo de los macabeos. Alejandro nombró a Jonatás Sumo Sacerdote (*I Mac.* 10, 20), «amigo del Rey», general y gobernador de la provincia (*ib.* 59-66). Autorizado así Jonatás, volvió a fortificar el templo montaña y se dispuso a conquistar la llanura

---

[101] *I Mac.*, 5; *II Mac.*, 10,15 y ss.; 12,1 y ss. son evidentemente exagerados y confusos, pero fundamentalmente fidedignos.

[102] Alcimo puede haber sido nombrado ya por Lisias, según *II Mac.*, 14,3,7; *Ant.*, XII.387; cfr. *I Mac.*, 7,5,9 (5 es ambiguo y 9 debe referirse a la renovación del nombramiento). La historia inicial de su sumo sacerdocio es oscura. Con *I Mac.*, 7, y *II Mac.*, 14, cfr. E. Bickerman, *From Ezra to the Last of the Maccabees*, 127 y ss., y M. Noth, *Geschichte Israels*, 4.ª ed., Gotinga, 1959, p. 334.

palestina dirigiéndose al puerto de Jope. (Si se apoderaba de Jope, los peregrinos desde las tierras mediterráneas no tendrían que pasar a través de territorios vecinos hostiles, pues Judea podría ser un corredor para el comercio mediterráneo y nabateo, en el que podría haber oportunidades –que luego aprovecharon los macabeos– para la piratería: *Ant. XIV,* 43 s.; Reinach, *Textes,* 97). La suerte le favoreció: hasta el año 143 (inmediatamente después de haberse instalado en Jope la guarnición macabea), no fue preso por traición y ejecutado. Su subida al sumo sacerdocio y sus alianzas con los gentiles habían dado lugar a críticas en Judea; Josefo señala su existencia en las sectas judías (*Ant.* XIII, 171). Sin embargo, su hermano Simón prosiguió su labor, aseguró la libertad de tributación para Judea (en el 142), estableció una colonia judía en Gázara, en la llanura (en el 142), sitió por el hambre y arrojó a los de la ciudadela (141), se construyó para sí mismo un palacio y una fortaleza en Jerusalén, consiguió que su sumo sacerdote fuese confirmado por una asamblea nacional (140), asumió el título de «etnarca» (140), y empezó a acuñar (139) sus propias monedas de cobre, que llevan en hebreo la leyenda: «En el cuarto año de la liberación de Sión». Fue asesinado en el año 134 (*I Mac.* 13-16).

El hijo de Simón, Juan Hircano, fue muy pronto vencido por Antíoco VII, que le empujó a una expedición contra los partos, en la que Antíoco perdió la vida, pero Hircano escapó (129 a.C.). De regreso en Judea, Hircano puso en pie una fuerza mercenaria, volvió a Gázara y Jope y conquistó partes de Idumea al sur y de Samaria al norte (*Guerra I,* 62 ss.; *Ant.* XIII, 236 ss.). Destruyó el templo de Gerizim y habría anexionado a sus seguidores a Jerusalén, pero los siquemitas se negaron a ser anexionados y lo hicieron con el culto en la sinagoga. «El cisma samaritano» era ya completo. Pero los idumeos fueron anexionados, obligados a aceptar la circuncisión y el resto de la Ley, y así se convirtieron, legalmente, en «judíos». Las aventuras militares de Hircano produjeron una considerable tensión en Judea, donde tuvo que luchar contra una sedición de los Fariseos, saliendo victorioso gracias sin duda a sus mercenarios (*Guerra* I, 67; *Ant.* XIII, 288).

El hijo de Hircano, Judah-Aristóbulo (104-103 a.C.), conquistó parte de Iturea y obligó a sus habitantes a hacerse judíos (*Ant. XIII,* 318 ss.). Fue también el primero de los Macabeos que ciñó la corona (*Guerra* I, 70). A su muerte, su viuda, Salomé-Alejandra (de 37 años), ocupó el trono y se casó con el hermano de Judah-Aristóbulo, Alejandro-Jonatás, de 24 años. (El nombre griego precede ahora al otro: *Jonatás* se convierte en el sobrenombre *Jannae*). Alejandro guerreó incesantemente y al fin dominó gran parte de Transjordania y, la llanura costera. Sus mercenarios ascendían por lo menos a 6.000. (Utilizó a pisidianos y cilicianos, tal vez por su experiencia en la piratería). La moneda de su padre, que había declarado en hebreo que había sido puesta en circulación por «Juan, el Sumo Sacerdote, y por la comunidad judía», fue sustituida por una nueva, que se declaraba a sí misma, en griego y en hebreo, «del rey Alejandro». Sus mercenarios le salvaron de una insurrección y volvió a acuñar las monedas griegas con una leyenda hebrea como la que había en las de su padre. Pero un nuevo estallido dio origen a una guerra de seis años, en la que se dice que mató a 50.000 judíos. Hacia el final, podría reunir todavía a unos 10.000 judíos partidarios suyos, pero sus enemigos llamaron a Demetrio III y le derrotaron. Sin embargo, después de la derrota, unos 6.000 de aquellos desertaron y Demetrio se retiró; por lo que Alejandro acabó dominando la revuelta. Para celebrar su victoria, crucificó a 800 enemigos como decoración para un banquete («una cosa que nunca se había hecho antes en Israel», dice el esenio comentarista de *Nahum, 2,* 12). 8.000 abandonaron el país y ya no hubo más resistencia abierta (*Guerra* I, 88 ss.; *Ant.* XIII, 372 ss.).

Tras la muerte de Alejandro, en el 76, Salomé-Alejandra (ahora, de 64 años) nombró Sumo Sacerdote a su hijo mayor, Hircano II, reservándose ella el control del gobierno. Su reinado fue de poca acción militar en el exterior; en el interior, mantuvo la paz haciendo concesiones a los fariseos, a la vez que duplicaba el ejército y lo mantenía a punto. Así pudo permitir a los fariseos que ejecutasen a muchos consejeros de su primer marido (en su mayoría saduceos). Otros encontraron un protector en su hijo más joven, Aristóbulo II, el cual, a la muerte de su madre, en el 67, obligó a Hircano a abdicar. Hircano entonces buscó refugio entre los nabateos, de donde volvió con un ejército de 50.000 hombres y cercó a Aristóbulo en Jerusalén. Entonces se produjo la intervención de Pompeyo –los dos hermanos apelaron a él–, quien decidió a favor de Hircano y le restableció en Jerusalén (*Guerra I,* 107 ss.; *Ant.* XIII, 405 ss.).

Para estudiar la significación religiosa de la historia de los Macabeos hay que distinguir dos periodos: la revuelta bajo Judas y la construcción del Estado Macabeo bajo Jonatás y sus sucesores.

El triunfo de Judas salvó el culto monolátrico de la intolerancia religiosa –o Yahveh o los otros dioses, o la religión «verdadera» o la «falsa»– que a través del cristianismo, del Judaísmo rabínico y del islam ha sido uno de los factores más importantes de la historia intelectual y política. Esto es tan claro que no ofrece dudas, pero la revuelta de Judas ha sido frecuentemente tergiversada en cuanto a dos aspectos menores.

Primero, en cuanto a la helenización: el objetivo de la revuelta era el de asegurar la observancia de la Ley, especialmente en las zonas atacadas por los helenizantes: ritual público, prohibición de adorar a otros dioses y observancias privadas, sobre todo de la circulación, del sábado y de los tabúes alimenticios. No fue una revuelta contra todo helenismo como tal. Los macabeos escribieron pidiendo ayuda a los judíos helenizados en Egipto (*II Mac.* 1. 7 s.), y Judas mantuvo contactos con una embajada romana (*II Mac.* 11, 34 ss.). Tuvo en su partido a hombres a los que pudo mandar como embajadores a Roma[103]. Utilizó máquinas militares helenísticas (*I Mac.* 6, 20, 52) y formas helenísticas de adivinación (I Mac. 3, 48), decoró el templo al estilo helenístico (*I Mac.* 4, 57), celebró su purificación con una procesión llevando tirsos y palmas (*II Mac.* 10, 7)[104] y a la manera griega llevó también a cabo la celebración anual[105]. Los macabeos fueron seguramente devotos de la tradición bíblica, y Judas hizo una colección de libros, limitada, sin duda, al canon hebreo (*II Mac.* 2, 14). Pero el renacimiento de lo hebreo no es una exclusión de lo griego. (La helenización de los últimos macabeos es evidente, y ni siquiera las sectas rigoristas se opusieron al helenismo en cuanto tal. Los jubileos, aunque devotos de la Ley, propusieron introducir un calendario solar; el texto bíblico y la exégesis de los fariseos se modificaron según el saber helenístico[106], y en Qumran se han encontrado manuscritos griegos.)

---

[103] Adviértanse sus nombres, Jasón y Eupólemo. El segundo fue plausiblemente identificado por J. Freudenthal, *Hellenistische Studien,* 11.165, como el historiador de cuyos trabajos griegos se han conservado varios fragmentos.

[104] El *lulab (tirso)* era desconocido para *Nehemías* (8,15, ramas de árboles solo para cabañas), y aparece en un apéndice del material sacerdotal, *Lev.* 23,40. Es, probablemente, un signo de la influencia helenística.

[105] Para la significación de esta práctica griega, véase E. Bickerman, *From Ezra to the Last of the Maccabees,* 120 y ss.

[106] S. Lieberman, *Hellenism in Jewish Palestine,* 2.ª ed., N. Y., 1962, pp. 20 y ss.

Segundo, en cuanto a la Ley: los macabeos eran devotos de su preservación, pero liberales respecto a su interpretación. Ellos interpretaban que la ley del sábado permitía la propia defensa (*I Mac.* 2, 39 ss.). Incluyeron sus victorias en el calendario ritual[107] y probablemente introdujeron el Purim[108]. Fueron rigoristas para rechazar a Alcimo, pero no restauraron la línea legítima del sumo sacerdocio. Los asideos, que fueron fanáticos de la Ley, preferían Alcimo a los Macabeos. El sumo sacerdocio de Jonatás, aceptado por Alejandro Balas, no tenía mejor base que el de Jasón o el de Menelao, y de ahí la preocupación de Simón de ser nombrado por voto popular. Pero también esto era ilegal. Según la Ley, el Sumo Sacerdote era nombrado por Dios. Ya se ha hablado de la oposición de los Fariseos a Hircano y Alejandro. Comprensiblemente, los *Libros de los Macabeos* no fueron admitidos como sagrados por los Fariseos.

El triunfo de los últimos Macabeos fue de gran importancia religiosa, pues aumentó considerablemente el prestigio del culto monolátrico judío. Jerusalén se convirtió en famoso centro de peregrinación, y otros centros del culto de Yahveh adoptaron el modelo judío. Este proceso fue estimulado por la diplomacia macabea, consiguiendo, por ejemplo, una carta circular de Roma a la mayoría de los Estados orientales del Mediterráneo, ordenando que los helenizantes que hubieran huido a aquellos países debían ser entregados a Simón (*I Mac.* 15, 15 ss.). Además, los Macabeos extendieron el judaísmo en Palestina, por ejemplo, mediante la influencia y la coacción y, en especial, obligaron a convertirse a los idumeos y a los itureos. Al procurarse tales adeptos, los Macabeos esperaban aumentar su potencial militar y al mismo tiempo incrementar el número de judíos indiferentes a las sutilezas de la interpretación legal, compensando así el desarrollo de las sectas rigoristas. Para este objetivo se valieron también de la esclavización de poblaciones enteras (*Guerra* I, 65, 88). Así surgió un gran número de judíos corrientes, que no eran miembros de secta especial alguna, a los que los fariseos llamaron despectivamente «la gente de la tierra». En la llanura

---

[107] No solo Hanuca (25 Casleu, la purificación del templo), sino también la retirada de Antíoco V (28 Shevat), la derrota de Nicanor (13 Adar) y la toma de la ciudadela (23 Iyyar). Véase, además, Megillat Ta'anit, ed. S. Zeitlin, *The Jewish Quarterly Review*, 1919-1920, pp. 49 y ss.

[108] Esther y Mardoqueo fueron desconocidos para Sirac, pero el día de Mardoqueo es mencionado en *II Mac.*, 15,36 y ss.

costera, Idumea, Transjordania occidental y Galilea, esta población judía no sectaria centró la atención casi exclusiva de los últimos Macabeos. Ella les facilitaba fuerza militar para las revueltas contra Roma y piedad popular para sostén de profetas y taumaturgos como Juan el Bautista y Jesús.

Este desarrollo corrió pareja con un desarrollo contrario de las sectas caracterizadas por especiales interpretaciones de la Ley. Tres de ellas –esenios, fariseos y saduceos– se mencionan por primera vez en la segunda parte del sumo sacerdocio de Jonatás, según hemos visto más arriba. Al describir a los fariseos y a los saduceos del periodo macabeo, Josefa los presenta erróneamente como escuelas filosóficas más que como escuelas legales. También en las *Antigüedades* se decide a recomendar a los romanos que los fariseos son la única secta que deben apoyar si quieren una colonización pacífica en Palestina. Por ello, eliminó todos los pasajes desfavorables a los fariseos y mantuvo insistentemente que ellos gozaban de la máxima influencia entre el pueblo y que ningún gobierno podría considerarse seguro sin su apoyo[109], «hechos» de los que habla poco o nada en la *Guerra*[110], y que difícilmente son compatibles con el desarrollo de los acontecimientos: Hircano y Alejandro permanecieron en el poder, a pesar de la resistencia farisea; Aristóbulo II, enemigo de los Fariseos, tuvo evidentemente un apoyo mayoritario (*Ant.* XIII, 427; XIV, 4),

Los saduceos procedían sobre todo de la alta clase sacerdotal (*Hechos, 5, 7*) y de los ricos (*Ant.* XIII, 298). Su característica legal era la repulsa de la obligatoriedad de las tradiciones al margen de la ley escrita (*Ant.* XIII, 297). *Dt.* 17, 18 s., pone el juicio de los casos disputados en manos de los sacerdotes levíticos y coloca al «juez» (probablemente interpretado como «Sumo Sacerdote») junto al

---

[109] Cfr., por ejemplo, Josefo, *Bellum Judaicumm* I.110 y ss., con *Antigüedades,* XIII, 405 y ss. Adiciones, *Antigüedades,* XIII, 288 y ss.; 400 y ss., etc. Las «confirmaciones» de estas manifestaciones en la literatura rabínica representan un deseo, no una tradición histórica.

[110] Que Salomé fuese inicialmente popular porque era piadosa, porque defendió los antiguos modos judíos y limpió el gobierno de los hombres indiferentes a la Ley (Josefo, *Bellum Judaicum,* I.107), no quiere decir que la purga farisaica y el programa legislativo de sus últimos años fuesen populares también. Los consejeros de Alejandro se habían hecho odiar, probablemente, por muchos grupos, y no solo por los fariseos, y la piedad no debe ser identificada con el fariseísmo.

Arca de la Alianza; para un tribunal supremo, la ventaja de no verse constreñido por una tradición es evidente. La negación de la obligatoriedad de las tradiciones no excluye su consideración, y los Saduceos tenían y habitualmente siguieron las suyas propias[111]. Por medio de Hircano, incluso trataron de obligar al pueblo a que las siguiese también (*Ant.* XIII, 296). Desde que el partido estaba formado principalmente por las viejas familias sacerdotales, los macabeos ya no eran miembros de él. Se dice que Hircano había cambiado su adhesión de los fariseos a los saduceos, pero es inverosímil que fuese miembro de los dos partidos. Como aristócratas ricos, los saduceos fueron probablemente helenizados, pero esto no implica que fuesen indiferentes a la Ley. Sus tribunales tenían reputación de severos y Josefo los describe como meticulosos en cuestiones de ritual. Cuando Pompeyo tomó el templo, en el 63, los sacerdotes saduceos continuaron los sacrificios prescritos hasta que fueron muertos sobre el altar (*Guerra*. I, 150; esto es retórica, pero constituye una prueba evidente de su reputación).

Los fariseos («los separados», se entiende, de la impureza) tenían una especial tradición de la exégesis legal e introdujeron muchos requisitos que no figuraban en la Ley escrita, tratando de imponerlos al pueblo mediante ordenanzas civiles (*Ant.* XIII, 296 s., 408). Fomentaron las penitencias leves (ib. 294) y los Esenios les llamaron «los que buscan cosas suaves» o «dan suaves interpretaciones»[112]. Esto hace pensar en una posición intermedia. La fuente de su tradición es desconocida y la afirmación de que desciende de Simón el Justo es insostenible. Lo que fue la tradición durante el periodo macabeo es también, en su mayor parte, desconocido. Algunos del partido se oponían al sumo sacerdocio de los macabeos, y parece que dirigieron las revueltas bajo Hircano y Alejandro, de las que hemos hablado más arriba, de modo que ellos fueron, probablemente, los que llamaron a Demetrio III, y de ellos fueron la mayoría de los 800 crucificados y de los 8.000 que huyeron del país. Hacia el año 10 a.C. eran más de 6.000 (*Ant.* XVII, 42). Sus destierros, sus ejecuciones y la reimplantación por la ley civil de sus exigencias sectarias,

---

[111] Melligat Ta'anit, 1 y 4 y ss.; Misnah Makkot, 1.6; Mishnah Yadayim, 4.6 y ss., etcétera.
[112] *Comentario de Nahum*, 2.12a. Que estos eran los fariseos, se afirma en *Ant.*, XIII.403 y ss.; cfr. también XIII.292 y 372.

bajo Salomé e Hircano II, probablemente contribuyeron en gran medida a asegurar el sostén popular de Aristóbulo II.

Cuando Pompeyo penetró en Damasco, unos 200 judíos notables apelaron a él diciendo que los antepasados de los macabeos habían obtenido injustamente la primacía de los judíos, se habían apartado de las leyes ancestrales y habían esclavizado a los ciudadanos. En justicia, los judíos no deberían tener un rey, sino solo un Sumo Sacerdote (Reinach, *Textes,* p. 76, *Ant.* XIV, 41). Que estos fuesen los fariseos (que confiaban en gobernar por medio de Hircano, *Ant.* XIII, 423) o los saduceos (cuyos dirigentes habían sido salvados por Aristóbulo, *Guerra* I, 114; *Ant.* XIII, 411) es inverosímil. Lo más probable es que fuese la clase media judía, que no pertenecían a ninguna de las sectas especiales. Tal vez Judith y Tobías sean resultados de su trabajo (véase la sección del judaísmo en el periodo persa).

Tanto el desarrollo sectario como el nacional contribuyeron al gran renacimiento de la literatura hebrea en los siglos II y I a.c., empezando por los poemas gnómicos de Sirac (hacia 180). El material esenio y su análogo han sido mencionados ya. Los himnos esenios figuran entre las obras maestras de la época. Su esquizofrénica alternancia entre el cuerpo de corrupción y el espíritu de gracia reaparece en Pablo con una influencia incalculable. Unos pocos salmos canónicos (por ejemplo, el 79 y el 149) pueden datar del periodo macabeo, como pueden ser glosas ocasionales a los libros proféticos e históricos, especialmente *Crónicas.* El «apocalipsis» (un relato de una visión cuyos detalles se refieren a los acontecimientos de la historia supuestamente futura, seguido de una explicación de esas referencias, y anticipando un *fin* divinamente ordenado) aparece en Enoch y en Daniel (164/163), y desde entonces constituye un vehículo común de teodicea y de piadosa y sangrienta anticipación. Relacionados con los, apocalípticos hay relatos de subidas a los cielos y del trono divino y de liturgia de los ángeles. Estos tienen después importancia en la magia y en el misticismo. Relacionada también con los relatos apocalípticos hay una exégesis tipológica que trata los textos como si fuesen visiones apocalípticas y explica cada detalle come referido a algún acontecimiento ulterior. Con *I Macabeos,* la antigua historiografía hebrea produce su última obra maestra.

Toda esta literatura está caracterizada por el «clasicismo», que singulariza los trabajos del periodo helenístico tanto en hebreo como en griego. *I Mac.* imita las historias hebreas clásicas; *Daniel y Enoch,* a los profetas; *Jubileos y Testamentos,* al *Génesis. Sirac* imita los *Proverbios;* los himnos proceden de los *Salmos;* la glosa y la exégesis son típicas de la erudición clásica helenística. Así se forma un canon de trabajos aceptados. El hecho de que el canon de los profetas clásicos estuviese cerrado ya en el periodo ptolemaico tuvo la consecuencia práctica de que los profetas del tiempo macabeo (*Guerra 1,* 68 s.) no fuesen considerados nunca como iguales a los de la Antigüedad. Por ello, cuando Simón deseó asegurar el sumo sacerdocio a perpetuidad, pudo suavizar la objeción legalista solicitando que le fuese concedido solo «hasta la llegada de un verdadero profeta» (*I Mac.* 14, 41). En literatura, esto significa que las profecías facilitadas por la historia de los macabeos podrían no estar expresadas directamente, sino elaboradas como antiguas profecías de Daniel, Enoch, etcétera.

Pero a pesar de su apego a los modelos clásicos, la literatura del tiempo de los Macabeos es rica en nuevos desarrollos. Además de los mencionados anteriormente, produjo la leyenda del *mártir* (*II Mac.* 6, 18 ss.; 7, etc.). El antecedente del mártir era el *confesor,* cuya entrega a su religión le llevó hasta el borde de la muerte, de la que se salvó generalmente por un milagro (por ejemplo, Daniel y los «tres santos niños»). El *mártir* muere. Esto presupone una vida después de la muerte, y *II Macabeos,* donde aparecen las leyendas de los mártires, menciona también la resurrección de los muertos (12, 43 s.; *Daniel* 12, 2 s.). Esta mención demuestra que tal creencia todavía no era aceptada universalmente ni siquiera entre los presuntos lectores; los saduceos no la aceptaron nunca (*Hechos,* 23, 8).

Como literatura, la leyenda del mártir es una forma especializada de la pequeña historia piadosa. Muchas pequeñas historias debieron de haber sido escritas en hebreo durante el periodo macabeo; hasta nosotros han llegado traducciones griegas de Judith, de Tobías y de las adiciones a Daniel, así como el texto original de Esther. Como ornamentos de estas historias, fueron populares y circularon también independientemente oraciones, confesiones de pecados e himnos de acción de gracias. (La *Oración de Manasés, Baruch,* las *Odas.*)

El triunfo de Esther se manifiesta en el festival del Purim, celebrando la supervivencia de culto monolátrico de Yahveh en la diáspora. La adopción del festival y la preservación de la historia por los

Macabeos figuran entre los signos de su atención a la diáspora, así como de su influencia y probable éxito en Palestina, factores que sirven de fondo a la historia precedente y que no deben ser olvidados.

IV. La Mesopotamia Seléucida

La historia de las monarquías helenísticas y, muy especialmente, la de las relaciones entre las comunidades griegas y los medios indígenas es de las más difíciles y de las peor documentadas de la Antigüedad. Intentar el estudio de la Mesopotamia helenística puede parecer una tarea estéril y de escaso interés, a causa de las muchas lagunas que hay en la documentación y del poco brillo de este periodo, si se compara con los veinticinco grandes siglos de civilización que le precedieron. Y, sin embargo, sabemos que la Mesopotamia, y sobre todo Babilonia, estaba destinada, en el pensamiento político de los Seléucidas, a ser uno de los pilares de su Imperio; disponemos de tablillas cuneiformes que pueden darnos, acerca de la sociedad indígena, informaciones que solo Egipto ha facilitado en cantidades más considerables; hay, en fin, una cierta probabilidad de que el pensamiento y los trabajos de los eruditos babilonios hayan estimulado y ayudado a la obra de sus colegas griegos de los tiempos helenísticos, contribuyendo al nacimiento de un pensamiento científico del que lo esencial había de sobrevivir en Europa hasta los Tiempos Modernos. Esto bastaría para que el historiador de la Antigüedad sueñe con sacar todo el partido posible de la documentación de que dispone; debe comenzar a clasificarla, evaluarla y apreciar todo lo que puede aprovechar de ella.

En lo que se refiere a las informaciones de los historiadores griegos y latinos, y a su insuficiencia, remitimos al lector a los capítulos de historia del mundo griego helenístico, y nos interesamos aquí en la documentación que ha sido recogida en el propio Oriente, sobre el terreno. En comparación con la gran cantidad de papiros demóticos y *griegos* de Egipto, el número de los textos cuneiformes parece irrisorio y, un poco apresuradamente, se ha decidido que, en los últimos siglos anteriores a la era cristiana, el acadio había llegado a ser una lengua muerta. En efecto, diversos indicios permiten afirmar que, en aquella época, el arameo era de uso diario en todas partes, como también el griego, lengua de los administradores, de los negociantes y de los soldados; las letras de una y otra lengua solo excepcionalmente se grabaron en arcilla, y mucho, en cambio, en papiros o en cuero, que el clima mesopotámico no ha respetado; un solo pergamino entero ha sido encontrado, procedente de Dura-Europos; pero Seleucia del Tigris, ha enorme capital que acaso contó con 600.000 habitantes, no nos ha dado más que insignificantes fragmentos. De los textos desaparecidos sabemos, al menos, que existían: en muchos yacimientos se han descubierto sellos planos y las *bullae* (especies de cubiertas, en arcilla como los sellos, y con diversas indicaciones), que servían para dar validez a los documentos a los cuales se unían. Es más sorprendente que se hayan encontrado tan pocas inscripciones griegas, aun contando las que pertenecen a la época parta y que nos prueban la permanencia de la cultura helénica. Pero debemos tener presentes las condiciones en que se hizo la exploración arqueológica.

Hubo, en primer lugar, enormes destrucciones. Para no hablar más que de la Antigüedad, basta recordar las guerras de los Seléucidas contra los partos, y de los partos, y luego de los Sasánidas, contra los romanos. Frecuentemente, los testimonios de la época helenística han desaparecido ya en la Antigüedad, a causa de las realizaciones urbanas que fueron la mejor ilustración de la *Pax Romana,* o de los arreglos ordenados por los reyes arsácidas: así, Dura-Europos, tal como la han descubierto los arqueólogos, es apenas una ciudad helenística, a pesar de haber sido fundada por Seleuco I. Por último, las capas arqueológicas ricas en documentos de la época helenística han sido frecuentemente olvidadas o desdeñadas; las excavaciones de Uruk Warka son un caso excepcional, cuyos resultados abarcan tres milenios de la historia de una zona. Pero sabemos que las excavaciones de Babilonia deberían ser reanudadas y proseguidas para un mejor conocimiento de los últimos siglos de su historia; sin embargo, ¿cómo los exploradores no iban a preocuparse más que de buscar los testimonios de la historia de los siglos anteriores, en los que Babilonia fue la más grande de las ciudades del antiguo Oriente? A veces, cabe el temor de no apreciar suficientemente la importancia relativa de los descubrimientos; los resultados obtenidos en Susa no deben ocultarnos que Seleucia de Euleo (este era el nuevo nombre de la ciudad, después de haber sido elevada a la categoría de *polis*) no era más que un pueblo; y se ha podido sostener que Dura-Europos había sido casi demasiado bien explorada, demasiado estudiada, cuando esta ciudad de mediana importancia representó quizá, en la historia de las relaciones entre griegos e indígenas, un caso extremo o singular: de la importancia del elemento indígena a partir del siglo II a.c., del empleo del arameo, de la adoración de divinidades semíticas, se ha podido concluir que Dura-Europos ilustraba el más completo de los fracasos de la política de helenización; por el contrario, al comprobar que la población macedónica se había esforzado por conservar la pureza de su sangre y que el nuevo destino de la ciudad se debió a la necesidad de los partos de asegurar una plaza fronteriza repoblándola con orientales, ha podido afirmarse que su historia ilustraba solo un episodio de las peripecias de las luchas de los Imperios, pero no la irremediable desaparición de un helenismo desde hacía mucho tiempo moribundo. Nuestra documentación, pues, debe ser considerada más detenidamente. En primer lugar, siempre son posibles descubrimientos en las reservas de los museos o en los tajos de las excavaciones; hasta estos últimos tiempos, se pensaba que una tablilla fechada en el siglo VII a.C. representaba casi el final de la literatura cuneiforme; hoy sabemos que, todavía en el 75 d.C.[113], se escribió una tablilla astronómica inédita. Hay comprobaciones que no pueden ser invalidadas: durante mucho tiempo, se han opuesto los 150 contratos cuneiformes de la época seléucida a los 7.000 contratos neobabilónicos o persas. Sin duda, una exploración más atenta de las reservas de los museos revela que el número de contratos de la época seléucida puede ser, por lo menos, duplicado, pero lo mismo ocurrirá, probablemente, con los textos de los dos siglos precedentes, que se contarán por millares, cuando los primeros no se contarán nunca más que por cientos. La escritura cuneiforme ha retrocedido notablemente ante la escritura y la lengua arameas, por lo menos en el uso diario. Pero la más reciente edición de los textos astronómicos no matemáticos de la época seléucida no representa menos de 1.648 tablillas; y textos religiosos y literarios se cuentan por centenares. Hay, pues, un gran número de textos olvidados o desdeñados, cuya publicación puede cambiar y matizar buen número de juicios. Desde hace 70 años, el trabajo de los especialistas ha desmontado el mito de la enseñanza esotérica de los sabios caldeos, fundada sobre una astrología abrumadora y animada por una mística de los nú-

---

[113] Cfr. O. Neugebaver, *Astronomical coneiform Texts*, I, p. 10, v. 44.

meros; la ciencia caldea ha sido muy diferente, y su naturaleza no será verdaderamente conocida hasta después de un largo y austero trabajo de publicación de textos científicos, entre los que los matemáticos han sido los últimos en ser abordados. El acadio no estaba moribundo aún; era, por lo menos, la lengua de los literatos, de los sabios y de los juristas, y se hablaba frecuentemente, como pueden atestiguarlo las faltas que lo esmaltaban y que son testimonio de su simplificación morfológica y sintáctica.

Nadie sabe lo que realmente puede esperarse de los ulteriores trabajos de los arqueólogos. La explotación tardía de las fuentes cuneiformes de la época helenística ha desembocado ya en importantes descubrimientos. La publicación, en 1924, de la *Crónica babilónica,* que se refería a los Diádocos, ha completado nuestros conocimientos de una manera inesperada; los autores clásicos no decían nada de las disputas de Antígono el Cíclope y de Seleuco I después del 312; el documento cuneiforme ha revelado que la guerra asoló a Oriente entre el 310 y el 307, en un tiempo en que Antígono, contenido por sus rivales en su avance hacia el mar Egeo, se esforzaba por apoderarse del Oriente y de sus enormes recursos. A los problemas, tan espinosos, de la cronología helenística, los textos cuneiformes han venido a aportar, si no soluciones inmediatas, por lo menos elementos tan numerosos que su investigación sistemática llevará, un día, a gran número de soluciones. Ya una lista real de la época helenística ha replanteado la cronología aceptada a propósito de los años 281-279, modificando en algunos meses la fecha de la muerte de Seleuco I, que habría que colocar entre el 25 de agosto y el 24 de septiembre del 281, y no en diciembre como venía haciéndose tradicionalmente.

La época helenística en Mesopotamia ofrece, seguramente, un vivo contraste con los siglos precedentes, cuando los imperios mesopotámicos se imponían por su fuerza y su brillante civilización. Pero el reconocimiento y la utilización de los documentos de esta época son todavía demasiado insuficientes para que puedan pronunciarse juicios definitivos; así como los eruditos han destruido la imagen de una Babilonia de misterioso saber, debemos hoy cuidarnos de no afirmar la muerte rápida de la cultura tradicional o de considerar insignificante la presencia de los griegos en Mesopotamia porque solo disponemos de un pequeño número de textos epigráficos.

Una más amplia documentación serviría, en primer lugar, para una mejor apreciación del papel de Mesopotamia, y especialmente de Babilonia, en el conjunto del Imperio y de la política de lo Seléucidas. Suele oponerse la actitud de los soberanos griegos a la de los Aqueménidas; a Jerjes, destructor de Babilonia, sublevada entre el 480 y el 476, a Alejandro, que hizo de ella su capital y ordenó la reconstrucción del templo de Marduk, en el 331. Las luchas de los Diádocos fueron un tiempo de calamidades. En las sangrientas rivalidades que los enfrentaban Mesopotamia era una pieza demasiado considerable: sus ejércitos la devastaron. En el 321, tras la partición acordada en Triparadiso, Seleuco era sátrapa de Babilonia, pero subordinado a Antígono el Cíclope, estratego de los ejércitos de Asia. Seleuco sirvió a Antígono contra Éumenes de Cardia, que tomó Babilonia en el 318, pero que pereció en el 316, tras su derrota en Gadamarga. Cuando Antígono volvió, victorioso, de aquella campaña, fue recibido por Seleuco, que ya había recuperado Babilonia. Ignoramos las razones y las circunstancias de la desavenencia de los dos hombres: Seleuco huyó a Egipto, tal vez porque había inquietado a Antígono a causa de su autoridad sobre la satrapía de Babilonia; la ciudad fue saqueada, y confiada, con su provincia, a Pitón, hijo de Agenor. Seleuco tomó su desquite cuando el ejército de Antígono fue derrotado en Gaza por el de Ptolomeo (312): con un millar de hombres se apoderó de Babilonia, se aseguró de nuevo su antigua satrapía y partió hacia Oriente, para reconstruir, en su propio beneficio, el Imperio de Alejandro. Fue excluido de la paz general del 311, porque Antígono no podía dejar en manos de un rival los enormes recursos de las satrapías orientales; en el 311, Demetrio Poliorcetes había penetrado en Babilonia, en una incursión sin posibilidades de futuro, pero que sometió a la ciudad a un nuevo saqueo. Desde el 310 al 307, Mesopotamia fue uno de los campos de batalla en que se enfrentaron los ejércitos de los dos rivales, sin que Antígono lograse arrebatársela a Seleuco, que la conservó también en la paz del 307. El equilibrio de fuerzas iba rompiéndose en perjuicio de Antígono. Cuando las hostilidades se reanudaron en el 303, la potencia de Seleuco y, sobre todo, sus elefantes de guerra dieron el triunfo a los coaligados. Antígono fue vencido y muerto en Ipso, en la primavera del 301. Anteriormente, su ofensiva en Mesopotamia no había tenido otro resultado que la toma y el saqueo de Babilonia, durante el verano del 302.

Como consecuencia de Ipso, Seleuco se había asegurado la posesión de un inmenso Imperio que iba desde Siria hasta el Indo. Babilonia había sido el primer elemento de aquel conjunto, y el recuerdo de este hecho debía perpetuarse. Como los otros Diádocos, Seleuco había tomado el título de rey en 305/304. Sin embargo, tomó como punto de partida de una nueva era, que sería la era seléucida, la fecha de su entrada en Babilonia, en el 312, tras la batalla de Gaza. Según se tomase para comienzo del año el primer mes del calendario macedónico, el de Dios (octubre), o el primer mes del calendario mesopotámico, el de Nisan (marzo-abril), la era seléucida comenzaba en octubre del 312, como se utilizó en las provincias occidentales del Imperio, o en marzo-abril del 311, como se hizo en Babilonia y en las satrapías orientales. La coherencia y la comodidad de este sistema de fechas permitieron que en Oriente lo conservaran hasta mucho después de la dominación seléucida. Babilonia seguía siendo el corazón del nuevo Imperio, pero Seleuco no quería hacer de Babilonia su capital; quizá porque estaba devastada, quizá para unir su nombre a una capital que él crearía, pero más probablemente para fundar su autoridad de rey griego sobre una ciudad griega, y no sobre una ciudad que era la más acabada expresión de la cultura de los bárbaros, fundó Seleucia del Tigris. A la vez complementaria y rival de Babilonia, Seleucia recibió una parte de la población de esta última bajo los reinados de Seleuco I y de Antíoco I, que debilitaron en igual medida a la vieja ciudad caldea. Solo dejaron un reducido número de habitantes, agrupados alrededor de los templos.

La situación creada en Babilonia por la existencia de dos ciudades, la una heredera de un pasado prestigio, y la otra nueva, pero fuerte por su situación política y económica que le dio quizá una población de unos 600.000 habitantes, era la consecuencia del objetivo político de los Seléucidas: crear, en el corazón de sus Estados, un conjunto de tierras helenizadas sobre las que mantendrían una sólida dominación y del que las satrapías orientales no serían más que prolongación. Con este fin quisieron, en primer lugar, fundar una especie de nueva Macedonia en Siria y en Mesopotamia septentrional, tal como nos lo aseguran las numerosas fundaciones de ciudades y los nombres macedónicos o dinásticos que les impusieron. Al este del núcleo que formaban Antioquía, Laodicea, Apamea y Seleucia de Pieria, muchas ciudades prolongaban más allá del

Éufrates la presencia de una población greco-macedónica relativamente importante: Zeugma, Antípolis, Macedonópolis, Carras, Edesa, Niceforio, etc. Pero, en Asiria, no conocemos la existencia más que de una Alejandría de Demetríade y de Apolonia. El esfuerzo de los reyes seléucidas tenía sus límites: en contraste con Siria y la Mesopotamia occidental, donde el número de ciudades era relativamente elevado, como el de griegos y de macedonios, no se trataba ya más que de fundaciones espaciadas. Desde Edesa hasta Asiria, no había más que las ciudades de Antioquía de Migdonia (Nisibis) y Epifania; la población greco-macedónica de las ciudades o de los pueblos rurales siguió estando allí demasiado esparcida para que los Seléucidas consintiesen en crear ciudades nuevas (con todos los privilegios concedidos a la *polis*) antes de Antíoco IV Epífanes (175-169). Por el contrario, Babilonia, con su prolongación, Susiana, fue una región privilegiada.

Hacia el este, sus puestos avanzados eran las fortalezas y las pocas ciudades de la llanura irania. Hacia el norte y el noroeste, las fortalezas que jalonaban los valles del Tigris y del Éufrates aseguraban las comunicaciones con Siria y el norte de Mesopotamia: Dura-Europos fue la más ilustre de aquellas fundaciones, de carácter militar y comercial. En el corazón de Babilonia, Seleucia del Tigris: gran centro comercial y bancario, punto de reunión de los griegos que se aventuraban hasta las puertas del Asia, era la capital política del Oriente seléucida y residencia de Antíoco I, que gobernaba como virrey las satrapías orientales (286). Alrededor de aquel enorme centro urbano, la presencia griega se afirmaba en Seleucia de Euleo (la antigua Susa), en Seleucia de Eritrea sobre el golfo Pérsico, en varias Apameas y en varias Antioquías. En la costa de Arabia, prolongaban la presencia griega los pueblos de Larisa, Calcis y Aretusa. Pero Babilonia tenía una numerosísima población indígena, y las ciudades de Babilonia y de Uruk eran todavía demasiado importantes, incluso después de las deportaciones de babilonios a Seleucia del Tigris, para que los Seléucidas se propusiesen convertirlas en ciudades griegas; sus esfuerzos para helenizarlas, al menos parcialmente, nos relevan del estudio de las relaciones entre la cultura griega y las tradiciones todavía vivas de la cultura babilónica.

Es indudable que Babilonia representaba para los Seléucidas una región especialmente importante. Devastada a la caída de la potencia asiria, la Mesopotamia del norte no era ya más que una prolongación de la Siria seléucida y la vida de la cuenca mesopotámica, si alguna vez la hubo, tendría, desde entonces, que organizarse y desenvolverse en el seno de unidades regionales cada vez más restringidas. Administrativamente, los Seléucidas distinguían las satrapías de Mesopotamia (el curso superior del Tigris y del Éufrates) y de Babilonia, y también la satrapía de Parapotamia (el curso medio del Éufrates). Las satrapías estaban, a su vez, divididas en eparquías, identificables por sus nombres, frecuentemente terminados en -*ena,* y que a menudo se organizaron, después de dos o tres siglos, en pequeñas unidades regionales que resucitaban los antiguos particularismos, correspondiendo Caracena al antiguo País de la Mar, Adiabena a Asiria, Osroena al Bi Adini, etc. Lo que sabemos de la vida económica confirma el fraccionamiento de la cuenca mesopotámica en grandes regiones, independientes las unas de las otras: las monedas y la cerámica encontradas en Mesopotamia septentrional, especialmente en Nínive y en Nimrud, prueban que toda aquella región vivía en constantes relaciones con el oeste, mientras que Babilonia y Susiana, aunque sin aislarse, representaban un área de fabricaciones y de intercambios fácilmente relacionable con las tierras del este.

Mesopotamia volvió a convertirse en un campo de batalla con motivo de la incursión de Ptolomeo III durante la Tercera Guerra de Siria (246-241), o cuando Antíoco tuvo que combatir al usurpador Molón, que se había adjudicado un Imperio desde Babilonia hasta Bactriana (222-220). Pero fue en el siglo II cuando volvieron a ensangrentarla guerras continuadas. Las luchas dinásticas y las usurpaciones, así como las intrigas de Roma, que las favorecía, debilitaron a los Seléucidas, hasta el punto de que no pudieron impedir que Armenia y Palestina se apartasen de su autoridad ni, sobre todo, organizar una acción eficaz contra las campañas de los partos. Desde el siglo III, las incursiones de su caballería venían a asolar las satrapías orientales. A partir del siglo II, Mesopotamia se convertía, al principio episódicamente, en una región fronteriza. Tras el reinado de Antíoco IV, su historia, frecuentemente oscura, no fue ya más que un torbellino de campañas y de reconquistas, en las que reyes y aventureros acumularon las devastaciones. Mientras Antíoco V, Alejandro Balas y Demetrio I se disputaban el trono, el sátrapa de Media, Timarco, se proclamó rey de Babilonia; tras un año de reinado, fue muerto por Demetrio I (161-160). Vinieron los partos. Penetrando en Mesopotamia en el 153, Mitrídates I se apoderó de Babilonia en julio del 141; Demetrio II se la reconquistó, y él la recuperó, nuevamente, en el 140, y aseguró la permanencia parta, fundando el campo militar de Ctesifonte. La frontera del Imperio seléucida se detenía ahora en el Éufrates. Antíoco VII Sidetes emprendió la última gran campaña de la dinastía. En el 130 Babilonia fue reconquistada, pero el ejército seléucida fue definitivamente aplastado en Media en la primavera del 129. Aquella derrota, «la catástrofe del helenismo en Asia continental, al mismo tiempo que la del Imperio seléucida» (E. Meyer), rechazaba, definitivamente, a los Seléucidas más allá del Éufrates. Las desgracias de Babilonia no habían terminado. Según sabemos, sobre todo por las monedas, un antiguo sátrapa de Antíoco VII, Hispaosines, se declaró independiente y reinó en la Caracena con el título de «rey de Babilonia», volviendo a fundar una Antioquía situada sobre el golfo Pérsico, con el nombre de Spasinou Charax («el dique de Hispaosines»). A lo largo del Éufrates, se estableció una serie de pequeños reinos, gobernados por reyezuelos árabes, nominalmente vasallos de los Seléucidas o de los partos; el más extenso sería el de Osroena (el antiguo Bit Adini, junto al Éufrates), donde, en el 130, reinaba el rey Abgar. Era el retorno a un desmenuzamiento político que solo los grandes imperios habían evitado. Incluso el Imperio asirio de los Sargónidas había tenido que consentir, de momento, en la casi independencia del País de la Mar. Un tal Himero reconquistó la Caracena, tomando y saqueando Seleucia del Tigris y Babilonia, y maltratando a la población. Pero, siendo uno de los generales del soberano arsácida, le traicionó y se proclamó rey de Babilonia, y lo primero que hizo fue fechar los documentos escritos a la vez según la era seléucida y según la era arsácida (126-122). Mitrídates II puso fin al pequeño reino mediante una última campaña, en la que, por novena vez en menos de 40 años, Babilonia vio entrar un ejército dentro de sus murallas.

A partir del reinado de Seleuco II (246-226), los Seléucidas no ostentaron ya en Babilonia otro título que el de «rey», y no se sometieron a ceremonias de entronización que habrían significado que la satrapía gozaba de un estatuto político particular. Se les atribuyó, sin embargo, el mérito de retornar a una tradición política en la que se conciliaban la autoridad y la benevolencia, a pesar de que no hacían más que aplicar a Babilonia unos principios de gobierno valederos para todo su Imperio. Era bastante para que pudiese alabárseles por respetar unas tradiciones que los últimos Aqueménidas habían pisoteado. Al extender a todo su Imperio un sistema de tarifas y de impuestos nuevos, lo impusieron también a Babilonia, aunque concediendo a los templos algunos de los privilegios que reconocieron también a otros santuarios, como la dispensa de tarifas de registros para ciertos documentos jurídicos. No saquearon los bienes de los dioses, aunque en Jerusalén y en Elam lo hicieron, y a pesar de que los templos de Babilonia eran muy ricos a juzgar por las transacciones de que eran objeto las prebendas eclesiásticas. Ayudaron a reedificar y embellecer los templos de las viejas ciudades allí como en otras partes, y especialmente como Laodicea lo hizo con el templo de Bambice; los responsables de las construcciones emprendidas en Uruk eran dos indígenas helenizados, que se honraban llamándose Nicarco y Cefalón. En Babilonia, Antíoco I hizo acabar el desmonte del Esagil, el templo de Marduk, sin que sepamos, por otra parte, qué fue lo que mandó edificar después; el mismo soberano restauró el Ezida, el templo de Nabú, en Borsippa (269/268). A lo largo de todo el siglo III se suceden donaciones de tierras, concedidas, recogidas y vueltas a conceder a los «babilonios, borsipeanos y kutheanos». Ignoramos de qué bienes se trata y quiénes eran sus destinatarios: por lo menos, este oscuro episodio revela una cierta benevolencia de los soberanos, así como su autoridad sobre diversas categorías de bienes raíces, de los que parecen haber dispuesto a su gusto.

Mesopotamia se benefició de su entrada en la inmensa área económica que era el mundo helenístico. Los intercambios a larga distancia aparecen allí probados, como en otras partes, por la importancia de los vasos rodios, cuyas asas hemos encontrado en Dura, Seleucia, Nimrud y Uruk. Las monedas fueron allí más abundantes y las excelentes piezas de plata acuñadas por los soberanos sirvieron para la liquidación de las transacciones, cuyo importe se expresaba en moneda contante: tantas minas y tantos siclos de plata, pagables en estateras «de buen peso» de tal soberano, según una tarifa de cambio oficial. La fórmula conciliaba costumbres inmemoriales y la participación en una vasta zona de intercambios, puesto que todas las monedas de peso ático, acuñadas o no por los Seléucidas, circulaban sin obstáculo desde Grecia hasta el Irán. Y lo mismo ocurría con los pesos y las medidas: Babilonia empleaba competitivamente su propio sistema y el de Ática, que se usaba en el Imperio. Además, las emisiones de piezas de cobre, acuñadas en los talleres locales, crearon, por primera vez, una moneda extendida por todas partes, que sirvió para los intercambios a corta distancia. Nos faltan medios para apreciar con algún detalle la vida económica de la Mesopotamia helenística, pero todo nos sugiere la imagen de una prosperidad mantenida por una abundante producción agrícola, que seguía siendo tradicional, por las renombradas fabricaciones de tapices, tejidos y perfumes, mientras que solo podemos sacar conclusiones provisionales de los descubrimientos de cerámicas. Al principio Mesopotamia fue, como todo el Oriente, importadora de productos atenienses (alfarería negra barnizada), y después, megarenses (alfarería con relieves), antes de que en el siglo III se convirtiese a su vez en productora de una cerámica que ella vendió y cuya distribución parece confirmar lo que sugerían los descubrimientos monetarios: la división de Mesopotamia en dos regiones de vida económica diferente, la del Norte, cuyos productos de cerámica iban desde Asiria hasta Anatolia, y la Babilonia, cuya alfarería barnizada, azul y verde, ganaría muchos mercados a partir del siglo II. La fuerte demanda de las cortes y ciudades helenísticas dio una considerable importancia a las relaciones comerciales que unían mediante caravanas el Mediterráneo con el Extremo Oriente; cualquiera que fuese la ruta, Mesopotamia obtenía un gran beneficio. En el siglo III las comunicaciones se hacían por las rutas de la llanura irania y por la vía marítima, que bordea la costa de Arabia, hasta el país de los gerreos. La exploración arqueológica revela que los griegos se habían instalado en las pequeñas islas del golfo Pérsico, que servían de escalas a la navegación. En el siglo II, por el contrario, la más frecuentada fue la ruta que bordea la costa irania. Pero en cualquier caso, Seleucia del Tigris seguía siendo la encrucijada obligada de todo el tráfico, antes de que los productos se encaminasen hacia el noroeste por el curso del Éufrates, y después, a finales del siglo II, por las rutas directas a través de la estepa, desde Edesa al Tigris, desde Palmira al Éufrates o desde el país de los gerreos hacia Nabatena: entonces, era el único medio de evitar el paso por las pequeñas circunscripciones jalonadas a lo largo del Éufrates, en las que era normal el saqueo de las caravanas.

El conocimiento de la población indígena de Mesopotamia está más expuesto que ningún otro a las insuficiencias de nuestra documentación. Esta procede casi únicamente de Babilonia, donde los templos de Babilonia y de Uruk conservaron o recobraron un importante papel; ricos y bien conservados ahora por sus actividades, lo esencial de la cultura babilónica en el campo del derecho, de la literatura y de las ciencias quedaba salvado; los templos recuperaban, como en Susa el de Nanaia, una parte de las funciones que siempre habían poseído desde el IV milenio. Desgraciadamente no nos han transmitido textos que nos permitan conocer todos los aspectos de la vida social; que se tratase de los contratos o de las noticias que acompañan a los textos literarios y científicos, no alcanzamos más que la aristocracia sacerdotal, cuyo conjunto, en Uruk, por ejemplo, no pasaba de unos centenares de personas por generación. El estudio de los nombres, de las funciones y de los lazos de parentesco sugiere algunos rasgos de la vida y de la organización de un grupo tan restringido. Es probable que debamos distinguir a aquellos de sus miembros que vivían en el siglo, del pequeño número de sacerdotes con funciones superiores. Entre los primeros, muchos eran notables en sus actividades económicas normales y participaban en la vida política. De sus filas salían, por ejemplo, los dirigentes de la ciudad, helenizados como parecen probar los nombres que se enorgullecían de llevar. A este grupo pertenecían también las pocas familias de escribas que redactaban los contratos regulando las transacciones de aquellos notables y que formaban una pequeña casta de notarios, una decena de escribas, a lo sumo, por generación, en la que se transmitían hereditariamente privilegios y conocimiento del oficio. Todos ejercían al mismo tiempo funciones sacerdotales, pero en los templos no eran más que sacerdotes menores. Por el contrario, la *elite* de los notables estaba formada por sacerdotes encargados de las funciones más importantes, las de encantadores y de exorcistas, por ejemplo, cuyas actividades todas se desarrollaban en los templos; ellos eran los que mantenían y enriquecían el tesoro de la cultura tradicional mediante trabajos literarios y científicos.

El estudio de los textos jurídicos redactados por los notarios nos prueba suficientemente cómo las tradiciones del antiguo derecho babilónico se perpetuaban en la última época. Tras los pocos cambios introducidos por la época persa se habían mantenido formularios y principios en los textos de los contratos, que tratan de ventas de esclavos, de bienes raíces y de beneficios eclesiásticos. De igual modo, los medios sacerdotales preservaban las tradiciones, en primer lugar, constituyendo o reconstituyendo bibliotecas: mediante un largo trabajo que atestiguan los nombres de los copistas y los de los poseedores de tablillas, se recompusieron grandes colecciones, en las que se reunían textos antiguos recopiados y textos nuevos. Aparte de los contratos, contamos por millares los textos científicos, matemáticos y astronómicos, textos de adivinación, textos lexicográficos y bilingües sumerio-acadios, antifonarios que nos transmiten recopilación de oraciones e himnos, textos de rituales, etc. En muchos aspectos la obra emprendida era una restauración y parece que la época seléucida dio a los templos y a quienes participaban en sus actividades la ocasión de hacer brillar, por última vez, el tesoro de una cultura milenaria. De aquel esfuerzo de restauración y de recopilación de un patrimonio tenemos indicio, por ejemplo, en la noticia que acompaña al texto ritual del templo de Anu en Uruk: «(texto copiado) según las tablillas que Nabopolasar, rey del País de la Mar, había robado en Uruk, después que Kidin-Ani, el Urukiano, encantador de Anu y Antu, descendiente de Ekur-Zakir, el gran sacerdote del Resh, habiendo visto esas tablillas en el país de Elam, bajo el reinado de los reyes Seleuco y Antíoco, copió y después llevó (las copias) a Uruk».

Los principios que presidían aquel trabajo intelectual eran los mismos del pasado. Las familias de los notarios se adscribían todas a unos pocos antepasados, una decena a lo sumo; los redactores de los grandes textos literarios y científicos hacían lo mismo, adjudicando todos su genealogía a uno de los cuatro nombres ilustres: Ekur-Zakir, Sin-Leqiunninni, Ahutu, Hunzu. Es probable que cada uno de estos nombres, que en otro tiempo habían sido llevados por famosos intelectuales, sirviesen ahora para designar familias ficticias e incluso escuelas de escribas. El saber jurídico de los notarios se transmitía en el seno de grupos profesionales, especie de guildas de juristas, cuyos miembros llevaban orgullosamente el nombre de un ficticio antepasado que era como un certificado de su saber. De igual modo, entre los escribas dedicados a los textos literarios y científicos, tal práctica denotaba la preocupación de dar a los textos que componían o recopiaban el valor que les confería solo el respeto de la tradición. Declararse descendiente, real o ficticio, de un antepasado conocido por la calidad de sus trabajos intelectuales era afirmar que los textos elaborados por el descendiente eran canónicos y que contaban con la autoridad de una larga tradición. En la época seléucida, el célebre Seroso escribía, cuando intentaba definir para los griegos lo que era la cultura babilónica, que, después de los Sabios de antes del Diluvio, «nada más había sido descubierto». No es sorprendente que, entre los textos de la época seléucida recientemente descubiertos en Uruk uno contenga la relación de los sabios que fueron el origen de todo saber y, en primer lugar, el nombre del que hizo a los hombres las revelaciones fundamentales, el hombre-pez Oanes, cuyo nombre durante mucho tiempo no fue conocido más que por los fragmentos griegos de Beroso.

Lo que sabemos de la vida religiosa procede de la misma fuente, es decir, de medios sacerdotales cuyo pensamiento podía apartarse considerablemente de la fe popular. Los nombres de persona, formados por composiciones en que figura el nombre del dios en quien se confía, prueban la superioridad de Anu, dios del Cielo, dios de los teólogos y de los intelectuales, pero nosotros sabemos que Uruk venerará durante siglos a la diosa maternal y amorosa bajo los dos aspectos complementarios de Isthar y de Nanaia. Es probable que la fe popular, a pesar de los teólogos, se dirigiera siempre a esta diosa, lo que confirma una parte de la onomástica y sobre todo el número elevado de diosas que los habitantes de Uruk continuaban honrando: Isthar y Nanaia, Belit-sha-Resh, Belit-seri, Sharrahitou, etc. De igual modo, cualesquiera que hayan sido los esfuerzos por reducir, si no al monoteísmo, por lo menos a un panteón simplificado y armónico los abundantes dioses de la antigua Babilonia, lo cierto es que Anu no era más que el primero de una serie de divinidades masculinas, Enlil, Ea, Papsukal, Shamash, Sin, etc. Y podemos imaginar una familia más numerosa todavía toda vez que los textos llevan, a propósito de los grandes dioses, la mención de «todos los (otros) dioses (instalados en las capillas) de sus templos». Las concepciones de los teólogos nunca nos han sido reveladas por ningún texto babilónico. No disponemos más que de indicaciones facilitadas por autores clásicos demasiado tardíos y de algunos indicios, como la eminencia de Anu, dios del Cielo, la importancia creciente de la astrología y los temas de la glíptica. Poco a poco su pensamiento había elaborado una religión astral, en la que los astros eran a la vez divinos y representaciones de las divinidades, en la que, sin duda, se imponía una representación panteísta de un Universo gobernado por el Destino. No podemos saber lo que tales especulaciones significaban para la masa de las gentes comunes, como tampoco podemos apreciar si el empleo diario del acadio por los miembros de la aristocracia sacerdotal era una supervivencia, limitada a un grupo social. Unas pocas inscripciones arameas pintadas sobre ladrillos son todo lo que nos queda de la lengua que ciertamente se empleaba antes; y, de cuando en cuando, los contratos redactados en acadio llevan algunas inscripciones arameas. ¿Qué conclusiones pueden sacarse de tan poca cosa?

Los datos arqueológicos nos confirman el esplendor del culto rendido a los dioses en el Uruk seléucida. El célebre templo del Eanna parece no haber sido utilizado, aunque los trabajos emprendidos hubieran restaurado su zigurat, que tomó entonces el aspecto clásico de la pirámide de escalones. Al norte del centro de la ciudad, el Bît Akitu (el templo de la celebración del Nuevo Año) se convirtió en una enorme construcción de estructuras macizas. Pero lo esencial se hizo en la proximidad del Eanna, para la erección del Resh y del Esh-Gal[114]. Los dos notables que llevaban nombres griegos, Anu-uballit-Nicarco, «segundo» de Uruk en el 243/242, y Anu-uballit-Cefalón, «primero, señor de la ciudad» en el 202/201, trabajaron en el Resh, que era el nuevo santuario de Anu y de su «ad látere» Antu, en el que se emplearon las técnicas babilónicas tradicionales, especialmente el revestimiento de ladrillo esmaltado. Allí estaba el corazón de la ciudad, el centro de la actividad del cuerpo sacerdotal, según puede asegurarse por el reciente descubrimiento de la biblioteca de época seléucida[115], cuya existencia se suponía a juzgar por las numerosas tablillas procedentes de excavaciones clandestinas en la zona de Uruk, y lo que quedaba de ella ha sido encontrado en una pieza adosada al recinto exterior del Resh. El Esh-Gal, más importante por su arquitectura, fue edificado bajo los cuidados de Cefalón solo: era el santuario de Isthar-Nanaia, menos venerado por los sabios y los teólogos, pero cuyo reinado milenario sobre Uruk se coronaba honorablemente en uno de los grandes santuarios de la ciudad.

¿Qué relaciones se establecieron entre los griegos de Mesopotamia y los indígenas? Es tanto más difícil responder a esta pregunta, cuanto que los textos, una vez más, se refieren a una aristocracia sacerdotal que debía de prestarse menos que cualquier otra a la penetración de elementos extranjeros. Muy pocos de los nombres teó-

---

[114] Para la lectura Esh-Gal, en lugar del tradicional Iri-Gal, cfr. Landsberger, *Materialen zum sumerischen Lexikon* IV, 13.
[115] Cfr. el informe sobre la 18.ª campaña de excavaciones.

foros descubiertos en Uruk suponen el empleo de dioses extranjeros –es posible que Adeshu represente al griego Hades y que Esi se emplee en lugar de Isis–, pero la escasez de estos indicios significa probablemente que los notables no consentían en abrirse a divinidades extranjeras sin que esto sea prejuzgar lo que podría ocurrir entre las gentes comunes.

Se ha tratado de reconocer las relaciones entre griegos e indígenas por la proporción de los nombres griegos en los textos acadios y de los nombres indígenas en las inscripciones griegas. Los resultados han sido decepcionantes y sobre todo discutibles. Parece prudente tener en cuenta la dificultad que experimentaba el escriba babilonio para comprender un nombre extranjero, que frecuentemente tendría que deformar, asimilándolo a un nombre indígena, si podía encontrar algún parónimo. Además, el pequeño número de nombres griegos encontrados en los textos puede ser considerado como inferior a la realidad. Nada podemos deducir de ello acerca del número de los griegos, porque sabemos que muchos indígenas helenizados llevaban nombres griegos, según nos indica la costumbre del doble nombre. Oficialmente Nicarco, el restaurador del Resh en el 243/242, se llamaba, por ejemplo, «Anu-uballit, hijo de Anu-iqsur, descendiente de Ahutu... a quien Antíoco (II), rey de los países, dio por otro nombre Nikiqarqusu (Nicarcos)». Podría deducirse de ello la helenización de los indígenas, pero hasta donde nos es posible seguir la historia de algunas familias que no son, desde luego, griegas, sino filohelenas, vemos que el nombre griego ha sido abandonado a finales del siglo II: los descendientes de Anu-uballit-Nicarco no llevaron nombres griegos. Por el contrario, toda la familia de Anu-uballit-Cefalón, primo del anterior, mantuvo durante mucho tiempo un filohelenismo que se correspondía con las funciones oficiales que la familia ejercía en un reino griego. El hermano y el sobrino de Cefalón, su mujer, su hijo y su nieto llevaron así nombres griegos durante el siglo II a.C.

Allí donde griegos e indígenas podían mezclarse –como en Uruk, donde jamás hubo *polis* griega, sino sencillamente una comunidad, un *políteuma* quizá–, los contactos fueron finalmente muy limitados. Y donde se producen, los griegos respetan las leyes y las costumbres locales; si son parte en algún contrato se comprometen de acuerdo con las reglas del derecho babilónico; uno de ellos consagra una esclava al santuario de Anu-Antu. Pero todo esto representa poco. Seleucia del Tigris habría podido ser el lugar de una aglomeración de población donde el helenismo habría superado ampliamente a la sociedad indígena. En aquella ciudad de población más abigarrada que la de Antioquía, donde se reunían griegos y macedonios, judíos, sirios y babilonios, donde el mismo término de «babilonio» designaba indistintamente a todo habitante de la ciudad, los griegos vivían aparte; organizados en *polis,* con asamblea, consejo y, sin duda, magistrados, constituían una comunidad política distinta del resto de los habitantes de la ciudad. Babilonia podía ser el lugar de un encuentro. Alejandro y después los primeros Seléucidas pensaron en una nueva Babilonia, que habrían edificado entre la muralla interior oriental y la orilla del Éufrates, que estaba entonces al este del palacio de los reyes neobabilónicos. Se les debe la limpieza de las ruinas del templo de Marduk, cuyos escombros fueron amontonados en cuatro pilas, de donde se sacaron los materiales de construcción de las terrazas y de las obras que las ruinas iban a necesitar. Esta tarea preliminar costó a la hacienda de Alejandro salarios por más de 600.000 jornadas de trabajo. Pero Seleuco I y su sucesor no prosiguieron los trabajos. Lo que pudo emprenderse a continuación en la ciudad no compensaba la fundación de Seleucia, rival de Babilonia. La vieja ciudad fue una de las beneficiarias de la política de Antíoco IV, que deseaba asegurar las conquistas del helenismo reforzando las ciudades griegas o helenizando las ciudades indígenas con contingentes griegos. Una inscripción de Babilonia le celebra como «fundador de la ciudad y salvados del Asia»; en realidad, la ciudad recibió una gran comunidad griega, dotada de las instituciones de la *polis,* y el pequeño teatro del siglo III fue ampliado, al mismo tiempo que se construía un gimnasio. Todo esto iba a quedar malparado a consecuencia de los reveses de finales del siglo II. Se puede dudar de la amplitud de los resultados. Como en Seleucia, como en Uruk, la coexistencia de griegos e indígenas no podía menos de provocar diversos contactos. La educación del gimnasio se dispensó allí, como en otros sitios, a los griegos y a ciertas familias notables, pero en ninguna parte se asistió a una fusión de poblaciones, a una interpenetración de modos de vida, y en Uruk y en Babilonia quizá menos que en cualquier otro sitio: ambas ciudades eran centros prestigiosos, depositarios de una cultura antigua.

Desde hace mucho tiempo los historiadores han planteado el problema del balance del helenismo en las monarquías helenísticas en el momento en que se derrumbaba su potencia política. Aquí no podemos más que remitir a sus conclusiones y a sus debates, relativos a la evolución social y a los destinos del individuo, que la documentación propia de la Babilonia helenística no viene a modificar sensiblemente. La mayoría de los pequeños principados que nacieron de la descomposición del Imperio seléucida conservaron frecuentemente poco de la cultura griega. El caso de Dura-Europos no ha acabado todavía de fomentar la controversia, pues el visible retroceso del helenismo se debió tanto a la política parta como a la evolución general de una sociedad en la que los griegos estuvieron siempre en minoría y en la que los matrimonios con indígenas, por poco numerosos que fuesen, no podían menos de acelerar la alteración del helenismo. En Babilonia, el helenismo sobrevivió en ciertos islotes, no porque conquistase a amplias capas de la población indígena, sino, por el contrario, porque se había aislado. Seleucia tenía bastantes griegos fuertemente organizados en su *polis* para que las desgracias de la ciudad, en el curso del siglo II d.C., no pudieran destruir aquella ciudadela del helenismo. Muchos griegos se trasladaron entonces a Babilonia, donde volvieron a levantar el teatro, en ruinas desde hacía tres siglos. En la propia Babilonia, una inscripción del 109/108 nos informa del normal funcionamiento del gimnasio, donde se desarrollaban pruebas griegas, animadas por jóvenes de nombres griegos. En Uruk, mucho después todavía, en el 111 d.C., por una dedicatoria en griego sabemos que un tal Artemidoro, «llamado también Minnanaios», había dado una tierra al dios Gareo. Una guilda, probablemente compuesta de comerciantes, se lo agradecía con distintos honores, en los que se combinaban tradiciones griegas e innovaciones. ¿Habría griegos allí? Más bien se cree que fuesen indígenas helenizados que conservaban el uso del griego indispensable para los intercambios, así como diversos rasgos de costumbres y de cultura griega que las estrictas instituciones de la pequeña comunidad griega habían permitido preservar y especialmente el gimnasio, donde siempre se admitió a los notables indígenas. Entre los griegos y los indígenas que habían recibido la misma educación los soberanos partos eligieron preferentemente a los administradores de las comunidades locales en todos los lugares en que les fue posible.

La interpenetración de las dos comunidades fue siempre demasiado limitada para que se produjera una fusión de los sistemas jurídicos. Parece que se seguía el derecho de la comunidad cuya lengua había servido para la redacción del contrato. A pesar de los pergaminos de Dura-Europos y de Avroman (en Persia) en la época parta, en los que se percibe el sello del derecho griego, nada permite pensar en una contaminación de las reglas jurídicas ni en la extensión generalizada de las prácticas jurídicas griegas, como las que los papiros nos han hecho conocer en Egipto. Hubo, sin embargo, contactos intelectuales de suma importancia para le historia ulterior de las civilizaciones. Fueron obra de algunos hombres en cada una de las dos comunidades, y nunca el resultado de una vasta confrontación de las dos culturas. Babilonia ofrecía a los extranjeros el enorme caudal de su literatura poética, épica, religiosa, a la que los contemporáneos de los Seléucidas no añadieron creaciones, pero cuyo tesoro conservaron. Por el contrario, la época helenística fue especialmente rica en trabajos científicos, cuyos resultados serían utilizados por la ciencia griega. Los textos matemáticos nos han llegado en dos grupos: uno, de comienzos del II milenio, y otro, de los tres últimos siglos antes de la era cristiana. Por ellas sabemos que los babilonios perpetuaron lo esencial de su saber y que conservaron un sistema de notación numérica sexagesimal, en el que el valor de los símbolos cifrados estaba determinado por su posición y aparecía una primera notación del cero. Tal sistema sirvió para el desarrollo de la astronomía, favorecido también por los descubrimientos acumulados desde finales del siglo VI. Hacia el año 300 los sabios tenían a su disposición un calendario luni-solar, en el que se reconocía la relación de los meses lunares y solares en un ciclo de 19 años; ellos habían determinado las relaciones periódicas entre los movimientos de la luna y los de los planetas y conocían las variaciones de la velocidad solar. Por último, habían determinado el plano de la eclíptica y utilizaban el zodíaco para la notación de las posiciones de los planetas, que ellos expresaban en grados. El estudio relativamente reciente de los textos astronómicos ha echado por tierra la tradición del valor de las observaciones astronómicas permitidas por un cielo de una claridad excepcional; la exactitud de los datos consignados en las efemérides no se debe a las condiciones atmosféricas de las observaciones y a la agudeza visual de quienes las llevaban a cabo, sino al método matemático de los astrónomos babilonios. Al tratar de determinar los momentos característicos de las posiciones de la luna y de los planetas, tales como la aparición del cuarto creciente, la aparición y la desaparición de los planetas sobre el horizonte, etc., ellos se atenían a observaciones limitadas cuando estaban seguros de su exactitud. Después, mediante cálculos, determinaban por interpolación todas las posiciones posibles. Así, sus efemérides contenían las previsiones de eclipses, calculados de mes en mes, aunque fuese necesario un intervalo de cinco meses para que resultasen visibles a los observadores terrestres.

De los progresos de la astronomía matemática dependió la aparición de la astrología horoscópica. Desde hacía mucho tiempo Mesopotamia conocía la adivinación, fundada en los presagios celestes, que utilizaba juntamente fenómenos celestes y fenómenos atmosféricos para determinar el destino del rey y del país. Cuando los sabios hubieron establecido sus nuevos procedimientos de observación y, sobre todo, cuando se hubo determinado el círculo zodiacal, se pasó a una forma mucho más elaborada de adivinación: en función de la posición del sol, de la luna y de los planetas (en relación con el círculo zodiacal) en el momento del nacimiento o de la concepción, se sacaban conclusiones para el destino de un individuo. Era el nacimiento de la astronomía horoscópica cuyo primer testimonio data del año 410 y cuyos textos iban a multiplicarse después, aunque muy lentamente.

Conocemos mal a los autores de aquellos descubrimientos Los colofones de las tablillas nos aseguran que todos pertenecían a los medios sacerdotales, escribas y sabios profesionales ligados a las más prestigiosas de las grandes familias de escribas. Uruk y Babilonia, a las que se une Borsippa, fueron los dos centros de estudios, cada uno con sus técnicas particulares. En Uruk profesaban los «Ekur-zakir, exorcistas de Anu-Antu del Resh, escribas de Enuma-Anu-Enlil (tablillas de presagios atmosféricos)», y los «Sin-leqi-unnini, escribas de Enuma-Anu-Enlil, encantadores de Anu-Antu». Sus trabajos van desde el 231 al 151 a.C., correspondiendo a la época de actividad del templo de Resh, del que sabemos que fue reconstruido en el 243 y en el 201, y que fue destruido por los partos en el 140 antes de Cristo. La actividad de Babilonia fue mucho más tardía: la mayoría de nuestras tablillas son posteriores al 181 antes de Cristo, pero el último texto que poseemos fue escrito en el 49 d.C. Las tablillas tienen los nombres de muchos escribas en los que se ha creído encontrar los nombres de astrónomos mencionados por los autores clásicos; sin duda, Kidinnu es el Cidenas de los griegos, como Naburimanu es Naburiano; pero no podemos saber nada de sus trabajos y los textos cuneiformes nada dicen de los descubrimientos que griegos y latinos les atribuían generosamente.

Tales menciones nos aseguran que los griegos, por lo menos algunos, conocieron la cultura babilónica. De las escuelas griegas de Mesopotamia salieron eruditos cuya obra no nos es conocida más que indirectamente: así, los geógrafos Dionisio e Isidoro de Charax, los historiadores Agatocles de Babilonia y Apolodoro de Artémita, eran griegos o indígenas helenizados, que habían sido alimentados por la cultura helenística que puede llamarse clásica. Pero hubo griegos que se declararon de las escuelas caldeas, y entramos en el campo de las hipótesis cuando tratamos de determinar los caminos por los que esta enseñanza llegó a los eruditos de la época helenística. Tenemos fragmentos de tablillas en que en caracteres griegos se escribieron textos lexicográficos y literarios babilónicos. Es probable que esto constituya un indicio de la presencia de griegos entre los escribas caldeos; pero estos textos son poco numerosos y tardíos. Las *Babyloniaca* de Beroso, dedicadas a Antíoco I, ponían a disposición del público griego un resumen de la cultura babilónica, pero de la obra de este caldeo no tenemos más que fragmentos, mientras de su vida solo conocemos algunos detalles, a veces próximos a la leyenda. Es indudable que enseñó en Cos, hacia el 270, pero no se sabe cuánto hay de creíble en la tradición del entusiasmo de los atenienses, según la cual le levantaron en un gimnasio una estatua con la lengua de oro. Las equivalencias que pueden descubrirse entre los elementos de su cosmología y la de diversos autores griegos son muy débiles indicaciones acerca de la asimilación de su obra por los griegos, y no se advierte que él haya enseñado nada de los métodos de la astronomía matemática. Es, sin embargo, de hombres como él, pero cuyos nombres nos son y nos seguirán siendo desconocidos, de quienes los griegos recogieron directamente o recibieron en traducciones un gran número de elementos que luego insertaron en su propia cultura.

Como los trabajos ulteriores de Ptolomeo demostrarían, los griegos tomaron de los babilonios sus caudales de observaciones astronómicas, materiales que luego utilizaron en sus trabajos. Donde los babilonios solo querían determinar la fecha y la posición de los fenómenos astronómicos, ellos dieron una explicación física y mecánica del universo; conservaron el sistema de cálculo sexagesimal, pero crearon los métodos del cálculo trigonométrico. De Babilonia les llegaron los elementos de sus tratados de presagios celestes y atmosféricos, los *Brontologia* y las *Selenodromia* (presagios sacados del trueno y de las apariencias de la luna); más aún, sacaron la astrología horoscópica, en la que los babilonios no hacían más que iniciarse, pero enriqueciéndola con un aparato científico cada vez más riguroso, que iba a hacer de la astrología la ciencia por excelencia en el mundo greco-romano. Esta disciplina nos facilita uno de los raros ejemplos de las relaciones que pudieron establecerse en las ciudades del Oriente: un texto horoscópico del 235 fue redactado por un griego que consultaba a un sacerdote de un templo de Babilonia.

Tal vez la historia de estas relaciones intelectuales entre los mundos griego y babilónico en la época helenística se enriquecería considerablemente si conociésemos mejor los orígenes de los fundadores del estoicismo. Desde hace mucho tiempo se ha relacionado el papel del Destino y la afirmación de la influencia de los cuerpos celestes en la enseñanza del Pórtico con la religión astral de los caldeos y el desarrollo de las técnicas astrológicas. En Atenas, Zenón de Citio tuvo como sucesor a Diógenes de Babilonia. En Babilonia, un tal Arquidemo fundó en el siglo II una escuela estoica rápidamente floreciente. No puede negarse un cierto número de correspondencias y afinidades, pero nuestro conocimiento de las concepciones cosmológicas y religiosas de los babilonios de la época helenística es aún demasiado incierto; fundado en la interpretación de material arqueológico y en los datos fragmentarios de autores greco-latinos muy tardíos, no nos permite arriesgarnos a afirmar nada de las aportaciones y de las enseñanzas recíprocas de las dos culturas en el campo del pensamiento filosófico. Hoy basta tener la certidumbre de que Babilonia, en el momento en que ya no desempeñaba en la historia general más que un papel oscurecido, contribuyó con el trabajo de los sabios a la elaboración del primer pensamiento científico.

V. Arabia

Los Nabateos. La más antigua noticia acerca de los nabateos se encuentra en Diodoro Sículo[116], que escribía en la época del emperador Augusto, y es la siguiente:

---

[116] XIX, 94-100. ¿Autor? Cfr. E. Schwarz, *RE,* bajo la voz *Diodoro* 38.

Poco después del 312, el Diádoco Antígono, que defendía entonces a Siria contra Ptolomeo y Seleuco, mandó a un amigo con un considerable número de tropas ligeras contra los nabateos, porque estos actuaban contra sus intereses (y estaban, por lo tanto, de acuerdo con sus enemigos), con el encargo de llevarse sus rebaños. El amigo esperó a que los hombres nabateos aptos para las armas abandonasen su guarida de Petra para trasladarse a un mercado en la meseta oriental, luego penetró a través de la estrecha garganta en el cráter donde después había de construirse la ciudad de Petra, y por un estrecho sendero excavado por el hombre escaló la roca sobre la cual solían los natabeos poner a buen recaudo a las mujeres y a los niños, a los viejos y los tesoros. Hizo botín de incienso, de especias y de plata, pero no de los rebaños (estos pacían en los altiplanos, al nordeste y al suroeste). Al regresar precipitadamente los soldados, extenuados por el cansancio, levantaron un campamento sin colocar puestos de guardia y fueron sorprendidos por los hombres que volvían del mercado y que mataron a la mayor parte. Los jefes nabateos enviaron enseguida un escrito en (lengua y) escritura aramea, y el Diádoco entabló un intercambio de cartas para engañar a los árabes. Estos, a pesar de que se hallaban alerta, fueron cercados por el hijo de Antígono, hasta que este accedió a una suspensión de las hostilidades a cambio de valiosas ofertas y de la entrega de rehenes; posteriormente, el armisticio se convirtió en una paz.

Algunos caracteres especiales aquí indicados se desarrollaron ulteriormente poco a poco: la lengua escrita aramea, las relaciones comerciales con la Arabia meridional, el valor y la astucia. En aquella época no eran numéricamente fuertes, aunque pronto aumentó su número gracias a la fusión con los salameos, originarios de la región de Taima', con los cuales compartieron derecho y religión. En los primeros tiempos su territorio estaba limitado a la montaña Shara, al sur de Petra. Allí tuvo origen Dushara-Dusares («Aquel sobre el Shara»), que se convirtió en su dios principal. Los nabateos se extendieron al principio sobre la orilla oriental del Golfo de 'Aqaba-Aila. Aquí se reveló su habilidad en la asimilación de los extranjeros (y en el adueñarse de sus artes y perfeccionarlas). En realidad, se dedicaron a la piratería, hasta que bajo Ptolomeo II (283-247) una expedición de la flota puso fin provisionalmente a sus empresas[117]. También los árabes desde Ma'an hasta Mo'ab se hicieron nabateos. Con estas fuerzas reunidas sus reyes del siglo II lograron beneficiarse de las insurrecciones de los macabeos y de las revueltas bajo el descendiente de Seleuco, hasta que Areta III, en el 85 o en el 84, conquistó Damasco y comenzó a acuñar moneda. La ciudad tuvo luego que ser abandonada, pero los nabateos siguieron en posesión del Haraun con todos los territorios que se extendían hacia el sur. Sin embargo, también esta región, tras una serie de fracasos políticos y militares, fue reajustada. Ya antes de que estos fracasos terminasen, en el 31 a.C., se inició una expansión hacia el sur, para tener bajo control todo el tráfico comercial árabe y beneficiarse del impuesto de tránsito. En primer lugar, fue conquistada Higra-Egra (al-Higr), en la ruta del incienso, después Taimá, y luego Duma, puerta de acceso al interior. Los puertos, hasta Leuke Kome, fueron ocupados, y la estación sobre la ruta del incienso, que se encontraba en la misma latitud, fue confiada a un pariente del rey. Por último, Dedan, la sede de los Lihyan, rodeada por todas partes, cayó en manos de los nabateos, antes o después de la expedición de Elio Galo (2524). Mientras tanto, los comerciantes nabateos habían avanzado, en el norte, hacia el mar Egeo y muchos de ellos se establecieron después en Pozzuoli, cerca de Nápoles. Inesperadamente, en el 105, la parte siria del reino fue absorbida por el emperador Trajano[118], mientras la parte árabe fue, al principio, abandonada a sí misma y, luego, entró en la esfera de los intereses romanos.

Lihyan. La lengua, la escritura, la religión, además del reino de los Lihyan, se remontan a épocas mucho más antiguas de las que están directamente documentadas. En su origen, habitaban cerca del Mar Rojo[119]. La capital tenía su mismo nombre, Lihyan[120] y se levantaba en las proximidades de Higra-Egra (el Wejh). Al princi-

---

[117] Agatárcidas, par. 88.
[118] A. Kammerer, *Pétra et la Nabatene,* Texto, París, 1929, Atlante, París, 1930. Para la parte histórica, véase pp. 116-258.
[119] Cfr. W. Caskel, *Lihyan und Lihyanisch* (Arbeitsgemeinschaft für Forschung des Landes Nordrhein-Westfalen, Geiteswiss., Heft. 4. Abh.) Köln u. Opladen, 1954, p. 33. También todo lo que sigue se basa en esta obra, al menos hasta donde no ha sido superada por un mejor examen de la historia de Arabia septentrional y, en consecuencia, por una nueva cronología.
[120] En la relación de los Hieródulos de Ma'in, cfr. *infra* y n. 130.

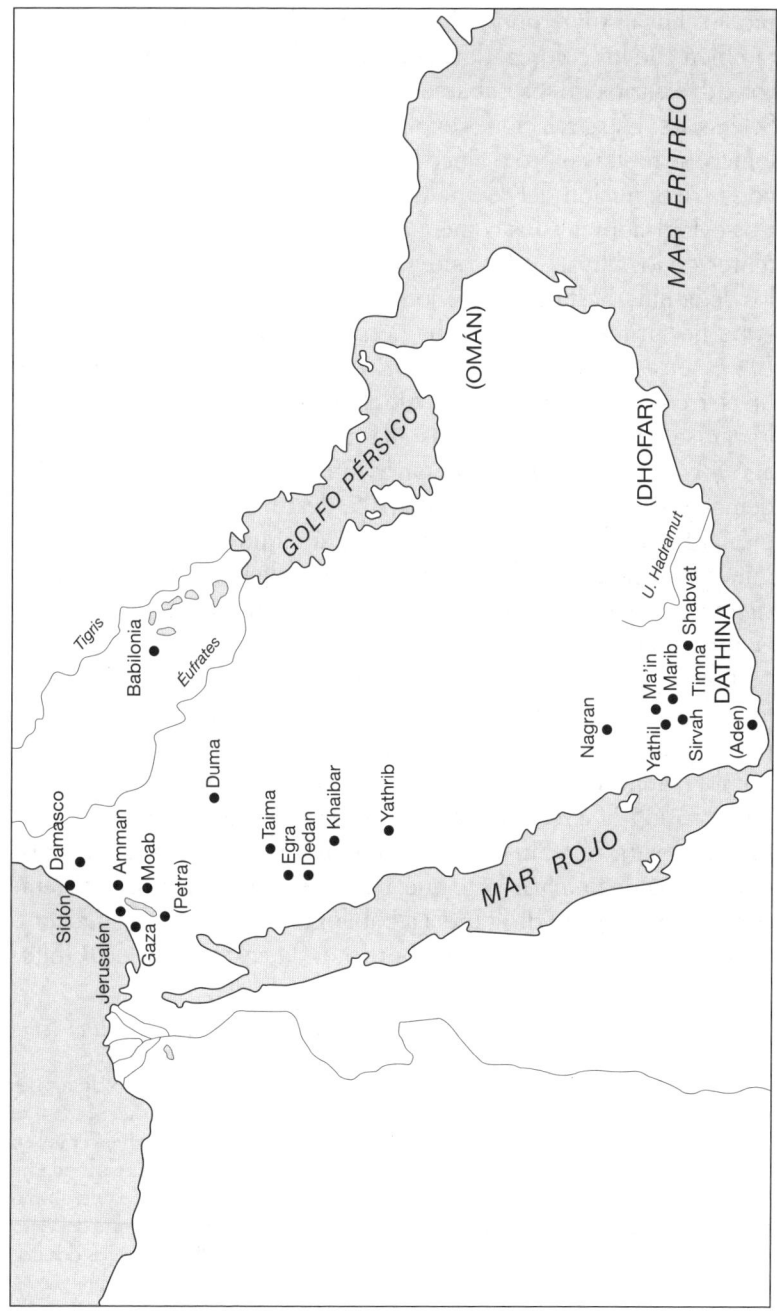

Mapa 4. Arabia

pio, los lihyan tuvieron relaciones comerciales con Egipto, y luego también con los colonizadores mineos en Dedan. Después se hicieron adversarios de los nabateos, los cuales eran partidarios de los Seléucidas. Estas relaciones explican que el nombre Tulmai[121] (Ptolomeo) se repita cuatro o cinco veces entre sus reyes. Antes del 150, con la debilitación del reino de los mineos, la situación se invirtió. Los colonizadores y los comerciantes mineos se convirtieron en satélites de los lihyan, a los que habían llamado en su ayuda contra los dedanitas, hasta entonces sometidos. Un lugarteniente del rey[122] gobernó, primero, con el Peha de Dedan (véase *Griegos y persas. El mundo mediterráneo en la edad antigua,* cap. XX. Arabia); tras un cierto tiempo, el corregente fue eliminado. La dominación de los lihyan se extendía mucho más allá de Dedan, hasta que, hacia el año 60, empezó a hacerse notar la influencia de los nabateos. Lo demás es conocido. Después del 105, descendientes de la dinastía originaria fundaron un segundo reino, aunque sin adueñarse de la nueva situación. Las últimas inscripciones de la segunda mitad del siglo II demuestran el comienzo de la «beduinización» de Arabia y la iniciación de la lengua árabe.

Gerra estaba situada en la Arabia oriental, en el mayor oasis de la península, cerca del actual al-Hufhuf. Al antiguo puerto se le dio por los extranjeros, o por la costumbre de los extranjeros, el mismo nombre, aunque se llamase de otro modo, como en el caso de Egra (cfr. nota 135). La región estaba ya, desde hacía mucho tiempo, abierta a la inmigración. Sin embargo, el nombre Gerra es árabe. Eratóstenes habla de un navegante que, bajo Alejandro Magno, había emprendido el viaje desde la India a Babilonia y después, con una flota, partiendo de Babilonia, había bordeado la costa árabe del Golfo:

---

[121] Léase con W. F. Albright, *Dedan, Sonderdruck aus Geschichte und Altes Testament* (Beiträge zur historischen Théologie, 16), 6, 5: *Tlmy* en lugar de *Thmy.*

[122] W. Caskel, *Lihyan und Lihyanisch* (Arbeitsgemeinschaft für Forschung des Landes Nordrhein-Westfalen, Geisteswiss. Heft. 4, Abh.). Köln u. Opladen, 1954, n. 55. Boneschi, *RSO,* XXVI 151, lee, en lugar de Gusham: Mushimm. Del tercer rey en adelante (por cuanto nos consta) los Lihyan usan una numeración con cifras desde 1 a 35. Esto resulta de las inscripciones 30 y 32, que son ambas de la misma mano y del mismo comitente, y cumplen un voto del padre. En efecto, si se intentase, en contra del claro tenor del texto, interpretarlas como datadas en los años del reino (29 y 35), las dos inscripciones estarían separadas por un intervalo de, al menos, ¡36 años! La numeración es, seguramente, la suya propia, cosa no excepcional, en absoluto, en el periodo de las numeraciones de las ciudades sirias.

«Los gerreos comercian por vía terrestre con mercancías árabes y especias». Y Aristóbulo, de ochenta años, que también había tomado parte en la expedición de Alejandro, cuenta: «Llevan mercancías en balsas hasta Babilonia y después, por el Éufrates, hasta Tapsaco»[123]. Más adelante se dice de los sabeos y de los gerreos: «Enriquecieron en oro a Siria bajo Ptolomeo (II), y así han ayudado a los fenicios a obtener lucrativos comercios»; de los gerreos y de los mineos se dice también que transportaban incienso y hierbas aromáticas a Petra y a Palestina[124]. Los gerreos recibían el incienso del Dhofar (Zafar), que pertenecía al Hadramur. La ruta pasaba, desde allá, por la vertiente interna de la montaña de 'Uman, y, a través del desierto, llevaba hasta Gerra.

Ma'in. El periodo desde el 320 al 120 es muy bien conocido. En las inscripciones aparecen quince reyes; a menudo reinaron dos simultáneamente. Entre ellos, había un hombre de excepcional importancia, Abiyada' Yathi'. No pertenecía a la dinastía, ni siquiera por línea femenina; había, pues, llegado a ser rey, o por falta de un príncipe real o por un acto de violencia. Para legitimar su poder, tomó como corregentes a los descendientes (cuyos nombres ignoramos) de un príncipe de muchas generaciones anteriores —caso absolutamente inédito—. En cuanto estuvo seguro de su autoridad, el rey dio al débil país una base política, estableciendo una alianza con el rey de Hadramut. Esta alianza fue sellada por una construcción del rey aliado en Ma'in, y, probablemente, por una construcción

---

[123] Andróstenes en Estrabón XVI, 2-3 (c. 766), *ibid.* Aristóbulo. El viaje por el Éufrates hasta Tapsaco (bajo ar-Raqqa) parece un tanto problemático. En efecto, incluso a favor de la corriente, el viaje por barco es extremadamente difícil, como demuestran, por ejemplo, los *Viaggi di C. Federici e G. Baldi alle Indie Orientali a cura di Olga Pinto* (*Il nuovo Ramusio,* IV), Roma, 1962, pp. 3 y ss., 74-84, experiencias de la Primera Guerra Mundial, y los versos burlescos de R. Koldewey, que hizo las excavaciones en Babilonia:

Hacia Ana, hacia Ana
quiero ir con la barca del Éufrates
donde se desliza a la isla de las palmas
donde la navegación en barca al borde
mismo de la áspera cascada...

¿Había quizá trineos, sobre los cuales eran transportadas las barcas para evitar los puntos difíciles?
[124] Agatárcidas, pár. 102, 87; el primero, un inserto (no porque falte en Diodoro); el segundo, un «se dice».

análoga de Abiyada' en Shabwat. Abiyada' era muy generoso. En una inscripción (r, 2774; T, 1) se manifiesta al dedicante, de parte del rey y del consejo de Ma'in, que había merecido bien «de su dios y de su patrono protector, de su rey y de su pueblo»[125], y se le reconocen los privilegios habituales (véase *Griegos y persas. El mundo mediterráneo en la edad antigua,* cap. XX. Arabia). El rey también le dio tierras, cuyos límites fueron fijados con precisión y confirmados por testimonios. Como, a causa de sus prestaciones, el benemérito había agotado sus medios, Abiyada' le dio una asignación de tejidos de una longitud de 47 brazas y de un ancho de 17, que son naturalmente muchas telas, de los hilados y tejidos reales, así como 47 –sigue una medida desconocida– de trigo, exigibles al vencimiento de la luna nueva en Shabwat, en el territorio de Ma'in.

El comercio había entrado en una nueva fase ya antes del reinado de Abiyada'. Los comerciantes, que hacían una parte de sus viajes por mar –en Delos se han encontrado inscripciones de dos mineos–, añadían a la fórmula final de sus contratos (véase *Griegos y persas. El mundo mediterráneo en la edad antigua,* cap. XX. Arabia): y de todos los dioses del mar y de la tierra, de Oriente y de Occidente. Hubo, sin embargo, una reacción contra aquella invocación de divinidades extranjeras, porque los dioses locales mantenían sus poderes también en el exterior. Así, en un documento, que, por lo demás, permite una fecha segura –el único caso en la historia de la Arabia meridional (R, 3022; N, 46)–, dos jefes de la colonia de Dedan cuentan que han sido salvados por los dioses de Ma'in y de Yathil de dos peligros. Se encontraban en Egipto, donde comerciaban con egipcios, sirios y babilonios[126], y luego en Alejandría, cuando, inesperadamente, sus vidas y sus bienes se habían visto amenazados

---

[125] Mientras tanto, se ha completado el paso de los intercambios en especie a los de dinero. A las fórmulas dadas en *Griegos y persas* (n. 9, p. 412 del texto correspondiente), añádese ahora: además de lo que él aportaba con sus propias manos, o sea dinero. En el *Répertoire d'épigraphie sémitique publié par la Commission du CIS,* vols. V-VII, redactados por G. Ryckmans (en las próximas notas lo citaremos abreviándolo en R), 3022, véase *infra,* se tiene la impresión de que se haya mantenido solo la forma antigua.

[126] 'Abr Narran, en: *Philologus,* 86 (1931), 336. Aludimos expresamente al hecho de que, en todas las noticias de viajes, la sucesión es Egipto, Gaza y eventualmente Siria.

por una batalla de los medos contra los egipcios[127]. Al retroceder con una caravana, para dar las gracias a los dioses con la construcción de una fortificación en su patria Yathil, no lejos de Ma'in, fueron asaltados por los sabeos, «en esta guerra» entre el norte y el sur. La batalla, consideradas todas las demás circunstancias, no puede ser más que la librada, cerca de Rafia, en el 217, en la que Antíoco el Grande fue derrotado por Ptolomeo IV[128]. Que el reino medo-persa era llamado medo por los árabes, es cosa sabida desde hace mucho tiempo. Antíoco también en otras partes era llamado rey de Siria y Media[129]. Como resulta de la fórmula «en esta guerra», en aquel momento los sabeos estaban de parte de los Seléucidas. Se deduce de la gran cantidad de inscripciones que el rey Abiyada' Yathi' reinó alrededor de 30 años (225-195?), primero con los corregentes, después solo y, por último, con un hijo.

La extensión de las relaciones comerciales mineas se aprecia por las famosas listas de hieródulos de Ma'in[130]. Entre un gran número de estelas, delante de un templo, se repite 76 veces casi la misma fórmula: «El tal... ha ofrecido esta y aquella mujer de esta y esta otra localidad». Como en las inscripciones nunca se menciona la procedencia en el caso de mujeres libres, se trata de esclavas. Se calla discretamente la finalidad para que se ofrecían, pero precisamente por eso es evidente: las ganancias de su oficio ejercido fuera del templo debían ser empleadas a favor del templo mismo. Las inscripciones están fechadas entre el 290 y el 150, y dos son un poco más antiguas. De las esclavas, 27 venían de Gaza, nueve de Dedan, ocho de Egipto, tres de Qedar-Petra (véase *Griegos y persas. El mundo mediterráneo en la edad antigua,* cap. XX. Arabia), una o dos de Saidan-Sidón, Mo'ab, 'Amman, Lihyan y de Yathrib-Medina, algunas

---

[127] La polémica está en las palabras: cuando (los dioses) 'Attar..., Wadd y Nukrah los salvaron con todos sus bienes *desde el medio de Egipto, bin wasat Misr,* palabras que no tienen un significado geográfico, sino religioso.

[128] Así, en primer lugar, J. Pirenne, *Paléographie des inscriptions sud-Arabes...,* vol. I... (Verh. knkl, vlaamse Ac... van Belgie, Kl. d. Letteren, n. 26), Bruselas, 1956, pp. 212 y ss.

[129] Estrabón, XI, IX, 2; XI, XIV, 15 (c. 515; 531); Altheim-Stiehl, *Die Araber in der alten Welt,* vol. I, Berlín, 1963, pp. 75 y ss.

[130] V. J. Pirenne, *Paléographie des inscriptions sud-Arabes...,* vol. I... (Verh. knkl. vlaamse Ac... van Belgie, Kl. d. Letteren, n. 26), Bruselas, 1956, pp. 212 y n. 4, 5 y, J. Rickmans, *Les «Hierodulenlis-ten»* de Ma'in et la colonisation Minéenne, Scrinium Lovaniense, Lovaina, 1961.

de Qataban y Hadramut, que naturalmente fueron ofrecidas por miembros de la colonia extranjera en Timna' y Shabwat (véase *Griegos y persas. El mundo mediterráneo en la edad antigua,* cap. XX. Arabia), como las procedentes de Dedan, por habitantes de la colonia. Para evitar conclusiones erróneas, repitamos que los comerciantes mineos, según los relatos de los viajes, iban siempre antes a Egipto y luego, desde allí, a Gaza. Que el número de las esclavas de Gaza sea tan grande solo significa que allí el mercado era más rico (por lo menos, en muchachas que agradasen a los visitantes de las fiestas de Ma'in, porque tal era, en primer lugar, la finalidad de aquella institución) o de mejores precios.

Saba. Los reyes de Saba reinaron en Sirwah, como su predecesor Karib'il Watar, pero ejercían el mando también en Marib (véase *Griegos y persas. El mundo mediterráneo en la edad antigua,* cap. XX. Arabia). Ahora debemos volver atrás, para explicar un fenómeno que, ampliado después del siglo I, ha decidido el destino de la Arabia meridional: la llegada de las tribus a la ciudad y al campo. Bajo la dominación de los Makrab, aproximadamente entre el 510 y el 320, el Estado sabeo (por ejemplo, Ja 550) era llamado «Saba' y las tribus». A estas tribus perteneció Faishan, una comunidad privilegiada que estaba en estrechas relaciones con Makrab y los reyes y es nombrada aún mucho tiempo después del comienzo de la era cristiana[131]. Sin embargo, nada tiene que ver con el fenómeno a que se ha hecho mención. No ocurre lo mismo con los Sum'ay (C, 37; R, 4624): estos aparecen por primera vez a comienzos de la época de los reyes y habitan en Occidente, en el altiplano al norte de San'a. Otros nombres de tribus son claramente reconocibles, a pesar de las repeticiones y de las deformaciones, entre los nombres recogidos por Plinio (*Naturalis Historia,* VI, 153-55, 157-59; XII, 52) del siglo I a.C.

Ocupémonos ahora de la expedición que Elio Galo, prefecto de Egipto, emprendió en la Arabia meridional, en el año 25, por orden del emperador Augusto y que concluyó unos ocho meses después, a comienzos de febrero. En la expedición se encontraba el ministro del rey nabateo, Sileo-Shullay, con mil hombres (también

---

[131] Pirenne, *op. cit.,* p. 194; A. Jamme, *Sabaean Inscriptions from Mahram Bilqis (Mârib),* Publications of the American Foundation for the Study of Man, ed. by W. F. Albright (...III), Baltimore, 1962, pp. 558 y 629.

otros aliados, por ejemplo Herodes, habían enviado tropas en ayuda). A este correspondía todo el sector concerniente a los transportes, que funcionaba muy bien, y se ocupaba asimismo, tal vez no oficialmente, pero sí de hecho, de establecer el itinerario; aquí sin embargo, algo no andaba bien, como se indica en la nota 136. El comandante era impulsivo, como admitía incluso su amigo Estrabón, a cuyo relato nos atenemos (XVI, 4, 22-24/c, 780-782): construcción de naves no idóneas, reconstrucción de naves idóneas, naufragio (en los bancos de corales), parada larga en el puerto nabateo de Leuke Kome, pequeños trastornos en la ruta hacia el interior, grandes trabajos en la ruta hasta Nagran, en una región pacífica y fértil. La localidad fue tomada al asalto, y el rey huyó. Seis días después se llegó a un «uadi», todavía lleno de agua[132]. Allí cayeron 10.000 indígenas y dos romanos. Las dos ciudades siguientes, Nashq (véase *Griegos y persas. El mundo mediterráneo en la edad antigua*, cap. XX. Arabia) y Yathil[133] se rindieron. En Yathil, a causa de sus sólidas murallas, se puso una guarnición. Por último, se llegó ante Marib. La ciudad fue asediada, pero seis días después, hubo que levantar el asedio por falta de agua (¿quizá porque el agua no habría sido suficiente para un asedio prolongado?). Se había perseguido una ilusión: el Eldorado del que querían adueñarse por las buenas o por las malas, no existía. El retorno de las tropas, que a causa de las epidemias se habían reducido gravemente, no presentó dificultades dada la estación. Al fin, se llegó –por una ruta que recorrerán después las peregrinaciones egipcias[134], y que deja a Leuke Kome a la izquierda y a Dedan a la derecha– al puerto de Higra-Egra[135] (el-Wejh). Los relatos[136] sobre esta expedición nos dicen algo

[132] Elemento útil para la fecha; en efecto, en septiembre termina el periodo de las «grandes lluvias», cfr. A. F. L. Beeston, *Epigraphic South Arabian Calendars and Dating*, Londres, 1956, p. 19.
[133] De Athrula, Athlula (Dion), una forma afín Athlul = Yathlul?
[134] Véase el mapa en B. Moritz, *Arabien*, 1923.
[135] El puerto tiene, solo en apariencia, el mismo nombre que la estación en el interior del país.
[136] El ministro fue después víctima de sus propias intrigas en Roma. Los intentos de Estrabón de acusarlo de traición, para defender a Elio Galo, no son atendibles. Sin embargo, hay que reprocharle el haber exagerado la duración y los trabajos de la marcha durante el viaje de ida, porque había evitado Yathrib-Medina, el mayor oasis de la Arabia occidental, fuera de Dedan (naturalmente, también en el viaje de regreso, pero esto no tenía importancia). Evidentemente, quería impedir a los romanos el conocimiento de las posibilidades económicas y militares de la ruta del incienso.

nuevo acerca de la Arabia meridional. Ma'in había vuelto a caer en poder de los muchos reyes locales que reinaban el uno junto al otro, y el Estado de Saba se había hecho débil y decrépito. En el sur, se había formado una nueva población, más numerosa que todas las otras, los Himyar. Unos cincuenta años después, la dinastía sabea fue abatida y se fundó el reino de los «sabeos y homeritas», «de los reyes de Sala' y Dhu Raidan», cuyos señores mantenían relaciones diplomáticas con los emperadores romanos[137]. Raidan era el nombre de la ciudadela de la nueva capital Zafar-Dhofar, Dhu Raidan la familia principal de los Himyar.

Qataban. En el capítulo sobre Arabia de *Griegos y persas. El mundo mediterráneo en la edad antigua,* se ha explicado cómo hacia el 350, al lado de un soberano, apareció un Makrab. En el siglo II, Yada' 'ab Dhibyan I, hijo de Shahr, se añade el título de rey, después de haberse llamado anteriormente Makrab. También en Qataban solían los reyes tomar a sus hijos como corregentes y, en una ocasión, están documentadas incluso dos parejas de padre e hijo que reinaron la una al lado de la otra[138]. Después del año 100, podemos comprobar un Shahr Yagul Yuhargib I[139] y, hacia el 50, reina Yada' 'ab Dhibyan II con su hijo Shahr[140]. Luego hay una nueva laguna. Solo desde mediados del siglo I en adelante son conocidos los soberanos. Makrab y el rey tenían a su lado un consejo, que no constaba solo, como en Ma'in, de los notables de la capital, sino también de los representantes de las comunas rurales reunidas (tribus). La economía rural y el cultivo de las especias estaban allí muy desarrollados. Lo mismo puede decirse del derecho agrario, que debería ser estudiado mejor. El rey firmaba personalmente los documentos importantes. Las leyes comerciales, al menos en parte, son conocidas[141]. Sobre esta base indicaremos algunas disposiciones legales: el comercio se circunscribe a la plaza del mercado de Timna'; por la participación se percibe un impuesto fijo de mercado, que es más alto para los extranjeros; el comercio con los pueblos de la provincia

---

[137] *Periplus,* ed. Frisk, & 23. Cfr. J. H. Mordtmann y E. Mittwoch, *Sabäische Inschriften* (Rathjens - v. Wissmansche Sudarabien-Reise, vol. 1), Hamburgo, 1931, 4.
[138] Mahmud 'Ali Ghul, «New Qatabani inscriptions», *BSOAS,* XXII (1959), pp. 8-9.
[139] *Ibid.,* II, *BSOAS,* XXII (1959), p. 430, R 2999.
[140] R. 311; J. Pirenne, *Le royaume sud-Arabe de Qataban et sa Datation...,* con la colaboración de A. Maricq (Bibliothèque du Muséon, vol. 48), Lovaina, 1961, tab. IX b.
[141] A. F. L. Beeston, *Qahtan... I: The Mercantile Code of Qataban,* Leiden, 1959.

se limita a un número de personas determinadas por temor de que los comerciantes, aprovechando la falta de control, pudieran rehuir el pago del impuesto. Este era de la competencia del director del mercado, que tenía el privilegio en tales operaciones. Las transgresiones y el fraude se castigaban con multas (50 monedas de oro). Otra fuente de riqueza eran los impuestos de tránsito para las caravanas procedentes de Hadramut y Dhofar, que llevaban el incienso a los puertos del Mediterráneo.

Puede exportarse solo a través del país de los gebanitas (locución dialectal por qatabanitas); por eso se pagan también impuestos a su rey (como, en Shabwat, a un dios). Su capital, Thumna (= Timna') dista 2.437.500 pasos de Gaza-Ghazza, un puerto de Judea que está situado sobre nuestra costa, y esta distancia está dividida en 65 estaciones para los camellos. Los sacerdotes y los escribas del rey reciben también intereses fijos. También las guardias, los portadores y los servicios toman parte en el latrocinio. A lo largo de toda la ruta hay que pagar aquí por el agua, allí por el forraje, por (el descanso en las) estaciones, por apacentar, de modo que los costes del viaje hasta nuestra costa ascienden a 688 denarios por cada camello. Además, hay que pagar al arrendatario general de nuestro reino. Por eso, una libra del mejor incienso cuesta seis denarios; de segunda clase, 5; de tercera, 3 (Uranio en Plinio, *N. H.*, XII, 63-64).

La extensión del reino no se modificó hasta el 50 a.C. aproximadamente. Es cierto, desde luego, que Eratóstenes o, mejor, su fiador, hace llegar el Qataban hasta el Mar Rojo. Pero esto no está confirmado por ninguna otra noticia y, como declara que también los mineos habían habitado a lo largo de la costa del Mar Rojo,[142] tampoco hay que dar crédito a esta. Un signo de la debilidad militar y política del Qataban fueron la tercera y última ascensión de Ausan (véase *Griegos y persas. El mundo mediterráneo en la edad antigua,* cap. XX. Arabia), que de nuevo se hizo independiente. Se conocen tres reyes de este periodo, y tenemos una estatua de cada uno de los tres –facciones contrahechas de impronta oriental del

---

[142] Estrabón, XVI, IV, 2.3 (c. 768).

arte helenístico[143]. En el siglo I d.C. Qataban vivió un segundo florecimiento. En aquel periodo, surgió la casa Yafash en Timna', dotada de un nombre propio, como todas las construcciones de la Arabia meridional. Delante de ella, había dos leones montados por niños, imitaciones indígenas del arte alejandrino. Se han encontrado algunas otras copias muy logradas, como, por ejemplo, una estatuilla en bronce del dios alejandrino Sabazio. La figura, de una altura de 50 centímetros, de una mujer en el trono, recuerda a pesar de los rasgos bárbaros, los modelos tardo-helenísticos. La inscripción sobre el plinto no es muy clara, pero parece que la figura representa a la diosa solar Dhat Himyan, más bien que a una sacerdotisa de la diosa. Han salido a la luz también originales y, entre estos, una gran cantidad de cachorros de cerámica romana[144]. Todo esto presupone una notable importación. ¿Con qué se pagaba? ¿La importación se llevaba a cabo por vía terrestre o marítima (Adén)?

Hadramut y sus reyes se han asomado frecuentemente a estas páginas, así como en el capítulo sobre Arabia de *Griegos y persas. El mundo mediterráneo en la edad antigua.* Sin embargo, no es posible establecer, por los nombres que constantemente se repiten, una relación de reyes ni relacionar entre sí los acontecimientos de que casualmente tenemos noticia. En el siglo I d.C. también Hadramut se hace rica. Gracias a sus dos puertos, está en comunicación con el tráfico marítimo para o desde Egipto, para y desde la India, y con África. La isla de Sokotra pertenece a Hadramut (un trozo de costa africana al rey de Saba' y Dhu Raidan). Una nueva ciudad, Maifa'at, se construye al sur de Shabwat, cerca del mar.

Mofar. En 1952 los americanos han realizado excavaciones en el país del incienso en las ruinas de una antigua ciudad portuaria. Se ha descubierto un gran templo; de las inscripciones se deduce que la ciudad se llamaba S.m.r.n., que estaba situada en el país (de los) Sa'kal, de los sakalitas, y que, antes y después del nacimiento de

---

[143] H. Schlobies, «Hellenistich-römische Denkmäler in Südarabien», en *Forsch. u. Fortschr.,* 10 (1934), pp. 242 y ss. Cfr. J. Pirenne, *Le royaume sud-Arabe de Qataban et sa Datation...* con contribución de A. Maricq (Bibliothèque du Muséon, vol. 58), Lovaina, 1961, pp. 138 y ss.

[144] B. Segall, J. Ternbach, H. Comfort en R. Lebaron Bowen y F. P. Albright, *Archaeological Discoveries in South Arabia,* Baltimore, 1958, pp. 155-181, 199-209. Pirenne, en *Syria,* XXXVIII (1961), pp. 284-310.

Cristo, pertenecía a Hadramut. La fundación de la ciudad coincide, probablemente, con el comienzo de la navegación hacia la India, por mar abierto. Ahora, las especias llegaban directamente a Arabia. En época tardía, llegó a esta ciudad la figura en bronce de una bailarina india[145].

---

[145] W. Phillips, *Kataba und Saba,* Fráncfort, 1955, pp. 281-283. R. Lebaron Bowen y Frank P. Albright, *Archaeological Discoveries in South Arabia,* Baltimore, 1958, p. 141.

V. EL OCCIDENTE ROMANO DESDE LA GUERRA CONTRA PIRRO HASTA LA VICTORIA SOBRE ANÍBAL

En un célebre pasaje, Tito Livio considera que el comienzo de la intervención romana en Campania marcó el proceso que, sucesivamente, obligó a los romanos a combatir a enemigos cada vez más poderosos y temibles[1]. Pero, en realidad, los romanos estaban, desde hacía mucho más tiempo, implicados en un engranaje del que les era imposible liberarse. Tito Livio no pensaba más que en las empresas terrestres de las legiones. Pero, desde el momento en que el poderío romano se había extendido a las ciudades costeras del Lacio, el Senado había tenido que crear una política «marítima». En la medida en que la República no había podido rechazar la herencia de los reyes etruscos, había tenido que continuar las relaciones con Cartago[2], y establecer un estatuto relativo a las innumerables acciones provocada por la piratería. Roma, como soberana de la mayor parte de las ciudades latinas, se había convertido, quisiéralo o no, en una «gran potencia» mediterránea, aunque no tenía flota propia. Ya hemos visto, a propósito de Rodas, cuáles habían sido las consecuencias de tal estado de hecho en cuanto a las relaciones de Roma con el Oriente[3]. En Occidente, el resultado fue que Roma no podía ser ignorada por Cartago y esta tuvo la habilidad de hacer de ella durante mucho tiempo una «amiga». Las relaciones diplomáti-

---

[1] T. Livio, VII, 29, 1 (año 343 a.C.): *Samnitium bellum ancipiti Marte gestum Pyrrhus hostis, Pyrrhum Poeni secuti.*

[2] Se sabe que, según Pol., III, 22, 4-13, el primer tratado entre Roma y Cartago databa, precisamente, del 509. Esta fecha ha sido rechazada frecuentemente por los modernos, tanto más gustosamente, cuanto que las indicaciones consulares dadas por Pol. (el consulado de Bruto y de Horacio) inspiran una legítima desconfianza. Sin embargo, hay que aceptar que ese primer tratado, fundamento de todas las relaciones diplomáticas ulteriores entre Roma y Cartago, no puede ser posterior al año 348, fecha del «segundo tratado», que, desde luego, no parece haber sido más que un reajuste del primero. Cfr. A. Aymard, «Les deux premiers traités entre Rome et Carthage», *R. E. A.*, LIX (1957), pp. 277-293.

[3] *Supra*, p. 141.

cas entre Cartago y Roma parecen haber sido relativamente activas y, al menos por parte de Cartago, atentas e incluso obsequiosas[4]. Es cierto que Cartago era la principal beneficiaria, como podía esperarse, dada la desproporción de fuerzas. Los romanos (es decir, todos los navíos de los «itálicos» ligados a Roma) no tenían derecho a penetrar en las aguas africanas, al oeste del Cabo Apolo. Pero los comerciantes «romanos» podían ir a vender sus mercancías a Cartago, en África, y a Cerdeña, a condición de que la venta tuviese lugar bajo el control de un «actuario público», y la transferencia de fondos se realizase a través de los servicios financieros del Estado[5]. En la parte de Sicilia sometida a los cartagineses se permitía el comercio libremente a los romanos[6]. En cuanto a lo demás, los cartagineses se hicieron reconocer el derecho de persecución contra posibles piratas y se limitaron a prometer que no establecerían ni ocuparían bases en Italia o, por lo menos, en el Lacio. Las condiciones del segundo son más duras todavía: ya no se permite a los negociantes italianos comerciar en Cerdeña y en África. Solo Sicilia sigue abierta a sus actividades, así como la metrópoli, la propia Cartago[7].

A través de las estipulaciones de este tratado y más aún de las restricciones que introduce en las convenciones anteriores se ve que Cartago endurece su posición a medida que Roma consolida su potencia en Italia. Desgraciadamente ignoramos la fecha del segundo tratado al que se refiere Polibio. Si se sitúa en el 306[8], puede imaginarse que Cartago fue sensible a los avances hechos por los rodios en Roma y que quiso prevenir toda tentativa de los romanos de lanzarse a una política de expansión comercial. No parece demasiado aventurado afirmar que Roma está vigilada desde entonces por Cartago.

---

[4] T. Livio, VII, 38, 2. Cartago envía felicitaciones oficiales en el 343 y consagra una corona de oro en la *cella* de *Jupiter Optimus Maximus*. En el 306, tercera «renovación» del tratado. Son enviados de Cartago los que van a Roma exclusivamente para ello (T. Livio, IX, 43, 26). Quizá sea de este tratado del 306 del que da el texto Pol., III, 24, 1.

[5] Esta cláusula se explica, sin duda, por la ausencia de moneda y por la necesidad de ejercer un control sobre los trueques, tanto, al menos, como por el deseo de percibir unos derechos de aduana o un impuesto sobre las transacciones.

[6] En la Sicilia púnica, el uso de la moneda, importado por los griegos desde hacía mucho tiempo, hacia inútil la intervención de un agente del tesoro.

[7] Pol., III, 24, 11 y ss.

[8] De acuerdo con T. Livio, IX, 43, 26, que sitúa en aquel año la tercera renovación del tratado.

En estas circunstancias se inicia el conflicto entre Roma y Pirro. Tarento seguía con temor desde mucho tiempo atrás los progresos de Roma. Las colonias fundadas por los romanos en la costa del Adriático, así como la intervención de las legiones en la Magna Grecia, inquietaban a los tarentinos. Apoyándose en un débil pretexto –la presencia de navíos romanos al norte del Cabo Lacinio, que un tratado les prohibía sobrepasar[9]– apelaron a Pirro, que aceptó inmediatamente.

La llegada de Pirro a Italia, aunque no hacía más que continuar en apariencia la tradición de Alejandro el Moloso y del espartano Cleónimo[10], era en realidad un acontecimiento más importante. La personalidad del rey del Épiro y también la situación inestable creada en Oriente por las luchas entre los Diádocos, a causa de las cuales se hacían y deshacían reinos en el curso de una campaña y según la suerte de una sola batalla, permitían pensar que Pirro no intervenía en la Italia meridional como un simple jefe de bandas para ayudar mediante un salario a una ciudad griega a defenderse contra los bárbaros. Todo hacía creer que se presentaba como conquistador ante un continente nuevo. Era el espíritu de Alejandro que se «desbordaba» desde Oriente hacia Occidente. En la propia Tarento hubo muchas inteligencias claras que lo comprendieron así, y desde entonces se constituyó un partido pro romano entre los aristócratas, que medían el peligro y preferían, de acuerdo con la tradición de todas las aristocracias con las que Roma tuvo relación, entenderse con el Senado antes que correr el riesgo de instalar a un tirano en su ciudad.

Las intenciones de Pirro no eran dudosas: iba a intentar crearse un Imperio a costa de los pueblos itálicos, de los sicilianos e incluso de Cartago[11]. Estas ambiciones no eran absurdas. En Sicilia había graves perturbaciones después de la muerte de Agatocles, y el ejemplo de este había demostrado que la conquista del África cartaginesa era cosa posible.

Pirro desembarcó en Italia en la primavera del 280 con un ejército muy numeroso: una falange de 20.000 hombres, servida por

---

[9] *Supra,* p. 82.
[10] *Supra,* p. 81.
[11] Tal es el programa expuesto en la célebre conversación entre Pirro y Cineas (Plut., *Pirro,* 14, 4 y ss.). El propio Pirro hace en ella alusión a Agatocles (que era o, más bien, había sido su suegro; *supra,* p. 70). Cfr. P. Lévêque, *Pyrrhos,* pp. 262 y ss.

2.000 arqueros, 500 honderos, además de 3.000 jinetes y 20 elefantes[12]. Era la primera vez que los romanos iban a encontrarse frente a una fuerza operacional de tipo helenístico y en que tendrían que combatir contra elefantes. En cuanto hubo tomado posiciones, Pirro decidió armar a la juventud de Tarento, y para ello adoptó rigurosas medidas formando gimnasios y persiguiendo por todos los medios a los desocupados. Además, varios pueblos itálicos se unieron a él contra Roma: los samnitas, los brucios, pueblos de la montaña que guardaban todavía muy vivo el recuerdo de las guerras samnitas. Para evitar (probablemente) que aquel movimiento antirromano se extendiese más, el Senado envió, en cuanto le fue posible, un ejército consular a las órdenes de Levino para iniciar las operaciones contra Pirro. Este salió a su encuentro. El choque tuvo lugar ante Heraclea del Siris. A pesar de su valor ante la falange, el ejército romano no pudo resistir el asalto de los elefantes, que decidió la batalla. Pero las pérdidas del rey habían sido grandes, aunque las de los romanos habían sido mayores todavía, hasta el punto de que el cónsul no había podido salvar su campamento. Y hacia Pirro afluyeron entonces todos los pueblos de la Italia meridional.

Como era de esperar, la reacción romana fue pronta y eficaz. Se acordó rápidamente una paz con las ciudades etruscas contra las que se estaba en guerra, se armó a los ciudadanos más pobres (los proletarios, tradicionalmente exentos del servicio militar) y Levino recibió la misión de ocupar la Campania para evitar todo intento de deserción. El dispositivo estaba a punto ya cuando Pirro se presentó. Sus ataques no dieron resultado. Despreciando al enemigo que dejaba a sus espaldas, Pirro marchó sobre Roma. Tal vez llegó hasta Preneste, pero hubo de retirarse ante el temor de que le cortasen sus comunicaciones con Tarento y, por consiguiente, con el Épiro. Más aún: en aquel momento o un poco después inició conversaciones con Roma para restablecer la paz. Tras haber comprobado, en el curso de su reconocimiento, las dificultades que encontraría para reducir a Roma y ocupar efectivamente la Italia Central, parece que Pirro quiso «negociar» inmediatamente su victoria y constituir en Italia meridional un verdadero reino formado por la federación de pueblos que habían obtenido su alianza y le habían ayudado en la

---

[12] Plut., *ibid.*, 15, 2. P. Lévêque, *ibid.*, p. 296.

guerra. El rey invitaba a los romanos a un reparto de la península[13]. Pirro pensaba como conquistador helenístico. Olvidaba que sus enemigos no formaban un reino, sino una república, y que no defendían la ambición de un hombre, sino la tradición de una patria. El Senado, aunque por un momento se sintió tentado por las ofertas de Pirro, acabó escuchando la voz del viejo Apio Claudio, que hablaba quizá en nombre de una tradición viva en la aristocracia, encarnada por él mismo, y que más adelante brotaría en el «filohelenismo» de los Escipiones y sus amigos. Para él y para aquellos cuyo pensamiento él expresaba en el debate, el porvenir de Roma estaba hacia el sur, era de allí de donde se esperaba la prudencia, el equilibrio político y la gloria y, sin duda, también los beneficios económicos que representaba la libertad de comercio con la Italia helenizada. No es una casualidad que el constructor de la Vía Apia y del primer acueducto de Roma fuese también el portavoz de los que se negaban a abandonar la expansión hacia los países griegos.

Entrada ya la mala estación, Pirro se retiró a Tarento completamente decidido a reanudar la conquista de su «reino» italiano, en la primavera del 279. Durante el verano se libró una nueva batalla ante la ciudad de Ausculo, y fue otra derrota romana, pero no un desastre; Pirro, por razones no bien conocidas, se retiró a Tarento. Quizá la razón profunda de su inactividad estribe en la doble propuesta que recibió poco después de Ausculo: se le anunciaba, por una parte, la muerte de Ptolomeo Cerauno, y los macedonios le ofrecían tomarle como rey; por otra, los griegos de Sicilia le llamaban para que mandase la lucha contra Cartago[14]. El rey decidió aceptar la segunda propuesta. Le pareció que la unificación de Sicilia en el seno del helenismo era una tarea más gloriosa, y la proximidad del África era como una invitación a proseguir el plan expuesto en otro tiempo a Cineas, una vez consolidado el dominio de Sicilia. El significado de aquella elección no pasó inadvertido a los cartagineses, que se inquietaron hasta el punto de concertar una nueva alianza con Roma. Y, por primera vez, no se trataba ya de un protocolo comercial, sino de una alianza en buena y debida forma, expresamente dirigida contra Pirro, con el que los contratantes se comprometían a no firmar una paz por separado. Además, los cartagineses

---

[13] P. Lévêque, *ibid.*, pp. 345 y ss.
[14] Plut., *Pirro,* 22, 1-3,

aceptaban facilitar los medios de transporte necesarios para un eventual cuerpo expedicionario que interviniese en la lucha contra el rey[15]. Esta concesión cartaginesa muestra bien a las claras que la República cartaginesa tenía conciencia de que al lado de Roma defendía sus intereses vitales.

¿Es la coalición de Roma y de Cartago la que impidió a Pirro alcanzar en Sicilia triunfos decisivos? No lo parece. Son las fuerzas cartaginesas solas las que defendieron Lilibeo, la última plaza que les quedaba en la isla, contra un sitio de varios meses. Y fueron los propios sicilianos los que, cansados –ya antes de hacerlo– del esfuerzo de guerra exigido por el rey para realizar su proyecto de pasar al África y someter a Cartago en lugar de emplear sus fuerzas en teatros de operaciones secundarias, se apartaron de él y le traicionaron. Mientras tanto, Cartago había encontrado el medio de traicionar la alianza romana proponiendo a Pirro una paz por separado, que este no aceptó.

Cuando Sicilia llegó a ser para él insostenible a causa de la deserción de las ciudades griegas, Pirro volvió a Italia, prosiguiendo la primera versión de su plan, relativo a la fundación de un reino de Italia meridional. A finales del 276 llegaba de nuevo a Italia, no sin haber sufrido, durante la travesía, serias pérdidas de parte de los cartagineses. Saqueó a su paso el templo de Locros, sacrilegio que parece haber provocado en Atenas, al menos entre los filósofos, apasionados comentarios, pretendiendo unos que los dioses se preocupaban poco de los mortales y asegurando otros que la muerte del rey impío, cuatro años después, en Argos, era una consecuencia de su crimen[16]. En su ausencia de tres años, la situación había empeorado en Italia, y los romanos habían atacado, uno tras otro, a todos los pueblos que se habían aliado con Pirro. Su prestigio necesitaba una victoria deslumbrante. Buscó el enfrentamiento contra las tropas consulares, que se produjo en la batalla de Benevento, en el verano del 275, y en la que Pirro sufrió un aplastante fracaso. Los romanos habían aprendido a defenderse contra los elefantes[17]. El cónsul Manio Curio Dentato consiguió allí un triunfo. Era el final

---

[15] Pol., II, 25, 1-5. Seguimos aquí la interpretación dada por P. Lévêque, *op. cit.*, pp. 416 y ss.
[16] Esto es, al menos, lo que deducimos de Lucr., V, 1226 y ss.
[17] Plut., *Pirro*, 25 y ss.

de la aventura italiana para Pirro[18]. En la península ya no conservaba, prácticamente, más que la ciudadela de Tarento, confiada a su hijo Heleno y a su lugarteniente Milón. Al año siguiente, Pirro llamaba a Heleno y a una parte de las tropas disponibles. Milón quedó encerrado en la ciudadela dos años más, hasta el 272, en que, asediado por los romanos, les entregó la plaza con los honores de la guerra[19]. La vigilancia de Ptolomeo II no había esperado a la toma de Tarento para enviar una embajada a Roma. Le bastó saber que Pirro había sido vencido para decidir la iniciación de relaciones de amistad con sus vencedores. No era que experimentase ninguna clase de hostilidad hacia Pirro. Al contrario: según ya hemos dicho, el rey del Épiro había sido quizá utilizado –sin saberlo– para los tortuosos fines de la diplomacia del Lágida[20], pero la política realista de este, y también acaso su curiosidad, le imponían la necesidad de sondear las intenciones de una potencia que parecía capaz de desempeñar un papel de primer rango en el Mediterráneo[21]. Y esta apertura de Roma hacia Egipto fue una de las consecuencias, y no la menor, de la «guerra de Pirro». Los Lágidas fueron los primeros reyes que tuvieron en cuenta a Roma y que le hicieron insinuaciones. ¿Es totalmente casual que fuesen los últimos en sucumbir y Egipto el último país en fundirse con el Imperio?

Las otras consecuencias de la guerra han sido frecuentemente evaluadas: consecuencias militares (las legiones aprendieron a enfrentarse con los ejércitos helenísticos, intercambiaron con su enemigo procedimientos tácticos, aprendieron quizá de ellos a establecer un campamento fortificado cada noche) y consecuencias económicas (Roma adaptó su moneda a las necesidades del comercio helénico, en cuyo sistema se encontraba integrada íntimamente). Se puede insistir también sobre las consecuencias morales: Pirro había obligado, por lo menos, a una parte de los senadores a tomar conciencia del hecho de que Roma tenía prácticamente, quisiese o no, una política coherente respecto al helenismo y al «Sur», una

---

[18] Sobre su carrera ulterior, su reconquista de Macedonia sobre Antígono Gonatas y la expedición de Esparta, cfr., *supra,* pp. 151 y ss.
[19] Zonar., VIII, 6, 13.
[20] *Supra,* p. 160, y la n. 35 del cap. III.
[21] *Supra,* p. 90.

política a la vez comprensiva y autoritaria, que se había propuesto, instintivamente, acercar a Roma a las formas de vida más altas entrevistas en la Magna Grecia, y se negaba a dejarla sistemáticamente al margen del mundo mediterráneo, y que nos ha parecido encarnar la compleja figura de Apio Claudio.

Hay, además, otra consecuencia, menos sensible desde luego, pero innegable: Pirro había mostrado a Roma un cierto tipo de rey, que no había dejado de seducir un tanto a los altivos enemigos de la monarquía que se vanagloriaban de ser los romanos. Les había sugerido la idea de que algunos hombres poseen una «Fortuna» que les es propia y que, de algún modo, los eleva sobre los demás. Ciertamente, el viejo espíritu igualitario no se había oscurecido aún, pero Pirro podía introducir en la República una parte de ensueño.

La Primera Guerra Púnica

Eliminado Pirro de la escena de Italia y Sicilia, quedaban solas, frente a frente, Roma y Cartago. Las ciudades griegas de la Magna Grecia estaban prácticamente sometidas a la primera, y la segunda conservaba en Sicilia una posición de primer plano. Los triunfos que Pirro había supuesto para el helenismo no fueron duraderos. Cartago, en los años siguientes a la marcha del rey, hizo algo más que reconquistar lo que había perdido. Cartago poseía el oeste de la isla. Siracusa seguía siendo dueña de la parte oriental y, al norte, prosperaba Mesina, en manos de los antiguos soldados de Agatocles, de los itálicos, que en otro tiempo, se habían amotinado, expulsando a los colonos griegos de la ciudad e instalándose en el lugar de ellos[22]. Durante la guerra contra Pirro, unos soldados de la Campania reclutados para el servicio de Roma habían imitado a los antiguos mercenarios de Agatocles, sus hermanos de raza, y habían ocupado Regio, tal vez con la complicidad del Senado, que había encontrado cómodo proteger así la ciudad contra un golpe de mano del rey, sin tener necesidad de protegerla por sí mismos. Pero, una vez terminada la guerra, los romanos habían considerado que convenía a su honor castigar a los sublevados de Regio. La ciudad había sido asediada y

---

[22] Pol., I, 7, 1 y ss.

tomada, y los culpables, condenados a muerte[23]. Los «mamertinos» (este era el nombre de los amotinados de Mesina) habían mantenido, durante algún tiempo, excelentes relaciones con sus camaradas de Regio. A partir del año 270, cuando Regio se rindió a los griegos, sus poseedores legítimos, los mamertinos, se encontraron muy aislados y más expuestos que nunca a los ataques de Siracusa. Su situación se hizo más crítica todavía, cuando Siracusa cayó en poder de un jefe joven, Hierón, que se adueñó de ella mediante un audaz golpe de mano; pero, según parece, con el asentimiento de la opinión pública[24]. En el 268, Hierón alcanzó sobre ellos una victoria decisiva, que le valió ser proclamado rey por sus conciudadanos y hundió en la angustia a los mamertinos. Para obtener ayuda, decidieron pedirla a uno de sus poderosos vecinos: un partido se inclinaba hacia Cartago y otro hacia Roma. Los partidarios de Cartago pusieron la ciudadela en manos de un oficial púnico, mientras el partido pro romano enviaba una embajada a las orillas del Tíber. Así, a causa de un puñado de mercenarios sublevados y porque estos ya no podían continuar sus habituales incursiones contra las ciudades griegas de Sicilia –como consecuencia de la enérgica acción llevada a cabo por Hierón–, se encontró bruscamente planteado, y de manera aguda, un problema del que hoy puede decirse, sin duda, que era inevitable, pero que, en el pasado, nada permitía suponer que fuese a presentarse de modo tan rápido y de manera tan dramática.

Los embajadores de los mamertinos en Roma despertaron, al principio, poco entusiasmo. El Senado no se sentía dispuesto a apoyar la causa de unas gentes cuyo caso se parecía mucho al de los amotinados de Regio, a los que se había ejecutado con el hacha unos años antes. Pero la cuestión fue llevada ante el pueblo y, según nos dice Polibio, debidamente aconsejado por los «estrategos», el pueblo romano decidió ignorar las objeciones del Senado y, con pleno conocimiento de causa, resolvió ayudar a los mamertinos. El jefe elegido para mandar la expedición fue uno de los cónsules, Apio Claudio[25]. El nombre del jefe designado es muy significativo: continúa evidentemente la política de su ilustre antepasado, que acababa

---

[23] Pol., *ibid.*, 9 y ss.; T. Livio, *Per.*, XV, Val. Max., II, 7, 15.
[24] Nacido hacia 307/306. Cfr. H. Berve, «Hiéron», en *Abhd. Bay. Akad. Wiss., Phil. Hist. Klasse*, N. F. 47, 1959, pp. 7 y ss. Tomó el poder hacia el 275.
[25] Pol., I, 10 y 11.

de hacer triunfar la idea de que los verdaderos intereses de Roma estaban en el sur. Dejar en Mesina la guarnición que allí habían instalado los cartagineses era condenar a la isla a caer, en un plazo más o menos largo, totalmente bajo la dominación púnica, lo que suponía graves peligros para Roma. Sicilia y la Magna Grecia estaban íntimamente unidas; sus intereses económicos eran los mismos; el dueño de Sicilia tendría, evidentemente, que «desbordarse» a Italia, y Roma, rodeada de mares en los que dominaba la flota cartaginesa, podía, lógicamente, temer la asfixia de su comercio o, por lo menos, de las ciudades que acababan de unirse a ella en federación, desde la punta de la Calabria hasta la Etruria, ahora en su posesión, tras la caída y la destrucción del santuario federal de Volsinios[26]. Había llegado el momento de afirmar aquel «protectorado» sobre el helenismo occidental, que nos ha parecido ser una de las ideas maestras del pensamiento romano, al menos de una parte de su «elite». Los más clarividentes de los romanos lo entendían bien, aun contra la opinión de los más tradicionalistas de los senadores que, en aquel tiempo, parecen haber tenido la mayoría[27]. Es difícil pensar que Roma tuviese entonces una política «imperialista» coherente. Si la tuviera, ¿no habría tratado de anexionarse, lo más pronto posible, las ricas comarcas situadas al norte de Rímini (fundada, precisamente, en el 268)?[28]. Pero el sur y el norte de la península no eran equivalentes a los ojos de los partidarios de la intervención en Mesina: en el norte había unas tierras ocupadas por bárbaros y en el sur unas ciudades griegas y más allá las rutas del mar. Los romanos más inteligentes sentían –acaso de un modo confuso, pero con la fuerza suficiente para que aquella intuición pudiese inspirarles la enérgica elección de una política e imponerla al resto de la ciudad– que el verdadero destino de Roma la unía al mundo helénico y la apartaba de Cartago. El sentimiento de esta vocación no es, sin duda, de origen milagroso: Roma estaba, desde hacía mucho tiempo, por su pasado itálico, totalmente impregnada ya de helenismo y lanzada por el camino que le indicaba el partido «imperialista». Apio Claudio y sus amigos eran conscientes de la necesidad de una elección, sin la que Roma habría renegado de sí misma. Que

---

[26] En el 265. T. Livio, *Per.*, XVI.
[27] Cfr. F. Münzer, *Adelspartei und Adelsfamilien*, Stuttgart, 1920, pp. 57 y ss.
[28] T. Livio, *Per.*, XI; Vell. Pat., I, 14, 7.

alucinasen al pueblo con la perspectiva de un rico botín en Sicilia, para arrancarle su decisión, según Polibio sugiere explícitamente, es posible e incluso probable. Pero eso no era más que un argumento de asamblea. Las verdaderas razones eran de otro orden, más sutiles, en parte de prudencia y, en parte, de instinto. Es probable, además, que el Senado, tras haber expresado su parecer, no se obstinase contra la decisión popular, satisfecho, quizá, de haber salvado el honor y de haber sido, al mismo tiempo, contradicho por los Comicios.

De todos modos, Apio Claudio recibió la orden de franquear el estrecho y de dirigirse a Mesina con un ejército. Los cartagineses estaban ya en la ciudadela. Los mamertinos consiguieron desalojarlos de ella, poniendo en su lugar a los romanos. Entonces, Hierón, creyendo que había llegado el momento de reducir definitivamente a Mesina y de incluir su territorio en el Imperio siracusano, concertó una alianza con los cartagineses, que se habían reagrupado alrededor de la ciudad. En aquellos días, Apio Claudio rompió el sitio. Por tierra, derrotó a los siracusanos de Hierón. Después, atacando a los cartagineses en su base del Cabo Peloro, los mantuvo a raya, inspirándoles tal pavor que no hicieron tentativa alguna de acercarse a Mesina[29]. Claudio, aprovechando aquella doble ventaja, marchó directamente sobre Siracusa. Pero se aventuró tanto que por muy poco escapó a un desastre, y tuvo que retirarse. La guerra no había podido ser terminada en una sola campaña, como el cónsul había esperado. Duraría veinticuatro años, y no terminaría hasta el 241, tras muchos y diversos episodios.

En el 263 los nuevos cónsules emprendieron la sistemática conquista de Sicilia, volviendo a la táctica habitual de Roma, fiel al principio de las acciones continuadas y parciales –el principio que Claudio, tal vez siguiendo el ejemplo de Pirro, había abandonado para su desgracia–. Cuando un cierto número de ciudades sicilianas, a lo largo de la costa norte, cayeron en poder de las legiones, Hierón cambió de política y pidió una paz, que obtuvo. Su reino quedó limitado al ángulo sudeste de la isla, desde Camarina hasta Leontinos. Se le dejaba también el puesto avanzado de Tauromenio (Taormina), tradicionalmente siracusano. La guerra se había convertido ya en un duelo entre Cartago y Roma, y las acciones iban a desarrollarse

---

[29] Dior. Cas., XI, 11. Zonar., 8, 9.

en varios escenarios, al principio sucesivamente y, después, simultáneamente.

Una antigua tradición, según la cual Segesta era una fundación troyana, unía la ciudad a los romanos. Aprovechando los triunfos de estos, sus habitantes abandonaron el campo de Cartago y se entregaron a Roma. En respuesta, los cartagineses enviaron un ejército para tratar de mantener su dominación en el oeste de la isla. Este ejército tuvo como base principal a Agrigento. Después de un largo asedio, los romanos tomaron la ciudad (262) y la saquearon.

Cartago buscó entonces un desquite en el mar. Según nos dice Polibio, mientras las ciudades del interior se rendían a los romanos después de la toma de Agrigento, las costeras, temiendo las incursiones de los púnicos, abandonaban a Roma[30]. Además, los navíos de guerra de los cartagineses asolaban a placer las costas itálicas. Los romanos decidieron proveerse también de una flota. Al principio, les faltaba destreza, y sus primeras escuadras sufrieron serios reveses. Pero también en este sector la paciencia romana –ayudada, desde luego, por la técnica de sus «aliados» meridionales y de los navegantes del Lacio– logró recuperar aquel retraso. Los romanos imaginaron una táctica nueva, inspirada en la que usaban en tierra. Con la ayuda de «trinquetes», que eran una especie de pasarelas que se lanzaban, en el abordaje, sobre el navío enemigo, la batalla quedaba transformada en un cuerpo a cuerpo en el que la infantería romana tenía ventaja[31]. Así, en el 260, el cónsul C. Duilio lograba alcanzar una gran victoria naval, la primera de los anales romanos[32], ante Mileto (en la costa oeste de la punta septentrional de Sicilia).

Los cartagineses organizaron la resistencia en Sicilia y para ello fortificaron el cabo Drépano, en la extremidad occidental de la isla. A partir de aquel momento, la lucha prosiguió en Sicilia, con alternativas de triunfos y reveses por ambas partes. El Senado, comprendiendo que solo fuera de Sicilia podría obtener una ventaja decisiva y, animado por los progresos de sus propias flotas, decidió reanudar por su cuenta la tentativa hecha en otro tiempo por Agatocles,

---

[30] Pol., I, 20, 1-7.

[31] Pol., I, 22. W. Tarn ha supuesto que esta táctica habría sido imitada por Gonatas para vencer a la flota de los Lágidas dos años después (batalla de Cos; cfr. *supra,* p. 131).

[32] Fue celebrada con la construcción en el Foro de una columna rostral, con una inscripción cuyo texto (tal vez) ha llegado hasta nosotros. Cfr. *C. I. L.,* VI, 31591; I², p, 193. XI.

que había estado a punto de triunfar[33]. La operación fue confiada a los cónsules L. Manlio y Atilio Régulo. Realizaron la travesía por la fuerza, a pesar de una viva oposición púnica. El desembarco se llevó a cabo en la región de Clupea, y las tropas romanas comenzaron a devastar el país sin encontrar oposición seria. Ante el triunfo, uno de los cónsules, L. Manlio, fue llamado a Italia. Régulo continuó la campaña solo. Tomó Túnez y aterró de tal modo a los cartagineses que pidieron la paz. Pero las condiciones de Régulo les parecieron inaceptables, pues habrían tenido como resultado el reducir la República cartaginesa a no ser más que una vasalla de Roma. Así, la guerra continuó, pero se desarrolló, por parte cartaginesa, con más energía gracias a la intervención de un mercenario lacedemonio, llamado Jantipo, recientemente llegado a Cartago con un contingente de reclutas procedentes de Grecia[34]. Jantipo aportaba la experiencia de los campos de batalla orientales y acertó a comprender cómo podía ser vencida la infantería romana, Gracias a una numerosa caballería y a un cuerpo de elefantes y gracias también a su influencia personal sobre las tropas que le habían adoptado inmediatamente como jefe, Jantipo aplastó al ejército romano[35]. Régulo fue hecho prisionero. Seguidamente, Jantipo, que conocía bien a los cartagineses, abandonó el país en unas circunstancias que no nos son bien conocidas. Acaso los cartagineses trataron de darle muerte, haciéndole subir a un navío dispuesto para tal fin, pero se asegura que el lacedemonio tuvo bastante agudeza para prever la trampa y escapar sano y salvo. El desastre sufrido por Régulo fue seguido inmediatamente por otro. La flota enviada por Roma para evacuar a los supervivientes fue destruida al regreso por una tempestad: de un total de 464 navíos, solo 80 no se hundieron[36]. Así, pues, no solamente terminó en un fracaso la expedición de Régulo, sino que Cartago, sin intervenir siquiera, recobraba el dominio del mar.

Aquel episodio avivó la guerra. En el 254, el año siguiente al desastre de Régulo, los cartagineses saquearon Agrigento, pero sus adversarios se apoderaron de Palermo, ciudadela cartaginesa e importante base marítima. Sin embargo, en lugar de aprovecharse de ello

---

[33] *Supra*, p. 86.
[34] Pol., I, 32, 1 y ss.
[35] Descripción de la batalla en Pol., I, 34.
[36] Pol., I, 37.

para imprimir un ritmo más activo a las operaciones en Sicilia, los romanos creyeron posible lanzar un nuevo ataque contra África. Su flota logró desembarcar y llevar a cabo varias incursiones contra localidades costeras, pero a su regreso la tempestad volvió a diezmarla, esta vez frente al cabo Palinuro[37]. Estos repetidos fracasos de las escuadras romanas adquieren toda su significación en una apreciación de Polibio, que señalaba, a propósito del desastre del 255, que los romanos, en sus empresas, confiaban en la fuerza y en la tenacidad, lo que –añadía Polibio– aseguraba frecuentemente su éxito cuando se enfrentaban con hombres, pero les exponían a terribles peligros cuando los obstáculos que se les oponían sobrepasaban la medida humana. Es cierto que el pueblo romano se nos presenta, en este momento, más obstinado que dotado de una verdadera voluntad, con una experiencia limitada y reacio a modificar una táctica cuyo espíritu consistía, esencialmente, en recomenzar lo que un primer intento no había permitido coronar, y hay como un símbolo en ese conflicto de los romanos con el mar, en el que aquellos hombres, a quienes nada desconcertaba ni irritaba tanto como el incumplimiento de la palabra dada, tenían que luchar contra el elemento fluido e inconstante por excelencia, las olas cambiantes, sonrientes y pérfidas.

Pero los romanos también sabían, a veces, aprovechar la lección del fracaso. Tras el segundo intento, renunciaron definitivamente a atacar las costas de África para centrar todos sus esfuerzos en Sicilia. Los cartagineses trataron de recuperar Palermo. La defensa romana se lo impidió y el ejército que habían utilizado sufrió duras pérdidas ante la ciudad. Aquel año (250), los cartagineses, considerando que la guerra se prolongaba más de lo que habían esperado, que arruinaba su comercio y que les costaba demasiado, pensaron en utilizar a Régulo, que era su prisionero desde hacía cinco años, y le enviaron a Roma con proposiciones de paz, haciéndole jurar que, si no obtenía el armisticio, volvería a Cartago para ser ajusticiado allí. Régulo fue a Roma, tomó la palabra en el Senado para impugnar las proposiciones del enemigo y volvió a Cartago, donde fue horriblemente torturado.

Por su parte, los romanos ponían sitio a la base cartaginesa de Lilibeo (Marsala), pero las operaciones no les fueron más favorables

---

[37] Pol., I, 39.

de lo que habían sido para los cartagineses los intentos efectuados ante Palermo. Una flota romana, a las órdenes de un tal Claudio (Ap. Claudio Pulcro), fue derrotada y aniquilada por los cartagineses en Drépano. Los senadores tradicionalistas se sintieron muy felices al poder acusar a Claudio, por haberse negado a aceptar, antes de la batalla, los presagios dados por las aves sagradas. Hacia el mismo momento, el otro cónsul, M. Junio, fue aplastado también cuando intentaba, por medio de operaciones combinadas por tierra y por mar, alcanzar Lilibeo con un ejército de refuerzo, con máquinas de asedio y de abastecimiento[38]. Las operaciones se cerraban pues, aparentemente, tanto de una parte como de la otra, con un balance negativo.

Sin embargo, consideradas las cosas con mayor detenimiento, era Cartago quien mantenía la ventaja. Roma había perdido el dominio del mar, conquistado unos años antes, y los navíos púnicos continuaban asolando las costas italianas. Las comunicaciones entre Roma y Sicilia se habían hecho difíciles. Solo la alianza de Hierón, con una constancia extraordinaria, seguía aligerando los obstáculos que Roma encontraba en la isla. Fue entonces cuando el patriotismo de los romanos enderezó la situación. Los particulares contribuyeron en gran medida a la construcción de una nueva flota, última esperanza, que se confió al cónsul C. Lutacio Catulo. En la primavera del 241 el cónsul destrozó en las islas Egadas una flota cartaginesa de abastecimiento para el cuerpo expedicionario. El comandante cartaginés de la isla era Amílcar, que había contribuido mucho a mantener en derrota a los romanos en el curso de las últimas campañas. En el momento de la derrota, Amílcar se encontraba en el monte Erice, santuario de Venus, la gran divinidad siciliana, pero también romana y púnica. Y los romanos recordaron que Venus era la madre de Eneas.

Cartago, en los términos del tratado entonces concluido, abandonaba Sicilia a los romanos, preveía el pago de una fuerte indemnización de guerra y naturalmente confirmaba a Hierón en su reino de Siracusa.

Cartago y Roma, en el curso de aquella larga guerra, habían aprendido a conocerse y entre ellas había ido creándose una fuerte animosidad recíproca. Cuando Régulo había sido vencedor, había

---

[38] Pol., I, 52 y ss.

revelado inconscientemente cuáles eran los fines que Roma se proponía en la guerra, que apuntaban nada menos que a la desaparición de Cartago como gran potencia. Régulo y sus amigos en el Senado no querían, desde luego, que Roma sustituyese a Cartago en su papel de república comerciante, y menos aún anexionar su territorio y, en este sentido, no podría hablarse de imperialismo, sino que pretendían abatir definitivamente al enemigo, que les había costado tantas contrariedades, e impedir a cualquier precio la reanudación de una guerra tan larga. Una vez vencidos los cartagineses, los romanos se consideraron y se condujeron como acreedores insaciables, como si las cláusulas del tratado no bastasen para agotar la deuda de los vencidos. Exigieron cada vez mayores seguridades, y esta actitud contribuyó a agriar todavía más las relaciones entre las dos repúblicas.

Cartago tuvo que atravesar en primer lugar una terrible crisis, planteada por el paso del estado de guerra al de paz. Para mantener la lucha en Sicilia, se había alistado a un gran número de mercenarios procedentes de los países helenizados y entre ellos a muchos galos; había también númidas y, en general, «libios» (africanos), así como iberos llegados de España e incluso hombres de la Campania. Tras al armisticio aquella multitud fue llevada al África para esperar allí los atrasos de sus salarios, que las dificultades financieras de la República impedían pagar sobre el terreno. Acantonada al principio en la ciudad, fue dispersada luego por el interior del país alrededor de Kef *(Sicca Veneria)*. Era un error: los mercenarios; descontentos, encontraron apoyos entre los indígenas, que, por su parte, no se resignaban a la tiranía cartaginesa. Muy pronto se formó un ejército acaudillado por tres expertos jefes: un africano, Mato; un hombre de la Campania, Espendio, y un galo, Autárites. El ejército de la República, mandado por Hanón, fue vencido. Se llamó entonces a Amílcar Barca, el héroe de la guerra en Sicilia, y a quien la derrota había hundido en la sombra.

Amílcar comenzó alcanzando algunos éxitos y concibió la esperanza de traer de nuevo al campo del deber a sus antiguos compañeros de armas prometiendo el perdón a los que se sometiesen. Pero había demasiado odio contra Cartago. Los jefes de los rebeldes mantuvieron el dominio sobre sus tropas y reanudaron la ofensiva. La propia ciudad de Cartago, que en el primer momento había sido amenazada y a la que Amílcar había socorrido después, fue de nuevo asediada. Pareció que la República iba a caer bajo los golpes de sus antiguos soldados y que volverían a comenzar, pero en proporciones infinitamente mayores, los acontecimientos que en otro tiempo se habían desarrollado en Mesina y en Regio. La amenaza pareció tan grave a los mismos romanos que decidieron ayudar a Cartago autorizando a su aliado, Hierón, que seguía disponiendo de enormes cantidades de trigo, a abastecer a la ciudad. Por último, Amílcar mediante una hábil maniobra bloqueó a los mercenarios en un desfiladero (El Desfiladero del Hacha), donde se encontraron sin ningún sistema de abastecimiento. Un intento de salida fracasó, y todos los que no habían muerto de hambre fueron aniquilados. Espendio y Autárites habían sido capturados por traición poco tiempo antes y Amílcar los crucificó ante Túnez, donde aún resistía Mato. Este hizo una salida y vengó a sus camaradas crucificando en represalia a un general cartaginés llamado Aníbal. Pero el ejército de Mato, amenazado sin cesar, aceptó a la desesperada una batalla en regla que le fue fatal. La guerra había durado tres años y cuatro meses[39]. No terminó hasta el 238.

En el mismo año se asestaba un nuevo golpe a lo que quedaba de la potencia cartaginesa. El Senado, inquieto al comprobar que las flotas púnicas seguían controlando durante la guerra de los mercenarios las comunicaciones entre Italia y África para impedir a los italianos el abastecimiento de los rebeldes, y deseando disponer a su arbitrio del mar Tirreno, exigió la cesión de Cerdeña, así como el pago de una indemnización de guerra complementaria. Ante la amenaza, Cartago, agotada, cedió y los romanos ocuparon Cerdeña, donde los mercenarios cartagineses habían seguido el ejemplo de sus camaradas llevados a África.

Los indígenas en Cerdeña y también en Córcega, donde los romanos intentaron establecerse al mismo tiempo, opusieron una larga resistencia a los nuevos invasores. Allí como en otras partes Cartago no había ocupado más que las regiones costeras. Roma emprendió la conquista del país, y aquel fue el comienzo de una larga lucha que no terminó hasta el siglo I. Al ocupar Cerdeña y Córcega, Roma había no solo iniciado una tarea de gran aliento, sino aumentado el odio que contra ella se acumulaba en Cartago. Los partidarios de la paz eran cada vez menos numerosos. Amílcar y los Barca se impusieron y, en el 233, los cartagineses respondían a unos embajadores

[39] Pol., I, 65 y ss.

romanos que, si era preciso, no retrocederían ni ante la guerra[40]. En realidad, Amílcar nunca se había dado por vencido y preparaba el desquite.

ROMA ANTE LA SEGUNDA GUERRA PÚNICA

Mientras Cartago tenía que enfrentarse después de la guerra con la gravísima crisis desencadenada por la rebelión de los mercenarios, Roma no había tenido que reducir más que una mediocre sublevación, la de los faliscos, que se produjo en el mismo año de la victoria, en el 241. Su ciudad, Faleria, fue tomada y destruida y los habitantes, establecidos en la llanura, en una ciudad nueva. Ignoramos las causas de aquel movimiento que evidentemente no fue grave.

Más graves preocupaciones causaron los galos, establecidos en el norte de la península, en la Cisalpina. Rímini (Ariminum), colonia latina fundada en el 268, formaba el límite septentrional de las posesiones romanas en el Adriático. Tras la victoria sobre Cartago, se instaló la colonia de Espoleto sobre la Vía Flaminia, la ruta que, a través de la Umbría, llevaba hacia Rímini. Evidentemente, los romanos tomaban sus precauciones. En el 232, una decisión de la plebe, a instigación del tribuno C. Flaminio, decide distribuir al pueblo las ricas regiones del *ager picenus* y del *ager gallicus,* a orillas del Adriático[41]. Flaminio quiere, sin duda, dar a la plebe un dominio que pudiera equivaler a las ventajas conquistadas, desde hacía un siglo, hacia el sur, que, en su conjunto, habían beneficiado a los aristócratas. Esta medida, explicable por consideraciones de política interior, iba a tener como resultado el de avivar contra Roma la hostilidad de los galos y obligar a la República a mantener terribles luchas, que gastarían sus fuerzas en el momento mismo en que Aníbal se disponía a lanzar contra ella el ataque más temible que había conocido nunca. Y, al propio tiempo, Aníbal encontraría en la Galia cisalpina aliados contra Roma.

Pero no encontraría aliados en el interior de la Confederación romana –lo que había quedado ya demostrado en la Primera Guerra

---

[40] Zonar., VIII, 18.
[41] Pol., II, 21,

Púnica–. Las únicas poblaciones itálicas que se habían aliado en otro tiempo a Pirro eran poblaciones de las montañas del extremo sur, que aún no habían sido incluidas en la Confederación. Cartago, por su parte, nunca había conseguido reclutar en Italia más que a algunos mercenarios de la Campania, aventureros cuya actividad no comprometía a su patria. Los antiguos aliados de Roma –sabinos, picentinos, incluso samnitas–, aunque sometidos después de terribles guerras, se mostraron fieles y enviaron sus contingentes de soldados y de remeros sin rebelarse nunca. La solidez de la Confederación se debía, sin duda, al sentimiento de una verdadera solidaridad entre las ciudades que la componían. Ligadas a Roma por un *foedus* que comprometía tanto al vencedor como a ellas mismas, tenían los mismos enemigos que Roma y, por lo demás, seguían administrándose con la máxima libertad. Ni siquiera la conquista había provocado, por lo general, en los vencidos un descontento duradero. Las tierras atribuidas a los colonos establecidos por el ocupante no constituían más que una parte muy débil del conjunto y, en general, se mantenían los antiguos dueños. En aquellas colonias figuraban muchos aliados, habitantes no-romanos, que se beneficiaban a su vez de la conquista con el mismo título que los ciudadanos. El objetivo esencial de las colonias no era la explotación económica, sino la defensa del territorio y de las comunicaciones: así, una «paz romana» sucedía al estado anterior, a menudo perturbado, y de la derrota podía nacer la prosperidad. Y –hecho quizá único en el mundo antiguo– Roma no exigía tributo alguno a sus «aliados», que no eran, pues, súbditos, sino iguales. El tributo era considerado, en efecto, por todos los juristas y también por la opinión pública como el signo de la servidumbre. La exención del tributo era, por consiguiente, el sello mismo de la «libertad».

Además, el estatuto de una ciudad aliada no era considerado como definitivo. Podía transformarse, es decir, mejorarse mediante reglamentaciones concertadas gradualmente entre las dos partes. Así fue como los sabinos, en el 290, habían obtenido en bloque la «civitas sine suffragio», es decir, que sus derechos eran, en la práctica, los de un ciudadano romano y su propiedad, por ejemplo, estaba garantizada con el mismo título que la propiedad quiritaria. La única restricción era la exclusión de aquellos ciudadanos de las asambleas encargadas de votar las leyes o de elegir a los magistrados. Pero, en el 268, menos de una generación después, los sabinos obtenían el derecho de ciudadanía total. En las colonias de derecho latino (es decir, que gozaban de un derecho de ciudadanía disminuido), los magistrados locales obtenían, automáticamente, a su salida del cargo, el derecho de ciudadanía romana integral. Esta política, bastante liberal, más parece el resultado de las condiciones en que se habían asociado los aliados que el efecto de una concepción *a priori*. Parecía normal que los pueblos «amigos», tras un periodo más o menos largo en el que se acostumbraban a vivir la misma vida que Roma, llegasen a ser totalmente asimilados. Roma jamás conoció prejuicios raciales ni forma alguna de xenofobia (salvo ciertos momentos de crisis, muy limitados). El derecho de ciudadanía expresaba, sencillamente, la total asimilación de quien lo obtenía. Esta asimilación era un hecho: era o no era. Una comunidad que hablaba la misma lengua que Roma, que adoraba a los mismos dioses, que se gobernaba según los mismos principios, era considerada como romana, y este estado de hecho era sancionado, de un modo perfectamente natural, por la concesión del derecho de ciudadanía. El mismo mecanismo explicaba cómo un esclavo, tras su manumisión, se convertía en ciudadano de pleno derecho.

Tal es, por lo menos, el principio hasta el siglo II a.C. En aquel momento intervendrán otras causas que detendrán el proceso de asimilación, y será necesaria una dura guerra para que todos los italianos obtengan en la práctica la plena y entera ciudadanía. Pero, en el siglo III, el liberalismo de Roma se mantiene íntegro y esta es, sin duda, una de las más profundas causas de la solidez del sistema.

Con la anexión de Sicilia, en la Confederación se introduce un elemento nuevo. No se trata ya de ciudades que se alían a Roma, sino de un verdadero «Imperio», en el que los romanos sustituyen a los antiguos dominadores, los cartagineses. Realmente, se ha insistido demasiado poco en el carácter nuevo de la situación jurídica así creada. Ya en las ciudades «dediticias» (que se habían entregado a discreción), la rendición había tenido como resultado el de transferir al pueblo romano la totalidad de los derechos sobre las gentes, sobre los bienes y sobre el suelo. Roma había retrocedido el usufructo de aquella propiedad a los «dediticios», pero había conservado un derecho de soberanía, que se afirmaba, en la práctica, solo sobre el *ager publicus,* la porción del territorio que era directamente arrendado por el pueblo romano en beneficio propio y sobre el cual se establecían las colonias. De todos modos, aquel *ager publicus* era, en la mayoría de los casos, bastante limitado. En Sicilia, por el contrario, era un territorio inmenso, que se convertía en «tributario» de Roma.

Está comprobado que el derecho de posesión adquirido por los romanos sobre las tierras de los «dediticios» y ahora sobre la antigua Sicilia púnica es muy semejante al que, en los reinos seléucida y lágida, servía de fundamento a la soberanía real[42]. Esto da todo su sentido a una expresión que se encuentra a veces en los textos antiguos y, más frecuentemente, entre los historiadores modernos: el pueblo romano es, verdaderamente, el «pueblo Rey», puesto que posee el derecho real por excelencia, la posesión eminente de la tierra.

La diferencia con los reyes helenísticos se hace aún más leve, si se recuerda que estos reconocían la soberanía de ciertas ciudades (generalmente, de antiguas ciudades-estados helénicas) sobre un territorio determinado. Lo mismo ocurrió en Sicilia, donde las ciudades siguieron siendo, en principio, autónomas y exentas de tributo. Solo la tierra tuvo que pagar el diezmo de la cosecha. Que este fue el principio del sistema está demostrado por un hecho: si un romano arrendaba para cultivar un campo tributario, estaba obligado a pagar el diezmo igual que un siciliano. En compensación, los habitantes de una ciudad determinada, que había «merecido bien» de Roma (por ejemplo, Segesta), estaban exentos de impuestos, cualquiera que fuese el campo que cultivasen. La exención era personal. El impuesto, en cambio, estaba ligado a la tierra.

Para administrar la parte de Sicilia que se había convertido en su propiedad, los romanos imitaron el sistema imaginado por Hierón en su reino de Siracusa. Este sistema, conocido con el nombre de *Lex Hieronica*[43], había sido quizá elaborado sobre el modelo de las instituciones fiscales establecidas por los Lágidas[44]. Proveía el pago en especie de los diezmos, como en Egipto, y controlaba muy de cerca el beneficio permitido a los arrendadores que se encargaban de la percepción.

El resultado fue inmediato: grandes cantidades de trigo, compradas a bajo precio, empezaron a afluir al Lacio. Si durante la guerra

---

[42] *Supra*, p. 194.
[43] El estudio fundamental sigue siendo el de J. Carcopino, *La loi d'Hiéron et les romains*, París, 1919.
[44] *Supra*, p. 195.

contra Cartago Roma e Italia habían estado a punto de conocer el hambre, pues la tierra quedaba yerma por falta de hombres, las cosechas de Sicilia iban a alimentar a los romanos durante cerca de dos siglos. Esto no deja de plantear ciertos problemas: ¿cómo los senadores, a quienes principalmente pertenecía la tierra en el Lacio, aceptaron aquella afluencia de trigo extranjero, que, evidentemente, hacía bajar las cotizaciones?[45]. ¿Hay que admitir, con T. Frank, que en aquella época la agricultura tomó el aspecto que nosotros le conoceríamos después, con las plantaciones de viña, los olivos y los pastos ocupando las antiguas tierras de trigo? Puede creerse también que las explotaciones agrícolas no tienen todavía un carácter tan claramente «capitalista», no están orientadas exclusivamente, como será el caso en la época de Catón, hacia la ganancia, hacia el rendimiento máximo. No se vende, entonces, más que el excedente, pues la mayor parte de los productos es consumida por la «familia»[46]. En el tiempo de la guerra contra Pirro la economía es aún esencialmente rústica. Los valores muebles son raros y no se tiene confianza en ellos, las dotes de las jóvenes son escasas (y seguirán siéndolo durante mucho tiempo todavía), hay poco dinero en Roma. Por ello, que el trigo se venda mal aún no es una catástrofe para los propietarios. Los efectos desastrosos producidos por la abundancia del trigo siciliano no comenzarán a ser perceptibles hasta el momento en que se consolide la tendencia a los *latifundia,* es decir, después de la Segunda Guerra Púnica. Que los senadores, a mediados del siglo III, no hayan abandonado sistemáticamente las actividades comerciales para consagrarse por entero a la agricultura, queda bien demostrado por el plebiscito «claudiano», cuya adopción sitúa Tito Livio en el 218[47]: a los senadores según este texto, se les prohibía la posesión de un navío cuyo tonelaje sobrepasase las 300 ánforas –mínimo necesario para el transporte de las cosechas de una propiedad, pero muy insuficiente para emprender operaciones comer-

---

[45] La cuestión ha sido planteada, especialmente, por T. Frank, *An economic History of Rome,* 2.ª ed. revisada, Nueva York, 1962, pp. 91 y ss.

[46] Tradicionalmente, los «grandes hombres» del siglo III son presentados como pequeños propietarios que cultivan la tierra por sí mismos. Así, M. Curio Dentato, el héroe de la guerra contra Pirro; de igual modo, M. Atilio Régulo. Pero se conocen ya grandes propiedades, como la de L. Postumio Megilo, a comienzos del siglo III (Dion. Hal., XVII, 4, 3).

[47] T. Livio, XXI, 63, 2. Cfr. Pol., III, 21, 7.

ciales–. Y los senadores fueron violentamente hostiles a esta medida, que, por el contrario, tuvo como defensor a Flaminio, el cónsul demagogo.

La organización del Estado

La antigua constitución, que distinguía tres órganos principales en el Estado –magistrados anuales, asamblea popular (comicios centuriados) y senado (o «Consejo de los Padres»)–, había experimentado importantes modificaciones después de la Revolución del 509, a la cual se remontaba. En el curso del siglo V especialmente se había constituido, como ya hemos dicho[48], el *Concilium Plebis,* convertido desde el 471 en los «Comicios por tribus». Las decisiones de este consejo de la plebe habían acabado por tener fuerza de ley, aunque ignoremos a partir de qué fecha y en qué condiciones. Según la tradición, este resultado no se produjo hasta después de una última secesión de la plebe en el Janículo, en el 287, pero hay ejemplos de «plebiscitos» valederos para todos los ciudadanos desde una época anterior. Es posible que el 287 marque solo el término de una evolución comenzada mucho tiempo antes y que, hasta aquella fecha, los plebiscitos estuviesen sometidos a restricciones mal definidas, por lo menos a nuestros ojos, que en aquel momento desaparecieron.

Una generación después (hacia el 241) se reformaron los comicios centuriados a fin de equiparar un poco mejor el valor de los votos entre las clases. También aquí hay lagunas en nuestra información, pero parece, desde luego, que la división en tribus comenzó entonces a desempeñar un papel en la organización de los comicios, superponiéndose a las centurias. La vieja constitución censitaria evolucionaba y tenía en cuenta ahora no ya solo la fortuna, sino el origen territorial y el domicilio. Sin duda, el poder seguía perteneciendo a los más ricos, pero los otros no eran ya sistemáticamente apartados y privados en la práctica como antes de su derecho de voto. Parecía que Roma estuviese implicada en una evolución que tendía a democratizar su gobierno. Se ha señalado que durante el siglo III el número de las familias nobles llamadas al consulado dis-

---

[48] *Supra,* p. 119.

minuyó constantemente en beneficio de personajes pertenecientes a familias menos ilustres. Así, entre el 284 y el 254, se cuentan nueve familias nobles que llegaron al consulado contra solo seis entre el 254 y el 234, y cinco entre el 223 y el 195[49]. Por otra parte, entre el 312 y el 216 el número de *gentes* patricias que contaba con un magistrado curul descendía de 29 a 14, entre un total de 148 senadores conocidos; de estos, 75 son plebeyos y han salido de 36 *gentes*[50]. Sin embargo, no debería deducirse de estas cifras, que son parciales y no reflejan más que los datos llegados a nuestro conocimiento, el ocaso de la aristocracia como tal. Más bien, lo que se produce es una limitación de esta a un número muy pequeño de familias, que superan notablemente en importancia a las otras *gentes* patricias. Así se asiste al ascenso de los *Cornelii* seguidos, desde bastante lejos, por los *Fabii,* los *Valerii* y los *Aemilii.* Estas familias se apoyaban en *gentes* plebeyas cuya elevación ellas favorecían, aunque el senado y, en líneas generales, el control de los asuntos públicos están en manos «de una veintena de familias o incluso menos, que mandaban los ejércitos, gobernaban las provincias y, mediante la dirección de la política senatorial, modelaban el destino de Roma y del mundo»[51].

Más aún que la organización política, las costumbres eran las de una aristocracia. El sistema jurídico descansaba, en buena parte, sobre la institución del patronazgo. El *patrono* debía a sus clientes ayuda y protección y les representaba jurídicamente. El antiquísimo sistema surgido de la dominación de las *gentes* en la ciudad primitiva[52] subsistía e informaba las costumbres, impidiendo a Roma convertirse en una verdadera democracia. Al lado del poder político propiamente dicho existe toda una serie de valores «oficiosos», una jerarquía, en parte moral, en la que no siempre se avanza mediante triunfos electorales. Nociones como la de *dignitas* o *auctoritas* son difíciles de definir, porque responden a un estado social muy diferente del que conocen los inmensos Estados modernos. Implican siempre, en cierto grado, relaciones personales, un respeto, un prestigio atribuido a un hombre o reconocido a una familia en virtud

---

[49] Scullard, *Roman Politics,* Oxford, 1951, p. 11.
[50] *Ibid.,* p. 9, n. 5.
[51] *Ibid.,* p. 12.
[52] Cfr. *supra,* p. 105.

de una especie de herencia moral. El «cliente» o el que se concibe a sí mismo en esa posición subalterna, ante un hombre a quien admira y del cual será *suffragator,* no concede una admiración y una estimación gratuitas. Con esta admiración y esta estimación confía en adquirir unos derechos sobre aquel a quien las concede. Si tiene que mantener un proceso, recurre de un modo perfectamente natural a su «héroe», y este tiene el deber moral de poner a su disposición toda la autoridad, todos los medios *(opes)* de que dispone. Si el patrono intenta desentenderse, peca contra la *fides,* el cuasi contrato que le liga a su «cliente».

Tito Livio, al hablar de las luchas entre patricios y plebeyos en los primeros siglos de la República, señala frecuentemente que los plebeyos, cuando han conquistado una ventaja sobre los patricios, se consideran satisfechos y ni siquiera intentan hacer uso del beneficio así conseguido. Y los historiadores se asombran ante ello acusando a Tito Livio de haber escrito una historia idílica y asegurando, en nombre de la verosimilitud, que la realidad tuvo que haber sido más dura. Pero lo que es verosímil en una sociedad moderna puede no haberlo sido en la sociedad romana, en la que unas tradiciones de respeto y el mantenimiento de relaciones personales pudieron contribuir a la evolución de las costumbres políticas. Si la plebe, en su conjunto, tiende a conquistar al menos una parte del poder, esto no significa que las formas morales y la estructura afectiva de la vida política hayan evolucionado con el mismo ritmo. La composición de la aristocracia y su justificación en el espíritu de cada uno han podido modificarse, pero el principio de que el rango social descansa sobre una esencial e insoslayable desigualdad y predestina a funciones diferentes dentro del Estado permanece invariable. Así puede imaginarse que las luchas se entablaron no tanto por cambiar la jerarquía como para obligar a quienes tenían el deber moral de velar por la mayoría a ejercer efectivamente esta tutela.

Este principio puede contribuir a explicar varias paradojas de la «constitución» romana, a esclarecer, por ejemplo, el papel correspondiente al senado y a las asambleas populares. En la mayor parte de los casos, al primero incumbe la decisión en problemas de relaciones exteriores e incluso la de votar la guerra. Pero ocurre que el Pueblo se arroga aquellas atribuciones: por ejemplo, en el 264, cuando se trata de prestar ayuda a los habitantes de Mesina. El senado dudaba, y fue la asamblea popular la que tomó la decisión. Nadie pensó que aquella era una actitud revolucionaria. Parece que el derecho de decisión pertenecía, desde luego, al Senado, pero el Pueblo tenía la facultad de oponer una especie de derecho superior –su propia *maiestas*–, si consideraba que su intervención era más conveniente a sus intereses. Pueblo y Senado constituyen dos instancias diferentes. En tiempo normal, el segundo dirige los asuntos con toda independencia sin tener, en principio, necesidad de la sanción popular. Pero si el pueblo, advertido por sus jefes –que son senadores también–, se opone a una decisión de los Padres, estos tienen que ceder.

Esta *maiestas* del Pueblo ha sido bien definida por Polibio, que en célebre cuadro de la constitución romana afirma que todos los derechos pertenecen a la mayoría[53]. Si se tomasen sus frases al pie de la letra, de ellas resultaría que Roma era una democracia. Pero nosotros sabemos que no lo era en absoluto: la *maiestas* popular no era más que un poder teórico, un control, que se ejercía solo excepcionalmente y cuya administración correspondía a unos «aristócratas» (los que en cada momento fuesen los favoritos del pueblo). Las masas populares nunca intentaron adueñarse del poder en su propio beneficio; lo único que quisieron a veces fue obligar a quienes lo ejercían a no olvidarse de ellas en sus combinaciones. Es cierto que el pueblo se ha convertido en un poder, utilizado por las diferentes facciones en que se divide el senado, para alcanzar sus fines. A él recurren los senadores que momentáneamente se encuentran en minoría y su intervención es decisiva entonces; pero frente a un senado unido el pueblo no suele tener función alguna: se inclina ante una *auctoritas*, a la que no puede oponer ninguna resistencia, supuesta la unanimidad de los Padres.

Estas precisiones explican por qué es difícil dar un cuadro, a la vez verdadero e inteligible, de la «constitución» romana (sobre todo, porque, hablando con propiedad, no existe tal constitución, sino solo un conjunto de tradiciones, de reglas jurídicas, de precedentes: sistema que dejaba un margen bastante amplio a las innovaciones individuales). El espíritu práctico de los romanos rechazaba las construcciones *a priori* y concedía un extraordinario valor a la ex-

---

[53] Pol., VI, 14, 16: «El Pueblo es el origen de todo honor y de todo cargo; solo él puede adoptar o rechazar las leyes; él delibera sobre la paz y la guerra... Los tribunos tienen el derecho de oponerse a toda decisión de los senadores...».

periencia. Las reglas rara vez eran intransigentes. Admitían varias soluciones, igualmente «legales», correspondiendo el poder de decisión, en la mayoría de los casos, al magistrado responsable. Formalismo y empirismo se encontraban, pues, asociados en una extraña síntesis difícilmente reducible a fórmulas. El magistrado romano, aunque esté obligado a respetar ciertos principios, debe ser siempre libre ante el hecho, no pudiendo sus facultades sufrir restricciones más que en ciertos casos extremos: por ejemplo, si se dispone a violar uno de los principios tenidos por sagrados, como la libertad o la vida de un ciudadano en tiempo de paz. En este momento podrá interponerse el *veto* de un tribuno o se tendrá derecho a recurrir a la *maiestas* del pueblo. Frecuentemente el propio magistrado ha formulado con anticipación las normas que seguiría durante el ejercicio de su cargo: para ello, en los primeros días de su mandato ha publicado un *edicto* que es su carta. Este edicto tiene la finalidad de dar a conocer, en cierto modo, el contrato establecido por el magistrado con los ciudadanos, y es significativo que en la historia del derecho romano el *edicto* haya acabado predominando sobre las leyes propiamente dichas.

El Estado romano y lo sagrado

En el curso del siglo IV Roma ha organizado definitivamente la religión oficial, cuyos guardianes son los pontífices, que forman un colegio elegido por el pueblo y que comprende a personajes unánimemente respetados. Según la tradición, estos pontífices se remontan hasta Numa. Estamos bastante mal informados acerca de su papel en la época arcaica y sobre el sentido mismo del nombre que llevaban[54]. Se adivina que estuvieron, desde siempre, encargados de conservar y de interpretar las «leyes», en el sentido más amplio, dentro del Estado. Son los guardianes del orden divino y humano. Conocen el secreto de los ritos y formulan complejas normas que los humanos deben seguir para atraerse la buena voluntad de los dioses y no incurrir en su furor. Esto les asigna la tarea de regular el calendario, pues ellos son los únicos que saben cuál es la «cualidad»

---

[54] Cfr., por último, H. Fugier, *Recherches sur l'expresion du sacré dans la langue latine*, París, 1963, pp. 168 y ss.

religiosa de cada día, de cada fracción de día, las fechas en que puede reunirse la asamblea del pueblo, conceder la palabra a los jueces o, por el contrario, aquellas en que hay que abstenerse. Son ellos también quienes conocen las fórmulas necesarias para «legalizar» y hacer conformes con el orden del Mundo las actividades del Pueblo Romano: declaraciones de guerra, conclusión de tratados, etc. Es el *Pontifex Maximus* quien, en la batalla del Vesubio, dicta a Decio Mure las palabras mediante las cuales el cónsul se «consagra a los dioses» para asegurar al ejército la victoria[55].

Es natural que los Pontífices adquiriesen gran importancia en la vida política y que los senadores hayan juzgado útil, cuando les era posible, hacerse elegir para aquella función. Pero el colegio, primitivamente de cinco miembros y elevado a nueve en el año 300 por medio de la *Lex Ogulnia,* no se abría fácilmente a hombres nuevos. Es cierto que en el siglo III admitía a patricios y plebeyos, pero algunas *gentes* importantes estaban casi constantemente representadas en él mientras otras eran llamadas solo ocasionalmente.

Lo mismo ocurría con el colegio de los augures, cuyo origen se atribuía a Rómulo, probablemente porque el «augurado» es inseparable de la noción de *imperium,* mientras que el pontificado está unido a la de ley y de código, idea que no aparece hasta Numa. Sin embargo, el colegio de los augures fue también reorganizado por Numa, que elevó sus miembros de 3 a 5. La *Lex Ogulnia,* al mismo tiempo que aumentaba el número de pontífices, creó un número igual de augures, que fueron nueve, a partir del año 300. Se nos dice que cuatro eran patricios y cinco pertenecían a familias plebeyas. Los augures no eran celebrantes del ritual, sino intérpretes de los signos enviados por los dioses. Es posible que en un pasado muy lejano tuviesen un papel más activo[56]. En el tiempo que nos ocupa son esencialmente testigos. Una fórmula de Cicerón define excelentemente su función con relación a la de los pontífices: «Los pontífices presiden los actos sagrados; los augures, los auspicios»[57]. Los augures tenían también el poder de entorpecer, incluso bloquear efectivamente el funcionamiento de las instituciones políticas. Les

---

[55] T. Livio, VIII, 10.
[56] G. Dumézil, «Remarques sur "augur, augustus"», *R. E. L.,* XXXV (1957), pp. 143 y ss.
[57] Cicerón, *De Nat. Deor.,* I, 44, 122: *sacris pontifices, auspiciis augures praesunt.*

bastaba con declarar ante una elección, por ejemplo, que los dioses estaban irritados, para que no pudiera celebrarse el escrutinio. Más todavía: una elección ya realizada podía ser reconsiderada si los augures decidían que adolecía de algún vicio por una u otra razón. Se comprende que el «augurado» podía convertirse en una poderosísima arma en manos de una minoría de senadores decididos a alcanzar sus propósitos. Sin embargo, solo en los últimos años de la República llegarán a ser escandalosos los abusos. Durante mucho tiempo una relativa buena fe parece haber presidido el ejercicio de aquella institución extraña y peligrosa, quizá porque en aquella época todavía no se había transformado la fe en el poder divino y la religión oficial aún despertaba ecos en las conciencias.

Conviene establecer una distinción muy terminante entre esta religión oficial –o, más bien, las prácticas sagradas ligadas a la vida política– y el sentimiento de lo divino (o de lo sagrado) tal como cada romano lo podía experimentar. Los romanos gustaban de vanagloriarse de ser «el más religioso de todos los pueblos», lo que equivalía a reconocer la intervención divina en la vida pública y privada, y se esforzaban por todos los medios en regular sus actos de acuerdo con la ley o con la voluntad de los dioses. Pero precisamente a causa de esta constante atención a lo sobrenatural no podían contentarse con una religión organizada de una vez para siempre. Su inquietud ante lo sagrado les impedía considerarse alguna vez satisfechos con las instituciones existentes, invitándoles, por el contrario, a juzgarlas como aproximaciones que estaban lejos de agotar la superabundancia de lo divino. Por esta razón los romanos estaban siempre dispuestos a aceptar nuevos ritos y divinidades extranjeras. Esta «tolerancia» había comenzado muy pronto. En el siglo III a.C. hacía mucho tiempo que los dioses griegos habían recibido derecho de ciudadanía en Roma[58].

Pero esta romanización de los cultos importados no se hacía al azar. Quizá en la época real y, en todo caso, desde los primeros tiempos de la República se había creado un colegio de sacerdotes encargados de controlar las novedades religiosas. Estos sacerdotes, al principio en número de dos, habían sido elegidos por Tarquinio el Soberbio para conservar los libros que le había vendido una anciana (quizá la Sibila de Cumas), que contenían toda clase de secretos

[58] *Supra*, p. 115.

y especialmente remedios infalibles en tiempos de calamidad pública[59]. Después el colegio fue ampliado a diez miembros en el 369 a.c., y contó con cinco patricios y cinco plebeyos[60]. Cualquiera que haya podido ser su función efectiva antes de esta fecha, a partir de este momento los «Decenviros encargados de las ceremonias sagradas», como se les llamaba *(Decemviri sacris faciundis),* recibieron la misión de naturalizar los cultos extranjeros y especialmente los que entonces afluían procedentes de todas las regiones de Italia. Esta misión era doble: introducir los ritos nuevos que se revelasen necesarios y al mismo tiempo controlar y reglamentar las prácticas que se habían introducido en Roma sin la autorización de los magistrados. Estos dos aspectos complementarios eran tan importantes el uno como el otro, y sería un error creer que el segundo predominaba sobre el primero. El Senado no deseaba menos que el resto del pueblo rendir a los dioses los honores que ellos reclamaban y, por ello, introducir innovaciones en la medida necesaria. Pero sabían también que unas innovaciones desordenadas podían constituir otras tantas impiedades, y el peligro no era menor.

La historia de la religión romana en el siglo III solo nos es conocida de modo muy imperfecto, y lo que de ella puede decirse descansa más sobre hipótesis que sobre hechos. Parece, desde luego, que Roma fue sensible en el siglo IV a las seducciones del misticismo tarentino: durante las Guerras Samnitas se había levantado una estatua a Pitágoras en el *Comitium*[61]. Es probable también que aquel mismo misticismo ejerciese su influencia sobre el viejo culto de Hércules en el *Forum Boarium,* en el santuario del *Ara Maxima*[62]. Celebrado primitivamente por particulares, se había convertido en el culto del Estado en el 312 por voluntad del censor de aquel año, Apio Claudio, que, muy experto en el pensamiento tarentino y pitagórico, había querido colocar sus posibilidades al servicio de la ciudad[63].

---

[59] Dion. HAL., IV, 62.
[60] T. Livio, VI, 37, 12.
[61] Plinio, *N. H.,* XXXIV, 26; Cic. *De Amic.,* 42; Plut., *Numa,* 8. Es cierto que Pitágoras compartió este honor con Alcibíades por razones bastante oscuras. Cfr. J. Carcopino, *Basil. Pyth.,* p. 279 y n. 7; J. Gage, *Apoilon romain,* p. 225 y n. 1.
[62] Sobre este culto, el estudio esencial es el de J. Bayet, *Les origines de l'Hercule romain,* París, 1926, al que se añadirán las observaciones presentadas por J. Carcopino, «Les origines pythagoriciennes de l'Hercule romain», en *Aspects mystiques de la Rome païenne,* París, 1942, pp. 173-206.
[63] J. Carcopino, *op. cit.,* pp. 205-206.

Acaso pueda añadirse a estos hechos la transformación del culto de *Bona Dea,* que celebraban las matronas con ausencia de toda persona del sexo masculino. Es posible que los «misterios» de la diosa se constituyesen entonces, bajo la influencia de la Magna Grecia, y que tomasen un carácter orgiástico.

Estos cultos, como el de Asclepio, introducido, como hemos dicho, a comienzos del siglo[64], tenían de común el carácter de acercar al fiel a su dios, de facilitar un medio de obtener la gracia de este en beneficio de una persona determinada y no de toda la comunidad. Se comprende que el espíritu romano desconfiase oficialmente de semejantes prácticas contrarias al postulado esencial de la ciudad, que subordinaba los destinos individuales al del Pueblo Romano.

Al lado de estos cultos altamente personales, surgen, quizá por reacción, divinidades cuyos nombres muestran que no son más que abstracciones sin personalidad. En este aspecto, la Roma del siglo III confluye con una tendencia frecuentemente afirmada en el pensamiento religioso helénico, pero no es de Grecia de donde toma las abstracciones que diviniza. Es cierto que tales abstracciones son numerosas, tanto en la *Teogonía* hesiódica como en Píndaro o en los coros de las tragedias, pero no desempeñaban casi papel alguno en los cultos oficiales de las ciudades, excepto en algunos casos, como el de Eros de Tespia o la Némesis de Ramnunte. Cuando se rinde un culto a un principio abstracto, este es asociado gustosamente a una gran divinidad, de la que se supone que encarna un aspecto particular. Así es como la Niké ateniense aparecerá cómo una hipóstasis de Atenea: en esta confrontación entre lo divino «abstracto» (es decir, definido solo por su esfera de aplicación) y lo divino personalizado, es el segundo el que más frecuentemente triunfa en Grecia. En Roma, ocurre lo contrario. *Victoria, Honos, Fides,* etc., no tienen ninguna referencia explícita a alguna base personal; son potencias, aparentemente desprovistas de todo carácter teológico. Sin duda, puede creerse que L. Postumio, cuando fundó un templo de *Victoria* sobre el Palatino en el 294[65], se inspiró en modelos griegos, pero no se comprende bien cuál habría sido el prototipo helénico de Belona, cuyo santuario fue consagrado por Apio Claudio Ceco en el 296, o el de *Honos,* honrado con un templo por Q. Fabio Máximo, en el

---

[64] En el 293, *supra,* p. 139.
[65] T. Livio, X, 33, 9.

233. El caso de *Fides,* que recibió una capilla sobre el propio Capitolio en el 250, es quizá un poco más claro. Esta divinidad había sido reconocida ya por Numa oficialmente, y se cree que se remonta al estado más antiguo de la religión romana. Tal vez ni siquiera sea privativa de Roma, sino común a varios pueblos itálicos. Ahora bien, *Fides* es la potencia del juramento[66]. Relacionada con Júpiter (bajo el nombre de *Dius Fidius*), es independiente del dios. Este, a un cierto nivel de la religión romana, interviene para garantizar el juramento, pero más bien como agente ejecutivo de la *Fides* que como fundamento de esta, lo que permite suponer que, para los romanos, existía un universo de potencias que nosotros llamamos abstractas y que para ellos eran eminentemente concretas, aunque impersonales. Estas potencias se traducen, dentro de la realidad política, en acciones registrables: por ejemplo, Concordia, a quien Camilo había dedicado un templo en el 367, había realizado la unión de diferentes órdenes de la sociedad. *Fides* hacía que, en las relaciones públicas y privadas, los contratantes respetasen la palabra dada, Ella era el respeto mismo de aquella palabra. Cuando Roma intervino en la Magna Grecia, fue a su *Fides* a quien se dirigieron las ciudades.

Poco a poco, fue divinizado un gran número de aquellas potencias de importancia vital para la ciudad: *Spes, Pudicitia, Virtus,* así como *Salus.* Podría incluirse también en esta serie a la *Fortuna,* divinidad protectora de Servio Tulio, cuyo culto conoce un significativo auge durante la Primera Guerra Púnica. El pensamiento religioso romano iba, en cierto modo, al encuentro de la religión helenística, en la que *Tyche* (la Fortuna) tiene una gran importancia. Pero también se apunta una curiosa convergencia en el seno de la religión política: así como el Estado helenístico está dominado y protegido por las *cualidades* del Rey (su Virtud, su Prosperidad, su Previsión, su Piedad y por eso es Filopátor, Filométor, Evérgetes, Sóter, etc.), así son los valores morales los que garantizan la estructura divina del Estado romano. Llegará un día en que los magistrados, y luego los emperadores romanos, acertarán a unir en su persona los elementos de esta teología del poder. Roma se acercaba también a la religión helenística por el desarrollo de los cultos místicos o, por, lo menos, «personales», de los que ya hemos dicho qué aspectos relativamente

---

[66] Véase la demostración de P. Boyance, «Fides et le serment», en *Hommages à Albert Grenier,* Bruselas, 1962, pp. 329-341.

nuevos revestían en el momento en que la conquista de Italia ponía a los romanos en contacto directo con el helenismo.

Los comienzos de la literatura latina

Se ha pretendido, durante mucho tiempo, que los romanos habían seguido siendo bárbaros hasta el momento en que se les abrió la cultura griega, representada, al principio, por las ciudades de la Magna Grecia y de Sicilia. Este juicio sumario no podría ser aceptado ya hoy. Hemos dicho que la Roma del siglo VI conocía ya el helenismo, al menos a través de los etruscos, y, en el curso del siglo IV, los contactos con los itálicos helenizados, especialmente los de la Campania, habían ampliado aquel movimiento, hasta el punto de que el patrimonio cultural de los griegos podía parecer a los romanos como su propio patrimonio: los dioses romanos están ya helenizados, las leyendas heroicas son familiares a los artistas italianos y, sin duda, también a los narradores etruscos[67]. Sin embargo, a mediados del siglo III, Roma aún no tenía una literatura. No podría darse tal nombre a las fórmulas de la Ley de las XII Tablas o a los párrafos heteróclitos que, yuxtapuestos, constituían los Anales de los Pontífices. La literatura acaso tuviera su origen en torno a Apio Claudio Ceco, cuando, en los últimos años del siglo IV, el viejo hombre de Estado tomó la iniciativa de hacer redactar por su secretario, Cn. Flavio, la primera obra de Derecho[68]. Apio Claudio fue también, sin duda, el primero en presentir la importancia de la palabra escrita: compuso una colección de *Sententiae,* que eran máximas morales, en las que tal vez se reflejaba la influencia de la filosofía pitagórica, muy extendida en la Italia meridional. Apio Claudio reanudaba así la tradición de los poetas griegos gnómicos y, sin duda, lo hacía conscientemente. Al mismo tiempo, daba el primer ejemplo de versos «saturnios» –así se llamaría, más adelante, al ritmo cuyo secreto aún no está totalmente descifrado, y que parece descansar, entre otras cosas, sobre la utilización sistemática de la aliteración.

---

[67] Acerca de estos diferentes puntos, nos permitimos remitir al lector a nuestra obra, *Le Siècle des Scipions,* París, 1953, pp. 21 y ss.
[68] Cfr. *supra,* p. 138.

Antes del comienzo de la literatura romana, otros pueblos itálicos, especialmente los etruscos y tal vez los de la Campania, habían compuesto, probablemente, obras literarias, pero se han perdido. Los de la Campania, sobre todo, gustaban de imitar las comedias que veían representar en las ciudades griegas. Y fue también por el teatro por donde verdaderamente empezó la literatura romana. En el 364, durante una epidemia de peste, se decidió ofrecer a los dioses una nueva clase de juegos. Para ello se hizo venir de Etruria a unos danzantes, que ejecutaban graciosos movimientos al son de la flauta y, según Tito Livio, aquellas representaciones suscitaron en los jóvenes romanos la idea de imitarlas, pero dando más consistencia al espectáculo por medio de palabras y adaptando su mímica al sentido que deseaban expresar. Así nació lo que se llamó la *satura* dramática[69]. Pero las representaciones seguían siendo relativamente improvisadas. Para que diesen origen a un teatro digno de este nombre, fue necesaria otra innovación, debida, esta vez, a un griego de Tarento, Livio Andrónico.

La personalidad del primer poeta de la lengua latina nos es difícilmente determinable. Sin duda, se trata de un esclavo capturado con motivo del asedio y de la conquista de Tarento en el 272. Educado en Roma, fue libertado por su dueño, un tal Livio Salinátor, y abrió una escuela en la ciudad. En ella enseñaba las dos lenguas que le eran familiares, el griego y el latín, y se le ocurrió la idea de crear un teatro de lengua latina, «injertando» en la *satura* nacional escenas adaptadas de la tragedia y de la comedia griegas. Quizá el mérito de esta creación no corresponda a Livio Andrónico solo. En el 240, con el fin de celebrar dignamente ante los dioses la victoria sobre Cartago, el cónsul, que era un hijo de Apio Claudio Ceco, quiso que los juegos romanos de aquel año revistiesen un singular esplendor. Decidió que se imitasen los espectáculos escénicos que se daban en casi todas partes en el sur y, muy especialmente, en Siracusa. Livio Andrónico recibió el encargo de realizar aquel programa, y así fue como se representaron las primeras comedias y tragedias de lengua latina. Livio no quiso limitarse a traducir unas piezas griegas. Las adaptó a las condiciones de la *satura,* y esto explica algunos caracteres que durante mucho tiempo fueron privativos del

---

[69] T. Livio, VII, 2, 1. Sobre la realidad de esta *satura,* cfr. P. Boyance, «À propos de la Satura dramatique», *R. E. A.,* 1932, pp. 11-25.

teatro romano: por ejemplo, la extraña costumbre según la cual, en la escena, el texto era declamado por un cantor mientras un actor mudo se limitaba, detrás de él, a mimar la acción.

La obra de Livio no se redujo al teatro. Hizo una traducción latina de la *Odisea* en versos saturnios. Suele afirmarse que se trataba de un ejercicio escolar, destinado a facilitar un texto explicativo a sus discípulos, que todavía no contaban con poemas escritos en latín. Esta hipótesis es bastante débil. Livio tuvo, sin duda, más ambición cuando emprendió aquel trabajo. Desde hacía mucho tiempo, Ulises estaba considerado como un héroe itálico[70]. Es muy verosímil que Livio quisiese dotar a Roma de una verdadera epopeya nacional en el momento en que la República comenzaba a intervenir en los asuntos de Iliria y a desempeñar un papel importante en las orillas del Adriático. Roma, en esta segunda mitad del siglo III, se ha convertido en la señora de los mares en los que, precisamente, la tradición situaba las aventuras de Ulises. La *Odisea* latina marca como la consagración de aquel nuevo Imperio.

La aparición de una literatura nacional no es, en Roma, el resultado de una fantasía individual, sino la lógica consecuencia de un estado político y social. Es probable que la llegada a Roma, en el 240, del rey de Siracusa, Hierón II, provocase o, por lo menos, acelerase la formación de un teatro romano. Protectora de Siracusa, Roma se avergonzaba de su barbarie. Casi todas las piezas compuestas por Livio se referían al ciclo troyano, en el que Roma encontraba, desde hacía mucho tiempo, sus títulos de nobleza. Es una Roma «en marcha» hacia el helenismo la que su cultura nos muestra en el momento en que va a desencadenarse la guerra de Aníbal.

La Segunda Guerra Púnica

Los preparativos de los Bárcidas

Cartago, en el curso de los siglos precedentes, había poseído un gran Imperio en la España meridional y había sostenido, para mantenerse allí, costosas luchas tanto contra las poblaciones indígenas

---

[70] Cfr. Dion Hal., I, 72, 2 (cita de Helanico), y nuestro *Le Siècle des Scipions*, p. 17, n. 11 y 12; p. 28 y ss.

como contra los intentos de los marinos griegos procedentes de Marsella (Massalia). Después, probablemente durante la Primera Guerra Púnica, había perdido, en realidad, aquel Imperio. Ignoramos en qué condiciones se produjo este descenso del poderío cartaginés. Es posible que la guerra contra Roma al movilizar todas sus fuerzas le impidiese hacer frente a unas sublevaciones locales que habían acabado por reducir su dominación a algunas ciudades costeras: Gades, al oeste del estrecho de Gibraltar, y, al este, Malaca, Sexi y Abdera[71], en la costa que mira a África. Tras la pérdida de Cerdeña y el establecimiento de los romanos en Córcega, la España meridional era el único territorio que tenían que reconquistar.

La reconquista fue obra de Amílcar, el héroe de la resistencia púnica en Sicilia y el vencedor de los mercenarios. Amílcar era el más noble representante de los Bárcidas, la facción «imperialista», que sostenía una política de anexiones coloniales opuesta a la de los senadores tradicionalistas, deseosos, ante todo, de desarrollar el comercio de la república sin recurrir a la guerra. Los historiadores antiguos no están de acuerdo acerca de las condiciones en que Amílcar emprendió la reconquista de los países ibéricos. Unos aseguran que lo hizo por propia decisión, y otros, con Polibio, que fue encargado de esta misión por sus compatriotas y recibió fuerzas oficiales con tal fin[72]. Es probable que a aquellas fuerzas Amílcar añadiese, como era entonces costumbre en el mundo púnico, mercenarios y todo un contingente que le era personalmente adicto, seducido por su prestigio. Pero todos los historiadores están conformes en afirmar que deseaba tomarse su desquite contra Roma y que sentía contra ella un odio implacable. Cuando partió, llevó consigo a su hijo Aníbal, que no tenía más que nueve años, y le hizo jurar sobre los altares que continuaría su venganza[73]. Además, su yerno, Asdrúbal, mandaba la flota. Más parecía Amílcar un verdadero rey, com-

---

[71] Gades (Cádiz), Malaca (Málaga), Sexi (Almuñécar), Abdera (Adra) *[N. del T.]*.
[72] Pol., II, 1, 5. Pero cfr. Apiano, *Hannib.*, 2 y 3; *Iber.*, 4 y 5; Zonar., VIII, 17. El punto es importante en cuanto a las condiciones en que se inició la segunda guerra púnica. La situación jurídica era, evidentemente, distinta según se tratase de una convención, en cierto modo, privada, o de un tratado que comprometía a los dos pueblos. La divergencia entre las fuentes procede, sin duda, del origen del relato, pues Polibio se inspira, probablemente, en testimonios hostiles a Cartago. Pero todo esto sigue siendo muy hipotético.
[73] Cfr. Pol., III, 11.

prometido en una empresa dinástica, que un magistrado investido por su gobierno de un poder temporal y de una misión determinada.

Amílcar empezó por conquistar el interior o, al menos, por llevar a cabo incursiones más allá de las ciudades que habían seguido siendo púnicas. Parece que estas operaciones le permitieron ocupar el territorio de los bástulos y de los mastienos, es decir, aproximadamente, la banda paralela a la costa de Andalucía situada entre el Betis (Guadalquivir) y el Mediterráneo. En la punta nordeste de aquel territorio, fundó la ciudad de «Punta Blanca» (Akra Leuke), probablemente Alicante[74]. En estas actividades invirtió ocho años, desde el 238 (o 237) al 229. Durante una rebelión de los orisos, en el alto valle del Betis, Amílcar tuvo que retirarse apresuradamente y pereció ahogado al atravesar un río desbordado.

El sucesor de Amílcar fue su yerno, Asdrúbal, que se esforzó por consolidar las ventajas conquistadas, recurriendo especialmente a la diplomacia[75]. Fundó la ciudad de *Carthago Nova* (Cartagena), y organizó la explotación de las minas de plata, muy abundantes en el interior, donde se encontraban también yacimientos de oro. Así, poco a poco, Cartago recuperaba unos recursos que compensaban con creces las pérdidas que había sufrido a consecuencia de la Primera Guerra Púnica. Y cuando Roma había hecho a Amílcar algunas advertencias, reprochándole la práctica de una política de conquista contraria al espíritu del tratado, él había podido responderle que no pretendía más que procurarse el dinero necesario para pagar las pesadas indemnizaciones de guerra impuestas a su patria por los mismos romanos. Respuesta hipócrita, con la que el Senado, de momento, tuvo que contentarse. Pero se sabe que, apenas cinco años después del paso de Amílcar a España, Cartago, enardecida por sus triunfos, había podido alzar la voz frente a Roma, amenazando con reanudar las hostilidades si se la obligaba a ello[76].

Roma tenía que mostrarse conciliadora en España porque, según veremos, se hallaba ocupada en otros dos frentes y debía prepararse a entablar una guerra contra los galos. Sin embargo, empujado sin duda por Marsella, que le informaba de la situación diplomática

---

[74] Estrab., III, 2 ,14; Diod. Sic., XXV, 9-10. Cfr. St. Gsell, *Histoire ancienne de l'Afrique du Nord,* III, p. 134.
[75] Pol., II, 36, 2.
[76] *Supra,* p. 348.

en la Galia y también en España, donde los masaliotas tenían factorías, el Senado, en el 226, decidió resolver el problema que planteaba el nuevo Imperio púnico y, como la situación general no le permitía amenazar, se mostró conciliador. Fue lo que se llama el «tratado del Ebro», concertado entre Roma y Asdrúbal[77]. Este tratado, al parecer, no comprometía a la propia Cartago, sino que constituía un acuerdo entre Asdrúbal y los romanos. El primero se comprometía a no franquear el curso del Ebro, y los segundos, en compensación, le reconocían el derecho a actuar libremente al sur del río. Los acontecimientos ulteriores, el ataque de Sagunto por Aníbal y la reacción romana en aquel momento, hacen difícil de creer que el río mencionado en aquel acuerdo fuese el que los romanos designaron después con el nombre de Ebro, que está situado mucho más al norte. Así debe admitirse la hipótesis, recientemente formulada por J. Carcopino, que identifica el Ebro del tratado del 226 con el Júcar, cuyo curso inferior separa el territorio de Sagunto y la región del Cabo de la Nao[78]. Una mirada al ¡napa permite comprender por qué se adoptó esta frontera: la línea de las Baleares cierra lo que los antiguos llamaban el «Mar de las Baleares» *(Mere Batea-ricura),* cuyo punto más meridional, en la costa española, es el Cabo de la Nao. Al sur, está el *Mar Ibérico,* pasillo que va estrechándose entre España (entonces, el País Ibero) y África. Para los navegantes rivales era una frontera natural. Al sur, el país está vuelto hacia África. Al norte, mira hacia la zona donde Marsella tenía, precisamente, sus factorías y todos sus intereses.

Las dificultades de Roma

En las costas orientales del Adriático las fundaciones helénicas se limitaban a algunas ciudades diseminadas, por lo menos al norte de Dirraquio (Durazzo). Allí, en el interior del país, había varios reinos cuyos habitantes gustaban de dedicarse a la piratería, tripulando sus rápidos *lemboi.* Cada vez que en Grecia surgía un poder fuerte, emprendía la limpieza de los mares, y las aventuras de los

---

[77] Pol., II, 13; T. Livio, XXI, 2, 7, etcétera.
[78] J. Carcopino, *Les Etapes de l'Imperialisme romain,* París, s. d. (1961), pp. 19-67. Cfr. *R. E. A.,* IV (1953), pp. 258-293.

ilirios se detenían momentáneamente o se suspendían por completo. Pero, en el curso del siglo III a.c., cuando el imperio marítimo de Antígono Gonatas se encontró duramente comprometido por la pérdida de Corinto[79], los ilirios se aprovecharon de ello para extender sus actividades y, además, por la misma época, se fundó un reino ilirio relativamente unido, que tenía como centro la región de Scutari y se extendía desde las islas dálmatas hasta los confines de Dirraquio. La debilidad de los Estados griegos, al salir de sus luchas interminables, y la de la propia Macedonia, bajo el reinado de Demetrio II, habían permitido, sin duda, la formación de aquel reino de Iliria, que tenía por rey a un tal Agrón, y, en el 231, este pudo prestar una eficaz ayuda militar al rey de Macedonia, incapaz de socorrer a sus aliados, los acarnanos, atacados por los etolios.

Agrón murió inmediatamente después de su victoria y le sucedió su mujer, la reina Teuta, como regente de su hijo, un niño menor de edad. Y la piratería reinó más que nunca en todo el Adriático. En tal situación, los romanos, que acababan de establecer su dominio sobre los mares que bordeaban a Italia, aparecen como los protectores unánimemente designados por los comerciantes, víctimas de los bandajes ilirios. Parece que, durante algún tiempo al menos, el Senado no prestó atención a las quejas, pero en el 203 se produjo un hecho que le obligó a actuar. Teuta había encargado a un jefe ilirio, llamado Escerdiledo (tal vez hermano de Agrón), que capitanease una expedición en regla contra los países griegos, y este, de paso, había ocupado la ciudad de Fénice, en el Épiro, en la que los ilirios habían hecho una matanza de mercaderes italianos que se encontraban allí para sus negocios[80]. Aquellos mercaderes eran «aliados» de Roma. Tenían, pues, derecho a la protección de sus armas. Por otra parte, la reina, desde el regreso de sus tropas victoriosas, había comenzado el asedio de la ciudad griega de Isa, una de las escalas del comercio griego en el Adriático septentrional, y las gentes de Isa, angustiadas, se dirigieron a Roma como a la potencia filohelena por excelencia, capaz de restablecer la paz y el orden que los ilirios perturbaban. El

---

[79] *Supra*, p. 169.
[80] Pol., II, 8, 1 y ss. El propio Polibio cuenta cómo los ilirios habían ocupado Fénice por traición, gracias a la complicidad de unos mercenarios galos. Recientemente, este relato de los acontecimientos, que se basa en la exposición de Polibio, ha sido negado, siguiendo a AP., *Illyr.*, 6. La verdadera causa de la intervención en Iliria habría sido el asedio de Isa, ciudad aliada de Roma. Cfr. G. Walser, en *Historia*, II (1953), pp. 308-318.

Mapa 5. El Mediterráneo en la Segunda Guerra Púnica.

senado, ante aquellas múltiples peticiones, envió una embajada a la reina. Esta recibió muy mal a los enviados romanos, respondió que sus súbditos eran libres de ejercer la piratería como mejor les pareciese y que a ella le importaban poco los romanos. Y como el más joven de los dos embajadores romanos le hubiera respondido con viveza, Teuta le hizo asesinar en el camino de regreso, y con él, a Cleémporo de Isa. El senado declaró la guerra a los ilirios y encomendó a los dos cónsules del año (229) la máxima actividad en ella.

Teuta, sin preocuparse de la amenaza, prosiguió la ejecución de sus planes. Atacó Corcira y Dirraquio. Rechazada por los habitantes de la segunda, logró apoderarse de Corcira, donde estableció una guarnición al mando de un aventurero griego, Demetrio de Faro. En este momento hicieron su aparición las tropas romanas. Uno de los cónsules, Cn. Fulvio, obtuvo fácilmente la rendición de Demetrio, que sabía que su posición se había debilitado ante la reina. Toda la isla pasó a la alianza de Roma. Demetrio condujo entonces la flota romana hasta Apolonia, donde se le unió el ejército del segundo cónsul, L. Postumio Albino. Los habitantes de la ciudad acogieron a los romanos con los brazos abiertos. Bajo la amenaza del ejército romano los ilirios tuvieron que levantar el sitio de Dirraquio, y las tribus del interior se rindieron a discreción a los romanos. Teuta cesó en sus ataques contra Isa. Finalmente, en la primavera del 228, la reina se sometió. Se comprometía a no enviar más de dos navíos armados a la vez al sur de Liso (Alessio, en la desembocadura del Drin). La libertad de comunicaciones entre Italia y Grecia estaba asegurada. Y lo que era más importante todavía –aunque no figurase ciertamente en los propósitos de guerra de los romanos–, el Pueblo Romano sustituía, en las riberas occidentales de la península balcánica, el poderío declinante de los reyes de Macedonia, a quienes la partición del mundo entre los sucesores de Alejandro había reservado, sin embargo, aquella misión. En fin, Roma poseía por primera vez territorios exteriores a Italia y a Sicilia: una banda costera, en algunos sitios con una profundidad de 30 kilómetros, desde las islas dálmatas hasta la frontera del Épiro

Roma penetraba en los Balcanes como enemiga de Macedonia, puesto que había aplastado a los ilirios que habían entrado en escena algunos años antes como aliados de Demetrio II, Es bastante natural que entre las embajadas enviadas por los romanos a sus nuevos vecinos ninguna fuese destinada a Pela, donde reinaba Antígono

Dosón. Por el contrario, Postumio, tras la firma del tratado, en el 228, envió una delegación a la Liga aquea y otra a los etolios, pues los unos y los otros habían sido enemigos de Teuta[81]. Y los griegos –añade Polibio– experimentaron una sensación de alivio ante la idea de que la pesadilla iliria había terminado. Aparentemente, ningún Estado griego se inquietó al ver que sobre la costa occidental del Adriático se instalaban bases romanas. Continuando su política de cortesía respecto a las ciudades griegas, los romanos enviaron una embajada a Atenas y otra a Corinto, y en reconocimiento por este gesto, los corintios admitieron a los romanos a concurrir en los Juegos Ístmicos, lo que equivalía a admitirles en la «comunidad» helénica[82]. Roma, así, se encontraba de pronto con que pasaba a ocupar en el mundo griego una posición diplomática determinada: al lado de las ciudades «libres» y como adversaria del rey de Macedonia. Es posible (pero se trata evidentemente solo de una hipótesis) pensar que sus lazos de amistad con los Lágidas, desde la embajada del 273, les predisponían a tomar aquella posición. Puede admitirse también que Roma instintivamente se sentía próxima a las ligas y a las ciudades y hostil a los reyes. Pero esto no llegaba hasta sugerir a los romanos la intervención directa en los complejos asuntos del mundo oriental: la tradición nacional impedía a los senadores recurrir a las fuerzas o al prestigio de la República cuando los intereses de esta no se hallaban directamente en juego.

Sin embargo, los asuntos de Iliria no estaban todavía definitivamente arreglados. Demetrio de Faro, a quien Roma había establecido en su isla natal (Faro) para vigilar el reino de Teuta, consiguió, tras la muerte de esta, la regencia del reino, y su poder se acrecentó considerablemente. Antígono Dosón, consciente de la hostilidad romana, intrigó cerca de él y logró que le ayudase en su lucha para romper las fuerzas de las ciudades griegas coligadas. Una vez muerto Antígono y proclamado rey Filipo V, Demetrio se atrevió a atacar directamente a los aliados de Roma y, violando el tratado del 228, reanudó las operaciones de piratería en el Adriático. Los romanos, temiendo perder el dominio del mar en sus costas orientales, intervinieron brutalmente en el año 219 –tanto más brutalmente cuanto que la situación de España había empeorado y que la guerra contra

---

[81] Pol., II, 12, 4.
[82] Pol., II, 12, 8.

Cartago parecía inevitable–. Dos ejércitos consulares atacaron a Demetrio. Les bastaron unos días para vencerle, y Demetrio huyó a la corte de Pela, donde se convirtió en el consejero predilecto del joven rey. Roma, a pesar de su victoria, no podía menos de comprender que se había: atraído la hostilidad de Macedonia y que, por aquel lado, subsistía un grave peligro que, llegado el caso, podía materializarse.

El resentimiento de los galos, ya muy sensible en los años inmediatamente siguientes al fin de la Primera Guerra Púnica –puesto que una coalición de los boios y de los ligures, en el 238, había iniciado las hostilidades contra Roma, y solo las fricciones surgidas entre los galos cisalpinos y los aliados venidos de la Cisalpina habían evitado una guerra importante– y la ley de Flaminio, votada en el 232[83], no habían hecho más que envenenar las cosas. En el 231, boios e ínsubros (establecidos en la región de Milán) concertaron una alianza ofensiva contra Roma e hicieron venir del valle del Ródano a una tribu guerrera, a la que Polibio designa con el nombre de *gaesati,* término que no es étnico[84]. Pero las operaciones no comenzaron realmente hasta el 226. Roma esperaba con ansiedad el comienzo de aquella guerra. Cuando se anunció que los galos «gaesati» franqueaban los Alpes, se consultaron los Libros Sibilinos, que ordenaron proceder a un sacrificio abominable: dos parejas –un galo y una gala, un griego y una griega– fueron enterradas vivas en el *Forum Olitorium*[85] –sin que veamos claro el sentido de este rito[86]–. Pero el senado no se consideraba satisfecho con aquellos preparativos mágicos. Había movilizado todas las fuerzas disponibles en el conjunto de la Confederación, y Polibio nos ha transmitido la relación verdaderamente apasionante de ellas, que ascendían a 800.000 hombres. Italia entera estaba en armas.

---

[83] *Supra,* p. 348.
[84] *Supra,* p. 129. El propio Polibio, II, 22, 1, dice que el término significa «que combate por un salario».
[85] Plut., *Marcelo,* 3-4.
[86] Este sacrificio, como se sabe, fue renovado después de Canas (*infra,* p. 384); en el 216, ante la amenaza macedónica que ya se anunciaba, el sacrificio de un griego y de una griega se comprendía mejor que en el 226 (cfr. *Le Siècle des Scipions,* p. 71). De todos modos, acaso no haya que dar demasiada importancia a la nacionalidad de las víctimas en relación con la coyuntura política. Si, como puede pensarse, este rito es de origen etrusco, convendría explicarlo en función de un estado muy distinto y mucho más arcaico de las relaciones internacionales. Cfr. J. Gage, *Apollon romain,* pp. 246 y ss.

Los primeros encuentros fueron favorables a los galos, que derrotaron a un ejército romano ante Clusio. Pero mientras subían hacia el norte para poner a buen recaudo su botín, fueron atacados por los dos cónsules, L. Emilio y C. Atilio Régulo, y, tras una dura batalla, totalmente aplastados, en el Cabo Telamón, en la costa de Tirreno, a medio camino entre Roma y Pisa. Era el fin de la ofensiva gala. Los romanos aprovecharon sus inmensos preparativos para reducir a los pueblos galos establecidos en la Cisalpina. Esta campaña o, más bien, la serie de campañas necesarias para esta empresa, fue difícil, Roma no tuvo en ella más que éxitos. En el 223, C. Flaminio atacó a los ínsubros y alcanzó, cerca de Bérgamo, una victoria decisiva, a pesar de que los presagios eran desfavorables. La guerra fue terminada por M. Claudio Marcelo, que libró la última batalla, la de Clastidio, donde aceptó el desafío que le lanzó el rey ínsubro, Virdomar, y le venció en singular combate. Los despojos del rey bárbaro fueron consagrados en el Capitolio a Júpiter Feretriano, al lado de los que allí había colgado, muchos siglos antes, el propio Rómulo. Poco tiempo después era ocupada Mediolano (Milán), capital de los ínsubros.

La Segunda Guerra Púnica

Esta era la situación de Roma en el momento en que iba a estallar la Segunda Guerra Púnica. Dueña de Italia, donde sus victorias contra los galos, los enemigos más temidos, acababan de reforzar aún más su prestigio, disponiendo de los recursos agrícolas de Sicilia, contando con poderosas flotas, capaz de asegurar desde el Tirreno al Adriático la limpieza de los mares, gozando en el mundo helénico de una consideración favorable, desde Marsella hasta Rodas, en la propia Grecia y en el Egipto lágida, Roma nunca había sido tan fuerte. Era la mayor potencia de Occidente, superando con gran diferencia en unidad y en riqueza a la República de Cartago. Pero frente a ella un hombre había jurado destruirla. Aníbal, que había sucedido a su cuñado Asdrúbal, muerto asesinado en el 221, tenía el propósito de permanecer fiel a su juramento y, como gustan de repetir los historiadores antiguos, inmolar Roma a los manes de su padre.
Las conquistas de los Bárcidas en España habían más que restaurado las finanzas púnicas gracias al producto de las minas y a los

beneficios del comercio con las poblaciones indígenas. Al mismo tiempo habían abierto a Cartago unos territorios coloniales donde podían reclutarse excelentes soldados. En la misma África, la influencia de los cartagineses se había reforzado como consecuencia indirecta de aquel Imperio que se prolongaba al norte del Estrecho y hacía de aquel mar un lago púnico. También Cartago se había mostrado agradecida al hijo de aquel que le había devuelto la opulencia. Se ratificó la decisión de los soldados que, sobre el terreno, habían tomado por jefe a Aníbal espontáneamente. Y el joven (tenía entonces 25 años) supo que podía contar en su patria con un partido sólido. Así, pronto encontró el medio de provocar a Roma y de obligarla, so pena de deshonor, a entablar la guerra que él deseaba. Aníbal atacó a la ciudad de Sagunto.

Sagunto era una ciudad ibérica, pero en ella se encontraban también inmigrantes procedentes en cierto modo de todas partes: griegos y probablemente también italianos. Los habitantes, desde el «tratado del Ebro», sabían que la suya era una ciudad-frontera y sus sentimientos se repartían entre los dos partidos, el de los púnicos y el del otro campo, en el que se encontraban, una al lado de la otra, Marsella y Roma. Los adversarios de Cartago habían eliminado a los amigos de los cartagineses[87]. Los romanos se encontraban, pues, moralmente obligados a socorrer a Sagunto. En el senado, un partido se inclinaba hacia la guerra inmediata. Pero se impuso el espíritu de prudencia y, mientras Aníbal continuaba el asedio de la ciudad, de Roma partió una embajada que comenzó por dirigirse a España, donde el cartaginés se negó a recibirla, y desde allí marchó a Cartago. Pero ante el senado de esta ciudad los embajadores romanos encontraron muy poco eco. La mayoría pertenecía a los Bárcidas. Solo Hanón, el *jefe* de la facción rival, propuso aceptar las demandas de Roma: volver a las estipulaciones del tratado del Ebro y entregar Aníbal a los romanos. Naturalmente Hannón provocó la indignación general y los cartagineses respondieron con una negativa. La guerra estaba prácticamente declarada. Cuando los embajadores volvieron a Roma, aproximadamente en el momento en que allí se recibía la noticia de la toma y destrucción de Sagunto, se asignaron a los dos cónsules dos «provincias», que bastaban para indicar muy claramente que en realidad lo que recibían era la orden de

---

[87] Pol., III, 15, 7; 30, 1.

iniciar las hostilidades contra Cartago: a Cornelio Escipión correspondió España, y a Sempronio Longo, Sicilia y África[88].

Naturalmente, desde la Antigüedad los historiadores se han interrogado acerca de las responsabilidades que correspondieron a Roma, a Cartago y al propio Aníbal en el desencadenamiento de aquella guerra, haciéndolas recaer sobre unos u otros según las opiniones y las tendencias de cada historiador. Es cierto que Cartago, o al menos una parte de su opinión pública, era profundamente hostil a Roma y añoraba su antiguo dominio del mar, que esta le había arrebatado. La misma opinión estaba orgullosa de Aníbal y veía con buenos ojos que no se perdiese el Imperio de España. Roma se mostraba torpe al reclamar que se le entregase un héroe nacional, al que su misma juventud hacía popular. Si hubiera querido la guerra, Roma no habría actuado de otro modo. Por otra parte, los romanos, obligados por sus compromisos con Sagunto, no podían retroceder: el respeto de la *Fides* era la pieza maestra de su diplomacia. Es inevitable, pues, llegar a la conclusión de que Roma y Cartago estaban obligadas, una y otra, a romper la paz, y esto a causa de Aníbal. La responsabilidad inmediata de la guerra recae, sin duda, sobre este, independientemente de que se considere que Sagunto estaba «más acá» o «más allá» del Ebro[89]. En cualquier caso, Sagunto, ciudad «amiga» de los romanos, no podía ser atacada por los cartagineses sin que esto constituyese una provocación a la potencia protectora. Y sabemos que Aníbal deseaba la guerra. Todo lo que puede decirse es que esta quizá fuese «inevitable» y que Roma y sus aliados marselleses tenían el firme propósito de no compartir eternamente con Aníbal los beneficios que pudieran obtenerse de los mercados españoles. Se ha hecho notar que el desarrollo del comercio internacional en Italia exigía recursos cada vez mayores en numerario, que Roma disponía de pocos metales preciosos y que las minas de España eran indispensables a su expansión económica. Esto es indudablemente cierto. Pero cabe preguntarse si estas verdades eran claramente percibidas por los senadores. Puede asegurarse que algunos de ellos pensaban en dedicarse al comercio lejano[90], pero otros, en cambio, experimentaban una profunda y tenaz desconfian-

---

[88] T. Livio, XXI, 4-17.
[89] Sobre este problema, cfr. *supra,* pp. 367 y 368.
[90] Lo que prueba su oposición al plebiscito claudiano, *supra,* p. 353.

za respecto a las riquezas mobiliarias y, especialmente, respecto al oro. Y así como en Cartago había un partido de la paz alrededor de Hanón, algunos romanos veían sin el menor entusiasmo la reanudación de las angustias, de los peligros y de los duelos que habían ensombrecido los años interminables de la Primera Guerra Púnica[91].

Durante los dos años que llevaba ya al mando en España, Aníbal había preparado su plan de campaña cuidadosamente. Sus numerosas ofensivas contra los pueblos españoles del interior le habían asegurado la posibilidad de llevar a cabo reclutas de hombres. El propio Aníbal se había aliado, mediante un matrimonio, con un rey local y, poco a poco, iba dejando de parecer un extranjero a sus súbditos hispanos. Por otra parte, había «trabajado» a los celtas establecidos entre su dominio español y la Italia romana. Jalonada así su ruta, se puso en marcha en la primavera del 218, dejando en España a su hermano Asdrúbal.

Desde el principio los beligerantes contaban con una guerra «total», que sería la continuación, amplificada, de la Primera Guerra Púnica. Por ambas partes se preveían operaciones navales y terrestres combinadas. Roma, en el mar, era más fuerte que Cartago, y esta tenía que defender, no solo las costas de España, sino también las de África. Así, Aníbal decidió centrar su principal esfuerzo en la invasión terrestre de Italia y por esta razón emprendió la operación más audaz que jamás se hubiera concebido hasta entonces. A la cabeza de un heterogéneo ejército, en el que figuraban africanos, iberos y hombres procedentes de otras tribus hispanas, mercenarios griegos, celtas, etc., con un total de 90.000 infantes y 9.000 jinetes, además de 38 elefantes, se propuso bordear la costa, subiendo hacia el norte. Su objetivo era Italia.

Aún no había alcanzado los Pirineos cuando se presentaron las primeras dificultades. Una gran parte de las tropas hispanas manifestó el deseo de abandonarle. Aníbal, muy hábilmente, dejó partir a cuantos quisieran hacerlo y franqueó los Pirineos con unas fuerzas relativamente reducidas (50.000 infantes y 9.000 jinetes). Las poblaciones indígenas, ganadas a su causa mediante obsequios y sin preocuparse de ofrecerle resistencia, facilitaron su paso. Aníbal pudo así ganar a los romanos en velocidad, y había cruzado ya el Ródano cuando el cónsul P. Cornelio Escipión desembarcó en la

---

[91] T. Livio, XXI, 16.

región del Delta y comenzó a remontar el Ródano por la orilla izquierda. Al saber que Aníbal había cruzado el río, Escipión se vio obligado a regresar a Italia por mar y, tras haber desembarcado en Pisa, se dirigió, a través de los Apeninos, a la Cisalpina, donde no todo iba muy bien para Roma. Ínsubros y boios se habían sublevado y mantenían a raya a los romanos, encerrados en Módena. Con su llegada, P. Escipión restableció la situación, pero estaba claro que los galos cisalpinos solo esperaban la llegada de los cartagineses para expulsar a los romanos.

Mientras tanto, Aníbal llegaba a la confluencia del Ródano y el Isère. Después, avanzó hacia el este, tomando, para burlar los cálculos del adversario, una ruta «improbable». Había llegado el otoño y empezaba a caer la nieve. Las poblaciones acechaban el menor desfallecimiento de aquel ejército, convencidas de que transportaba consigo inagotables riquezas. Los antiguos no estaban de acuerdo sobre el itinerario exacto seguido por Aníbal, y nosotros solo sabemos que encontró considerables dificultades, pero, después de nueve días de esfuerzo, llegó a la cima. Desde allí se abría el camino de Italia, y sus hombres recuperaron ánimos. Su número había disminuido mucho. Los infantes ya no eran más que unos 20.000, y los jinetes, solo 6.000. Y la verdadera campaña no había hecho más que comenzar.

P. Escipión salió al encuentro del invasor. Franqueó el Tesino y entabló batalla, que resultó desfavorable a los romanos, destrozados por la caballería númida. Escipión fue herido y, renunciando a librar un combate de infantería, se retiró hasta Placencia. Aníbal le siguió, y, a su paso, los galos se le unieron. Escipión se replegó una vez más, poniendo entre él y Aníbal el río Trebia. Tenía la intención de esperar hasta la llegada de su colega, Sempronio Longo, que acudía apresuradamente desde Sicilia. No era el momento de pensar en una expedición contra el África, sino el de defender el suelo italiano. La reunión de los dos ejércitos se llevó a cabo, al fin, como deseaba Escipión, pero, mientras este se sentía inclinado a contemporizar, su colega decidió librar por si solo una batalla decisiva. Una hábil maniobra de Aníbal le valió la victoria. Solo 10.000 legionarios escaparon al desastre, y, mandados por Escipión, se replegaron sobre Placencia y luego sobre Cremona. Fue un milagro que Sempronio lograse llegar a Roma, casi solo, justamente a tiempo para celebrar los comicios consulares. Era a finales de diciembre, y los romanos tenían miedo.

Aníbal pasó los meses de invierno en la Cisalpina, reclutando soldados, reduciendo las resistencias aisladas, pero experimentando, a su vez, la inconstancia de las poblaciones galas. Llegada la primavera, quiso forzar los pasos de los Apeninos. Era la ruta más fácil hacia Roma. Las gargantas de las montañas se encontraban en el territorio de poblaciones galas o ligures, cuya fidelidad a Roma era más que dudosa. Se ignora el itinerario exacto que le llevó al valle del Arno. Solo sabemos que se presentó, sucesivamente, en Fiésole y en Arezzo. Tuvo que caminar a través de pantanos, que pusieron a dura prueba a sus hombres y animales de carga, así como a los elefantes. El propio Aníbal perdió un ojo.

Los romanos habían reconstituido dos ejércitos. Uno de los cónsules, Cn. Servilio, ocupaba la región de Arímino para cerrar el acceso de la Vía Flaminia (nuevamente establecida), la mejor ruta hacia Roma. El otro estaba en Arrecio: era C. Flaminio. Por otra parte, Sempronio Longo, el cónsul del año anterior, a quien se le había prorrogado el mando, había atravesado los Apeninos tras él con las tropas de Plasencia y de Cremona. C. Flaminio parecía no tener más que esperar, ante Arrecio, la llegada de los otros dos ejércitos, que estaban ya en marcha, habiéndose desplazado Servilio hacia el oeste desde que tuvo noticia de la llegada de Aníbal a la Toscana. Pero Flaminio no tuvo paciencia. Lanzándose alocadamente en persecución del cartaginés, fue sorprendido, en marcha, sobre las orillas del lago Trasimeno, y su ejército resultó aniquilado. El propio Flaminio fue muerto por un jinete ínsubro (21 de junio del 217). De los prisioneros, Aníbal solo retuvo a los ciudadanos romanos. Devolvió la libertad a los *socii,* sin rescate, lo que era un gesto político que, sin embargo, no había de valerle muchas ventajas.

En Etruria, Aníbal se dio cuenta muy pronto de que la población no estaba animada de los mismos sentimientos que la de la Galia Cisalpina. Trató de tomar, Espoleto, pero, según Tito Livio, rechazado «con grandes pérdidas e imaginando, por la energía que le había opuesto victoriosamente una sola colonia, la enorme cantidad de dificultades que encontraría en Roma»[92], se trasladó al Piceno. Al menos, de momento, la toma de Roma no era su objetivo de guerra. Hombres y caballos estaban enfermos, y debía sus victorias, desde

---

[92] T. Livio, XXII, 9, 2.

luego, a su genio militar, pero también a las increíbles torpezas de los generales romanos y, tal vez, en el fondo, al sistema político de Roma, que tantos descontentos había suscitado ya durante la Primera Guerra Púnica y que tenía como resultado el confiar los ejércitos a unos hombres que se renovaban sin cesar y que iban adquiriendo experiencia al precio de costosos fracasos. Pero Roma ya se recobraba, y decidió sustituir a los cónsules por un solo jefe, un dictador. Como el vencido de Trasimeno, C. Flaminio, era el elegido de la plebe, su fracaso devolvió la influencia al partido de los aristócratas, y el dictador que se eligió fue el noble Q. Fabio Máximo, un general experimentado y cuya prudencia era bien conocida. Ante la derrota, Roma volvía, instintivamente, a sus más viejas tradiciones y a los hombres que las representaban.

Al llegar a la costa del Adriático, Aníbal, que había estado durante tanto tiempo privado de tener con sus bases más que comunicaciones inseguras, envió a Cartago un mensaje de victoria y sus conciudadanos se dispusieron a darle toda la ayuda posible[93]. Entonces, se dedicó a recorrer los países vecinos del Adriático, intentando atraerse a los habitantes a su partido y tratando con la mayor crueldad a los que se resistían. Finalmente, estableció su «puesto de mando» en el territorio de los pelignos, cerca de Sulmona, punto desde el que podía intervenir tan pronto hacia el este como hacia el oeste y conservar comunicaciones relativamente fáciles con el mar[94].

En Roma las precauciones religiosas corrían parejas con la designación del dictador. Se consultaron los Libros Sibilinos y en ellos se vio que era necesario dedicar a Júpiter unos grandes Juegos, un templo a Venus Ericina y a *Mens,* proceder a la formulación de ruegos y a un lectisternio y, al mismo tiempo, prometer a los dioses una «primavera sagrada» *(Ver sacrum)* en caso de victoria[95]. En resumen, se recurría simultáneamente a todos los ritos: ritos etruscos, con los Juegos, ritos «sabinos» con la «primavera sagrada» (consagración de todos los seres nacidos en aquella primavera), ritos griegos con el lectisternio (comida ofrecida a las estatuas de los dioses mayores, instalados sobre lechos de exhibición), ritos sicilianos con la intro-

---

[93] Pol., III, 87, 4-5.
[94] Cfr. A. Piganiol, «Hannibal chez les Péligniens», *R. E. A.,* 1920, pp. 22 y ss.
[95] T. Livio, XXII, 10, 7-11.

ducción en Roma de la Venus del monte Eris, considerada, sin duda, como la Madre de Eneas, pero mirada también con ciertas reservas a causa del licencioso carácter de su culto.

Fabio salió a campaña. Su plan consistía en aislar a Aníbal, en someterle al hambre, si era posible, y en impedirle recibir ayuda de las poblaciones italianas. El propio Fabio, con el ejército, ocupaba las crestas y seguía a Aníbal tan de cerca como podía, sin entablar combate nunca.

Aníbal se inquieta. Comprende que, ahora, el tiempo que pasa le aleja cada vez más de una decisión final y, para emprender, al menos, alguna operación importante, decide atacar la Campania. quizás allí encontraría aquel espíritu de rebelión contra Roma que él trataba de estimular, en cierto modo, por todas partes, aunque, hasta entonces, sin gran éxito. Así, a comienzos del año 216, Aníbal hizo la primera tentativa en dirección a Capua. Pero Fabio logró rodearle en los desfiladeros próximos a Cales, y Aníbal pudo escapar solo gracias a una estratagema.

Sin embargo, la dictadura de Fabio llegó a su fin y recibieron el mando los dos cónsules del 216, L. Emilio Paulo y C. Terencio Varrón. Si el primero prefería la táctica prudente de Fabio, el segundo era tan imprudente como lo fuera Flaminio. Y, dejándose llevar por Aníbal a las llanuras de la Apulia, libró el combate en campo abierto, cerca de Canas, en las orillas del río Aufido[96], el 2 de agosto del 216. Una vez más los romanos fueron destrozados. Emilio Paulo pereció, y Varrón huyó y se refugió en Venusia[97]. Las mejores legiones de Roma estaban aniquiladas. Y, como ineluctable consecuencia de la derrota, Capua se declaró por Aníbal.

Los retóricos antiguos gustaban de proponer a sus alumnos la composición de un discurso dirigido a Aníbal, después de Canas, exhortándole a marchar sin demora sobre Roma. El propio jefe de su caballería, Maharbal, le animaba a ello. Aníbal no quiso seguir aquel consejo y se asegura que después lo lamentó. Pero tal vez Roma no habría sido la presa fácil que muchos imaginaban. Defendida con sus murallas, que se extendían en una longitud de unos 7 kilómetros, difícilmente podía ser bloqueada de un modo eficaz. Tampoco estaba Roma desprovista de tropas, y Aníbal sabía muy

---

[96] Hoy, Ofanto [N. del T.].
[97] Hoy, Venosa [N. del T.].

bien, por experiencia, que las colonias eran capaces de reclutar legiones para socorrerla.

Aníbal pudo recoger, inmediatamente, los frutos de Canas. No solo Capua se declaró a su favor, sino que toda la parte de Italia tan difícilmente conquistada por los romanos desde hacía más de un siglo les abandonó: samnitas, brucios y lucanos[98]. Roma, ante aquel desastre y otro, que se produjo poco después, en la Cisalpina, donde los celtas destruyeron el ejército del cónsul L. Postumio Albino[99], reaccionó con su habitual energía. Se tomaron medidas religiosas semejantes a las del 226 (sacrificio en el *Forum Boarium* de un griego y una griega, de un galo y una gala) y se decidió enviar una embajada a Delfos (capitaneada por Fabio Pictor) para preguntar a Apolo Pitio qué convenía hacer con el fin de apaciguar a los dioses. Aquella misión de Fabio Pictor tal vez fuese algo más que un acto piadoso. La elección de este historiador, que conocía el griego lo suficientemente bien para escribir en esta lengua, no se debía, ciertamente, al azar. Roma, inquieta por las ciudades griegas del sur tarentino, quiso, probablemente, defender su posición diplomática en el mundo helénico y también quizá informarse de las intenciones de Macedonia –tal vez desde aquel momento se prepara con Etolia la alianza que se concertará, efectivamente, menos de cinco años después.

Para hacer frente a la situación militar, que era grave, se nombró un dictador, M. Junio Pera, se redimieron esclavos, a los que se armó, se reclutaron jóvenes hasta la edad de 17 años, se recuperaron las armas ofrecidas como exvotos en los templos. Después, se recurrió a la estrategia que tan buen resultado había dado el año anterior a Q. Fabio. Los ejércitos defendieron los accesos del Lacio, y la Campania, ya cartaginesa, fue cercada. Nápoles y varias ciudades griegas de la costa permanecían fieles a Roma. Nola constituía un centro de resistencia contra Aníbal, a las órdenes de Claudio Marcelo. Las tropas cartaginesas invernaron en Capua, y ya se sabe hasta qué punto aquel invierno, en medio del lujo y de los placeres, acabó según se dice, relajando su moral.

El año siguiente transcurrió entre diversas tentativas de Aníbal contra las ciudades de la Campania que habían permanecido fieles

---

[98] T. Livio, XXII, 61, 11-12. Tarento y Metaponto, dadas como perdidas para Roma en aquel momento por Tito Livio, no pasaron a Aníbal hasta mucho después. Cfr. *supra,* p. 381.
[99] Tito Livio, XXIII, 24, 6.

a Roma. Pero, en el invierno del 215, Q. Fabio Máximo, que había sido elegido cónsul, comenzaba a avanzar en dirección a Capua. Desde entonces, Capua sería el objetivo principal de las operaciones romanas en el sector italiano. Durante dos años, Aníbal se esforzó por conquistar la Campania. Pero, ante la decisión de los romanos, se cansó y cambió de estrategia. Concibió un plan grandioso, inspirado, quizá, en el recuerdo de Pirro. Lo esencial era la constitución de un gran Estado unificado en la Italia del Sur, viejo sueño de los jefes llamados por Tarento a la Magna Grecia. Ahora, las circunstancias eran mucho más favorables que en la época de Pirro: Roma estaba –al menos, eso podía pensarse– debilitada para mucho tiempo, incapaz de atacar en el sur hasta que hubiera pasado un buen número de años y, sobre todo, Siracusa, tras la muerte de Hierón II, se había entregado a los cartagineses, de modo que, mientras Marcelo ponía sitio a la ciudad, Cartago, de acuerdo con los consejos de Aníbal, enviaba a la isla un ejército con el evidente propósito de restablecer en ella su antigua supremacía. Podía confiarse en la reconstitución de un Imperio cartaginés, que ahora comprendería toda Sicilia y, además, englobaría la Magna Grecia. Por último, Aníbal, comprendiendo que, al convertirse en soberano de los países griegos en Italia y en Sicilia, se encontraría en contacto directo con el propio mundo helénico, solicitó la alianza del rey de Macedonia, Filipo V, de cuya hostilidad de principio contra los romanos ya hemos hablado. El rey envió, en el 215, una embajada al encuentro de Aníbal, entonces en Capua, pero sus enviados fueron hechos prisioneros por los romanos en el camino de regreso. De todos modos, el cartaginés y Filipo V concertaron un tratado aquel mismo año, comprometiéndose el rey a atacar a Italia con una poderosa flota (200 navíos). Terminada la guerra, el país conquistado y el botín pertenecerían a Aníbal, pero este se comprometía a pasar a Grecia con todas sus fuerzas y a combatir en favor de Macedonia[100]. Aníbal se dejaba, pues, llevar a una verdadera estrategia «mediterránea» y será su voluntad la que acabará obligando a Roma a combatir lejos de Italia.

Cualquiera que fuese el plan concebido por Aníbal en el 214, comenzó su ejecución ocupando las ciudades griegas del Sur, don-

---

[100] Tito Livio, XXIII, 33, 10.

de solo la aristocracia era favorable a los romanos, mientras él pueblo se inclinaba hacia los cartagineses[101]. Locros y después Crotona fueron así ocupadas por Aníbal. Una torpeza diplomática de los romanos –que ejecutaron, porque habían intentado huir, a los rehenes de Tarento y de Turios, que se encontraban en Roma– provocó la defección de toda la Magna Grecia, Tarento abrió sus puertas a Aníbal, no sin que el comandante romano, M. Luvio, lograse refugiarse en la ciudadela. Metaponto y Turios siguieron el ejemplo de Tarento. Mientras tanto, el cerco romano se estrechaba en torno a Capua, a pesar de varios intentos de Aníbal de inquietar a los ejércitos romanos que, de cerca o de lejos, participaban en la operación. En el 211, intentó, incluso, una diversión de gran envergadura, marchando sobre Roma y acampando a la vista de la ciudad. Los diferentes relatos de esta incursión no dejan de presentar algunas contradicciones entre sí. La leyenda se ha mezclado en ella, y se pretende, incluso, que los dioses enviaron una tempestad tan violenta, para impedir el avance de Aníbal, que a este le fue imposible librar batalla. En realidad, lo que parece es que, en esta ocasión –como después de Canas– Aníbal tampoco tuvo la intención de forzar un resultado decisivo contra la propia Roma. Si lo que pretendía –como parece probable– era obligar a los romanos a levantar el sitio de Capua, fracasó totalmente. Capua continuó tan estrechamente cercada[102] como antes. Algún tiempo después, Capua era tomada, la mayoría de sus habitantes muertos o deportados, la ciudad abandonada, las tierras confiscadas, y, poco después, las otras ciudades de la Campania que habían pactado con el enemigo sufrieron una suerte análoga. Y, en el mismo año, Marcelo toma, al fin, Siracusa, tras un asedio de tres años, durante el cual Arquímedes había inventado un gran número de máquinas y de estratagemas para obstaculizar al enemigo.

Por una curiosa inversión, en el momento en que la Fortuna sonreía a los romanos en Italia y en Sicilia, se producía en España una gran catástrofe militar, que tuvo como consecuencia la de prolongar aún más una guerra que tenía ya una duración de siete años. Desde el comienzo de las hostilidades, en España operaban dos ejércitos romanos al mando de P. Cornelio Escipión, que había to-

---

[101] Tito Livio, XXIV, 2, 7 y ss.
[102] Cfr. E. W. Davis, «Hannibal's Roman Campaign of 211 B. C.», en *The Phoenix*, XIII (1959), pp. 113-120.

mado como *legatus* a su hermano Gneo. Y, en conjunto, el éxito había favorecido a los romanos, especialmente en el mar, donde estos habían podido mantener su supremacía. Poco después de Canas, los dos Escipiones alcanzaron, incluso, una gran victoria terrestre sobre Asdrúbal, el hermano de Aníbal, y, al año siguiente, recuperaban Sagunto vengando así la injuria hecha a Roma en el 219. Por un momento, mientras Asdrúbal estaba ocupado en África, sofocando una rebelión del rey númida Sifax, que había tomado partido por Roma, los dos generales pudieron creer que Cartago les abandonaba España. Pero, al año siguiente, los cartagineses volvían y, decididos a acabar con los romanos en aquel teatro de operaciones, atacaron a los dos Escipiones, separadamente, y los dos perecieron, con un intervalo de un mes. De un solo golpe, los romanos fueron arrojados más allá del Ebro, y sin el valor de un joven jinete, L. Marcio, todas las tropas de la provincia habrían sido aniquiladas. Si el desastre, gracias a él, no fue total, la situación era, de todos modos, muy comprometida. Y una expedición capitaneada por Claudio Nerón no pudo restablecerla. Nerón fue llamado a Roma. Pero la misión parecía tan difícil que no se sabía a quién mandar a España. Ningún candidato se presentó a las elecciones de las que debía salir un sucesor de P. Escipión, pero, ante el silencio general, un joven de 24 años, P. Escipión, hijo del procónsul al que se deseaba sustituir, se levantó y presentó su propia candidatura. Fue elegido por unanimidad en un extraordinario impulso de entusiasmo y de fe[103]. Más adelante se quiso ver en aquella escena el presagio de las victorias que Escipión ofrecería a su patria.

Y en realidad era España la que iba a facilitar a Roma la posibilidad de decidir a su favor.

De momento, aprovechando sus éxitos en Italia, los romanos aceptaban llevar la guerra al terreno en que Aníbal se había colocado. En el curso de los años anteriores, desde el tratado establecido entre el Cartaginés y Filipo V, los romanos no baban podido hacer más que contener a este. Filipo había sido vencido en Iliria, al comienzo de las operaciones, en el 214. Después, al parecer, había obtenido algunos triunfos ocupando Liso y la Atintania, pero no había podido (o querido) enviar una flota en ayuda de los siracusanos y, desde luego, parece haberse preocupado sobre todo de pro-

---

[103] Tito Livio, XXVI, 18, 1 ss.

curarse unas aperturas sobre el Adriático de acuerdo con la política tradicional de los reyes de Macedonia. En el 211 los romanos le asestaron un golpe directo concertando una alianza con la Liga Etolia[104], lo que equivalía a reavivar contra Macedonia los odios de aquellos que desde hacía muchas generaciones luchaban contra su dominación en el Peloponeso y en toda Grecia. Muy pronto la posición de Filipo se hizo peligrosa. Los etolios habían elegido como estratego al rey de Pérgamo, Átalo, y esto implicaba una coalición que alcanzaría a Macedonia desde todas partes. Por un momento pareció que todo Oriente estaba a punto de incendiarse en una guerra general, pero Filipo supo resistir, aunque ayudado, desde luego, por la diplomacia de Egipto y de Rodas. Obligó a los etolios a firmar una paz por separado en el 206. Al año siguiente los romanos, con sus aliados –entre ellos, Átalo–, firmaban con Filipo la paz de Fénice, que concedía a este la Atintania, pero que ponía fin, al menos de momento, a las combinaciones diplomáticas de Aníbal.

Durante aquel tiempo el joven Escipión hacía brillantemente su aprendizaje de jefe en España. Comprendiendo que su misión fundamental debía ser la de impedir que de España saliese refuerzo alguno en ayuda de Aníbal, comenzó por atacar la base del enemigo, Cartagena, de la que se apoderó con tanta audacia y rapidez que la plaza cayó antes de que los ejércitos cartagineses hubieran podido acudir en su socorro. Después se dedicó a una labor de propaganda entre las tribus indígenas, en las que su nombre era respetado desde la época en que su padre había ganado muchos aliados para Roma gracias a su moderación. En la primavera del 209 llegó incluso a atacar de frente al ejército de Asdrúbal, al que encontró en Bécula (Bailén). La victoria correspondió a Escipión, pero Asdrúbal pudo escapar hacia el norte con casi todas sus fuerzas dirigiéndose a reforzar a Aníbal, que, en aquel momento, tras la pérdida de Tarento, se había atrincherado en los Abrucios y en el sur de la Apulia, esperando precisamente los medios necesarios para reanudar la ofensiva.

---

[104] Sobre este tratado del 212, cfr. G. Klaffenbach, «Der römisch-ätolische Bündnisvertrag vom Jahre 211 v. Chr.», en *S. D. A. W., Klasse für Sprache,* Berlín, 1954. Cfr. J. P. V. D. Balsdon, «Rome and Macedon», en *J. R. S.,* XLIV (1954), pp. 30 ss.; Walbank, *Philip V;* E. Badian, «Aetolica», en *Latomus,* XVII (1958), pp. 197-211 (que fecha el tratado en el 211).

Asdrúbal había sido obligado a tomar un camino largo para ir a Italia. Había tenido que apartarse hacia el oeste para escapar a una posible persecución de Escipión. Pero en la primavera del 207 llegaba a la Cisalpina. Un ejército consular mandado por M. Livio Salinátor se encontraba ante Arímino. El otro, con C. Claudio Nerón, vigilaba a Aníbal en la Apulia. Unos mensajes enviados por Asdrúbal a su hermano pidiéndole que se reuniese con él en la Umbría cayeron en manos de Claudio Nerón, que tomó la iniciativa de abandonar secretamente el sur, dejando solo ante el enemigo un telón de tropas, y reunirse con su colega. El encuentro con las tropas de Asdrúbal tuvo lugar a orillas del río Metauro. Asdrúbal, vencido, pereció en la acción y su cabeza, a la que se hizo rodar hasta el campamento de Aníbal, hizo saber a este que ya no tenía nada que esperar de España. En Roma se celebró la victoria, y el viejo Livio Andrónico compuso para la ocasión un himno en honor de Juno.

Escipión, al dejar escapar a Asdrúbal, había sufrido un fracaso estratégico, pero sus consecuencias fueron anuladas por la batalla del Metauro. No quedó más que el recuerdo de su victoria de Bécula, y los hispanos empezaron a unirse a él. Había sabido atraerlos por su valor, por su humanidad y también por la aureola de leyenda de que se había rodeado. Se contaban acerca de él cosas extrañas (que pasaba largas horas en el Capitolio conversando con Júpiter o que había recibido la ayuda de Neptuno cuando había atacado a Cartagena). Poco a poco aquel joven, que no era de los magistrados «regulares» de Roma pero que había sido investido de un mando extraordinario a la edad en que un romano todavía no tenía derecho a ser cónsul, cobraba la estatura de un Poliorcetes, incluso de un Alejandro –como si Aníbal, espoleado por el recuerdo del héroe macedonio, no pudiera ser enfrentado más que por un adversario digno de su común modelo–. Con Escipión, lo que se introducía en el espíritu de Roma era una idea de realeza, y Roma, en buena parte, dudó mucho tiempo antes de hacerla suya.

A comienzos del 206, Escipión venció a las tropas cartaginesas en una batalla ordenada, en Ilipa, que apartó de la alianza cartaginesa a un gran número de reyes indígenas. Mientras el púnico Asdrúbal, hijo de Giscón, se encerraba en Gades, Escipión cruzó el Mediterráneo y se dirigió a Sifax, rey númida, donde, según se dice, encontró al propio Asdrúbal, pero consiguió granjearse el favor del rey en perjuicio del cartaginés. De regreso a España, Escipión prosiguió su obra de sumisión del país. Cayó enfermo y tuvo que detener, por algún tiempo, su actividad, pero, apenas restablecido, sofocó un motín de las tropas romanas y, por último, aplastó una rebelión surgida en el norte de España. En el 205, Magón recibía de Cartago la orden de abandonar España con todas las tropas que pudiese y de reunirse con Aníbal. En cuanto hubo partido en dirección a las Baleares, Gades abrió sus puertas a los romanos. Para Escipión había llegado el momento de realizar su gran proyecto: llevar la guerra al África contra Cartago.

A pesar de las envidias que sus éxitos habían provocado en el Senado, Escipión fue elegido cónsul en los comicios del 205 por el pueblo, entusiasmado.

En el Senado, la facción de Q. Fabio, que representaba la política de contemporización, trató de oponerse a los proyectos del cónsul. El apoyo del pueblo, que dio a Escipión como colega al gran Pontífice, P. Licinio Craso –porque estaba prohibido al gran Pontífice abandonar el suelo de Italia–, acabó con aquella oposición. Pero Escipión, si bien tenía derecho a preparar un desembarco en África, no debía recibir para ello ayuda oficial alguna. Todo debía hacerse gracias a la ayuda de los particulares. Los senadores confiaban en que aquel sería un obstáculo insalvable. Pero no lo fue, en absoluto. Toda la Italia central ofreció su contribución. Escipión recibió hierro de Populonia, tela para velas de Tarquinia, cordajes de Volterra, armas de Arezzo, trigo de Clusio[105], y los voluntarios se unieron a él en gran número. Puede explicarse este entusiasmo por el prestigio de Escipión y también por el deseo de poner fin a la interminable guerra contra Aníbal, que arruinaba el comercio de las ciudades etruscas y constituía una amenaza permanente contra las ciudades y los campos –¿no estaba todavía Magón en Liguria amenazando a Italia con una nueva invasión?–. Si gracias a la iniciativa de un jefe hasta entonces siempre *afortunado* se vislumbraba el final de aquella pesadilla, ¿por qué no ayudarle con todas las fuerzas?

Pasando a Sicilia, donde la guerra y la reconquista por los romanos habían dejado una miseria espantosa, se atrajo las simpatías de los habitantes adoptando medidas útiles, restableciendo el orden, devolviendo a las gentes del campo la posibilidad de cultivar sus tierras. El Senado había querido privar de recursos a Escipión y

---

[105] Tito Livio, XXVIII, 45, 13 y ss.

solo había conseguido hacer de él un héroe de todo el pueblo, un auténtico *condottiero*, que podía sentir la tentación de reanudar la tradición de Pirro y de otros jefes de generaciones precedentes[106]. Su amigo Lelio realizaba ya las escaramuzas preliminares en África y entraba en contacto con el rey númida Masinisa, que estaba en conflicto con Sifax desde que este finalmente había optado por Cartago. Por último, llegó el momento de pasar al territorio enemigo. Todas las ciudades sicilianas tenían representantes para asistir a la partida de la flota, que llevaba las esperanzas de todos.

Desembarcando cerca de Utica, Escipión empezó por remontar el valle del río Bagradas, donde se reunió con Masinisa, que había fingido aliarse con los púnicos, pero que los traicionó por los romanos. Sifax, en compensación, se prestó a dar ayuda a los cartagineses, aunque esforzándose por desempeñar el papel de mediador entre los dos bandos. Escipión fingió acceder a ello y después, cuando todo estuvo cuidadosamente preparado, atacó de pronto el campamento de Sifax y el de los cartagineses, empezando por incendiar el uno y el otro. Así logró la destrucción de los dos ejércitos. Un contraataque de Sifax y de los cartagineses, en la primavera del 203, acabó en un desastre para ellos. El Senado de Cartago decidió entonces llamar a Aníbal y a Magón, que no había podido obtener en Liguria resultados importantes, y que, por el contrario, había sido derrotado y herido en el curso de una batalla a la que el procónsul M. Cornelio Cetego le había obligado[107]. Era tanto más necesario para Cartago el llamar a África a todas las fuerzas de que aún podía disponer, cuanto que Masinisa, persiguiendo a Sifax, a quien profesaba un odio mortal, le venció (23 de junio del 203) y le hizo prisionero[108]. Antes de intentar el último esfuerzo, los cartagineses pidieron la paz a Escipión. Las negociaciones se prolongaron y, finalmente, los cartagineses, sabiendo que Aníbal se acercaba, rompieron la tregua.

---

[106] El senado no se preocupaba mucho sobre el particular. Envió una comisión de investigación a Sicilia, tras la ocupación de Locrós por parte de un legado de Escipión, Pleminio, el cual se comportó bastante mal.

[107] Tito Livio, XXX, 18, 1 SS.

[108] Aquí se sitúa el novelesco episodio de Sofonisba. Era hija de Asdrúbal, y fue dada por esposa a Sifax, cuando aún era prometida de Masinisa. Cuando este la volvió a ver, tras la captura de Sifax, la tomó por esposa, presa de su amor. Escipión le indujo a deshacer tal matrimonio, cuyas consecuencias políticas temía. Masinisa le dio a Sofonisba una copa de veneno para evitarle la humillación de convertirse en esclava de los romanos.

Aníbal desembarcó en *Leptis Minor* a finales del verano del 203. Invirtió cerca de un año en reunir sus fuerzas, en asegurarse alianzas entre los indígenas y en maniobrar. En el mes de octubre de 202 tuvo lugar la batalla decisiva, en Zama[109]. Las tropas de Aníbal fueron aplastadas gracias sobre todo a la intervención de los jinetes de Masinisa. El propio Aníbal huyó para no detenerse hasta Hadrumeta (Susa). Aunque disponía todavía de algunas tropas, no podía tener siquiera la pretensión de impedir a Escipión que actuase según su voluntad. El romano comenzó entonces a cercar Cartago, pero el gobierno púnico no esperó ni a que el sitio empezase para pedir la paz. Las negociaciones tuvieron lugar en Túnez. Además de las cláusulas ordinarias (botín, prisioneros, desertores devueltos, pago de una indemnización de guerra fijada en 10.000 talentos de plata, pagaderos en cinco años, rehenes tomados entre las familias nobles), Cartago debía renunciar a tener más de diez navíos de guerra, no podría adiestrar elefantes, entregaría a Masinisa los territorios que el rey había poseído en otro tiempo y los que habían pertenecido a Sifax, y se comprometería a no hacer la guerra ni en África ni fuera de África sin la autorización de Roma. La ciudad conservaría su autonomía y el territorio que poseía en la propia África antes de la Primera Guerra Púnica. Naturalmente, quedaba privada de todas sus posesiones exteriores.

Enviaron embajadores a Roma para obtener la paz en las condiciones fijadas por Escipión. Y, a pesar de alguna oposición, la obtuvieron. Escipión fue designado para firmar el tratado y volver con el ejército a Roma –honor que deseaban alcanzar los cónsules del año–. Cuando atravesó las ciudades italianas, los habitantes, y también a lo largo de los caminos los campesinos, le hacían una acogida triunfal. Y sin que se supiera exactamente quién había sido el primero, todos empezaron a añadir a su nombre el *cognomen* de «Africano». Según Tito Livio, fue el primer general a quien se conoció por el nombre del país al que había vencido[110].

---

[109] Son dos las ciudades que llevan el nombre de Zama, ambas en Túnez. Se duda en cuál de las dos aconteció la batalla que puso fin a la Segunda Guerra Púnica. Cfr. L. Deroche, «Les fouilles de Ksar Toual Zammel et la question de Zama», en *Mél. Ec. Fr.* (1948), pp. 55-104.
[110] Tito Livio, XXX, 45, 1-7.

BIBLIOGRAFÍA

FUENTES

Historia helenística

Para el periodo inmediatamente posterior a Alejandro y para la época de los Diádocos en general no contamos, por haberse perdido, con las obras de los historiadores contemporáneos; es lamentable, sobre todo, la pérdida de las de Jerónimo de Cardia, un amigo de Éumenes, cuya historia abarcaba, al parecer, desde el comienzo de la conquista de Alejandro hasta la muerte de Pirro, así como la de las de Filarco. Pero esas obras perdidas fueron utilizadas por los historiadores posteriores, en particular por Polibio, del que se constituyen en fuente cuando este narra acontecimientos no contemporáneos (cfr. más abajo), y por Plutarco, cuyas *Vidas* (las de Éumenes, Foción, Demetrio, Pirro, Arato, Agis, Cleómenes) nos han conservado muchos detalles preciosos.
Los fragmentos de historiadores perdidos han sido reunidos y comentados por JACOBY, F., *Die Fragmente der griechischen Historiker,* Berlín-Leyde, 1923 y ss.
Para la historia del helenismo occidental la obra de Timeo de Tauromenio fue una fuente frecuentemente utilizada, así como la de Duris de Samos, un amigo de Teofrasto, que fue el historiógrafo de Agatocles. Cfr. los fragmentos reunidos en JACOBY, F., *op. cit.*
Muy posteriores a los acontecimientos, pero inspiradas en las fuentes de primera mano, son las *Historias* de Diodoro de Sicilia, de Arriano, de los *Epítomes* entresacados por Justino de la obra perdida de Pompeyo Trogo *(Historiae Philippicae),* las referencias existentes en Cornelio Nepote, en Quinto Curcio Rufo y Apiano, en sus diferentes libros (transmitidos más o menos íntegramente) de historia de Roma *(Syrica, Illyrica,* etc.), en Josefo en sus *Antiquitates Judaicae,* etcétera.

Historia de Roma

En este caso las fuentes de primera mano se han perdido aún en mayor cantidad que para la historia helenística. Los *Anuales* de los Pontífices fueron quemados cuando la toma de Roma por los Galos hacia el 387. De ese hecho se ha concluido, un poco a la ligera, que toda la tradición referente a los siglos anteriores no pasaba de ser una reconstrucción desprovista de valor. Los historiadores romanos, que comenzaron a escribir hacia finales del siglo III a.c., apoyaron su trabajo en tradiciones vivas entre las *gentes* romanas y, quizá también, sobre una literatura oral. Con todo, el problema sigue siendo bastante oscuro. En la práctica, la fuente más rica sigue siendo la obra de Tito Livio, aparecida en el tiempo de Augusto y perdida en parte (entre el 293 a.c. y el comienzo de la guerra de Aníbal y para la época posterior al 167). Tito Livio se apoya, para los primeros tiempos, en los *Anuales* y, para el periodo de las Guerras Púnicas y los acontecimientos del Oriente, en Polibio, un griego de Megalópolis que vino a Roma como rehén después de la catástrofe de Pidna y que aquí entró en intimidad con los Escipiones. Su obra, parcialmente conservada, es un testimonio directo de la vida política romana durante la mitad del siglo II.
Las fuentes secundarias antiguas vuelven a ser, también aquí, Diodoro de Sicilia, Apiano y Plutarco, a los que se añaden las *Antiquitates Romanae* de Dionisio de Halicarnaso.

El Judaísmo Palestino desde Alejandro a Pompeyo

CHARLES, R., etc. edd. *The Apocrypha and Pseudepigrapha of the Old Testament,* 2 vols., Oxford, 1913.
HIPOLITO, *Refutatio omnium haeresium,* ed. P. Wendland, Leipzig, 1916 (*Griechischen Christlichen Schriftsteller,* 26, Hippolytus, III).
JOSEFO, *Opera omnia,* rec. S. Naber, 6 vols., Leipzig, 1888-1896.
MAIER, J., *Die Texte vom Toten Meer,* 2 vols. Múnich-Basilea, 1960.
MEGILLAT TA'ANIT, ed. S. Zeitlin, *Jewish Quarterly Review* (1919-1920), 49 y ss.
The Mishnah, tr. H. Danby, Oxford, 1933.
El Antiguo Testamento.

FILÓN, *Opera quae supersunt,* recc. L. Cohn, etc., 7 vols., Berlín, 1896-1930.
PLINIO, *Naturalis historiae libri XXXVII,* rec. C. Mayhoff, 5 vols., Leipzig, 1892-1897.
RABIN, C., *The Zadokite Documents,* Oxford, 1954.
REINACH, T., *Textes d'auteurs grecs et romains relatifs au judaïsme,* París, 1895.
ESTRABÓN, *Geographica,* ed. C. Müller y F. Dübner, 2 vols., París, 1853-1877.

Fuentes Auxiliares

Las inscripciones, papiros y monedas nos ayudan a suplir las lagunas de las fuentes históricas literarias, que son grandes. Como instrumentos para acercarse a ese material, citaremos aquí solo las siguientes obras:
DITTENDERGER, W., *Sylloge Inscriptionum Graecarum,* 4 vols., Leipzig, 1915-1921.
DITTENDERGER, W., *Orientis Graeci Inscriptiones selectae,* 2 vols., Leipzig, 1903-1905.
MICHEL, Ch., *Recueil d'inscriptions grecques,* París, 1900, Supl., París (1912-1927).

En cuanto a Roma y para el periodo que nos ocupa, la epigrafía solo nos ofrece, todavía, noticias insignificantes.

Los papiros son preciosos, sobre todo, para conocer al detalle la vida cotidiana, económica y administrativa del Egipto lágida. Léase principalmente:
MITTEIS, H., y WILCKENC, U., *Grundzüge und Chrestomathie der Payruskunde,* 4 vols., Leipzig-Berlín, 1912.
PRÉAUX, Cl., *Les Grecs en Egypte d'aprés des archives de Zénon,* Bruselas, 1947.
ROSTOVTZEFF, M., *A large state in Egypt in the Third Century B. C.,* Madison, 1922.
SCHNEBEL, M., «Die Landwirschaft im hellenistischen Agypten», en *Münchener Beiträge zur Papyrusforschung und antiken Rechtsges-chichte* 7, Múnich, 1925.

La contribución de la numismática es mucho más difícil de definir: aporta, sobre todo, indicaciones de cronología y, secundaria-

mente, sobre las relaciones económicas. Será de utilidad la consulta de:
HEAD, V. B., *Historia Nummorum. A Manual to Greek Numismatic,* Oxford, 1911.
SELTMANN, CH. TH., *Greek Coins. A History of Metallic. Currency and Coinage down to the Fall of the Hellenistic Kingdom,* Londres, 1955².
MATTINGLY, H., *Roman Coins from the Earliest Times to the Fall of the Western Empire,* Londres, 1928.
SYDENHAM, E. A., *The Coinage of the Roman Republic,* Londres, 1952.

OBRAS GENERALES

Entre los innumerables estudios que tratan la historia política del periodo en cuestión, haremos aquí una selección muy reducida. Cada una de las obras citadas ofrece una bibliografía abundante, que, evidentemente, sería superfluo reproducir ahora.
CASSOLA, F., *I gruppi politici romani nel III secolo A. C.,* Nápoles, 1962.
BENGTSON, H., *Einführung in die alte Geschichte,* Múnich, 1962⁴.
BENGTSON, H., *Griechische Geschichte,* Múnich, 1965³.
BURY, J. B., COOK, S. A., ADCOCK, F. E. y CHARLESWORTH, M. P., *The Cambridge Ancient History,* 12 vols.: para la época que nos interesa, cfr. los vols. VI, VII y VIII.
GLOTZ, G., *Histoire* Générale: de ellos, a nosotros nos interesan directamente:
— GLOTZ, G., COHEN, R. y ROUSSEL, P., Histoire *Grecque,* vol. 1, París, 1945.
— PAIS, E. y BAYET, J., *Histoire romaine,* vol. I, París, 1940.
ROUSSEL, P. y CLOCHE, P., *La Grèce et l'Orient, des guerres médiques* à *la conquête romaine,* París, 1938.
JOUGUET, P., *L'imperialisme macédonien et l'hellénisation de l'Orient,* París, 1961.
COHEN, R., *La Grèce et l'hellenisation du monde antique,* París, 1948³.
FERGUSON, W. S., *Hellenistic Athens,* Londres, 1911.
EFFENTERRE, H. van, *La Grèce de Platon á Polybe,* París, 1948.

PARIBENI, R., *Storia di Roma,* vol. I: *Le origini e il periodo regio. La Reppublica fino alla conquista del primato in Italia,* Roma, 1954.
GIANNELLI, G., *Storia di Roma.* Vol. II: *Roma nell'etá delle guerre puniche,* Roma, 1938.
VOGT, J. y KORNEMANN, E., *Römische Geschichte,* Leipzig-Berlín, 1933³.
VOGT, J., *Die Römische Republic,* Friburgo de Brisgovia, 1959⁴.
KORNEMANN, E., *Römische Geschichte,* vol. I: *Die Zeit der Republik,* Stuttgart, 1964⁵.
KORNEMANN, E., *Weltgeschichte des Mittelmeerraumes von Philipp II. von Makedonien bis Muhammed,* 2 vols., Múnich, 1948-1949.
PIGANIOL, A., *Histoire de Rome,* París, 1962⁵ [ed. cast.: *Historia de Roma,* Buenos Aires, Eudeba, 1961].
PIGANIOL, A., *La conquête romaine,* París, 1949.
ALTHEIN, F., *Römische Geschichte,* vol. I: *Bis zur Schlacht bei Pydna,* Berlín, 1956².
DE SANCTIS, G., *Storia dei Romani,* vol. I: *La conquista del primato in Italia,* Florencia, 1956²; vol. IV, 2: *Vita e pensiero nell'etá clelle grande conquiste; dal diritto quiritario al diritto pretorio,* Florencia, 1959.
ABEL, F., *Histoire de la Palestine,* 2 vols. París. 1952.
ABEL, F., *Les livres des Maccabées,* París, 1949.
BICKERMAN, E., *From Ezra to the Last of the Maccabees,* Nueva York, 1962.
BICKERMAN, E., *Der Gott der Makkabüer,* Berlín, 1937.
EISSFELDT, O., *Einleitung in das Alte Testament,* Tubinga, 1956³.
FREUDENTHAL, J., *Hellenistische Studien,* 2 vols., Breslau, 1874-1875.
LIEBERMAN, S., *Hellenism in Jewish Palestine,* Nueva York, 1962² *(Texts and Studies of the Jewish Theological Seminary of America, XVIII).*
MILIK, J., *Dix ans de découvertes dans le désert de Juda,* París, 1957.
NOTH, M., *Geschichte Israels,* Gotinga, 1959.
SCHÜRER, E., *Geschichte des jüdischen Volkes im Zeitalter Jesu-Christi,* 3 vols., Leipzig, 1901-1909³⁻⁴.
DE VAUX, R., *Les Institutions de l'Ancien Testament,* 2 vols., París, 1960-1961².

Junto a la historia política, citaremos algunas obras que tratan cuestiones generales o particulares de la historia de la civilización (administración, instituciones, pensamiento, religión, etc.).

EHRENBERG, V., *Der Staat der Griechen,* vol. II: *Der hellenistiche Staat,* Leipzig, 1958.
BENGTSON, H., «Die Strategie in der hellenistischen Zeit I-III», en *Münchener Beitr. zur Papyrusforschung und antiken Rechtsgeschichte* 26, 32, 36, Múnich, 1937, 1944 y 1952 (nueva ed. de los vols. I y II en 1964).
BICKERMAN, E., *Les Institutions des Séleucides,* París, 1938.
BOUCHE-LECLERCQ, A., *Histoire des Lagides,* 4 vols., París, 1903 y ss.
BOUCHE-LECLERCQ, A., *Histoire des Séleucides,* París, 1913.
PRÉAUX, Cl., «Les villes hellénistiques. Leurs institutions administratives et judiciaires. La Ville», *Recueils Jean Bodin* VI, Bruselas, 1954, pp. 69-134.
POHLENZ, M., *Griechische Freiheit. Wesen und Werden eines Lebensideal,* Heidelberg, 1955.
ZANCAN, P., *Il monarcato ellenistico nei suoi elementi federativi,* Padua, 1934.
AYMARD, A., *L'Orient et la Grece* (Histoire des Civilisations), París, 1953 [ed. cast.: «Oriente y Grecia antigua», en *Historia general de las civilizaciones,* vol. I, Barcelona, Destino, 1958].
AYMARD, A., *Rome et son Empire* (Histoire des Civilisations), París, 1955 [ed. cast.: «Roma y su Imperio», en *Historia general de las civilizaciones,* vol. II].
HAMMOND, H., *City-State and World-State in Greek and Roman political theory until Augustus,* Múnich, 1955.
MAHAFFY, J. P., *Greek Life and Thought from the death of Alexander to the Roman Conquest,* Londres, 1896².
TARN, W. W., *Hellenistic Civilisation,* Londres, 1952³.
HADAS, M., *Hellenistic Culture. Fusion and Diffusion,* Nueva York, 1959.
JAEGER, W., *Paideia. Die Formung des griechischen Menschen,* Berlín, 1954³ [ed. cast.: *Paideia. Los ideales de la cultura griega.* México, Fondo de Cultura Económica, 1968].
MARROU, H. I., *Histoire de l'Education dans l'Antiquité,* París, 1950².
NILSSON, M. P., *Die hellenistische Schule,* Múnich. 1955.
NILSSON, M. P., *Geschichte der griechischen Religion,* vol. II: *Die hellenistische und romische Zeit,* Múnich, 1961².
ALTHEIM. F., *Alexander und Asien,* Tubinga, 1953.
GATTI, C., *Gli dei fra i mortali,* Milán, 1956.

REITZENSTEIN, R. y SCHAEDER, H., *Studien zurn antiken Sinkretismus aus Iran und Griechenland*, Berlin-Leipzig, 1928.
ROUSSEL, P., *Les cultes égyptiens à Délos, du IIe au I^{ier} s. av. J. C.*, París, 1916.
LAVEDAN, P., *Histoire de l'urbanisme. Vol. Is Antiquité. Moyen Age*, París, 1926.
LEHMANN-HARTLEBEN, R., «Städtebau», en Pauly-Wissowa, *Real-Encycl. der class. Altertumswissenschaft.*
GERKAN, A. v., *Grieschische Stadteanlagen*, Berlin-Leipzig, 1924.
MARTIN, R., *Recherches sur l'Agora grecque*, París, 1951.
MARTIN, R., *L'urbanisme dans la Grèce antique*, París, 1956.
ROSTOVTZEFF, M. I., *Die hellenistische Welt. Gesellschaft und Wirtschaft*, 3 vols. Stuttgart, 1955-1956.
LAUNEY, M., *Recherches sur les arméos hellénistiques*, 2 vols., París, 1949-1950.
SCHMID, W. y STAHLIN, O., *Geschichte der griechischen Literatur*, 4 vols., Múnich, 1920-1933.
LEGRAND, P. E., *La poésie alexandrine*, París, 1924.
WILLAMOWITZ-MOELLENDORF, U. v., *Hellenistische Dichtung in der Zeit von Kallimachos*, 2 vols. Leipzig, 1924.
SCHANZ, M. y HOSIUS, C., *Geschichte der römischen Literatur*, 5 vols., Múnich, 1915-1935.
GRENIER, A., *Les religions étrusque et romaine*, París, 1948.
WISSOWA, G., *Religion und Kultus der Römer*, Múnich, 1912^2.
PALLOTTINO, M., *Die Etrusker*, Fráncfort, 1965.
LATTE, K., *Römische Religionsgeschichte*, Múnich, 1960.
BAYET, J., *Histoire politique et psychologique de la religion romaine*, París, 1957.

BIBLIOGRAFÍA ESPECIAL SOBRE ALGUNOS PAÍSES

Egipto

BELL, H. J., *Egypt from Alexander the Great to the Arab Conquest*, Oxford, 1948.
BEVAN, E. R., *History of Egypt under the Ptolemaic Dynasty*, Londres, 1927.
MILNE, J. G., *A History of Egypt under Roman Rale*, Londres, 1924^3.

OTTO, E., *Egypten. Der Weg der Pharaonenreiches*, Stuttgart, 1958.
OTTO, W. y BENTSON, H., *Zur Geschichte der Niederganges des Ptolomäerreiches. Ein Beitrag zur Regierungszeit des 8. und 9. Ptolomäers*, Múnich, 1938.
VANDIER, J. y DRIOTON, E., *L'Egypte*, París, 1952³ (= *Les peuples de l'Orient meditérranéen. Vol. II)* [ed. cast.: *Historia de Egipto*, Buenos Aires, Eudeba, 1968].

Siria

Excavaciones de Dura-Europos:
CUMONT, F., *Fouilles de Doura-Europos* (1922-1923), París, 1926; *The excavations at Dura-Europos, Preliminary reports*, ed. por M. I. Rostovtzeff, A. R. Bellinger, C. B. Welles *et al.*, hasta ahora 9 vols., New Haven, 1929-1946, además de los apéndices, hasta ahora 8; particularmente importante es el vol. V, 1, que contiene los pergaminos y papiros de Dura (New Haven, 1959).
BENGTSON, H., *Die Strategie in der hellenistischen Zeit. Ein Beitrag zum antiken Staatsrecht*, Vol. II, 1944; nueva ed. 1964.
EISSFELDT, O., *Tempel und Kulte syrischer Stódte in hellenistischrömischer Zeit*, Leipzig, 1941 (= Der Alte Orient, vol. 40).
ROSTOVTZEFF, M., *The social and economic History of the Hellenistic world*, 3 vols. Oxford, 1959² [ed. cast.: *Historia social y económica del mundo helenístico*, Espasa-Calpe].

Mesopotamia

Para un panorama general de la historia de Mesopotamia nos remitimos a las obras clásicas, entre las cuales:
BOUCHÉ-LECLERCQ, A., *Histoire des Séleucides*, 2 vols., París, 1913.
BICKERMAN, E., *Les institutions des Séleucides*, París, 1938 y a los capítulos sobre tales temas de los volúmenes VII, VIII y IX de la ya citada *Cambridge Ancient History*.
Los documentos están analizados en:
ROSTOVTZEFF, M., *The social and economic. Hist.*, 3 vols., Oxford, 1959.
La bibliografía más importante sobre la escritura cuneiforme se encuentra en:

Rutten, M., «Contrats de l'époque séleucide conservés au Musée du Louvre», en *Babyloniaca* XV, París, 1938.
Para la historia de Uruk bajo el dominio de los Seléucidas, cfr. la serie *Vorläufige Berichte* sobre las excavaciones llevadas a cabo por el *Deutsches Archäologische Institut* en Uruk-Warka, sobre todo el informe sobre la 18.ª campaña de excavaciones: UVB de Heinrich J. Lenzen, Berlín, 1962, y además:
Aymard, A., «Une ville de la Babylonie séleucide d'aprés les contracta cunéiformes», en *Revue des études anciens* (REA) XL (1938), pp. 5-42.
Goosens, G., «Au déclin de la civilisation babylonienne», «Ourouk sous les Séleucides», en *Bulletin de la classe des lettres,* Academie royale de Belgique V, 27 (1941), pp. 222-244.
North, R., «Status of the Warka excavations», en *Orientalia* XXVI (1957), pp. 185-256.
Svend, A. y Pallis, A., «A history of Babylon from 538 to 93 B. C.», en Mélanges Pedersen, pp. 275-294.
Wetzel, F., Schmidt, E. y Mallwitz, A., *Das Babylon der Spdtzeit.* 62. *Wissenschaftl. Veröff. d. Deutschen Orient. Gesellsch.,* Berlín, 1957.
Sobre la historia de la cultura (en particular, sobre la de la ciencia) y para la historia de la civilización:
Schmidt, E., «Die Griechen in Babylon und das Weiterleben ihrer Kultur», en *Jahrbuch des Deutschen Archdologischen Institut LVI* (1941), pp. 786-844.
Neugebauer, O., *Tre exact sciences in antiquity,* Brow University, 1957.
Neugebauer, O., *Astronomical cuneiform texts,* Princeton, 1955.
Sachs, A. J., «Babylonian horoscopes», en *Journal of cuneiform studies VI* (1952), pp. 49-75.
Sachs, A. J., *Late Babylonian astronomical and related texts,* Brown University, 1955.
Lambert, W. G., «Ancestors, authors, and canonicity», en *Journal of cuneiform studies* XI (1957), pp. 1-14 y 111.
Lambert, W. G., «A catalogue of texts and authors», en *Journal of cuneiform studies* XVI (1962), pp. 59-77.
Para la cronología:
Sachs, A. J. y Wiseman, D. J., «A Babylonian King list of the Hellenistic period», en *Iraq* XVI (1954), pp. 202-211.

AYMARD, A., «Du nouveau sur la chronologie des Séleucides», en *Révue des Etudes anciennes* LVII (1911), pp. 102-112.
Para la geografía:
DILLEMAN, L., *Haute Mésopotamie oriental et pays adjacents. Contribution á la géographie historique de la région du 5ᵉ siécle avant l'ére chrétienne au 6ᵉ siécle de cette ère,* París, 1962.
Artículos más recientes:
DATES, D. y J. NIMRUD, «The Hellenistic settlement», en *Iraq* XX (1958), pp. 114-157.
JENKIS, G. K., «Hellenistic coins of Nimrud», en *Iraq* XX (1958), pp. 158-168.
SOLLBERGER, E., «Graeco-Babyloniaca (textes babyloniens en caractères grecs)», en *Iraq* XXIV (1962), pp. 63-72.
METER, Chr., «Ein grieschischer Ehrendekret von Gareus Tempel in Uruk», en *Baghdader Mitteilungen* I (1960), pp. 104-114. Cfr. también la información arqueológica sobre las excavaciones llevadas a cabo en la isla Failaka en el Golfo Pérsico, en *Archiv für Orientforschung* XIX (1962), pp. 200-201, y XX (1963), pp. 219-220.

Arabia

GHUL, M., *New Qatabani inscriptions,* BSOAS XXII (1959), 1-22, II, 319-338.
PHILIPS, W., *Kataba und Saba,* Fráncfort, 1955.
CASKEL, W., *Lihyan und Lihyanisch* (Arbeitsgemeinschaft für Forschung des Landes Nordrhein-Westfalen, Gesisteswiss., N. 4 ap.), Colonia y Opladen, 1954.
MORDTMANN, J. H. y MITTWOCH, E., *Sabäische lnschriften* (Rathjens - v. Wissmannsche Südarabien-Reise, vol. 1), Hamburgo, 1931.
NAMI, Kh., *Les monuments de Ma'in..., Etude... des 19 inscriptions... publiées par... M. Tawfik* (árabe; publ. del Instituto Francés de Arqueología Oriental del Cairo, Études Sudarabiques, t. II), El Cairo, 1952.
PIRENNE, J., *Le Royaume sud-Arabe de Qataban et sa datation... avec contribution de André Maricq* (Bibliotheque du Muséon, vol. 48), Lovaina, 1961.
KAMMERER, A., *Pétra et la Nabatène,* París, 1929; *Atlas,* París, 1930.

ÍNDICE ONOMÁSTICO

Aarón 284, 286
Abdera 173, 366
Abgar 303
Abiyada 'Yathi' 321, 323
Abrucios 387
Abusimbel 231
Abydos 253, 255
Acaya 145
Accio 150, 169
Acé 177
Acragante (Agrigento) 86, 342, 343
Acrocorinto 168, 188
Acrótato 164
Achaioi 182
Adea. Véase Eurídice (hija de Cinane)
Adén 328
Adeshu 310
Adiabena 302
Adonis 210, 227
Adriático 31, 132, 138, 189, 333, 348, 365, 368, 369, 373, 375, 381, 387
Aediles 118
Aflad 272
África 86, 89-91, 93, 94, 98, 329, 332, 333, 335, 336, 344, 346, 347, 366, 368, 376-379, 386, 389-391
Afrodita 156, 218, 223, 227
Agatocles (hijo de Lisímaco) 156
Agatocles de Babilonia 315
Agatocles de Siracusa 69, 71, 84, 90, 95, 96, 100, 153, 155, 315, 333, 338, 342
Agenor 299
Agis V 185, 186
Agrigento. Véase Acragante
Agrón 369
Ahutu 307, 310
Akra Leuke 367
Alba 103-105, 108, 110, 124
Alba Fucens 137
Albanos (Mons Albanus) 104, 123
Albino, L. Postumio. Véase Postumio, L.
Alcetas 49, 54
Alcimo 284, 286, 290
Alejandría 18, 50, 71, 74, 78, 90, 98, 153, 155, 157, 160, 164, 170, 172, 178, 189, 193, 201, 204, 207-211, 216, 219, 225, 227, 230, 249, 250, 254, 261, 263, 266, 267, 323
Alejandría en Asiria 301
Alejandro Balas 286, 290, 302
Alejandro (hermano de Casandro) 71
Alejandro (hijo de Crátero y sobrino de Antígono Gonatas) 168
Alejandro (hijo de Polipercón) 59
Alejandro (hijo de Roxana y Alejandro Magno) 52, 58, 61, 62
Alejandro Jonatás 288
Alejandro el Moloso 38, 80-83, 139, 333
Alesia 31
Alessio (en la desembocadura del Drin) 372
Alexis 206
Álgido 123
Al-Hufhuf 320
Alicante 367
Alpes 87, 103, 127, 128, 374
Amasis 231, 233
Ambracia 186
Amenemhat I 248
Amenhotep (Amenothes) 255
Amfípolis 59, 268
Amílcar Barca 346
Amílcar (hijo de Giscón) 85, 94, 345-348, 366, 367
'Amman 324
Amon 245
Amonitas 267
Amorgos 47
Anat 259
Anatolia 305
Ancio 124, 134, 135, 140
Ancira 173
Anco Marcio 110
Anch Scheschonq 243, 244
Andalucía 367
Andrómaca 100
Andrómaco 176
Andrónico 277, 364, 388
Andros 169, 170, 173, 179
Anfictionía 180

403

Aníbal (político y jefe guerrero cartaginés)
    11, 12, 29, 79, 91, 94, 95, 130, 178, 179,
    189, 331, 348, 365, 366, 368, 375-391
Aníbal (general cartaginés) 347
Anio 122
Antífilo 46
Antígenes 52
Antigonea (junto al Orontes) 163, 230
Antigónidas 74, 75, 150
Antígono el Cíclope 38, 266, 268, 298, 299
Antígono Dosón 175, 187-189, 373
Antígono Gonatas 73, 74, 144, 152, 159,
    170, 186, 215, 337, 369
Antíoco Hiérace 173, 174, 175
Antíoco (hijo de Seleuco) 74, 145, 146, 151
Antíoco I Sóter 152
Antíoco II el Divino 152, 169
Antíoco III 176-179, 266, 267, 272, 276,
    279, 280
Antíoco IV Epífanes 301
Antíoco V 286, 290, 302
Antíoco VII Sidetes 303
Antioquía 54, 171, 177, 192, 204, 268, 270,
    280, 300, 301, 303, 311
Antioquía de Crisorroa 280
Antioquía de Migdonia 301
Antioquía en el Orontes 268
Antípatro (hermano de Casandro) 37-42,
    45-52, 54-56, 69, 71, 72, 146, 155,
    159-162
Antípatro de Paliura 37
Antonio, Marco 156
Antu 307, 309
Anu 307-309
Anu-Antu 311, 314
Anu-uballit-Cefalón 309, 310
Anu-uballit-Nicarco 310
Anxur (Terracina) 124
Apama (hermana de Antíoco I Sóter) 158,
    167
Apamea 268, 274, 275, 300
Aparnos 170
Apiano 125, 268, 366
Apiolas 122
Apokletoi 181
Apolo 115, 125, 147, 168, 180, 192, 218,
    221, 280, 332, 383
Apolodoro de Artémita 315
Apolonia 268, 301, 372
Apolonio (nieto de Apolonio de Menfis)
    196, 208, 211, 220, 223, 226
Apolonio de Menfis 226
Apolonio de Rodas 211, 220
Apuleyo 224
Apulia 80, 137, 382, 387, 388
Aqueménidas 13, 17, 299, 304

Aqueos 29, 100, 182-184
Aquiles 21-23, 80, 245
Ara Maxima 360
Arabia 158, 198, 301, 305, 316, 317, 319,
    320, 322, 324-326, 328, 329
Arato de Solos 161, 215
Arconte 42
Areo 144, 163, 164
Ares 227
Areta III 318
Aretusa 268, 301
Arezzo 380, 389
Argiráspidas 57, 58
Argólida 145
Argos 45, 149, 162, 163, 184, 187, 336
Ariadna 220
Ariarates 48, 165
Aricia 116
Arímino (Rímini) 138, 380, 388
Aristóbulo 288, 291, 293, 321
Aristóbulo II 288, 291, 293
Aristodemo 162, 164, 181
Aristófanes 205
Aristómaco 162
Aristóteles 29, 37, 64, 91, 100, 161, 205,
    208, 212, 215, 216
Armenia 31, 51, 68, 269, 302
Arno 380
Arquias 47
Arquidamo 81
Arquímedes 385
Arrecio 137, 380
Arrideo 41, 50, 52, 55
Arritium. Véase Arezzo
Arsaces 170
Arsafe 248
Arsínoe I (hija de Lisímaco) 69, 155
Arsínoe II (primera mujer de Lisímaco y
    segunda de Ptolomeo) 147, 155, 156,
    157, 158, 163
Artemidoro (llamado también Minnanaios)
    312
Artemisa 218, 270, 271
Artemisa Leucropiena 224
Asandro 42, 51, 60, 61
Asclepio. Véase Asklepios
Asdrúbal 94, 366-368, 375
Asdrúbal (hermano de Aníbal) 378, 386-388
Asdrúbal (hijo de Giscón) 390
Asia 11, 13, 18, 21, 26, 37, 44, 45, 47-50,
    52, 54-57, 59, 61, 62, 67-70, 91, 103,
    145, 150-152, 169, 180, 190, 192-194,
    198, 228, 270, 299, 301, 303, 311
Asia Menor 14, 16, 20, 50, 55, 68, 73, 74,
    131, 147, 150, 151, 157, 158, 165,
    172-177, 179, 193, 199

Asiria 235, 274, 301, 302, 305
Asklepios 141, 238, 264
Astaco 268
Astarte 271
Atálidas 221
Átalo 54
Átalo I de Pérgamo 174, 175, 176
Atargatis 227, 271, 272
Atenas 16, 21, 23, 25, 36, 44-47, 56-58, 64-66, 69, 70, 72, 73, 76-78, 89, 144, 145, 150, 160, 162-165, 168, 174, 175, 180, 186, 187, 190, 191, 197, 200, 201, 206, 214-216, 221, 222, 316, 336, 373
Atenea 175, 192, 200, 221, 222, 361
Ateneo 84
Atenodoro 43, 44
Ática 46, 66, 76, 163, 164, 205, 211, 274, 305
Atintania 386, 387
Atio Clauso 123
Atis 228
Atlántico 127
Atón 245
Atridas 22
Atropatena (Media Atropatena, hoy Azerbaiyán) 42
Atropates 42
Augusto, Gaius Julius Caesar Octavianus 31, 32, 150, 276, 317, 325
Áulide 66
Ausan 328
Ausculo 335
Autárites 346, 347
Aventino 110, 114, 115, 118
Avroman 313
Azerbaiyán 42

Baal Amón 96, 97
Baalbek 271
ba'al biq'ab 271
Baal shamen 271
Babilonia 13, 15, 16, 31, 37, 38, 40-44, 48, 50, 52, 54, 59-63, 146, 151, 175-177, 192, 193, 206, 272, 295, 296, 298-306, 308, 311-316, 321
Bacantes 98, 221
Baco 228, 271
Bactriana 14, 15, 43, 45, 48, 170, 192, 217, 302
Bagradas 390
Balcanes 372
Baleares 368, 389
Bambyce (Bambice) 227
Baquidas 269
Bárcidas 365, 366, 375, 376
Basileus 215

Bel 272
Belgas (Belgae) 130
Belit-sha-Resh 308
Belit-seri 308
Belona 361
Beocia 46, 47, 70, 72, 90, 145, 164, 181, 189
Berenice (segunda mujer de Ptolomeo I Sóter) 71, 74, 154, 155
Berenice (hija de Apama y Magas) 167, 169
Berenice (hija de Ptolomeo II Filadelfo) 171, 172, 177
Bérgamo 375
Berea (Alepo) 272
Beroso 308, 315
Bes, oráculo de 255
Besura 285, 286
Beth-sean 274
Betis 367
Bión de Boristenes 161
Bi Adini 302
Bît Akitu 309
Bitinia 16, 145, 151
Bizancio 61, 145, 204
Bolonia 103, 132
Bolo de Mendes 261
Bona Dea 361
Borsippa 304
Brennero 131
Breno 147
Bretaña 90, 130
Bruto, Marco Junio 31, 331
Buchis 256

Caico 165
Calabria 340
Calcedonia 145
Calcis 149, 160, 301
Cales 382
Calidón 182
Calímaco 24, 208-211
Calípolis 268
Calístenes 229
Camarina 341
Camilo 124, 125, 133, 362
Campania 28, 81, 103, 135, 136, 140, 141, 159, 331, 334, 338, 346, 349, 363, 364, 382-385
Canas 96, 374, 382, 383, 385, 386
Capadocia 14, 42, 48, 54, 60, 68, 165
Capena 126
Capitolio 106, 112, 114, 115, 123, 132, 133, 362, 375, 388
Capua 135-137, 139, 382-385
Caracena 302, 303
Carcopino, J. 95, 141, 351, 360, 368

405

Cardo 109
Caria 14, 16, 18, 19, 42, 51, 60, 68, 158, 165, 173, 175, 193
Carras 301
Carres 31
Cartagena 367, 387, 388
Cartago 11, 12, 15, 29, 84, 86, 88-91, 93-99, 143, 153, 159, 190, 331-333, 335, 336, 338-349, 352, 364-368, 374-378, 381, 384, 386, 389-391
Casandria 59, 155, 157
Casandro 54-64, 66-70, 87, 191
Cástor 122
Cataluña 127
Catón 100, 352
Catulo, C. Lutacio 345
Cáucaso 32
Caudinas, Horcas 137
Cefalón 304, 309, 310
Celesiria 159, 177-179, 193, 198, 267
Celio 106, 108, 110, 114
Celtas 126-132, 221, 378, 383
Censores 117
Census 117
Cerdeña 88, 332, 347, 366
Cere 125, 134
Cersobleptes 37
César, C. Julio 14, 26, 30-33, 126, 130, 133
Cetego, M. Cornelio 390
Cibeles 221, 228
Cicerón 358
Cícladas 61, 158, 169, 170
Ciento Cuatro, Tribunal de los 92, 95
Cilicia 63, 68-70, 158, 172, 173
Cinana 49
Cineas 333, 335
Cío 145
Cipetes 145, 147
Cipsela 173
Circeos 124
Cirenaica 14, 52, 89, 158, 167, 193
Cirene 24, 49, 59, 61, 80, 86, 150, 166, 167, 210, 255, 277
Ciro II 16, 74
Cirupedio 74, 143-145, 151, 155, 159, 207
Cisalpina 130, 134, 348, 374, 375, 379, 380, 383, 388
Citio 25, 214, 316
Cízico 55
Claudio, Apio 138, 335, 338-341, 345, 360, 361, 363, 364, 375, 383, 386, 388
Claudio Ceco, Apio 361, 363, 364
Claudio Pulcro, Apio 345
Cleémporo 372
Cleómenes 43, 178, 185-189
Cleómenes III 185

Cleopatra (hermana de Alejandro Magno) 38, 48, 49, 63
Cleopatra (última de los Ptolomeos) 75, 156
Clerucos 244, 273
Clito el Negro 36
Clusio 116, 132, 375, 389
Colacia 122
Comágene 269
Concordia 42, 121, 362
Cónsules 117-119, 138, 339, 341, 343, 372, 375, 376, 380-382, 391
Coptos 155
Cora 95, 97
Córcega 88, 347, 366
Corcira (Corfú) 69, 71, 72, 87, 372
Corinto 36, 37, 62, 64, 67-69, 114, 145, 149, 164, 166, 168, 169, 180, 184, 186, 188, 369, 373
Coriolano 123
Corneto. Véase Tarquinia
Cortona 137
Cos 154, 167, 210, 211, 315, 342
Coso 124
Cranón 47
Craso, P. Licinio 31, 389
Crátero 38-42, 46-52
Crátero (hermano de Antígono Gonatas) 164, 168, 215
Crates 214
Cremero 124
Cremona 379, 380
Cremónides 159, 163, 165, 190
Crisipo 186, 215, 216
Cristo. Véase Jesucristo
Cronos 96, 97, 156
Crotona 81, 85, 385
Crustumeria 122
Ctesifonte 303
Cumas 116, 135, 186, 359
Cumont, Franz 155, 261, 272
Curia 105, 111, 113
Curio 113, 138, 336, 352
Charax 303, 315
Chartummim 265
China 276
Chipre 14, 25, 36, 62, 63, 65, 68, 70, 171, 193, 214
Chnum 255

Dadamia 67
Dafne 280
Damasco 150, 266, 282, 293, 318
Daniel 278, 293, 294
Danubio 71, 127, 128, 131, 146
Darío III 15, 17, 32, 48, 79
Decápolis 274

Decumanus 109
Dedan 318, 320, 322, 324-326
Deir el Bahari 255
Delfos 72, 76, 125, 147, 180, 182, 224, 383
Delos 156, 168-170, 201, 204, 223, 224, 226, 227, 322
Demades 45, 47
Deméter 95, 97, 224
Demetríade (ciudad fundada por Demetrio Poliorcetes) 72, 145, 301
Demetrio (hijo de Apolonio de Menfis) 292
Demetrio I Sóter 286, 302, 303
Demetrio II 152, 175, 186, 187, 303, 369, 372
Demetrio III 288, 292
Demetrio el Bello 167, 187
Demetrio de Falero 58, 64, 197, 208, 215
Demetrio de Faro 372, 373
Demetrio Poliorcetes 25, 66, 72, 94, 140, 144, 145, 152, 167, 189, 299
Demócrito 212, 261
Demófanes 181
Demos 183, 255
Demóstenes 22, 45-47, 145
Denderah 235, 236, 251, 255, 256
Dentato, M. Curio 138, 336, 352
Dhat Himyan 388
Dhofar (Zafar) 321, 327
Dhu Raidan 326, 329
Diádoco Antígono 317
Diádocos 17, 26, 35, 60, 62, 68, 70, 73-75, 79, 89, 141, 150, 154, 179, 192, 205, 266, 298-300, 333
Diana 115
Dignitas 354
Diodoro Sículo 316
Diódoto 170
Diógenes de Babilonia 316
Diógenes Laercio 25, 160
Dió (Pieria) 72, 173, 177, 268, 269, 300
Dionisio (de Charax) 29, 93, 154, 315
Dioniso 64, 97, 98, 155, 203, 218, 224-226, 228
Dioniso Serapis 98
Dióscuros 122, 259
Dirraquio (Durazzo) 368, 369, 372
Dócimo 54
Dora 178
Drin 372
Duilio, C. 342
Duma 318
Dura 46, 160, 272, 273, 304, 350, 355, 375, 380
Dura-Europos 201, 272, 273, 296, 297, 301, 312, 313
Duru 272
Dushara/Dusares 317

Ea 308
Eácidas 21, 69, 71
Eanna 309
Ebro 368, 376, 377, 386
Ecdemo 181
Edesa 268, 301, 305
Edfu 253, 265, 266
Éfeso 55, 68, 70, 155, 165-167, 169, 171-173, 224
Egeo 17, 20, 26, 35, 36, 46, 57, 63, 65, 66, 80, 89, 150, 152, 159, 167, 170, 173, 181, 226, 298, 318
Egina 46
Egipto 11, 14, 15, 20, 40, 42, 43, 50, 52, 59-62, 66, 69, 74, 89, 98, 141, 148, 150-153, 155, 158, 159, 162, 163, 166-170, 173, 176-179, 184, 185, 193-199, 201, 204, 206, 229-236, 238-240, 242, 244-250, 254-263, 265-267, 276, 277, 280, 281, 289, 295, 299, 313, 320, 323-325, 328, 337, 351, 375, 387
Eissfeldt, O. 271, 278
Ekur-Zakir 307, 314
Elam 304, 307
Elba 111
Elefantina 255
Eleusis, Misterios de 95, 224, 260
Eléutero (Litani) 266
Élide 45
Emilio, L. 32, 75, 375, 382
Empédocles 216
Eneas 93, 100, 101, 345, 382
Enlil 308
Enseruna 88
Enuma-Anu-Enlil 314
Epicuro 212-216, 218
Epidauro 141
Epifania 301
Épiro 28, 38, 58, 67, 69, 71, 72, 76, 80, 150, 189, 333, 334, 337, 369, 372
Epulón 247
Eratóstenes 216, 266, 321, 327
Erice (Eryx) 345
Eritrea 301
Eros 220, 361
Eros de Tespia 361
Esagil 304
Escerdiledo 369
Escipión Barbado, Cornelio 137
Escipión el Africano, Publio Cornelio 29, 377, 378, 379, 385
Escipión, Gneo 12, 29, 137, 377-379, 385-391
Escipiones 335, 386
Escitópolis (Beth-Sean) 274

407

Esh-Gal 309
Esenios 282, 283, 291-293
Esfero 186
Esi 310
Esmirna 172
Esna 234, 236, 253, 265
España 84, 88, 127, 128, 130, 189, 346, 365-368, 373, 375-378, 385-389
Esparta 45, 70, 78, 81, 92, 144, 148-150, 162-164, 178, 180, 182, 184, 185, 187, 189, 337
Espendio 346, 347
Espoleto (Spoleto) 348, 380
Esquilina 112
Esquilino 106, 112, 114
Esther 290, 294
Esquilo 21, 22
Estilpón de Megara 25, 161
Estoicismo 25, 161, 212-215, 316
Estrabón 131, 140, 154, 276, 321, 323, 325, 326, 328
Estratón de Lámpsaco 154
Estratónice (hermana de Antíoco II Theos) 168, 169
Estratónice (esposa de Seleuco I Nicator) 69
Etolia 47, 49, 59, 71, 72, 145, 150, 164, 180-187, 189, 383, 387
Etruria 111, 114, 132, 134, 340, 364, 380
Eubea 149, 168, 189
Euclides 266
Eúfrates 31, 32, 172, 175, 198, 267, 272, 273, 311, 321
Éumenes de Cardia 36, 39, 299
Éumenes de Pérgamo 166, 173
Eurídice (o Adea. Hija de Cinana. Esposa de Filipo III) 49, 52, 58
Eurídice (hija de Antípatro. Primera mujer de Ptolomeo I Sóter) 48
Eurípides 182, 205, 206, 211, 218
Europa 38, 48, 70, 126, 129, 131, 189, 207, 248, 295
Europos 272
Evandro 100
Ezida 304

Fabio Máximo, Q. 361, 381, 384
Fabio Píctor, Q. 383
Fagutal 106, 108
Faleria 102, 348
Faliscos 102, 348
Fariseos 278, 279, 283, 284, 287-293
Felsina (Bolonia) 103
Fénice 369, 387
Fenicia 158, 166, 173, 178, 193, 198, 267, 269, 274, 276
Festugière 261

Fidenas 124, 132
Fiésole 380
Fila (hija de Antípatro) 48, 52, 69
Fila (hermana de Antíoco I) 146, 151, 160, 172
Filacia 186
Filadelfia (Rabbat Ammon) 196, 274
Filemón 207
Filetas de Cos 154
Filetero 145, 146, 165
Filina 41
Filipo II 59, 60
Filipo III 41, 42, 49, 52, 58, 59
Filipo V de Macedonia 94, 186, 373, 384, 386
Filocles 267
Filohelenos 30, 233
Filotas 36
Firómaco 221
Flaminio, C. 348, 353, 374, 375, 380-382
Flavio, Cn. 138, 363
Fócide 189
Foción 47
Frigia 16, 38, 42, 48, 52, 55, 60, 67, 101, 174, 228
Frigia helespóntica 16, 42, 52, 55, 60
Fulvio, Cn. 372

Gabenos 58
Gad 272
Gadamarga 299
Gadara 274
Gades 366, 388, 389
Galacia 131
Gálatas 126, 131, 146-148, 157, 158, 160, 164, 174, 175, 180, 221
Galia 31, 88, 127
Galia Cisalpina 130, 134, 348, 380
Galilea 285, 291
Galo, Elio 132, 138, 174, 318, 325, 326, 346, 374, 383
Ganges 13
Gareo 312
Gaza 61, 178, 299, 300, 323, 324
Gaza-Ghazza 327
Gázara 287
Gerasa 270, 271, 274
Gerizim 277, 278, 280, 281, 287
Gerra 320, 321
Gibraltar 366
Giscón 85, 388
Gitio 189
Glano 88

Hadad 227, 273
Hades 224, 227, 310

408

Hadramur 321
Hadrumeta (Susa) 391
Halicarnaso 18, 29
Halico 85
Hallstatt 127, 128, 130, 131
Hamarmenos 258
Hanón el Grande 93
Hapu 255
Haraun 318
Hárpalo 45
Harpocrate 220
Hatria 138
Hatschepsut 255
Hebro 173
Hécades 273
Hefestión 36, 38, 39
Hélade 17, 20, 60, 76, 182
Heleno (hijo de Pirro) 80, 100, 174, 183, 275, 277, 337
Heliópolis 245, 260, 271
Hera 156
Heraclea del Ponto 16
Heraclea del Siris 334
Heracleópolis 248
Heracleopolitano 248
Heracles 23, 24, 153, 182, 220
Heráclito 212, 216
Herdonio, Apio 123
Hermes 218
Hermes-Thoth 263
Hermesianacte de Colofón 211
Hermopolis 231, 259
Heródoto 22, 126, 235, 260
Hetairos 42
Heuneburg (Wüttemberg) 128, 129
Hierón 210, 339, 341, 345, 347, 351, 365, 384
Higra-Egra (al-Higr) 318, 320
Himilcón 95
Himyar 326
Hipaspistas 40
Hipérides 45, 47
Hipodamo 273
Hircano 279, 281, 287, 288, 290-293
Hircano II 288, 293
Hispaosines 303
Homero 21, 23, 130, 161, 209, 244, 245, 249
Horacio (Horatius Flaccus, Quintus) 32, 205, 331
Horapolón 237
Horos 251
Hunzu 307
Hurun 259

Iaco 225
Ícaro 220

Idumea 287, 291
Idumeos 277, 285, 287, 290
Ilipa 388
Iliria 72, 365, 369, 373, 386
Imbros 65
Imhotep (Imothes) 255
Inaro 245, 246
India 15, 40, 59, 199, 218, 321, 329
Indo 300
Insinger 243
Ipso 67-69, 71, 150, 192, 266, 299, 300
Irán 31, 304
Iris 156
Isa 369, 372
Isère 379
Isidoro 315
Isis 156, 224, 226, 258, 260, 261, 310
Isócrates 22, 75, 190
Israel 229, 247, 264, 277, 280, 282, 288
Isthar 308
Isthar-Nanaia 309
Italia 11, 29, 80-82, 84, 88, 98-103, 109, 110, 116, 121, 126, 129-131, 134-136, 139, 143, 146, 148, 159, 190, 332-336, 338, 340, 343, 347, 349, 352, 360, 363, 369, 372, 374, 375, 377-379, 383-386, 388, 389
Iturea 287

Jacob 285
Jámblico 253
Jamnia 285
Jantipo 343
Jaô 264
Jasón 211, 277, 279, 280, 289, 290
Jasón de Cirene 277
Jenofonte 25, 214
Jerjes I 163, 299
Jerusalén 267, 270, 276-278, 280-285, 287, 288, 290, 304
Jesucristo (Jesús) 263, 275, 283, 314, 329
Joarib 284
Jonatás 282, 286, 288, 290, 291
Jonia 16, 158, 165, 166
Jonia del Sur 173
Jope 285, 287
Jordán 266, 267, 270, 274
José (primo de Simón el Justo) 279
Josefo, Flavio 267, 276, 277, 279, 280, 283, 287, 291, 292
Joshua-Jasón 279
Juan el Bautista 291
Juan Hircano 281, 287
Júcar 368
Judah-Aristóbulo 287, 288
Judas 282, 284-286, 288, 289

409

Judas Macabeo 284
Judea 277, 278, 281, 285-287, 327
Junio, M. 13, 64, 65, 86, 123, 132, 178, 188, 189, 345, 380, 383, 390
Juno 111, 112, 115, 388
Júpiter 93, 104, 111, 112, 115, 116, 122, 124, 271, 362, 375, 381, 388
Justino 82, 92, 153, 159

Karib'il Watar 324
Kef (Sicca Veneria) 346
Kidin-Ani 307
Kidinnu (Kidenas) 315
Kornemann, E. 14, 268

Lacares 70
Lacedemonios 70, 187
Lacio 100-102, 104, 110, 115, 121-123, 134, 135, 138, 141, 331, 332, 342, 351, 352, 383
Laconia 148
Lágidas 74, 89, 90, 97, 150, 152, 153, 162, 168, 171, 176, 193, 198, 201, 207, 208, 210, 217, 219, 226, 337, 342, 351, 373
Lamia 46
Lámpsaco 154, 214, 228
Lanasa (primera mujer de Pirro de Epiro y segunda de Demetrio Poliorcetes) 71, 72, 87
Languedoc 88
Laodice (esposa de Antíoco II Theos) 169, 171-173
Laodicea 194, 268, 273, 300, 304
Laomedonte 42
Lars Porsena 116
La Tène 127, 128, 131
Larisa 275, 301
Latino 100, 104, 112, 114, 116, 135, 271, 350
Lázaro 247
Lébedos 173
Lemboi 368
Lemnos 65
Leonato 39-42, 46, 48
Leoncio 218
Leontinos 341
Leontópolis 281
Leóstenes 45, 46
Leptis minor 391
Lesbos 214
Leuke Kome 318, 325
Levino 334
Ley de Flaminio 374
Leyes de Licinio 120, 138
Líbano 61, 153, 267, 271, 276
Libia 158

Licia 42, 60, 159, 173
Licurgo 45, 121, 185, 187
Lidia 16, 42, 51, 52, 103, 174
Liguria 389, 390
Lihyan 318, 323
Lilibeo (Marsala) 336, 344, 345
Lisia 273
Lisias 285, 286
Lisímaco 39, 40, 42, 46, 60, 62, 67-74, 143, 145, 147, 155, 157, 158, 160, 162, 165, 177, 215
Lisimaquia 74, 147, 169
Lisipo 218
Lisos 372, 386
Livio, Tito 9, 109, 110, 111, 117, 130, 138, 331, 352, 355, 364, 380, 391
Livio Andrónico (Livius Andronicus, Lucius) 364, 388
Livio Salinátor, M. 364, 388
Locros 336, 385
Longo, Sempronio 377, 379, 380
Lucania 38, 80, 81, 137
Luceres 112
Lucrecia 115
Lucumón 110, 111
Luscino, C. Fabricio 83
Luxor 255, 256

Ma'an 318
Maât 258
Macabeos 269, 278, 279, 281, 282, 284-295, 318
Macedonia 11, 17, 21, 22, 27, 32, 37, 38, 40-42, 44-50, 52, 54-56, 58, 59, 61-63, 70-74, 76, 94, 144-150, 155, 159, 160, 162-166, 168-170, 175, 179, 180, 182-184, 186-189, 192, 229, 268, 272, 300, 337, 369, 372-374, 383, 384, 387
Magas 158, 166, 167, 178, 210
Magna Grecia 11, 72, 80, 82-84, 87, 100, 139-141, 206, 333, 338, 340, 361-363, 384, 385
Magnesia del Meandro 224
Magón 91, 389, 390
Maharbal 382
Maifa'at 329
Ma'in 320-324, 326
Macedonópolis 301
Makrab 324, 326
Malaca 366
Malaquías, San 248
Maleágridas 182
Mamilio, Octavio 122
Manetón de Sebenito 260, 261
Manlio, L. 343
Marato 266

Marcelo, M. Claudio 374, 375, 383-385
Marcio, L. 110, 386
Marduk 299, 304, 311
Marib 324, 325
Maronea 268
Marsella 12, 87, 88, 366-368, 375, 376
Marsias 221
Marte 111, 120, 331
Marzabotto 132
Masinisa 390, 391
Maspero 234, 245
Massalia. Véase Marsella
Mastarna 112, 114
Matatías 284, 285
Mato 346, 347
Medamud 256
Medea 211
Media 21, 42, 44, 176, 205, 262, 293, 302, 303, 323
Mediolano (Milán) 375
Megalópolis 162-164, 181, 184, 186, 187, 203
Meleagro 37, 41, 42, 146, 274
Meleagro de Gadara 274
Melkart 89
Menandro 42, 51, 200, 205-207
Menedemo 160, 161
Menelao 63, 65, 279-281, 284, 286, 290
Menfis 50, 51, 193, 226, 233, 255, 257, 260
Menón 213
Mesenia 45, 189
Mesina 85, 338-341, 347, 355
Mesopotamia 151, 229, 268, 272, 295, 298-305, 309, 314, 315
Metaponto 84, 383, 385
Metauro 388
Mileto 70, 146, 150, 157, 158, 167, 173, 194, 200, 224, 278, 342
Milán 259, 374, 375
Milasa 18
Minerva 112, 115
Mitilena 214
Mitrídates I 303
Mitrídates II 303
Mo'ab 318, 324
Módena 379
Modín 284
Molón 176, 177, 302
Monte Cavo. Véase Albanos
Muniquia 47, 57
Muro Serviano 114
Museo 101, 153, 207-211, 216, 266

Nabateos 288, 316-318, 320
Nabopolasar 307
Nabú 304
Nabucodonosor 280
Naburimanu (Naburianos) 315
Nagran 325
Nanaia 306, 308
Nápoles 82, 83, 135, 137, 139, 140, 318, 383
Naucratis 153, 231
Naupacta 179, 189
Nashq 325
Naxos 220
Nectanebo 229, 230
Nechepso 250
Némesis 271, 361
Némesis de Ramnunte 361
Neoptólemo 51, 69
Neptuno 388
Nerón, Claudio 32, 386, 388
Neugebauer, O. 249
Nicanor 52, 59, 272, 284, 286, 290
Nicarco 304, 310
Nicea (hija de Antípatro) 48, 49
Niceforio 198, 301
Nicérato 221
Nicocles 184
Nicomedes 145, 147
Nikiqarqusu 310
Nilo 50, 51, 65, 210, 231, 233, 247, 255
Nimrud 302, 304
Nínive 302
Nisan 300
Nisibis 301
Nola 383
Nomento 122
Nora 54, 56
Nostradamus 248
Numa Pompilio 110, 357, 358, 362

Oanes 308
Ofelas 86
Olbia 88
Olimpia 71, 222, 224
Olimpiodoro 70
Olimpo 161
Olinto 200, 204
Onías 279-281
Onías IV 281
Opis 198
Orcinia 54
Orontes 73, 192, 268, 276
Ortosia 266
Oscoumbros 101, 103, 106, 135
Osiris 155, 156, 225, 226, 246, 252, 253, 260, 261, 264
Osiris-Apis 255, 260
Osroena (Bît Adini) 302, 303

411

Padua 136
Pagasas 72
Palatina 106, 112
Palatino 100, 104-106, 108, 112, 361
Palena 59
Palermo 343-345
Palestina 15, 269, 275, 276, 281, 283, 287, 290, 291, 295, 302, 321
Paliura 37
Palmira 271, 305
Palmira-Emesa 272
Pan, Dios 147, 213
Panfilia 42, 158
Panion 266
Papsukal 308
Parapotamia 302
Parmenio 36
Partia 170, 175
Patroclo 163-165
Paulo L. Emilio 32, 75, 382
Pefo 243
Peha de Dedan 320
Pela 35, 37, 38, 55, 148, 161, 182, 229, 268, 372, 374
Peloponeso 58, 59, 61, 67, 70, 72, 75, 76, 144, 148, 149, 163, 164, 181-189, 387
Pelusio 178
Peneo 47
Pentarcas 92
Pentesilea 245
Pentateuco 278, 283
Pera, M. Junio 76, 383
Pérdicas 38-42, 44, 46, 48-52, 54, 55, 60, 214, 277
Perfidia 93
Pérgamo 78, 145, 151, 165, 174-176, 193, 201, 217, 220-222, 387
Pericles 20
Perinto 268
Perséfone 224, 227
Persia 14-16, 21, 176, 229, 313
Perusa 137
Petosiris 231, 243
Petra (Qedar) 317, 321
Petubastis 244, 245
Petuchones 244-246
Peucestas 39, 58
Piceno 380
Píndaro 22, 153, 205, 361
Pireo 46, 47, 57, 58, 64, 70, 145, 149, 162, 164, 186, 200, 214
Pirineos 87, 378
Pirro del Épiro 11, 67-68, 70-74, 79-80, 84, 93-94, 141, 143, 148-149, 152, 159, 162, 164, 331, 333-338, 341, 349, 352, 384, 390

Pisa 244, 375, 379
Pitágoras 110, 360
Pitón 39, 42, 44, 48, 51, 52, 58, 299
Placencia 379
Platón 160, 212, 215, 216
Plauto, Tito Macio 32, 207
Plinio el Viejo, Gaio Secundo 324
Plistarco 68-70
Plutarco 22, 36, 39, 48, 55, 56, 61, 67, 69, 99, 148, 149, 192, 225, 260, 261
Plutón 224-226
Po 102, 130-132
Polemeo 61, 63
Polibio 92, 93, 141, 149, 179, 183, 267, 332, 339, 341, 342, 344, 356, 366, 369, 373, 374
Polignoto 214
Poliorcetes. Véase Demetrio Poliorcetes
Poliperconte 55-60, 62, 64, 68, 69
Polis 18, 296, 301, 310-312
Pólux 122
Pompeya 135
Pompeyo 75, 269, 276, 288, 292, 293
Pontífices 357, 358, 363
Ponto Euxino 18, 145
Populonia 389
Poseidón 47
Posidonio 274-276
Postumio, L. 372, 383
Potidea 59
Pozzuoli 318
Preneste 123, 334
Pretores 117
Príapo 228
Priene 173, 200
Propercio, Sexto 105, 251
Prostagma 194
Provenza 87
Prusias (Cío) 145
Psamético I 230
Psamético II 231
Psidia 42
Ptolemaida (hija de Ptolomeo I Sóter) 167, 177, 193, 269
Ptolomaida (en Egipto Superior) *****
Ptolomeo I Sóter 150, 152, 155, 266, 276
Ptolomeo II Filadelfo 75, 146, 148, 151-155, 157-158, 169-171, 196, 278, 317, 337
Ptolomeo III Evérgetes 169, 171, 172, 193, 302
Ptolomeo IV Filopátor 177
Ptolomeo VI Filométor 281, 362
Ptolomeo Cerauno 144, 155, 335
Ptolomeo (hijo de Lisímaco y de Arsínoe) 147, 158, 162, 166

412

Ptolomeo (hijo de Pirro se Epiro) 148
Pidna 58, 75

Qataban 324, 326-328
Queremón 237, 242
Queronea 181
Quersoneso 173
Quirinal 106, 112
Quirino 109, 111
Qumran 283, 289

Ra 252, 253
Rabbath-Ammon 274
Rafia 178, 179, 190, 323
Raidan 326, 329
Ramnes 112
Ramsés II 246
Rea 156, 220
Regia 109
Regio 84, 85, 338, 339, 347
Régulo, C. Atiliq 343-346, 352, 375
Reno 103, 132
Resh 307-310, 314
Reschef 259
Rímini 138, 340, 348
Rin 127, 131
Ródano 87, 374, 378, 379
Rodas 36, 65, 66, 78, 140, 141, 154, 167, 169, 201, 211, 220, 273, 331, 375, 387
Roma 11, 12, 14, 26-33, 61, 66, 67, 75, 80, 82-84, 87, 88, 92, 93, 96, 98-111, 113-117, 120-122, 124-126, 128-130, 132-141, 143, 144, 146, 151, 159, 166, 179, 182, 189, 201, 203, 204, 206, 249, 250, 269, 289-291, 302, 321, 326, 331-354, 356, 357, 359-369, 372-388, 391
Rómulo 100, 105, 106, 109, 110, 358, 375
Rosos 69
Rostovcev, Mijail 272
Roxana 40, 41, 52, 58, 59, 62

Saba 324, 326, 329
Sabazios 228
Sabélicos 123
Sabinos 106, 109, 123, 135, 349, 381
Saduceos 288, 291-294
Sagunto 368, 376, 377, 386
Saidan (Sidón) 68, 166, 267, 323
Sa'Kal 329
Salamina 65, 66, 70
Salermo 81
Salihijeh 272
Salomé-Alejandra 287, 288
Salus 362
Samaria 277, 287

Samnitas 82, 135-138, 334, 349, 360, 383
Samos 56, 173, 214
Samotracia 65, 155, 173, 224
San'a 324
San Gotardo, Ruta de 131
Sardes 63, 74, 165
Satni Khamuas 246
Saturno 122
Segesta 342, 351
Selasia 188
Selenodromia 316
Seleucia 171, 173, 177, 198, 268, 269, 296, 300, 301, 303-305, 311, 312
Seleucia de Eritrea 301
Seleucia del Euleo (Susa) 296, 301
Seleucia de Pieria 173, 177, 269, 301
Seleucia del Tigris 296, 300, 301, 303, 305, 311
Seleuco (hijo de Lisias) 17, 40, 42, 51, 52, 54, 58-63, 67-71, 73-75, 143-146, 157, 165, 171-176, 192, 266-269, 272, 273, 296, 298-300, 303, 307, 311, 317, 318
Seleuco I Nicátor 192, 266-268, 272, 296, 298, 300, 311
Seleuco II Calínico 171, 172, 175, 176, 303
Seleuco III Querannos 176
Seleuco IV Filopátor 269
Semele 225
Sena 129, 138
Senegal 90
Senosiris 246, 247
Sentino 137
Serapis 98, 155, 225, 226, 258, 260
Serpot 245, 246
Servilio, Cn. 380
Servio Tulio 112, 121, 362
Sesto 173
Seth 236, 263, 264
Seti I 255
Seutes 46
Sexi 366
Sexto (hijo de Tarquinio el Soberbio) 115
Shabwat 322, 324, 327, 329
Shadrapa 98
Shahr 326
Shahr Yagul Yuhargib I 326
Shamash 308
Shara 317
Sharrahitou 308
Shed 98, 258
Sibila de Cumas 359
Sicilia 29, 72, 80, 81, 84-88, 92, 95, 99-101, 148, 210, 332, 333, 335, 336, 338-342, 344-346, 350-352, 363, 366, 372, 375, 377, 379, 384, 385, 389, 390

413

Sición 45, 182-184
Sidón 68, 166, 267
Siena 111
Sifax 386, 388, 390, 391
Sileo-Shullay 325
Simira 266
Simón (hermano de Jonatás) 276, 279, 280, 282, 287, 290, 292, 294
Simón el Justo 276, 279, 292
Sin-Leqiunninni (Sinleqi-unnini) 307
Siquem 277
Siquemitas 277, 281, 287
Siracusa 18, 69, 71, 81, 84-86, 90, 95, 99, 100, 204, 210, 338, 339, 341, 345, 351, 364, 365, 384, 385
Sirac 279, 290, 293, 294
Siria 13, 20, 25, 36, 42, 52, 57, 59-61, 63, 68, 69, 74, 75, 89, 146, 150, 157-159, 166, 167, 169, 171-173, 175-178, 190, 193, 198, 199, 204, 206, 215, 227, 229, 266-276, 300-302, 317, 318, 321, 323
Sirwah 324
Siwa 229, 230, 255
Sócrates 24, 25, 200, 205, 211, 213, 215, 216
Sofistas 23, 25, 216
Sófocles 22
Sogdiana 40, 41, 170
Sokotra 329
Solón 114, 121
Solos 42, 124, 161, 163, 172, 215, 263
Somatofílacos 39
Sosibio 177, 178
Sóstenes 146, 147
Spasinou Charax 303
Spina 132
Suburrana 112
Succusana 112
Sudán 231
Sulmona 381
Sum'ay 324
Sumerios 16
Susa 296, 301, 306, 391
Susiana 52, 301, 302

Tácito, Cornelio 117, 224, 226
Taimá 318
Tapsaco 321
Tarento 28, 29, 81-85, 138-140, 143, 203, 333-335, 337, 364, 383-385, 387
Tarquinia (Corneto) 111, 134, 389
Tarquinio Colatino 115
Tarquinio el Soberbio 114, 115, 122, 125, 359
Tarquinio Prisco, Lucio 111, 122, 131
Tarquinios 109, 114-119

Taormina (Tauromenio) 341
Tauro 157, 172, 173, 176
Tebas (de Grecia) 45, 59, 64, 72, 76, 78, 90, 180, 186
Tebas (de Egipto) 193
Tectosages 174
Tegea 58
Telefo 221
Temístocles 25
Teócrito 158, 208, 210, 211
Teódoto 177, 277
Teofrasto 205, 215
Terencio Afer, Publio 207
Termeso 54
Termo 180
Termópilas 46, 66, 72, 147
Tesalia 36, 41, 47, 55, 67, 73, 189
Tesalónica (ciudad de Macedonia) 59
Tesalónica (hija de Filipo II. Mujer de Casandro) 59, 71
Teseo 24
Teuta 369, 372, 373
Thoth 231, 263
Thumna (Timna') 327
Tíber 103, 104, 106, 121, 122, 124, 137, 339
Tiberio, Julius Caesar Augustus 276
Tigranes de Armenia 269
Tigris 198, 296, 300-303, 305, 311
Timarco 302
Timna' 324, 327, 328
Timoleonte 81, 84, 85
Timoteo (el Eumólpida) 224, 260
Tinia 115
Tío (ciudad del Ponto) 145
Tirídates 170
Tiro 60, 68, 89, 177, 274
Tito Tacio 109
Tobías de Amón 279
Tolistosages 174
Tolumnio 124
Toscana 103, 380
Tracia 37, 38, 40, 42, 46, 60, 62, 69, 71, 74, 173
Trajano, Marco Ulpio 32, 318
Transjordania 279, 285, 286, 288, 291
Transilvania 131
Trebia 379
Tribunos 118, 120, 138, 356
Triparadiso 52, 55, 58, 266, 299
Troya 21, 29, 100, 124, 125, 182
Tuberto, A. Postumio 123
Tubias 267
Tulmai (Ptolomeo) 320
Tulo Hostilio 110
Tuna el Gebel 259
Túnez 343, 347, 391

Turios 83, 206, 385
Tusculo 122
Tutmosis III 267
Ulises 365
'Uman 321
Umbria 137
Ureo 248
Uruk/Warka 296, 301, 304, 306-312, 324
Urukiano 307
Utica 390
Varrón, C. Terencio 382
Velia 106, 108, 112
Velitras 124
Venus 271, 345
Venus, Ericena 381, 382
Vercingétorix 133
Vero, Lucio 273
Vesta 109
Vestales 134
Veyes 115, 124-126, 132, 133
Viminal 106, 112

Virdomar 375
Virgilio 211
Vix 129
Volscos 122-124, 133-135
Volsinios 340
Volten 243, 245, 256
Volterra 389

Yada' 'ab Dhibyan I 326
Yada' 'ab Dhibyan II 326
Yafash 328
Yahveh 228, 263, 264, 277, 281, 286, 289, 290, 294
Yathil 322, 323, 325
Yathrib (Medina) 323, 325
Yoyotte, Jean 239

Zafar (Dhofar) 321
Zenón de Citio 25, 316
Zeugma 198, 301
Zeus 97, 149, 156, 161, 182, 192, 221, 222, 225, 227, 255, 270-272, 277, 280, 281
Zeus Xenio 277, 280, 281